CB135666

DANÚBIO

CLAUDIO MAGRIS

DANÚBIO

Tradução
Elena Grechi
Jussara de Fátima Mainardes Ribeiro

COMPANHIA DE BOLSO

Copyright © 2008 by © Garzanti Editore s.p.a., 1986, 1990

Obra publicada com a contribuição do Ministério das Relações Exteriores da Itália

Título original
Danubio

Capa
Jeff Fisher

Preparação
Maysa Monção

Revisão
Flávia Yacubian
Renato Potenza Rodrigues

Dados Internacionais de Catalogação na Publicação (CIP)
(Câmara Brasileira do Livro, SP, Brasil)

Magris, Claudio
Danúbio / Claudio Magris ; tradução Elena Grechi, Jussara de Fátima Mainardes Ribeiro. — São Paulo : Companhia das Letras, 2008.

Título original: Danubio.
ISBN 978-85-359-1337-8

1. Danúbio, Rio, Vale — Descrições e viagens 2. Magris, Claudio, 1939 — Viagens — Danúbio, Rio, Vale I. Título.

08-09110 CDD-914.96

Índice para catálogo sistemático:
1. Danúbio : Descrições e viagens 914.96

2008

Todos os direitos desta edição reservados à
EDITORA SCHWARCZ LTDA.
Rua Bandeira Paulista, 702, cj. 32
04532-002 — São Paulo — SP
Telefone: (11) 3707-3500
Fax: (11) 3707-3501
www.companhiadasletras.com.br

Para Marisa, Francesco e Paolo

Para longe longe eles cavalgam até o Danúbio...

A fuga do rei Matias, Canto popular esloveno

SUMÁRIO

VI. PANÔNIA (HUNGRIA)

VII. VOVÓ ANKA (BANATO E TRANSILVÂNIA)

I.
UMA QUESTÃO DE CALHAS

1. UMA PLACA

"Caríssimo!

"O sr. Maurizio Cecconi, vereador de Veneza, com base no projeto anexo, nos apresentou a proposta de organizar uma exposição sobre o tema 'A arquitetura da viagem: história e utopia dos hotéis'. A sede prevista é Veneza. Diversas instituições e organizações já demonstraram interesse em participar financeiramente. Se o senhor tiver interesse em colaborar..."

O caloroso convite, entregue alguns dias atrás, não se dirige a um destinatário preciso, não nomeia a pessoa ou as pessoas que interpela com efusão; o ímpeto afetuoso patrocinado pela administração pública transcende as individualidades particulares e abarca o geral, a humanidade ou pelo menos uma larga e fluida comunidade de cultos e inteligentes. O projeto anexado — redigido por professores das universidades de Tübingen e de Pádua, articulado segundo uma lógica rigorosa e acompanhado de bibliografia — quer enquadrar na ordem inexorável do tratado a imprevisibilidade da viagem, o emaranhado e a dispersão dos caminhos, a casualidade das paradas, a incerteza da noite, a assimetria de cada percurso. O esquema é o esboço de um estatuto da vida, se é verdade que a existência é uma viagem, como se costuma dizer, e que passamos pela terra como hóspedes.

É verdade que no mundo administrado e planejado em escala planetária, a aventura e o mistério da viagem parecem ter sumido: já os viajantes de Baudelaire, que partem à procura do inaudito e estão prontos a naufragar nesta excursão, encontram no desconhecido, apesar de desastres imprevistos, o mesmo tédio que deixaram em casa. Mover-se, todavia, é melhor que nada: olha-se pela janela do trem que se precipita na paisagem, oferece-se o rosto a um pouco do frescor que desce das árvores na alameda, misturando-se às pessoas, e alguma coisa escorre e passa através do corpo, o ar embarafusta-se nas roupas, o eu se dilata e se contrai como uma medusa, um pouco de tinta transborda do frasco e dilui-se num mar da mesma cor. Mas este brando relaxamento dos nexos, que substitui o uniforme por um pijama, é mais a hora de recreação no programa escolar que a promessa da grande dissolução, do louco vôo com que se atravessa o limite. Veleidades, dizia Benn, mesmo quando se sente o desapiedado abismo azul escancarar-se sob a discutível realidade. Demasiados arúspices satisfeitos e peremptórios nos ensinaram que a cláusula "tudo incluído" das tarifas turísticas inclui também o inesperado pé-de-vento. Mas permanece, por sorte, a aventura da classificação e do diagrama, a sedução metodológica; o professor de Tübingen contratado pelo vereador, ciente de que a prosa do mundo ameaça a odisséia, a experiência concreta e irrepetível do indivíduo, se reanima citando na página três Hegel, destacado aluno do seminário teológico da sua cidade, e repetindo com ele que o método é a construção da experiência.

Este banco de madeira, que dá para a estreita lâmina de água, convida à simpatia pelo projeto sistemático, encontrado na caixa do correio pouco antes de partir — simpatia pela pequena arte da fuga que se esconde sob as arcadas das suas passagens lógicas. A madeira tem um cheiro bom, uma aridez viril de Cavaleiro do Vale Solitário, enquanto o Breg — ou o Danúbio? — é uma fita de bronze que escorre escura e brilhante, e graças a umas poucas manchas de neve no bosque a vida parece um dia fresco e arejado, uma promessa de céu e de vento. Um feliz conluio de circunstâncias e um benévolo relaxamento, talvez favorecido também pela cordialidade daquele "Caríssimo", convidam a ter confiança no mundo, e a aceitar também a síntese entre a Ciência da Lógica hegeliana e as categorias dos hotéis, formulada claramente pelo colega alemão no programa veneziano.

É animador que a viagem tenha uma arquitetura e que seja possível contribuir para ela com alguma pedra, embora o viajante pareça não tanto aquele que constrói paisagens — ofício do sedentário —, mas aquele que as desmonta e desagrega, como o Barão von R., de quem diz Hoffmann que andava pelo mundo colecionando panoramas e, quando achava necessário, para desfrutar ou criar uma bela vista, mandava cortar árvores, podar ramos, nivelar as pequenas elevações do terreno, derrubar bosques inteiros ou demolir fazendas, se atrapalhavam a perspectiva. Mas também a destruição é uma arquitetura, uma desconstrução que segue regras e cálculos, uma arte de decompor e recompor, ou seja, de criar uma outra ordem: quando uma parede de folhagem caía inesperadamente, revelando as ruínas de um castelo longínquo na luz do pôr-do-sol, o Barão von R. parava alguns minutos para contemplar o espetáculo que ele mesmo havia encenado e depois tornava a partir às pressas para nunca mais voltar.

Toda experiência é o resultado de um método tenaz, mesmo a transparência do longínquo pôr-do-sol para o Barão von R. ou o ar de neve que chega a este banco da Floresta Negra. É nas classificações que a vida revela o seu ardente relampejar, nos protocolos que procuram catalogá-la e põem desse modo em evidência o seu irredutível resíduo de mistério e de encanto. Assim o esquema do projeto dos dois comunicativos estudiosos, articulado como o *Tractatus* de Wittgenstein (1.1, 1.2, 2.11, 2.12 etc.), deixa entrever, nas mínimas fissuras entre um número e outro, as indefinidas peripécias do viajar: distingue hotéis luxuosos (*luxuriös*), burgueses, simples, populares, locais, portuários, de excursão, camponeses, principescos, conventuais, de caridade, patrícios, de corporações de artesãos, de alfândega, de diligências de carroceiros. Somente as tabelas da ciência são capazes de colocar adequadamente em relevo o humorismo metafísico dos objetos e dos eventos cotidianos, de suas conexões e seqüências: na seção E, dedicada às *Cenas* — isto é, aquelas que podem desenvolver-se nos hotéis —, lê-se, a uma certa altura: "2.13. Erótica: — cortejar — prostituição. 2.14. Ablução. 2.15. Quartos. 2.16. O despertador".

Não sei em que categoria de hotéis se encaixaria o de Neu-Eck, na Floresta Negra, a poucos quilômetros deste banco, no qual há 23 anos, diante de uma bolacha da cerveja Fürstenberg — um círculo de papelão com uma espécie de dragão vermelho sobre um campo dourado, com um debrum azul, e rodeado por sua vez por um fundo vermelho e branco — que rolava entre as nossas mãos, decidiu-se a minha vida. Ida e volta, *le voyage pour connaître ma géographie*, como dizia aquele louco de Paris. A placa, a poucos metros deste banco, indica a — uma? — nascente do Danúbio e até sublinha que se trata da principal. Rio da melodia, chamava-o Hölderlin junto às suas nascentes; linguagem profunda e secreta dos deuses, estrada que unia a Europa e a Ásia, a Alemanha e a Grécia, ao longo da qual a poesia e o verbo, nos tempos do mito, subiram para levar o sentido do ser ao ocidente alemão. Nas margens do rio, para Hölderlin, ainda viviam os deuses: ocultos, incompreendidos pelos homens na noite do exílio e da cisão moderna, mas vivos e presentes; no sono da Alemanha dormia, entorpecida pela prosaica realidade, mas destinada a despertar novamente em um utópico futuro, a poesia do coração, a libertação, a reconciliação.

O rio tem muitos nomes. Junto a vários povos, Danúbio e Istro indicavam, respectivamente, o curso superior e o inferior, mas às vezes também o curso todo: Plínio, Estrabão e Ptolomeu perguntavam-se onde acabava um e começava o outro, talvez na Ilíria ou nas Portas de Ferro. O rio *bisnominis*, como o chamava Ovídio, arrasta a civilização alemã, com seu sonho da odisséia do espírito que volta para casa, para o Oriente e a mistura com outras civilizações, em tantas metamorfoses mestiças nas quais sua história encontra seu acabamento e sua queda. O germanista, que viaja de maneira intermitente, quando e como pode, por todo o curso do rio que mantém unido o seu mundo, leva consigo sua bagagem de citações e de quimeras: se o poeta se entrega ao *bateau ivre*, seu suplente procura seguir o conselho de Jean-Paul, que sugeria recolher pela estrada e anotar imagens, velhos prefácios, cartazes de teatro, conversas na estação, poemas e batalhas, escritos fúnebres, metafísicos, recortes de jornal, avisos nas tabernas e nas paróquias. *Souvenirs, impressions, pensées et paysages, pendant un voyage en Orient*, diz o título de Lamartine. Impressões e pensamentos de quem? Quando se viaja sozinho, como acontece com excessiva freqüência, é preciso pagar do próprio bolso, mas algumas vezes a vida é boa e permite passear e ver o mundo, mesmo que só de vez em quando e por pouco tempo, com aqueles quatro ou cinco amigos que testemunharão por nós no dia do Juízo Final, falando em nosso nome.

Entre uma viagem e outra, já em casa, procura-se estender as estufadas pastas de anotações sobre a superfície plana do papel, transferir maços de papéis, blocos de notas, folhetos e catálogos para folhas batidas à máquina. Literatura como mudança; alguma coisa, como em toda mudança, se perde e alguma coisa vem à superfície de esconderijos esquecidos. Na verdade, quase andamos como órfãos, diz Hölderlin no poema "Nas nascentes do Danúbio" — o rio escorre e cintila no sol como o fluir da vida, mas o sentido que reluz é uma ilusão de ótica do olhar deslumbrado que vê inexistentes manchas luminosas na parede, esplendor no néon ao se dissolver, sedução da aparência, capas ilustradas.

O revérbero do nada acende as coisas, as latas abandonadas na praia e os faroletes dos automóveis, como o pôr-do-sol incendeia as janelas. O rio não tem nenhuma totalidade e viajar é imoral, dizia Weininger viajando. Mas o rio é um velho mestre taoísta, que ao longo de suas margens dá aulas sobre a grande roda e sobre os interstícios entre os seus raios. Em cada viagem existe pelo menos um fragmento de Sul, horas descontraídas, abandono, fluir da onda. Indiferente aos órfãos nas suas margens, o Danúbio corre para o mar, para a grande persuasão.

2. DONAUESCHINGEN CONTRA FURTWANGEN

Aqui nasce o braço principal do Danúbio, diz a placa colocada junto à nascente do Breg. Apesar dessa declaração lapidar, o debate plurissecular sobre as fontes do Danúbio ainda está aceso e é até responsável por vibrantes contendas entre as cidades de Furtwangen e Donaueschingen. Para complicar ainda mais as coisas, apareceu a hipótese sustentada por Amedeo, estimado sedimentólogo e secreto historiador de equívocos, segundo a qual o Danúbio nasce de uma torneira. Sem ter a pretensão de resumir a bibliografia milenar sobre o assunto, que vai de Ecateu, o predecessor de Heródoto, aos fascículos da revista *Merian*, à venda nos quiosques, basta lembrar os séculos para os quais o Danúbio era de origem desconhecida, como o Nilo, em cujas águas, por sinal, ele se espelha e se confunde, senão *in re*, ao menos *in verbis*, nas comparações e paralelos entre os dois rios, que durante séculos se sucederam nos comentários dos sábios.

Sobre essas nascentes versaram as pesquisas e conjecturas, ou as notícias de Heródoto, Estrabão, César, Plínio, Ptolomeu, o Pseudo-Skymnos, Sêneca, Mela, Eratóstenes; as nascentes aparecem supostas ou indicadas na selva Hercínia, perto dos Hiperbóreos, em Pyrene, no país dos celtas ou dos citas, no monte Abnoba, na terra Hespéria, enquanto outras hipóteses aludem à bifurcação do rio, a um braço que desemboca no Adriático e a divergentes descrições das fozes no mar Negro. Se da história ou do mito que faz os Argonautas descerem o Danúbio até o Adriático, se passa para as eras pré-históricas, a pesquisa tateia e perde-se no gigantesco, numa fragorosa afirmação do desmedido, numa geografia titânica: o *Urdonau* no Oberland bernês com suas nascentes no lugar dos atuais picos do Jungfrau e do Eiger, o Danúbio primordial no qual se lançavam o Ur-Reno, o Ur-Neckar e o Ur-Meno e que em meados do Terciário, no Eoceno, entre 60 e 20 milhões de anos atrás, desembocava aproximadamente onde hoje se situa Viena, numa baía de Tétis, a mãe oceânica originária, no mar sarmático, que recobria toda a Europa Sul-Oriental.

Pouco sensível à fascinação do arcaico e a seus prefixos indogermânicos, Amedeo passa por alto sobre o Urdonau, preferindo entrar no debate atual entre Furtwangen e Donaueschingen, duas pequenas cidades da Floresta Negra, a 35 quilômetros de distância uma da outra. Oficialmente, as nascentes do Danúbio encontram-se, como se sabe, em Donaueschingen, cujos moradores garantem a originalidade e autenticidade delas em termos de lei. Desde os tempos do imperador Tibério a pequena fonte que jorrava da colina era celebrada como sendo a do Danúbio e, além disso, em Donaueschingen encontram-se os dois rios, Breg e Brigach, cuja confluência constitui (segundo a opinião comum, confirmada pelos guias turísticos, pelas repartições públicas e pelos ditados populares) o início do Danúbio. O *incipit* do rio, que determina e circunda a Mitteleuropa (Europa Central), é parte integrante da antiga propriedade dos príncipes de Fürstenberg, junto com o castelo, a biblioteca da corte com os manuscritos do *Canto dos Nibelungos* e do *Parsifal*, a cerveja que traz também o nome dos senhores do lugar e os festivais de música que criaram a fama de Hindemith.

"*Hier entspringt die Donau*", aqui nasce o Danúbio, diz a placa no parque dos Fürstenberg, em Donaueschingen. Mas a outra placa, a que o dr. Ludwig Öhrlein mandou colocar perto da nascente do Breg, explica que esta última, entre todas as demais fontes concorrentes, é a mais afastada do delta no mar Negro, do qual dista 2888 quilômetros, 48,5 mais do que Donaueschingen. O dr. Öhrlein, proprietário do terreno onde brota o Breg, a poucos quilômetros de Furtwangen, travou uma dura batalha à força de papéis selados e atestados oficiais contra Donaueschingen. É uma pequena e tardia repercussão da Revolução Francesa na atrasada "miséria alemã", o burguês dedicado às profissões liberais e pequeno proprietário que se ergue contra a nobreza feudal e seus brasões. Os bons burgueses de Furtwangen marcharam compactos atrás do dr. Öhrlein e todos se lembram do dia em que o burgomestre de Furtwangen, acompanhado por um cortejo de concidadãos, despejou com desprezo na fonte de Donaueschingen uma garrafa de água do Breg.

3. O RELATÓRIO

O relatório de Amedeo, contido numa carta minuciosa — que trouxe comigo para verificá-lo como se diz, *in loco*, antes de discutir o assunto com ele, quando daqui a pouco ele vier juntar-se a nós — aceita, se bem que com alguma variante, a tese de Furtwangen, segundo a qual a verdadeira nascente do Danúbio é a do Breg. O Breg, portanto, é o verdadeiro Danúbio, e o Brigach, menos distante do mar Negro, um seu afluente. O relatório é uma epístola incisiva, cuja precisão científica é ornamentada de elegância humanística e atraiçoada pela melancolia; nela se reconhece não somente o autor dos estudos sobre os desmoronamentos e os deslizamentos em massa, marcos miliários da sedimentologia, mas também o mais secreto e esquivo autor de textos menos conhecidos, como o *Elogio da distração*, e de obstinadas e inquietas traduções de poemas românticos alemães.

Depreende-se do relatório que num primeiro momento foi provavelmente a taberna, aquele *Gasthaus* de telhado pontiagudo, revestido de madeira, perto da nascente do Breg, que o atraiu. Há numerosas tabernas naquele relatório, que é, na realidade, a narração de uma expedição semelhante à dos exploradores em busca das nascentes do Nilo, e anota, pois, fielmente as etapas e fases do caminho: hospedarias com anões de pedra no jardim, arbustos, velhas pianolas, escadarias de madeira levando ao sótão. Nas entrelinhas desse relatório, redigido por um homem, em outras circunstâncias tão amável e tranqüilizador, aparece uma tentativa encoberta de fuga, o círculo vicioso de alguém que parece estar procurando um esconderijo, um lugar onde desaparecer e não ser ninguém. Essas tabernas são lugares acolhedores de conversa e bebida, mas nos recantos um pouco escuros da *Stube*, ou nos quartos de teto inclinado, o autor procura algo mais, diferente e antitético, o casebre da feiticeira no bosque encontrado nos livros da infância, onde ninguém conseguirá nos encontrar. É como se, ao contrário de Tristram Shandy que receava nunca conseguir encontrar-se, ele quisesse se perder e fornecer a si mesmo indicações desencaminhadoras.

Chegado à nascente de Furtwangen, parou para visitar o Museu dos Relógios e por umas duas horas vagou por entre milhares de quadrantes de todas as formas e dimensões, de engrenagens de rodas e ponteiros, autômatos e pianos movidos pelo passar das horas, “selvas de pêndulos”, como sublinha em particular. Na sua carta, aquele movimento isócrono que o rodeava de todos os lados parece o ritmo secreto da vida, a escansão automática de um tempo puro e vazio. A existência, naquela carta, aparece como um movimento fechado em si mesmo que constantemente retorna ao início, como se entre os dois pontos extremos e recorrentes da oscilação não houvesse nada senão a própria abstrata oscilação e a força da gravidade que arrasta para baixo, até que no fim, quando o desgaste dos anos levou a cabo seu trabalho, o corpo atinge o estado inapelável de repouso. A curva da sua vida roçava tangencialmente a linha reta da realidade, mas sempre no mesmo ponto, e aquele ponto de interseção lhe doía, como quando duas vértebras demasiadamente encostadas mordem o nervo ciático, de maneira que se deseja um colete ortopédico ou uma tração que elimine aquele doloroso contato.

A pequena excursão às fontes foi provavelmente uma ação diversiva para subtrair-se àquela sensação de bloqueio, um subterfúgio para contornar, com um bonito passeio ao ar livre, as próprias profundezas lamacentas. Para desviar o olhar do próprio poço profundo não há nada melhor que voltá-lo para a análise da identidade alheia, interessar-se pela realidade e pela natureza das coisas.

Como é que os fenômenos aparecem no horizonte do mundo e da mente? Aquele livro é azul e aquele cinzeiro é um presente de Natal, escreve Paolo Bozzi no seu livro *Unità Identità Casualità*, publicado em 1969, mas ele logo sublinha a diferença entre os dois predicados, entre a propriedade visível do azul — que chega ao córtex cerebral através das ondas eletromagnéticas e dos impulsos do nervo óptico — e o seu caráter de presente natalino, que existe somente no pensamento de quem o recebeu e não existe para um observador que desconhece esse detalhe e que entrou na sala naquele momento.

Aquela água que jorra no terreno do dr. Öhrlein é, então, a nascente do Danúbio, ou pelo contrário, apenas se sabe (se pensa, se acredita, se pretende) que seja a nascente do Danúbio? Amedeo, evidentemente, quis voltar às coisas mesmas, ao seu manifestar-se originário na consciência. Partiu portanto de Furtwangen decidido a descrever as nascentes do Danúbio assim como elas se oferecem à observação, a colher sua forma pura, sua essência, depois de ter suspendido e colocado entre parênteses toda teoria preconcebida.

Seu relatório, no início, é atento e persuasivo. A água do Breg jorra do terreno em uma pequena bacia de uma colina, cuja encosta continua subindo, mais alto que a nascente, por algumas dezenas de metros. Amedeo segue a subida da encosta e se encontra, junto a Maddalena e Maria Giuditta, com os sapatos, as meias e as calças molhadas. A relva do prado está ensopada de água, todo o terreno está encharcado e alagado por uma quantidade de riachos diminutos. No prado as duas irmãs se movem e se molham mais graciosamente que Amedeo, cujo fascínio consiste, aliás, em grande parte, na maciça e tranqüilizadora corpulência à Pierre Bezukov. Sua pena é, todavia, digna daquela graça, pousa leve e precisa nos pormenores como uma borboleta sobre as flores, fixa a ampla nitidez do dia. A fenomenologia tem razão, o simples aparecer das coisas é bom e verdadeiro, a superfície do mundo é mais real do que as gelatinosas cavidades interiores. Santo Agostinho estava parcialmente enganado, quando aconselhava a não sair de si mesmo: quem permanece sempre no interior, divaga e se perde, acaba por queimar incenso a algum ídolo de fumaça saído do lixo dos seus temores, vazio e insidioso como os íncubos que a oração da noite intima a desaparecer.

Nas páginas sobre o prado em declive, o sedimentólogo alcança grande amplitude, a pregnância clássica do escritor épico, que colhe nos pormenores a presença de uma lei universal que os reúne em harmoniosa unidade. As ciências ajudam a não perder a cabeça, a ir em frente e a achar que o mundo, apesar de tudo, é bom e está firmemente unido; quem tem uma sólida formação científica acaba por sentir-se bem, mesmo entre os objetos que mudam e perdem continuamente a própria identidade.

Talvez receoso — ou desejoso — de pertencer, ele também, a estes últimos, Amedeo perguntou-se, como diz o seu relatório, "qual é a verdadeira continuação do rio, a montante". Desde Heráclito o rio é por excelência a figura interrogativa da identidade, com a velha pergunta sobre se é possível ou não banhar-se duas vezes nas suas águas, e Descartes, com seu famoso pedaço de cera branco, duro e frio que posto perto do fogo muda de figura, tamanho, compacidade e cor, permanecendo todavia um pedaço de cera, começou a pensar segundo idéias claras e distintas exatamente à beira do rio, do Danúbio, em Neuburg, a 10 de novembro de 1619, no seu quarto aquecido durante o inverno graças à generosidade do duque da Baviera.

A água que jorra na bacia da nascente, é evidente, provém do prado encharcado que está alguns metros a montante, como aparece também numa fotografia na qual Maddalena, apoiando-se em Maria Giuditta, levanta para o alto um lindo pé molhado. A terra engole os inumeráveis e diminutos riachos, filtra-os e os restitui à vista lá onde jorra a nascente, junto à placa do dr. Öhrlein. O pesquisador se perguntou então de onde vem essa água que encharca o prado e que é portanto o Danúbio. Subiu então paralelamente aos pequenos riachos que descem pela encosta e achou-se, depois de algumas dezenas de metros, diante de uma velha casa do século XVIII, tendo ao lado um depósito de lenha, e diante de "uma longa calha proeminente ou talvez mesmo um cano que, passando perto do depósito de lenha, jorra água abundante na direção da bacia" situada mais embaixo. "Não há outra hipótese possível", prossegue, "a água que desce pela encosta na bacia de onde sai a nascente provém daquela calha, que está mais acima. A água só desce, não pode subir novamente uma ladeira ou um cano (ou será que existe ali o único lugar do mundo conhecido no qual a lei mais honesta da física clássica deixa de atuar?)."

Se o rio é água visível, exposta ao céu e ao olhar dos homens, a calha é o Danúbio. Até aqui o relatório é incontestável. Se se anda pelas margens de um rio em lugares e em momentos diferentes, apontando sempre o dedo para a água e dizendo sempre "Danúbio" — o lógico Quine, a quem se deve esta teoria da definição ostensiva e dos repetidos atos de ostensão, dava na realidade como exemplo o Caystro —, chega-se à identidade do Danúbio. Este último existe, não há dúvida, e não sofre solução de continuidade; se Amedeo se arrasta ofegante pela encosta e aponta o indicador — sempre dizendo "Danúbio!" — para a nascente do Breg, para o riacho do prado que o alimenta e para a calha que alimenta o riacho, aquilo é o Danúbio.

Mas quem alimenta a calha, que escondida e inostensiva divindade fluvial? É aqui que o relatório dá a sua cambalhota, porque o cientista cede o lugar a um impreciso mexeriqueiro, que relata boatos alheios. Ele conta que Maria Giuditta, chegando primeiro com suas pernas compridas ao alto da casa e debruçando-se à janela do andar térreo, interrogou a velha e rabugenta dona da casa, pela qual ficou sabendo que a água chega à calha por um lavatório, que se enche continuamente graças a uma torneira que ninguém consegue fechar, ligada a "um cano de chumbo, velho talvez como a casa, o qual vai se perder não se sabe onde".

O diletantismo desta linguagem dispensa comentários. Evoca aquelas publicações sobre as nascentes do Nilo, redigidas pelo temerário capitão John Speke, que — segundo seu rival Richard Burton e James M'Queen, respeitável e preconceituoso membro da Royal Geographical Society — eram uma vergonha para toda a geografia. O estudioso, embora habituado à verificação experimental, não se dá nem mesmo ao trabalho de confirmar a existência dessa torneira, da qual ele vem a saber somente por intermédio de alguém que, por sua vez, apenas a ouviu mencionar por outra pessoa, sobre cuja credibilidade ademais não é possível dizer uma palavra. Já Heródoto só dava ouvidos aos seus interlocutores se eram testemunhas oculares, não quando repetiam notícias transmitidas por outros. Talvez Amedeo se tenha deixado distrair por uma pergunta feita aos gritos por Maddalena, que ficara um pouco atrás, pálida e lindíssima. "E o que aconteceria se fechassem aquela torneira?" A imagem de Bratislava, Budapeste e Belgrado secas, de objetos antigos e de ossadas no imenso leito do rio esvaziado, deve ter dirigido sua mente para dimensões metafísicas da causalidade e do período hipotético. O que acontece lá se aqui acontece alguma coisa? Naturalmente não acontece nada, mas...

4. MORALISTAS E GEÔMETRAS NAS NASCENTES DO BREG

Em primeiro lugar, aquela torneira não existe. Percorrer novamente o itinerário de Amedeo não é difícil. Desço os poucos metros que separam meu banco da nascente do Breg e subo pelo gramado, molhando meias e sapatos, em direção a casa. A água brilha na grama, a nascente flui tranqüila, o verde das árvores é agradável, assim como o seu perfume. O viajante sente-se um pouco desajeitado e insignificante e percebe a superior objetividade da moldura que o envolve. Será possível que aqueles pequenos riachos no gramado sejam o Danúbio, o rio dos superlativos, como foi chamado, com sua bacia de 817 mil quilômetros quadrados e os 200 bilhões de metros cúbicos de água que despeja todo ano no mar Negro? O riacho, algumas centenas de metros mais embaixo, foge e brilha veloz, merece já o epíteto de "formosocorrente" com que Hesíodo define o Istro.

Os passos em direção a casa assemelham-se às frases sobre uma folha de papel, o pé tateia o terreno encharcado e contorna uma poça de água como a pena rodeia e atravessa o espaço branco da folha, evita uma sobrecarga no coração e no pensamento e segue adiante como se se tratasse de uma mancha de tinta, fingindo tê-la superado, enquanto simplesmente a evitou e deixou para trás, irresoluta e escorregadia. O ato de escrever deveria ser como essas águas que escorrem na grama, mas aquele frescor de nascente, tímido, porém inesgotável, aquele cantar baixinho e esquivo da vida assemelha-se ao olhar absorto e profundo de Maddalena, não à turva aridez da escrita, conduto de água cuja distribuição é freqüentemente defeituosa.

A alma é mesquinha, censurava-se Kepler, e se refugia nos cantinhos da literatura em vez de indagar o desenho divino na criação. Quem se confia só ao papel pode descobrir no final ser uma mera *silhouette* recortada em papel de seda, que treme e se enrola ao sopro do vento. É o vento que o viajante desejaria, a aventura, a cavalgada no alto da colina; ele gostaria de deparar-se, como Kepler Mathematicus, com os desígnios de Deus e com as leis da natureza, não só com as próprias idiossincrasias, e gostaria que também a pequena subida para a casa fosse um avanço glorioso, os tigres de Mompracem que sobem sob o fogo inimigo para conquistar ou libertar a terra natal. Mas o vento não sopra no rosto, e sim nas costas, e leva embora, para longe da casa natal e da terra prometida. E assim o viajante avança por entre as próprias alergias e as próprias insuficiências, esperando que naquelas fendas, cortadas como lâminas nos bastidores do teatro cotidiano, haja ao menos um sopro ou um ventinho proveniente da verdadeira vida, ocultada pelo biombo do real. As manobras literárias tornam-se então uma estratégia para proteger aqueles rasgos mal costurados na cortina da distância, para impedir que aquelas fendas mínimas se fechem completamente; a existência do escritor, dizia Monsenhor Della Casa, é um estado de guerra.

Subo a encosta e chego a casa. Subo, chego? O uso da primeira pessoa do singular é tudo menos incontestável, e principalmente um viajante fica embaraçado, diante da objetividade das coisas, quando se vê às voltas com o pronome pessoal. Victor Hugo, vagando ao longo do Reno, teria desejado jogá-lo fora, aborrecido com esta erva daninha do eu, que brota da pena em todo lugar. Mas um turista não menos ilustre nem menos hostil ao egotismo verbal e pronominal, Stendhal, dizia, passeando pela França, que afinal é um meio cômodo de narrar.

Observo então a casa, ando em volta dela, inspeciono-a, comparo-a com a descrição epistolar. O problema de qualquer ciência é o de fazer coincidir os Mares do Sul, o seu azul imenso e desigual, com o mapa azul dos Mares do Sul. Pouco dado à exatidão, o literato prefere divagar, fazer observações morais sobre as suposições da exatidão científica. Moralistas sempre o somos, dizia o dr. Johnson, mas geômetras somente por acaso.

De qualquer modo, não existe uma torneira naquela casa. A casa é antiga, a cozinha remonta a 1715; uma velha, que apareceu na soleira, recomenda bruscamente não roubar e escutar, por dois marcos e cinqüenta por pessoa, uma fita que descreve a escura residência, os utensílios do século XVIII, os usos e costumes daquele tempo. Colocamos cinco marcos na palma de sua mão, casca de antiga árvore que incute respeito e temor. A cozinha é negra, uma toca que cheira a passado e a *speck*, a voz gravada na fita é a da mulher; dessa maneira ela se poupa o trabalho de repetir cada vez a mesma história e limita-se a acompanhar a audição com gestos autoritários que integram a narração. É velha, dura, sozinha e familiar com sua solidão, indiferente à vida que passa e à sombra da negra cozinha na qual sempre viveu. Somente quando sua voz na gravação fala em Sulina, a longínqua foz do Danúbio no mar Negro, seu rosto se suaviza e se retrai numa expressão de indefinida ausência.

Não existe nenhuma torneira, nem dentro nem fora da casa. A água que umedece o gramado do qual jorra o Breg sai de um cano fixado verticalmente no terreno; um pouco mais no alto vêem-se manchas brancas, talvez a neve que se derrete alimente, junto com outros riachos, a água de que a terra está embebida. De qualquer maneira a água sobe pelo cano e transborda. A velha aplicou ao cano um tronco escavado que forma uma espécie de calha. O cano joga a água nessa calha rudimentar, que por sua vez a descarrega num balde, do qual a velha retira a água de que necessita. O balde está sempre cheio e a água em excesso, que jorra continuamente, desce pela encosta, inunda e encharca o gramado, irriga o terreno do qual, na bacia mais embaixo, nasce a torrente do Breg, ou seja, o Danúbio.

Não se trata de uma descoberta. Na sua grande obra de 1785, o Antiquarius danubiano, pseudônimo de Johann Herm. Dielhelm, fala de uma casa no monte Abnoba, do telhado da qual uma calha joga água no Danúbio e uma outra no Reno; mais adiante ele cita ainda uma hospedaria, situada no alto da estrada para Freiburg, chamada Kalteherberg, Frescalbergue, em cujo telhado a chuva divide-se em dois riachos, que acabam, respectivamente, no Danúbio e no Reno. A calha, então, aparece desde os tempos antigos como um *Leitmotiv* na controversa questão das nascentes do rio. Certamente, na eruditíssima exposição do Antiquarius, as calhas jogam água num Danúbio já existente, enquanto, de acordo com a tese de Amedeo, à parte o disparate da torneira, a calha é a fonte do Danúbio, é o Danúbio. Sabemos, assim, pouco, e antes de proclamar verdades definitivas seria preciso debater os problemas pelo menos duas vezes, como os godos que por isso agradavam a Sterne, ou seja: antes estando bêbados e, depois, após curar a ressaca; de resto os godos juravam também pelo deus Istro e em certas inscrições na Récia o deus Danuvius é colocado junto a Júpiter Ótimo Máximo.

5. MITTELEUROPA HINTERNACIONAL OU TOTAL-ALEMÃ?

Jurar pelo Danúbio que a calha é o Danúbio? Nesta história falta o fundamento primeiro, a base que sustenta o todo; também a calha que alimenta a nascente se alimenta da nascente. Estamos já em plena civilização danubiana, no mundo da Ação Paralela, do comitê musiliano que, para festejar o septuagésimo aniversário do reinado de Francisco José, quer celebrar o princípio fundador da civilização austríaca — e da européia *tout court* —, mas não o encontra e descobre assim que toda realidade se sustenta no ar, que o seu complexo edifício se apóia no nada.

A calha que rega o terreno do qual se alimenta pode ser uma ilação capciosa de pesquisadores em férias; mas é certo que em Donaueschingen, a fonte acreditada, o Danúbio se lança no Brigach, ou seja, num braço de si mesmo. Na taça redonda que recolhe a nascente, uma placa diz que, em outros tempos, o verdadeiro Danúbio, o regato originário, corria paralelo ao Brigach e confluía, depois de dois quilômetros, com o próprio Brigach e com o Breg, formando um único rio, chamado justamente Danúbio; mas que, desde 1820, um encanamento subterrâneo recolhe as águas da fonte primária, jogando-as no Brigach. O Danúbio propriamente dito tem então uma extensão de duzentos metros, é um ínfimo afluente do Brigach; mas o Danúbio oficial começa pouco adiante, na citada confluência do próprio Brigach, do Breg e, a rigor, também a *stille Musel*, riachinho que vem de

Bad Dürnheim e que se pode atravessar com um salto. Vinte ou trinta quilômetros mais adiante, em Immendingen, o Danúbio, todavia, desaparece, pelo menos parcialmente; engolfa-se nas fendas das rochas e reaparece, quarenta quilômetros mais ao Sul, com o nome de Aach, para se lançar no lago de Constança e portanto no Reno, sobre cujas nascentes disputa-se tanto quanto sobre as do Danúbio. O Danúbio é, portanto, ao menos em parte, um afluente do Reno, e desemboca não mais no mar Negro, mas no mar do Norte: triunfo do Reno sobre o Danúbio, revanche dos nibelungos sobre os hunos, predomínio da Alemanha sobre a Mitteleuropa.

Desde o *Canto dos Nibelungos*, Reno e Danúbio se defrontam e se desafiam. O Reno é Sigfried, a *virtus* e a pureza germânica, a fidelidade nibelúngica, o heroísmo cavalheiresco e o impávido amor do destino da alma alemã. O Danúbio é a Panônia, o reino de Átila, a maré oriental e asiática que desbarata, no final do *Canto dos Nibelungos*, o valor germânico; quando os burgúndios o atravessam para dirigir-se à pérfida corte dos hunos, seu destino — um destino alemão — está traçado.

O Danúbio aparece freqüentemente envolto num simbólico halo antigermânico, é o rio ao longo do qual se encontram, se entrecruzam e se misturam povos diversos, diferentemente do Reno, um mítico guardião da pureza da estirpe. É o rio de Viena, de Bratislava, de Budapeste, de Belgrado, da Dácia, a faixa que atravessa e cinge, como o oceano cingia o mundo grego, a Áustria habsbúrgica, cujo mito e cuja ideologia tornaram-na o símbolo de uma *koiné* múltipla e supranacional, o império cujo soberano falava aos "meus povos" e cujo hino era cantado em onze línguas diferentes. O Danúbio é a Mitteleuropa alemã-húngara-eslava-românica-hebraica, polemicamente contraposta ao Reich germânico, um ecúmeno *hinternacional*, como a celebrava em Praga Johannes Urzidil, um mundo "por trás das nações".

A versão Danúbio-Aach parece, ao contrário, o símbolo daquela ideologia *gesamtdeutsch*, total-alemã, que via na plurinacional monarquia habsbúrgica um braço da civilização teutônica, uma astúcia ou um instrumento da Razão para germanizar culturalmente a Europa Centro-Oriental, como afirmava, por exemplo, Heinrich von Srbik, o grande historiador austríaco que exaltava Eugênio de Savóia, detestava Frederico II e o prussianismo e acabou nacional-socialista.

A Mitteleuropa *hinternacional*, hoje idealizada como harmonia de povos diferentes, foi, sem dúvida, uma realidade do império habsbúrgico, no seu último período, uma tolerante convivência que compreensivelmente deixou saudades depois de seu fim, também pelo confronto com a barbárie totalitária que lhe sucedeu, entre as duas guerras mundiais, no espaço danubiano. A vocação mitteleuropéia dos Habsburgo é todavia, em parte, uma ideologia de substituição, que se desenvolve com as desilusões da política austríaca na Alemanha. As guerras entre Maria Teresa e Frederico II quebram aquilo que Heinrich von Srbik, num livro de 1942, chamava a *Deutsche Einheit*, a unidade alemã; a separação entre Áustria e Alemanha se acentua no período seguinte — das guerras napoleônicas à austro-prussiana de 1866 — que vê o declínio do poderio habsbúrgico e sobretudo da sua *leadership* na Alemanha. Incapaz de realizar a unificação alemã, à frente da qual se coloca a Prússia, a Áustria habsbúrgica procura uma nova missão e uma nova identidade no Império supranacional, crisol de povos e de culturas.

Nas raízes do mito habsbúrgico, que contrapõe o Danúbio ao Reno, acha-se esta laceração histórica e quanto mais ela se torna aguda tanto mais intensa se faz a elaboração do mito. Durante a Primeira Guerra Mundial, na véspera do desfecho, Hoffmanstahl celebra o "austríaco" e o contrapõe, exaltando-lhe a auto-ironia tradicionalista e o ceticismo nos confrontos da história, ao "prussiano" adorador do Estado, seguidor do pensamento dialético e virtuosamente fanático. Nas décadas de 1920 e 1930 a crise de identidade da recém-nascida e pequena República da Áustria, órfã do Império, estimula e produz mais intensamente ainda as teorizações categoriais da "austricidade", os discursos sobre o "homem austríaco", sempiterno e claramente distinto do alemão.

O austrofascismo, na sua tentativa de opor-se ao nazismo, incrementa, não sem profundas contradições, esta tradição. Da recusa da identificação com o elemento alemão nasce a contínua discussão austríaca sobre a própria identidade; uma discussão que acaba por proclamar a inexistência de uma nação austríaca, como já o fizera o barão Andrian-Werburg no século XIX, e por exasperar a auto-reflexão na perversa autodifamação, revelando que a austricidade é indefinível e encontrando nesta indefinibilidade a própria essência, gratificante por ser anômala.

O Danúbio leva sempre mais para longe do Reno, ou, pelo contrário, está destinado a parecer um emissário daquelas águas germânicas no Oriente? Os diversos projetos políticos mitteleuropeus, em épocas diferentes, oscilam entre os projetos de confederações plurinacionais, como os de Frantz ou de Popovici, e os programas de hegemonia alemã, como os de Naumann. Os literatos tendem a ver quase unicamente o Danúbio hinternacional, os historiadores levam também em conta a germanicidade da Áustria danubiana, com o ouro do Reno que freqüentemente brilha no Danúbio azul.

O amplo debate político-historiográfico sobre a Áustria se baseia em grande parte no papel do elemento alemão, em seu relacionamento com as outras nacionalidades do Império, proximidade e/ou afastamento entre "alemães" e "austríacos". A perspectiva austro-alemã não significa unicamente nacionalismo germânico; em certos momentos históricos — como depois da catástrofe de 1918, quando era a opinião democrática e socialista que prognosticava a união com a Alemanha —, ela indica a identificação com a civilização que se mostrava muito mais portadora de progresso, como acontecera na época de José II e do liberalismo do século XIX. O *Anschluss* de 1938 foi a trágica, caricatural perversão desta simbiose entre *leadership* alemã e espírito progressista.

O nexo contrastado entre Mitteleuropa e germanismo foi muitas vezes um motivo dramático, posto em evidência por Arduino Agnelli no caso de Heinrich von Srbik. Este via na monarquia habsbúrgica uma síntese de idéia universal, idéia imperial e idéia mitteleuropéia na qual se exaltavam, a seus olhos, o universalismo alemão, a plurissecular missão histórica alemã no espaço danubiano e a consciência de tal missão. Srbik opõe-se ao ideal *kleindeutsch*, pequeno alemão, ou seja, à identificação do germanismo com o prussianismo, e ao *grossdeutsch*, grande alemão, que celebra a tradição vienense; opõe-se a toda "austricidade" em nome de uma perspectiva total-alemã. Nessa perspectiva a idéia austríaca — e a própria Mitteleuropa, à qual Srbik dedica um ensaio famoso em 1937 — parece "uma idéia essencialmente alemã"; a Áustria "é uma parte da alma alemã, da glória alemã e do esforço alemão" e a missão do Império habsbúrgico foi a de afirmar a superior idéia germânica na Europa Centro-Oriental, de criar naquele espaço uma civilização universalística, isto é, sacro-romano-imperial-germânica.

Ao longo do Danúbio se desce então num ecúmeno carolíngio? Srbik não era um nacionalista nem um racista; civilização alemã significava para ele a universalidade cristã do Sacro Império Romano, que devia transcender cada Estado e impor seu valor ético superior a toda política de poder puro e simples. Ele fala repetidamente de uma pacífica convivência do povo alemão com os outros povos no espaço centro-europeu, de reconhecimento a todas as outras nações do pleno direito à vida. Mas o povo alemão é para ele indiscutivelmente o único adequado para a liderança da Europa Central, o único que pode ser porta-voz de civilização e de universalidade; o Sacro Império Romano é de nacionalidade alemã.

Srbik não dava atenção ao elemento racial-biológico, via com bons olhos os casamentos mistos e as misturas étnicas, não esquecia que sua família, apesar de germanizada havia gerações, era de origem tcheca. Somente o sangue alemão, todavia, era para ele cimento de civilização, de *Kulturnation* na Europa Central; quem pertencesse a outras nações podia elevar-se até os altos cumes da cultura, mas germanizando-se, tornando-se alemão, como acontecera com sua família, ou permanecer no nível de sua nacionalidade, ou seja, num nível inferior, respeitado mas subalterno. Os eslavos podiam tornar-se alemães, como os bárbaros puderam tornar-se cidadãos romanos, mas a cultura superior, a *Kultur*, só podia ser alemã, como fora greco-romana.

A esse universalismo alemão — "desesperadamente alemão", dizia Thomas Mann, para sublinhar o emaranhado de interioridade freqüentemente distorcida, paixão pela ordem e secreta inclinação para o caos — está ligada uma grande página da civilização européia, a intensidade de uma *Kultur* que chamou a si a tensão entre a vida e o valor, entre a existência e a ordem. A parábola de Srbik demonstra certamente como esse universalismo, quando a supremacia alemã é ameaçada, pode distorcer-se na barbárie mais particularística. O "destino alemão", sombrio de *pathos* e de silenciosa interioridade, foi principalmente um modo de viver o encontro-choque entre alemães e eslavos no vasto território e no tempo plurissecular de sua confrontação. O nazismo é a lição inesquecível da perversão da presença alemã na Europa Central. Mas a presença alemã na Mitteleuropa foi um grande capítulo da história e seu eclipse uma grande tragédia, que o nazismo, responsável por essa degradação e por esse desastre, não pode fazer esquecer. Interrogar-se sobre a Europa significa, hoje, interrogar-se também sobre a própria relação com a Alemanha.

Fomos todos educados para ver o Espírito do Mundo nos grandes batalhões, e deveríamos aprender com Herder a surpreendê-lo também ali onde ele está — ou parece estar — ainda adormecido ou mal entrado na infância; talvez não sejamos realmente salvos enquanto não aprendermos a sentir, com uma concretude quase física, que cada nação está destinada a ter sua hora e que não existem, em sentido absoluto, civilizações maiores ou menores, mas sim uma sucessão de estações e florescimentos. Viver e ler significa pensar aquela "história da alma humana" em todos os tempos e em todos os países que Herder pretendia traçar através dos ciclos da literatura mundial, sem sacrificar a idéia de uma perene universalidade dessa alma, mas sem sacrificar tampouco a um único modelo nenhuma das formas, tão variadas e diferentes, que a encarnaram; o amor pela perfeição da forma grega não o induzia a desvalorizar o canto da festa popular letã.

Como todos os escritores do *Sturm und Drang*, Herder amava o rio, a torrente jovem e impetuosa que corre para o vale, doando uma fecunda vitalidade: olhando para esta água jovem e sutil do Danúbio recém-nascido, pergunto-me se, seguindo-o até o delta, entre povos e gentes diversas, penetra-se numa arena de lutas sangrentas ou no coro de uma humanidade apesar de tudo unitária na variedade de suas línguas e de suas civilizações. Pergunto-me se me espera um desfile de campos de batalha, passados, presentes ou futuros, ou aquela "confederação danubiana" em cuja unidade solidária o grande conde Károlyi — o aristocrático húngaro capaz de tornar-se um verdadeiro patriota, superando no socialismo os horizontes de sua classe — não se cansava de acreditar, nem mesmo quando a sua fé o obrigava, desterrado em Londres depois de ter sido presidente da República da Hungria em 1918-9, a vender o impermeável para pagar a conta do armazém.

6. NOTEENTIENDO

Talvez a promessa desta água inocente seja mentirosa e aquele universal humano não exista; uma visita a um Lager faz parecer ridícula a confiança na grande árvore da humanidade, que Herder imaginava como um todo harmônico. Provavelmente aquela imagem, e o senso de plenitude que dela emana, é somente uma exigência nossa, sobreposta ao caos sem sentido dos eventos. A viagem "danubial" (como dizia Griselini no século XVIII) de um viajante escrupuloso deveria, contudo, terminar bem cedo. Para amanhã à noite esperamos, aqui no Breg, os outros, mas, impacientes por verificar a hipótese deste fim prematuro, fazemos uma breve excursão a Immendingen, onde o Danúbio, como dissemos, engolfa-se nas fissuras das rochas para reemergir misturado com as águas do Aach e com elas fluir no lago de Constança. Um amável senhor, que passeia na margem, nos informa que no verão, naquele ponto, o leito do rio fica completamente seco. Mas em Ulm, poucos quilômetros mais adiante, o rio — chamado Danúbio — existe também no verão, largo e navegável; no verão o Danúbio nasce então bem mais adiante, em Tuttlingen, além do lugar em que nos encontramos esta noite, nasce dos afluentes e dos riachos que descem das colinas e não sabem nada de Donaueschingen nem de Furtwangen.

Também o Danúbio, como cada um de nós, é um *Noteentiendo*, um Nãoteentendo, como a figura desenhada num dos dezesseis segmentos do quadro "Las Castas", uma espécie de jogo-da-glória do amor e das estirpes que recordo ter visto pendurado numa parede do Museu da Cidade do México. As dezesseis casas do quadro retratam cada uma três figuras: o homem e a mulher, cujo sangue diverso exige imperiosamente misturar-se, e um tranqüilo menino nascido da união deles, o qual, na casa seguinte, já adulto, é o protagonista do novo conúbio do qual nasce outro filho destinado a continuar a cadeia da mistura: o Mestizo, filho do Espanhol e da Índia, o Castizo seu filho, o Mulato que uma espanhola presenteia com um elegante Morisco e assim se chega ao Chino, ao Lobo, ao Gíbaro, filho do Lobo e da China, ao Albarazado, filho da Mulata e do Gíbaro, e pai de um Cambujo, genitor por sua vez de um Sanbaigo. O painel pretenderia classificar e distinguir rigorosamente — também nas roupas — as castas sociais e raciais, mas acaba por exaltar involuntariamente o jogo caprichoso e rebelde de Eros, o grande destruidor de toda a hierarquia social fechada, o desarranjador e misturador das bem-ordenadas cartas do baralho, que mescla os ouros às copas ou às espadas para tornar possível e agradável o jogo.

Na penúltima casa, o fruto dos amores do Tente En El Aire e da Mulata deixa perplexo o talento nomenclatório do classificador anônimo, que de fato o define como *Noteentiendo*. Aquele Danúbio que está e não está, que nasce de lugares diversos e de vários pais, lembra-nos que cada um, graças à múltipla e escondida trama a que deve sua existência, é um Noteentiendo, como os praguenses de nome alemão ou os vienenses de nome tcheco. Mas esta noite, ao longo do rio que no verão, como dizem, de vez em quando desaparece, o passo junto ao meu é irrefutável como aquele curso d'água e, na onda dele, seguindo a curva das margens, talvez eu saiba quem sou.

Mais subjetivo e menos propenso à historiografia particular, o doce e encaracolado Sigmund von Birken, poeta barroco e expoente conspícuo da Honorável Ordem Pastoral e Floral da Pegnitz, via nas curvas do Danúbio, que ruma caprichosamente primeiro para o leste, depois para o sul e depois para o norte, um desígnio da Divina Providência para resistir à investida dos turcos. Na sua obra sobre o Danúbio de 1684 — que abrange as margens, as províncias, os antigos e novos nomes das cidades à beira do rio, desde a nascente até a foz — o autor, após ter recolhido com a máxima diligência um vasto material erudito, escreve que nossa pátria terrena é o lugar da imperfeição e deixa em branco os nomes que não conseguiu reconstituir com certeza, convidando o leitor a preencher os claros com a própria experiência e com o sentimento da própria precariedade.

Talvez escrever signifique preencher os espaços em branco da existência, aquele nada que se abre de súbito nas horas e nos dias, entre os objetos do quarto, sorvendo-os numa desolação e numa insignificância infinita. O medo, escreveu Canetti, inventa nomes para se distrair; o viajante lê e anota nomes nas estações por onde passa de trem, nas esquinas das ruas para onde o levam seus passos, e prossegue, um pouco aliviado, contente com aquela ordem e com aquela escansão do nada.

Sigmund von Birken procurava os nomes verdadeiros das coisas e partia em viagem, como dizia, para observar diretamente a nascente do Danúbio, sobre a qual tantos tinham escrito mas tão poucos tinham se dado ao trabalho de ir ver. Não o convencia plenamente a *Cosmographia* de Sebastian Münster, que atribuía a origem do Danúbio ao dilúvio universal (XI,11), e queria verificar se o nome do rio poderia ser realmente reconduzido ao rumor, ao fragor das suas nascentes como sustentavam algumas etimologias. Seu gosto barroco pelas brincadeiras e extravagâncias não podia, contudo, induzi-lo a deleitar-se em imaginar o grande rio deixado a seco pelo fechamento de uma torneira.

7. HOMUNCULUS

Aquela brincadeira, diz Gigi diante de uma garrafa de Gutedel na taberna perto do Breg — no qual as *disjecta membra* da companhia estão, ainda que provisoriamente, reunidas —, só pode vir à mente de um filho do nosso século, de alguém que se pergunta se existe ainda a natureza, se ela é a enigmática senhora do universo ou se não foi desautorizada pelo artificial; não por acaso o Danúbio está ameaçado, exatamente neste momento, pelos projetos de uma grande central hidrelétrica entre Viena e Hainburg, que destruiria — segundo os protestos dos Verdes — o equilíbrio ecológico das *Donauauen*, as férteis terras da beira do rio, com sua exuberância tropical de flora, de fauna, de vida. Gigi, ensaísta de sangüíneo e melancólico classicismo, mas sobretudo gastrônomo exigente e pronto a melindrar-se, está entre outras coisas um pouco impaciente também porque Maria Giuditta, procurando defender, para falar a verdade impropriamente, os resultados daquele reconhecimento do ano passado na encosta, usou de repente a expressão "sair do túnel", que sempre tem a capacidade de fazê-lo perder a compostura.

Para Goethe, prossegue Gigi, o inatural provavelmente não existia: a natureza goethiana abraça e envolve cada coisa e é ela que move e cria, com elusiva ironia, todas as formas, mesmo aquelas que parecem negá-la e que aos homens parecem "inaturais". Mesmo o indivíduo mais órfão e estéril, que se crê excluído do seu regaço, lhe pertence sem saber disso e representa o papel que ela lhe atribuiu no eterno jogo: torneira e calha obedecem à divindade fluvial.

Na mesa daquela taberna perto do Breg alguém, todavia, é tentado pela dúvida. A segunda natureza que nos circunda — a floresta de símbolos, de mediações, de construções — insinua a suspeita de que, por trás dela, não há mais nenhuma natureza primeira, que o artifício e as diversas bioengenharias alteraram e suplantaram suas pretensas leis eternas. Justamente a cultura austríaca, nascida no espaço danubiano, denunciou com desiludida clareza a inautenticidade do pós-moderno, escarnecendo dela como de uma estupidez, mas aceitando-a como um destino.

Na realidade, também o último e esfíngico Goethe não ignorava tal suspeita, quando, no segundo *Fausto*, não somente narra o nascimento do Homunculus, o homem fabricado em laboratório, mas evoca um triunfo total do inatural e a derrota ou o desaparecimento da antiga Mãe, adulterada pela moda, pela produção artificial, pelo fictício. Naquela ponte de comando do devir moderno e pós-moderno que é o segundo *Fausto* as torneiras já são mais vivas e palpáveis do que os rios, e sua tubulação pode sempre interromper o fornecimento da água da vida, como ameaça o Apocalipse. Os angustiosos protestos contra a central que deveria surgir perto de Hainburg falam de aridez, de terra e de vida que seriam ressecadas, de um *amnios* materno saneado e esterilizado, da selva lamacenta e primordial das *Auen* que desapareceria para todo o sempre.

Os ociosos que discutem à toa naquela taberna sobre o Breg temem, no íntimo, ter sido gerados como Homunculus, e poder ser enxugados, no húmus de seu coração, como o leito seco do rio que se comprazem em evocar. Em segredo confiam ainda no sorriso de discrição que Goethe se permitia também diante do Carnaval do artifício, tão impiedosamente representado no segundo *Fausto*. Também para nós, naquela taberna, como para todo o mundo, o dilema é o mesmo proposto e mefistofelicamente não solucionado pelo velho Goethe: a Natureza criadora é o horizonte sem fim, que abrange mesmo os acontecimentos memoráveis nos quais os homens não mais conseguem vê-lo, ou terá ela também acabado no desfile carnavalesco do inautêntico, além do qual nada mais existe? A bomba atômica é uma pérfida invenção humana, que põe em perigo uma harmonia eterna e, com ela, o pensamento milenar que nos transmitiu aquele sentido do eterno, ou é só um fenômeno diminuto que imita em escala ridiculamente reduzida as fissões e as gigantescas explosões que acontecem continuamente no Sol, criado por Deus para dar vida e calor à Terra?

A antítese, para dizer a verdade, deixa-nos um pouco frios enquanto estamos ali na taberna, porque também se o propalado fim dos tempos fosse apenas a pancada de chuva que fecha o verão com ligeira antecipação, ela seria sempre, todavia, o fim da nossa estação. As pernas da garçonete que serve as mesas, com aqueles tamancos que vão para cima e para baixo pelo assoalho de madeira *ad maiorem Dei gloriam* e para edificação dos presentes, são um motivo mais que suficiente para ficar no mundo por um pouco mais de tempo — ou mesmo somente nesta taberna, a ouvir Gigi que comanda a banca e a olhar os rostos em volta dele. Maria Giuditta está atarefada com as salsichas e a mostarda, Francesca escuta silenciosa, insignificante e fascinante como a Effi Briest de Fontane, fascínio da água que parece escorrer para longe, leve e transparente como o riacho pouco mais adiante, sem ocultar nada, superfície límpida e clara que, como a do mar tranqüilo e apenas encrespado por um ligeiro sopro do vento, é mais insondável do que as profundezas que exibem sua cavernosa escuridão e lembra um infinito gentil e taciturno.

Na torrente da montanha que corre para o vale o jovem Goethe via uma juventude robusta e impetuosa, que se precipitava para a planície, tornando fecunda a terra. Na estação do *Sturm und Drang*, das esperanças pré-revolucionárias, o rio era o símbolo do gênio, da energia vital e criadora de progresso; no tomo quinto da *Encyclopédie*, o *enthousiasme* é comparado a um riacho sutil que cresce, flui, serpeia, torna-se sempre maior e mais poderoso e no fim se lança no oceano, “depois de tornar ricas e fecundas as terras felizes que banhou”. Mas alguns decênios mais tarde, Grillparzer, o poeta da Áustria do século XIX, em versos de tom bem diferente, sonhava deter o fluir de um riacho, via-o crescer, mas também perder-se na história, perder a pequena mas harmoniosa paz de sua infância límpida e tranqüila, agitar-se e confundir-se até dissolver-se no mar, no nada.

O Danúbio é um rio austríaco e austríaca é a desconfiança na história, que resolve as contradições eliminando-as; na síntese que supera e anula os termos em jogo; no futuro que aproxima a morte. Talvez hoje a velha Áustria nos pareça muitas vezes uma pátria congenial, porque era a pátria de homens que duvidavam de que seu mundo pudesse ter um futuro e não queriam resolver as contradições do velho Império, mas adiar as soluções, pois se davam conta de que qualquer solução comportaria a destruição de alguns elementos essenciais para a heterogeneidade do Império e, portanto, o fim do próprio Império. Para chegar à bacia do Breg é preciso descer, ainda que por poucos metros, a breve encosta. Ali começa o rio, a sua descida. Seguindo-a, é oportuno procurar também paradas, desvios, atrasos, pois, como sabia Rilke, não é o caso de pensar em vitórias, mas sobreviver é tudo.

8. OS TRILHOS DO TEMPO

O Museu Alemão dos Relógios, glória de Furtwangen, é uma floresta de instrumentos de todo tipo e de toda forma — preciosos, caseiros, semoventes, musicais — que medem o tempo. Triunfam, naturalmente, os cucos da Floresta Negra, cuja paternidade é atribuída a um artesão boêmio ou, segundo outros, a um certo Franz Anton Ketterer, por volta de 1730, ou a seu pai Franz. Há pêndulos, relógios astronômicos, planetários, de quartzo. É instintivo perguntar-se se o tempo corre independentemente daqueles instrumentos que o escondem com movimentos diversos, ou se ele é somente aquele complexo de medidas e verificações.

Entre estes inumeráveis pêndulos não se pensa nas perguntas de Aristóteles e de santo Agostinho, nas questões metafísicas a respeito do tempo, mas em incongruências e deformidades cronológicas mais modestas. Poucos meses atrás, por exemplo, alguns manifestos do Movimento Social Italiano celebravam os quarenta anos da República de Salò. Aquelas imagens de mãos levantadas na saudação fascista e prolongadas por punhais eram também uma alegoria da medida elástica e flexível que assume o tempo, individual e histórico. Em 1948, durante a famosa campanha eleitoral, o ano de 1918, com o fim da Primeira Guerra Mundial e a união de Trieste à Itália, pertencia a um passado já longínquo e pacato, que não podia mais acender paixões ferozes; os trinta anos transcorridos entre 1918 e 1948 tinham colocado aqueles acontecimentos além da fogueira, onde não chega a ira inimiga. Os quarenta anos decorridos entre a República de Salò e sua recente celebração são um tempo breve, que não arquivou nenhuma paixão; o comício anunciado naqueles manifestos poderia provocar desordens, rixas e ferimentos.

Vivem-se como contemporâneos eventos acontecidos há muitos anos ou há decênios, e sentem-se como muito longínquos, definitivamente apagados, fatos e sentimentos ocorridos há um mês. O tempo se afina, se alonga, se contrai, se coagula em grumos tangíveis, ou se dissolve como bancos de bruma que se dispersam e desvanecem no nada; é como se tivesse muitos trilhos, que se entrecruzam e se bifurcam, sobre os quais ele corre em direções diferentes e contrárias. De alguns anos para cá o ano de 1918 se reaproximou; o fim do Império habsbúrgico, já desvanecido no passado, voltou a estar presente, objeto de disputas apaixonadas.

Não existe um único trem do tempo, que leva numa única direção em velocidade constante; de vez em quando ele cruza com outro trem provindo do lado oposto, do passado, e por um certo período aquele passado está junto de nós, ao nosso lado, no nosso presente. As unidades do tempo — aquelas que os manuais de história classificam, por exemplo, como o Período Quaternário ou a Idade de Augusto e as crônicas da nossa existência como os anos de liceu ou a época do amor por alguém — são misteriosas, dificilmente comensuráveis. Os quarenta anos desde a República de Salò parecem breves, os 43 da *belle époque*, ao contrário, muito longos; o Império napoleônico parece muito mais longo do que o democristão, que durou muito mais.

Os grandes historiadores, como Braudel, aventuraram-se sobretudo nesse aspecto esfíngico da duração, na ambigüidade e na polivalência daquilo que se chama "contemporâneo". Essa palavra assume significados diversos, como nos contos de ficção científica, de acordo com os movimentos no espaço: Francisco José é um contemporâneo para quem vive em Gorizia e depara-se com os sinais de sua presença no mundo que o circunda, ao passo que pertence a uma era longínqua para quem vive em Vignale Monferrato. Para Hamsun, que já era nascido no tempo da batalha de Sédan e ainda vivia no início da Guerra da Coréia, os dois acontecimentos são de algum modo compreendidos num único horizonte; enquanto para Weininger, morto muito jovem em 1903, eles pertencem respectivamente a um passado pré-natal e a um futuro muito distante, a um mundo que ele nem poderia ter imaginado.

A *Ungleichzeitigkeit*, a não-contemporaneidade que separa sentimentos e hábitos de pessoas e de classes sociais, como escreveu Bloch, é uma das chaves da história e da política. Parece-nos impossível que para nossos filhos já seja passado irrevogável e desconhecido aquilo que para nós ainda é árduo presente. Cada um, nesse sentido, é vítima e culpado de incompreensão; quem tem dez ou quinze anos menos do que eu não pode compreender que o êxodo istriano depois da Segunda Guerra Mundial para mim faz parte do presente, assim como não posso realmente entender que para ele os anos entre 1968, 1977 e 1981 recortam-se em épocas distintas e diferentes, ao passo que para mim eles se sobrepõem e se alinham, apesar de seus sobressaltos e de suas grandes diferenças, como o relvado ondulante de uma planície.

A história adquire sua realidade só mais tarde, quando já passada, e as conexões gerais, instituídas e escritas anos depois nos anais, conferem a um evento sua importância e seu papel. Recordando a derrota búlgara, evento decisivo para o desfecho da Primeira Guerra Mundial e por conseguinte para o fim de uma civilização, o conde Károlyi escreve que, enquanto o tinha vivido, não percebera sua importância porque "naquele momento 'aquele momento' ainda não tinha se tornado 'aquele momento'". Também para Fabrizio del Dongo a batalha de Waterloo, enquanto ele a está combatendo, ainda não existe. No puro presente, a única dimensão em que todavia se vive, não há história; em instante nenhum há o fascismo ou a Revolução de Outubro, porque naquela fração mínima há tão-somente a boca que engole a saliva, um gesto da mão, um olhar que pousa sobre a janela. Como Zenão negava o movimento de uma flecha arremessada pelo arco porque em cada instante ela estava parada num ponto do espaço e a sucessão de instantes imóveis não podia ser movimento, assim se deveria dizer que não a sucessão daqueles instantes sem história cria a história, mas sim as correlações e os acréscimos trazidos pela historiografia. A vida, dizia Kierkegaard, só pode ser entendida olhando-se para trás, mesmo tendo que ser vivida olhando para a frente — ou seja, para alguma coisa que não existe.

9. BÍSSULA

A estátua perto da fonte de Donaueschingen mostra o Danúbio como uma tenra criança no colo de uma figura feminina representando Baar, a amável região de colinas que se estende em volta. Essa imagem infantil é insólita na iconografia do grande rio, que geralmente é retratado numa efígie de poderosa e majestosa maturidade, como na estátua do chafariz que adorna a fachada do palácio da Galeria Albertina em Viena. Também em Budapeste, na praça Engels, sobre a fonte Danubius, projetada por Miklós Ybl, domina um velho ereto e másculo, uma espécie de Moisés michelangelesco também na juba, que se apóia num bastão-cetro e segura com a mão esquerda uma concha, enquanto de seu manto ressai a cauda de um peixe. São seus fiéis afluentes — o Tibisco, o Drave, o Save — que assumem, nas estátuas da fonte, doces formas femininas.

Também as figuras que ilustram o grande livro do marechal Luigi Ferdinando Marsili, o *Danubius Pannonico-Mysicus, Observationibus Geographicis, Astronomicis, Hydrographicis, Physicis Perlustratus et in sex Tomos digestus* (1726), personificam o rio num velho vigoroso e viril, uma espécie de Saturno majestático e benevolente, titã ainda não ameaçado pelas centrais hidrelétricas, pela canalização e pelos outros truques dos invencíveis anões que se tornaram senhores da terra. É verdade que *Donau*, em alemão, é do gênero feminino e no Museu do Crime de Viena um quadro de O. Friedrich de 1938, representando o cadáver de um afogado, intitula-se *Mãe Danúbio* — quadro modesto, me disse o gentil conselheiro criminal que me acompanhava em visita particular, porque a polícia só podia oferecer magras recompensas e devia portanto recorrer a artistas de poucas pretensões. Todavia, másculo e adulto é também o Danúbio que simboliza a Europa na fonte de Bernini na praça Navona.

Aquela nascente em Donaueschingen era familiar, 1600 anos atrás, a uma moça de olhos azuis e de cabelos louros como as criaturas que mais tarde fascinariam Thomas Mann. Pelo menos assim atestam os versos de Décimo Magno Ausônio, mestre de retórica e preceptor do pequeno Graciano, filho do imperador Valentiniano I. Em 368 d.C. Ausônio seguira o exército imperial romano na campanha contra os suevos; o acampamento encontrava-se perto da confluência do Brigach e do Breg. A vitória previsível das legiões romanas, que vingava a derrota de Châlons-sur-Saône, rendeu ao literato uma escrava, que ele chamou Bíssula, provavelmente de uma palavra alemã que indicava a agilidade da jovem bárbara ou, segundo outros, a bifurcação das nascentes.

Ausônio tinha 58 anos, apaixonou-se por sua Bíssula que o seguiu a Roma depois que ele lhe restituiu, quase imediatamente, a dignidade de mulher livre. Nas cartas escritas a seu amigo Paulus lê-se a intensa e quase maravilhada paixão do literato sessentão, seu respeito pela amada, a reverente gratidão por este inesperado presente da sorte que se tornara o centro da sua vida.

Ausônio sabia compor versos e ensinar gramática, e como honesto retórico deixava em paz a enigmática trama do universo; dificilmente se terá perguntado por que teriam sido necessárias tantas longas marchas para além dos Alpes, uma guerra e a arte militar romana simplesmente para que ele pudesse ser feliz com uma mulher. Aquela mão que nos agrada apertar e beijar nos comove também porque vem de muito longe e porque para a forma e sedução daqueles dedos cooperaram humildemente o *big bang*, o Quaternário, as migrações dos hunos saídos das estepes da Ásia.

Ausônio escreveu versos para Bíssula. Não são grandes versos, porque o professor de Bordeaux — então Burdígala, onde havia nascido — era um escrupuloso artesão de hexâmetros e pentâmetros e não propriamente um poeta, como revela a sua extensa e enfadonha composição sobre o Mosella. O amor não é suficiente para criar a poesia, mesmo que algumas vezes seja necessário; quem faz dísticos sobre a própria paixão preocupa-se às vezes mais com os primeiros que com a segunda. Os dísticos de Ausônio, todavia, são mais que decorosos e cantam a dupla natureza de Bíssula, alemã pelos cabelos louros e olhos azuis e romana pelas vestimentas e pelos costumes, filha do Reno que junto à nascente do Danúbio tornou-se cidadã do Lácio. À mulher amada, que o seguiu a Roma, Ausônio, que também a admira em vestes romanas, não pede que renegue a própria origem, os rios e os bosques da Alemanha. Adquirir uma nova identidade não significa trair a primeira, mas enriquecer a própria pessoa com uma nova alma.

Claro, foi Bíssula quem seguiu Ausônio a Roma, não foi ele que ficou na Suábia. Em todo encontro de civilização — harmonioso ou conflitante, entre pessoas diferentes ou na experiência de uma só —, sempre há, iniludível, um momento da escolha no qual a pessoa se reconhece, mesmo que só por um instante, antes numa que na outra. Não existem escolhas determinadas *a priori*; Borges contou, num seu apólogo, como o guerreiro longobardo — que deixa a sua gente para se tornar defensor de Ravena e das suas basílicas — e a dama inglesa — que abandona seu mundo para entrar numa tribo indiana — são as duas faces de uma mesma moeda, iguais perante Deus.

Talvez Bíssula, na latinidade, tenha encontrado a si mesma, como os bárbaros — Ezio, Stilicon — que se tornaram os últimos grandes defensores do Império, mais romanos que os romanos e que os seus flácidos imperadores, ou como a dama inglesa de que fala Borges, que se reconheceu na tribo indiana. A identidade é uma procura sempre aberta e também a obsessiva defesa das origens pode ser algumas vezes uma regressiva escravidão tanto quanto, em outras circunstâncias, a cúmplice rendição ao desenraizamento. Não achaste doloroso o teu destino e o da tua terra?, podia dizer Ausônio à sua Bíssula, acrescentando que, em confronto com sua pessoa inalteradamente germânica, as mulheres romanas lhe pareciam bonecas e fantasmas.

10. A NASCENTE DO BRIGACH

Nas *querelle* das nascentes, o Brigach quase não tem partidários, apesar do desvio que em Donaueschingen transformou o brevíssimo Danúbio em seu afluente. Somente M. F. Breuninger, no seu tratado de 1718 sobre as fontes do Danúbio, opta pelo Brigach, mas as razões que ele apresenta reduzem-se, no fim, a uma única e pouco sustentável, o frescor das suas águas. A placa, modesta e nada vistosa, não fala de Danúbio; o lugar é tranqüilo, grandes campinas e uma aura de paz. Não há nenhuma taberna mas somente um banco colocado, como está escrito, pela *Landesbausparkasse*, a Caixa Econômica regional de construção civil.

A pequena fonte brota da terra e se lança num tanque de água parada em cujo fundo é recolhida por um cano de ferro e conduzida novamente para debaixo da terra, voltando à superfície poucos metros mais longe, riachinho que escorre pelo vale. Também neste caso, um leve dano naquele rudimentar cano de ferro mudaria a fisionomia do Danúbio...

Há tanto silêncio, o vento chega discreto e fresco, quase a lembrar como poderia ser a vida, vela enfunada que deixa atrás de si uma esteira de espuma; com este vento, quem tende, ou cede, à aridez sente-se culpado, atrás do ritual das pequenas fobias de que se faz biombo como um solteirão kafkiano. Há como que um véu diante das coisas, que as embaça e impede de desejá-las. Nestes momentos de estiagem interior teme-se o campo aberto, deseja-se um quarto fechado e pouco arejado, onde se entrincheirar e organizar as próprias mesquinhas defesas. Mas dois zigomas panônicos, ainda uma vez, desfazem essas obstruções, dispersam o ar viciado que sobra em algum cantinho e tudo volta a correr, livre e solto, como aquela água que agradava ao velho Breuninger. Pouco mais tarde, enquanto seguimos o curso do Brigach para alcançar os outros, vêm à mente as palavras do Talmude e de Bertoldo — lacônicas as primeiras e torrenciais as segundas, mas solidárias — sobre o que é um homem sem uma mulher.

11. OS SACRISTÃOS DE MESSKIRCH

No número três do Kirchplatz, diante da igreja de São Martinho em Messkirch, uma placa lembra que naquela casa da pequena cidade vizinha do jovem Danúbio morava, quando menino, Heidegger. A casa é baixa, de cor bege; na rua, defronte a estreitas sacadas ornamentadas com cobre batido, há uma árvore velha e raquítica, em cujo tronco alguém, sabe-se lá por que, plantou alguns pregos.

No número três mora hoje a família Kaufmann e a senhora que me abre a porta me pergunta, quando lhe indago de Heidegger, se me refiro ao filho ou ao neto do sacristão. A Heidegger agradaria certamente ser identificado não como o célebre filósofo mas sim como o filho do sacristão local; não como um protagonista famoso que torna ilustre o nome da sua família, mas como alguém que recebe do honrado nome da sua família e do modesto decoro da profissão paterna a própria identidade e dignidade, o próprio lugar no mundo. Teria provavelmente se sentido acolhido e abrigado na tradição, inserido na paisagem e no sulco das gerações, um modo humilde mas autêntico de se encontrar no Ser.

Mas Heidegger, que muitas vezes sublinhou ser apenas um camponês da Floresta Negra, profanou justamente este sentimento de fidelidade e de humildade, esta *religio*. Naquela proclamada identificação com uma comunidade vizinha e imediata — com os seus bosques, o seu dialeto, o seu lar — havia a implícita reivindicação de um monopólio de autenticidade, quase de uma marca exclusiva e patenteada, como se a simples vizinhança com o próprio torrão natal negasse ou ignorasse a fidelidade de outros homens a outros torrões ou a outras pátrias — às suas casas de madeira, às suas habitações de aluguel congelado ou a seus arranha-céus. Apesar de fraternamente ligado à sua gente, Heidegger, na sua famosa cabana na Floresta Negra onde depois de velho gostava de se recolher numa solidão desprovida de todo o *comfort*, não conhecia talvez a humildade do pastor do Ser, que lhe era negada por sua obstinada ainda que inconsciente presunção de considerar-se o pastor-chefe, o administrador delegado do Ser.

Heidegger estava bem consciente do processo planetário que ameaçava desarraigar cada indivíduo de seu mundo e de suas ligações fundamentais quando sublinhava sua própria ligação com a Floresta Negra e seus lenhadores. Mas a inspirada aspereza com que reforçava a sua *religio* o induzia a considerar autênticos apenas aquele bosque na frente de sua cabana, aqueles camponeses que conhecia pelo nome, aquele gesto de levantar o machado sobre o tronco ou aquela palavra em dialeto alemão. Os outros camponeses, bosques, palavras, hábitos do outro lado dos montes e dos mares, que não se podiam ver nem tocar, mas dos quais se podia ter um conhecimento unicamente mediato e indireto, tornavam-se abstratos, ideológicos, irreais, como se existissem tão-somente em áridas estatísticas e fossem uma invenção da propaganda demagógica, em vez de serem vivos e concretos, feitos de carne e sangue como o pastor do Ser, que não podia percebê-los com seus sentidos e perto de si sentia somente o cheiro da Floresta Negra.

O infortúnio fascista de Heidegger não é um acidente ocasional, porque o fascismo, na sua dimensão menos abjeta mas nem por isso menos destrutiva, é também esta atitude de quem sabe ser bom amigo de seu companheiro de banco mas não se dá conta de que também outros homens podem ser igualmente amigos de seus companheiros de banco. Eichmann era sincero quando em Jerusalém ficou horrorizado ao saber que o pai do capitão Less, o oficial israelense que o interrogara durante meses e pelo qual sentia profundo respeito, morrera em Auschwitz.

Ficou horrorizado porque sua falta de fantasia o impedira de reconhecer, nas cifras das vítimas, rostos, feições, olhares, homens concretos.

A declamação da autenticidade individual torna-se uma pose de *parvenu* quando se fala contra a massa esquecendo que se é parte dela. A retórica do enraizamento e do autêntico exprime, todavia, mesmo em forma distorcida, uma exigência real, ou seja, a exigência de uma vida política e social não alienada, e denuncia a insuficiência do simples direito positivo, da pura legalidade formal, que pode sancionar a injustiça, e à qual se contrapõe a legitimidade, ou seja, um valor no qual se pode fundar uma autêntica autoridade.

Mas contrapor a legitimidade à legalidade, apelando para valores calorosos (a comunidade, a imediação afetiva) contra o weberiano desencanto do mundo e a frieza das democracias, significa destruir aquelas regras do jogo político que permitem aos homens lutar pelos valores que consideram sagrados; significa, em outras palavras, instaurar uma legalidade tirânica, negadora de toda legitimidade. Invocar o amor contra o direito é a profanação do amor, usado como instrumento para impedir a outros homens a liberdade e o próprio amor.

É justamente Heidegger, aliás, quem contradiz acertadamente o culto do enraizamento; nos pontos mais altos de sua obra ele ensinou que "o desterro é um modo fundamental do ser-no-mundo", que sem desnorteamento e perda, sem vagar por sendas que se perdem na floresta, não há chamado, não há possibilidade de ouvir a autêntica palavra do Ser.

O filho do sacristão de Messkirch, alimentado de velha religiosidade sueva, bem sabia que para encaminhar-se para a verdade e o amor é preciso desarraigar-se, ir embora para longe de casa, arrancar-se de toda ligação imediata, de toda *religio* das origens, como na dura página do Evangelho em que Cristo pergunta à mãe o que há entre eles dois. Se de um lado Heidegger está de certa maneira próximo do mito do sangue e do solo, por outro lado ele também está perto da verdade de Kafka, que impele a aventurar-se no deserto, sempre mais longe da Terra Prometida. Talvez por isso um poeta judeu como Celan, dilacerado pelo extermínio nazista e pelo deserto do mundo por ele provocado, pôde achar a senda que levava à cabana de Heidegger, subir até aquela cabana e encontrar em um diálogo real o antigo reitor da Universidade de Freiburg, que em 1934 tinha posto, ainda que só por um momento, a filosofia a serviço do novo Reich.

A Floresta Negra que rodeia aquela cabana tornou-se uma paisagem transcendental e universal da filosofia. Na *Lichtung*, na clareira luminosa do bosque que, como as clareiras do meu monte Nevoso, não é nada capturável mas é o horizonte em que as coisas aparecem, Heidegger simbolizou a superior humildade do pensamento como lugar onde melhor se escuta o Ser.

Heidegger percebe a objetividade e a necessidade do processo que levou ao triunfo da técnica e, como ele diz, ao esquecimento do Ser; nesta sua visão ele absolutiza o relativo, considerando a técnica uma fatalidade inerente à modernidade e esquecendo que já o arado, que rasga a terra, é domínio e artifício e que um intelectual do Império Romano poderia ter sentido com intensidade não menor o afastamento da natureza e a alienação do *man*, da existência inautêntica conjugada no impessoal.

Heidegger não era uma alma cândida, convencida de que era suficiente fazer apelo aos bons sentimentos e pregar a vida simples, como Wiechert, para reinstaurar a harmonia. Ele diagnosticava a tecnicização do planeta sem *pathos* moralista, como convém a um filósofo cuja tarefa é aferrar com o pensamento o próprio tempo e compreender-lhe as leis, não esconjurar a iniqüidade dos tempos. Mas isso não significa, como freqüentemente se diz, que ele tenha sido um defensor desse triunfo. Os sismólogos verificam o grau de um terremoto na escala Mercalli, sem chorar as vítimas, mas nem por isso aprovando o sismo. Falando na porta com a senhora Kaufmann, que reluta em me deixar entrar, entrevejo um corredor estreito e escuro, que não sugere uma infância feliz transcorrida naquela casa. Na porta ao lado uma tabuleta indica a moradia de um consultor fiscal, importante funcionário do Espírito, numa época em que o Espírito transformou-se em *ratio* calculadora.

12. A GUIA DE SIGMARINGEN

Entre os muros deste castelo à beira do Danúbio outro protagonista do sangrento teatro do século, Céline, viveu, sofreu e representou o desarraigamento e o pesadelo da guerra total. Via o rio arremeter furioso contra os arcos e o imaginava, feroz e destruidor, arrasar torres, salões e porcelanas e arrastá-los consigo para o delta, esmigalhando e sepultando a história entre os detritos lamacentos dos milênios. O fantasma do aniquilamento final dava-lhe um acre conforto, convidava-o a confundir sua fuga acuada numa derrota cruel e insensata de todas as coisas.

O dia é azul-pálido, o cheiro de neve e o Danúbio tranqüilo, com seus marrecos e seus caniços, não sugerem imagens de destruição ao germanista que viaja, quarenta anos depois, sem as bombas da RAF sobre a cabeça e sem ser perseguido pelos senegaleses do exército de Leclerc com as adagas já desembainhadas. Os lugares ao longo do caminho convidam a uma parada: o viajante não tem a obsessão de fugir, mas gostaria de parar, levar consigo pessoas e paisagens, mesmo o quarto do hotel de Tuttlingen, deixado há poucas horas, e as horas passadas naquele quarto, as águas do sono e a ânfora que emergiu daquele mar. A viagem é a fidelidade do sedentário, que confirma em todo lugar seus hábitos e suas raízes e tenta enganar, com a mobilidade no espaço, a erosão do tempo, para repetir sempre as coisas e os gestos familiares: sentar à mesa, conversar, amar, dormir. Entre as frases latinas que adornam, com a autoridade da língua morta, as salas do castelo de Sigmaringen, uma celebra o amor do torrão natal, o espírito residente, radicado na própria moradia e livre do anseio de sair dela: *Domi manere convenit felicibus*, aos felizes convém permanecer em casa.

O castelo de Sigmaringen, que se eleva às margens do jovem Danúbio, não foi um lugar de harmonia e de contentamento, mas sim de partidas, de fugas e de desterro. Mesmo entre seus senhores, os príncipes de Hohenzollern-Sigmaringen, são lembrados sobretudo os que partiram para se tornarem soberanos de países estrangeiros (como Karl ou Carol I da Romênia, no século XIX) e os que foram expulsos numa noite, em 1944, para dar lugar ao governo colaboracionista francês de Vichy que seguia a retirada do exército alemão, à corte irreal e impotente do marechal Pétain e de Lavai, seu primeiro-ministro. Naquele castelo consumou-se uma cena da tragédia que viu a degeneração da Alemanha e, como conseqüência, o declínio do elemento alemão na Europa danubiana.

Uma moça serve de cicerone aos visitantes do castelo. Com uma cantilena mecânica desfia e ilustra a História e a Arte: tapeçarias do século XVII, os canhões presenteados por Napoleão III. Quando lhe pergunto onde se hospedava o marechal Pétain, encolhe perplexa os ombros, com cara de quem ouve este nome pela primeira vez: pouco depois, indicando alguns quartos, diz que eram o apartamento de Lavai. As palavras "Vichy" e "Lavai" lhe fazem disparar a memória e recitar datas e detalhes, mas nunca ouviu mencionar Pétain.

Esse saber intermitente da inepta guia turística teria agradado a Céline, que teria reencontrado a tragicômica esquizofrenia da história que ele tinha vivido justamente em Sigmaringen, onde chegara seguindo o governo de Vichy na catástrofe. Em *De castelo em castelo*, que retrata e prolonga a estrada em Sigmaringen, Céline escreve: "Se balbucio digo besteiras, igualo-me, no fundo, a muitos guias"; seu livro é de fato, à sua maneira, um *baedecker*, um compêndio de história, ou seja, para Céline, do seu desvairado delírio. Ele mesmo, em *Norte*, profetizava que dentro de dez anos ninguém mais saberia quem era Pétain e o tomariam pelo nome de uma mercearia.

Quando estava em Sigmaringen junto com a esposa Lucette, o amigo La Vigue e o gato Bébert, entre os colaboracionistas e outros fugitivos, num caos de prófugos de todas as nacionalidades, Céline já fora definido pela Rádio de Londres como "um inimigo do homem"; para toda a opinião do mundo livre ele não mais era o maior escritor popular de seus primeiros livros, que tinham denunciado o embrutecimento existencial e social, mas um infame traidor, o cúmplice dos nazistas, o anti-semita dos libelos contra os judeus, agora acuado e reduzido à escória do mundo como os verdugos nazistas. Naquele palácio real de papelão, entre as máscaras escarnecedoras dos antigos retratos feudais, Céline aliviava como podia os sofrimentos de algum doente, distribuía morfina a quem gemia e cianureto a quem via chegar o momento da prestação de contas. Mais embaixo, o Danúbio, com seus meandros formados pelos séculos e com sua tradição imperial, parecia-lhe o pútrido rio da história, ou seja, da sujeira e da violência universal. Na agitação do Sena e na tranqüilidade do mar, Céline ouvira a voz de uma vida não corrompida pela história, liricidade absoluta e livre de mentira; o Danúbio, pesado de história, incutia-lhe, pelo contrário, horror e todos os grandes personagens de seus séculos eram para ele "gângsteres danubianos", como os príncipes de Hohenzollern-Sigmaringen.

Céline despreza os novos senhores do castelo de Sigmaringen, a quem todavia ligou seu destino com a opção fascista; despreza-os porque estão lá em cima, porque não dividem a abjeta miséria e as privadas entupidas de seus sequazes, porque acreditam — como Pétain — "encarnar" algo superior e vivem então na falsidade, longe da lama e dos excrementos da existência autêntica. Céline, ao contrário, fala lá de baixo, do borbulhar do sofrimento bruto e imediato, grita com a voz estrangulada das criaturas massacradas; ele repisa a inaceitabilidade e a insensatez do mal. Sua absolutização torna-se distorção, e ele acaba pondo no mesmo plano todos os atores de alguma relevância na história, Hitler e Léon Blum, pois todos lhe aparecem igualmente como expressão de vontade de potência, beneficiários do favor das massas, e portanto detentores de poder. Como um Messias sofrido e culpado, ele se identifica com os algozes nazistas, porque os vê como perdedores.

No Carnaval fétido e sanguinolento de Sigmaringen tudo lhe parece sem sentido e intercambiável: o impotente Pétain, o louco Corpechot que se proclama almirante do Danúbio, Lavai que, naquele colapso, nomeia Céline governador das ilhas de Saint-Pierre e Miquelon, os colaboracionistas franceses, as bombas americanas e os Lager nazistas confundem-se num único sabá atroz. Céline vive na própria pele essa desconexão, esse "fio de História que me atravessa de lado a lado, de alto a baixo, das nuvens sobre a minha cabeça ao buraco do cu".

Céline viu a face da Medusa, o vazio que está por trás do bulício e da exsudação da vida como nas casas desventradas pelas bombas, nas quais, atrás da fachada que ficou acidentalmente de pé, não há nada. Também reiterou enfaticamente essa epifania do nada que — como toda experiência do absoluto — pode ser objeto de uma fulguração instantânea, mas não de uma pregação insistente. Gigi, que ama tanto Céline, é capaz de olhar para a Medusa tanto quanto ele, mas a sangüínea benevolência com que o dissimula, jogando *primiera* e escopa ou entornando vinho, talvez faça mais justiça ao todo e ao nada da vida.

Grandeza e decadência convivem em toda a obra de Céline. No mais monstruoso de seus livros, *Bagatelles pour un massacre* — uma das pouquíssimas autênticas transgressões, culpadas e puníveis, entre tantas inócuas licenças de literatos desejosos de transgredir mas com a garantia da impunidade e da previdência social —, há o prolixo e enfadonho desabafo de um comerciante pequeno-burguês que se deixa levar por todos os preconceitos de sua classe empobrecida e desnorteada, mas há também um genial e desordenado instantâneo do século XX, que nunca mais poderemos dispensar. O olhar de Céline, ofuscado mas às vezes também aguçado pelo ódio, desmascara o frenético ativismo da indústria cultural, colhendo na sua estéril e frígida excitação, na sua ininterrupta e afanosa ejaculação precoce, uma surda carga de violência. Aquela mobilização febril, que recruta imperiosamente o indivíduo nas manobras militares dos simpósios, debates e entrevistas, é a histeria de uma sala superlotada, de um mundo em que sobre cada porta está escrito: "lotação esgotada".

A consciência coletiva, que não se dispõe a superar a violência mas não ousa tampouco olhá-la de frente, sublima o egoísmo e as opressões num frívolo culto do sentimento e da paixão, naquela cultura que Céline qualificou fulminantemente de "bidê lírico". Este último, ignorante da verdade elementar do sexo e do amor, é o reino das grandes mentiras intermédias, a liricização da atividade das gônadas, as palpitações do *amour-passion* chamadas a justificar o engano e o auto-engano. Poeta do sexo e da nostalgia de amor, Céline desmascarou implacavelmente a falsificação sentimental, a ausência de verdadeiro sexo e de verdadeiro amor, aquele afluxo de sangue ao baixo-ventre que sente a necessidade de nobilizar-se subindo para o alto e exalando em comovido suspiro a incapacidade de amar e a baixeza de colar ao sexo, quando não se ama, uma muleta sentimental que acaba fazendo os outros tropeçarem e quebrarem a perna. O bidê lírico, ao contrário das grandes religiões, tem sempre a necessidade de dourar a pílula.

O reacionário Céline, acossado pela obsessão de uma iminente guerra de extermínio total, torna-se voz estridente e poderosa de um mal-estar real, embora os remédios que propõe sejam por sua vez sintomas e efeitos devastadores da própria doença, receitas vitais que soam como involuntária paródia das grandes páginas da *Viagem ao fim da noite*, abertas sobre o abismo da morte.

Assim o grande rebelde, que na *Viagem* escreveu páginas inesquecíveis sobre o horror da guerra e sobre a incapacidade dos homens de imaginá-la realmente, até mesmo enquanto a estão vivendo, acaba por celebrar a linha de fogo como momento da verdade; o poeta da infância brutalmente humilhada chega a ter saudade da sadia educação sem indulgências e desenvolta nas surras; o autor de libelos faz suas as horríveis banalidades anti-semitas que o narrador tinha posto na boca do pai, em *Morte a crédito*, como tolos preconceitos; o anarquista que falava em nome dos obscuros lamenta que as igrejas cristãs tenham corroído a supremacia dos brancos. A sua trilogia da Segunda Guerra Mundial iguala numa única mentira global todas as ideologias, de direita e de esquerda, democracia, fascismo e o próprio anti-semitismo, numa recusa global da sociedade que vê não mais a conspiração mundial judaica, mas a conspiração mundial de todos os vencedores e poderosos, judeus inclusive, a aliança de bancos, vietcongues e estações espaciais.

Céline deixou-se deslumbrar pela revelação do mal. Escutou a voz da abjeção, dizia Bernanos, como um confessor num bairro miserável; não foi porém capaz, como o são às vezes os velhos confessores, de cochilar entre um penitente e outro, enfadado pela repetição de pecados previsíveis, não viu a estereotipada banalidade do mal. Como outros escritores franceses da sua geração, que pensavam poder dizer como Gide "*J'ai vécu*", ele também buscava "a vida", sem suspeitar da megalomania dessa pretensão. Berrando, como ele próprio escrevia, imaginava defender uma virgem e selvagem inocência do eu. Gabava-se, com desprezo, de não ser um funcionário, como se isso devesse garantir-lhe uma autenticidade especial e como se os murros de Hemingway devessem ser *a priori* mais poéticos que os processos de escritório despachados por Kafka.

Empregar o termo "funcionário" como uma injúria é só uma banal vulgaridade: de qualquer maneira, Pessoa e Svevo o acolheriam como um justo atributo do poeta. Este último não se assemelha a Aquiles ou Diomedes enfurecidos no carro de guerra, mas antes a Ulisses, que sabe não ser ninguém. Sua epifania é esta revelação da impessoalidade que o dissimula na prolixidade das coisas, como a viagem cancela o viajante no burburinho da estrada. Kafka e Pessoa viajam não ao término de uma noite tenebrosa, mas de uma incolor mediocridade ainda mais inquietante, na qual a gente se percebe ser somente um cabide da vida e no fundo da qual pode haver, graças a esta consciência, uma extrema resistência da verdade.

O Messias virá para os anônimos e os humildes, não para os musculosos da Vida; para o *povareto* Virgilio Giotti, cuja poesia resplende modesta e incorruptível entre o amor pela mulher e os filhos e o emprego no município, não para o pomposo Pablo Neruda, que intitula suas memórias *Confesso que vivi*. Num de seus lampejos de grandeza, Céline, contudo, reconhece a fatuidade de todo o exibido vitalismo pessoal: "*Ma vie est finie, Lucie, je ne débute pas, je termine dans la littérature*". Ele é capaz de sentir uma pungente piedade pelo indivíduo isolado, como pelos meninos mongolóides dos quais cuida durante a fuga através da Alemanha e em cujos olhos lê uma dignidade que poderia derrotar o matadouro da história; mas não é capaz de reconhecer os próprios erros. Não tem nunca uma palavra de verdadeiro arrependimento depois do extermínio dos judeus, incapaz de perceber a humanidade concreta de pessoas que não conheceu diretamente.

No castelo de Sigmaringen há uma igreja e um museu. Num dos três fragmentos da lenda de santa Úrsula, pintados por volta de 1530 pelo Mestre do Altar de Thalheim, sobressai o olho maldoso de um arqueiro; crucificações e coroações de espinhos mostram multidões animalescas, carrancas cruéis, narizes obscenos, línguas repelentes. Naquela dolorosa violência, plebéia e elementar, Céline talvez se tivesse reconhecido, porque sabia pertencer, ele também, à anônima multidão popular como a retratada pelo Mestre de Messkirch em suas Anunciações e Nascimentos de Jesus. Por isso foi grande: somente a experiência da miséria proletária permitiu a alguns reacionários serem verdadeiros poetas, apesar de suas escolhas aberrantes; Hamsun e Céline o são, graças a essa sua odisséia de fome e obscuridade, cuja falta torna estéril a pátina aristocrática de Jünger.

Anárquico e autodestrutivo, Céline pagou um preço, poético e intelectual, pelo desprezo de que se nutriu. Aquele desprezo joga uma partida fácil; qualquer frase, atitude, afirmação humana parece imbecil a quem a escuta com uma espécie de preconceito metafísico, colocando-a naquele fundo vago, impalpável e inefável da vida, contra o qual todo o princípio moral projeta-se como insuficiente e presunçoso. A declaração dos direitos do homem soa ridícula como uma fanfarronada, por estar sem dúvida cruelmente inadequada ao abismo da existência. Mas quem a acolhe com um risinho de mofa, julgando-se o inspirado e congenial intérprete daquele abismo, é pelo menos tão fanfarrão e inadequado à esfinge quanto ela. Céline pode escarnecer de quem fala em democracia, mas o último dos tagarelas poderia escarnecer com igual direito, baseado naquela mecânica lógica da zombaria, escarnecer de cada uma de suas palavras. Céline é realmente também um Tartufo, embora trate de se precaver pondo na boca do professor Y. esta injuriosa definição de si mesmo: "*Mes accusateurs sont tous des employés — moi, non*". Esta é sem dúvida uma declaração tartufesca. Kafka, que era um funcionário, não foi certamente mais filisteu do que ele. Só que Kafka era judeu.

II.
O DANÚBIO UNIVERSAL DO ENGENHEIRO NEWEKLOWSKY

1. ACREDITAR EM ULM

Você acredita em Ulm?, perguntava Céline durante sua fuga através da Alemanha devastada. Perguntava-se, cáustico e zombeteiro, se Ulm existia ainda ou se os bombardeios a tinham destruído. Quando a realidade está sendo apagada com violência, concebê-la torna-se um ato de fé. Mas toda realidade, a cada instante, é apagada, mesmo que por sorte nem sempre com a sangrenta cenografia das bombas de fósforo, mas de maneira imperceptível, e nada se pode fazer senão acreditar que ela existe. Uma fé, vivida e concretizada nos gestos do corpo, confere aquela tranqüila certeza vital que permite atravessar o mundo sem que o coração se perturbe. O conde Helmuth James von Moltke, bisneto do feldmarechal prussiano que ganhara a batalha de Sédan e fora chamado o pensador das batalhas, acreditava firmemente em Jesus Cristo, e quando o Tribunal do Povo do Terceiro Reich o condenou à morte, em 1945, por sua oposição anti-hitleriana, foi ao encontro da execução como quem aceita um convite para jantar desagradável mas inevitável.

Não é necessária uma fé em Deus, basta a fé nas coisas criadas, que permite mover-se entre os objetos persuadido de que eles existem, convencido da irrefutável realidade da cadeira, do guarda-chuva, do cigarro, da amizade. Quem duvida de si está perdido, como quem, temendo não conseguir fazer amor, não o consegue. Somos felizes junto às pessoas que nos fazem sentir a indubitável presença do mundo, assim como um corpo amado nos dá a certeza daqueles ombros, daquele seio, daquela curva das ancas e da sua onda que nos sustenta como um mar. E quem não tem fé, ensina Singer, pode comportar-se como se acreditasse: a fé virá depois.

Acredito, portanto, em Ulm, enquanto o trem está verossimilmente me levando para lá, para o encontro com os amigos, assim como no terceiro ano da escola secundária acreditava na existência de Cerrapungi (ou Cerrapongi), cidade indiana da qual o manual de geografia, *Il Cosmo* de S. Crinò, não se limitava a proclamar que existia, mas dizia também que era o lugar mais chuvoso do mundo, treze metros de chuva por ano, embora depois acrescentasse, à parte, que em Honolulu caíam catorze metros. Meu amigo Schultz protestava, dizendo que, se as coisas estavam nesse pé, era Honolulu e não Cerrapungi que merecia o recorde mundial de pluviosidade. Outros, pelo contrário, educados por uma filosofia menos severa, conseguiam livrar-se mantendo rigorosamente separadas as duas proposições que, privadas de ligação, ficavam também imunes de contradição, assim como a asserção "o pôr-do-sol era sereno" contida num romance não contradiz a asserção "o pôr-do-sol era tempestuoso" contida num outro.

Aqui o Danúbio é jovem e a Áustria está ainda longe, mas evidentemente o rio já é um sinuoso mestre de ironia, daquela ironia que tornou grande a civilização mitteleuropéia e que era a arte de rodear obliquamente a própria aridez e dar xeque-mate à própria fraqueza; era o sentido da duplicidade das coisas e ao mesmo tempo da sua verdade, oculta mas única. Aquela ironia ensinava a respeitar os imprevistos e as contradições da vida, a defasagem entre o verso e o reverso de uma folha, que não se ajustam mesmo se são a mesma coisa, entre o tempo e o eterno, entre a linguagem e a realidade, entre a chuva caída em Cerrapungi e em Honolulu e as estatísticas da pluviosidade citadas por S. Crinò no seu manual. A tolerância com as descompensações e as disformidades do mundo, com suas paralelas que nunca se encontram, não ofusca a confiança em que as paralelas se encontrem no infinito, mas não as coage a se encontrarem obrigatoriamente antes.

Espero, portanto, que Ulm não seja somente o cartaz indicador "Ulm" da estação de uma cidade destruída, como era para Céline, quando finalmente ali chegou. Deixei para trás Riedling, a cidadezinha que foi o primeiro posto avançado dos Habsburgo no Danúbio e que é a predileta das cegonhas. Não me ameaçam, neste trem, nem as bombas que estavam prestes a cair sobre Céline nem os lobos, os fantasmas e os fogos-fátuos que o manual do viajante escrito na metade do século XVII por Martin Zeiller, cidadão de Ulm por livre escolha, ensina detalhadamente a evitar (*Fidus Achates ou o fiel companheiro de viagem*). Talvez fosse igualmente prudente seguir um outro conselho de Zeiller, que exorta a fazer testamento antes de partir; colocadas claramente as disposições testamentárias, bens, heranças e cláusulas, viajaríamos livres, demitidos da vida, desligados de toda obrigação e de toda função, naquele misterioso território anárquico e feliz no qual só se pousa o pé quando se sai de cena, de qual não importa.

2. DUAS MIL CENTO E SESSENTA E QUATRO PÁGINAS E CINCO QUILOS E NOVECENTOS GRAMAS DE DANÚBIO SUPERIOR

Não há dúvida de que Ulm se encontra no Danúbio superior. Mas até onde chega a rigor este último, quais são seu início e seu fim, seu âmbito, sua identidade, seu conceito? O engenheiro Neweklowsky gastou uma vida para traçar os limites da "Obere Donau", do Danúbio superior, e — uma vez circunscrito esse território —, para detalhá-lo, classificá-lo e catalogá-lo palmo a palmo no espaço e no tempo, nas cores das águas e nas tabelas alfandegárias, na sua paisagem que se oferece à percepção instantânea e nos séculos que o construíram. Como Flaubert ou Proust, Neweklowsky dedicou toda a sua existência à obra, à escrita, ao Livro; o resultado é um volume em três tomos de 2164 páginas ao todo, incluídas as ilustrações, que pesa cinco quilos e novecentos gramas e que, como diz o título, enfrenta não o Danúbio mas, mais modestamente, *A navegação e a flutuação no Danúbio superior* (1952-1964).

No prefácio, Ernst Neweklowsky precisa que o seu tratado se ocupa dos 659 quilômetros compreendidos entre a foz do Iller, que deságua no Danúbio pouco antes de Ulm e Viena, incluídos naturalmente todos os afluentes e subafluentes na área; na introdução ao terceiro tomo ele admite, todavia, com a imparcialidade de quem serve a uma causa suprapessoal, que o conceito — e o espaço — do Danúbio superior varia de acordo com os pontos de vista em que se posiciona o observador: sob o perfil estritamente geográfico ele abrange os 1100 quilômetros entre a fonte e a cascata de Gönyü; sob o hidrográfico os 1010 quilômetros entre as nascentes e a confluência do March; pelo direito internacional ele se estende por 2050 quilômetros até as Portas de Ferro, isto é, até a antiga fronteira turca. Os bávaros, com uma perspectiva mais estreitamente regional, fazem-no acabar na ponte de Regensburgo, denominando também por esta uma sociedade para ações da central hidrelétrica e considerando "Danúbio inferior" o breve trajeto entre Regensburgo e Passau. Na terminologia militar, que predominou na Primeira Guerra Mundial, por "Danúbio superior" entendia-se, ao contrário, com referência ao transporte bélico, o curso entre Regensburgo e Gönyü.

Consciente da caótica redundância do real, o engenheiro Neweklowsky discute, examina, confronta, relaciona, generaliza todas essas hipóteses classificatórias, mesmo que o seu ponto de vista, que é o da ciência náutica, o induza a considerar "Danúbio superior" os 659 quilômetros entre a confluência do Iller e Viena. Entre 1910 e 1963, ano da sua morte, Neweklowsky, já diretor dos trabalhos fluviais em Linz desde 1908 e "Chef do Danúbio" entre Puchenau e Mauthausen até 1925, escreveu sobre este tema mais de 150 tratados em revistas especializadas, acompanhados de conferências, exposições, artigos esparsos e uma tese de doutorado; entre 1952 e 1964, um ano depois da sua morte, saíram os três tomos, o monumento da sua vida.

Naqueles três tomos há de tudo: a história da navegação desde a época pré-romana até a Idade Contemporânea, os itinerários e formas das embarcações, pirogas e vapores, hélices e madeirames, as partes e os utensílios dos barcos e as suas variáveis denominações nos séculos e de região a região, as características e as diferenças dos vários afluentes, os vórtices e os bancos de areia, os inumeráveis modelos de barcaças e de chatas, as qualidades e os defeitos dos vários tipos de madeira empregada; os comboios, os vaus e as passagens, a flutuação dos troncos, a composição e os costumes dos barqueiros, as superstições e as sagas do rio, os direitos de arrecadação, as viagens de soberanos e de embaixadores, as poesias, as canções, os dramas e os romances nascidos das águas fluviais.

A "Obere Donau" é para Neweklowsky um Danúbio universal, é o mundo e ao mesmo tempo seu mapa, o todo que contém a si mesmo. Porque para viajar através da vida com verdadeira segurança é bom levar consigo no bolso a totalidade, o engenheiro, pensando nas exigências práticas de viajantes apressados, providenciou até mesmo a condensação dos três tomos num magro mas essencial volumezinho portátil de 59 páginas. O engenheiro ordena, classifica, esquematiza, subdivide a sua enciclopédia em capítulos e parágrafos, complementa o texto com apêndices, índices, ilustrações, mapas. Nascido em 1882, o engenheiro tem a paixão da totalidade, o gênio sistemático das grandes filosofias do século XIX; é um epígono não indigno de Hegel ou de Clausewitz, sabe que o mundo existe para ser ordenado e para que seus detalhes dispersos sejam coligados pelo pensamento. Imprimindo sua "exposição global", ele diz que distingue nesse fato "o cumprimento de uma tarefa a ele conferida pelo destino".

Cada totalidade — mesmo a hegeliana, dizia com facciosa agudeza Kierkegaard — se oferece ao riso dos deuses. Existem séculos, ou seja, culturas, em que mesmo a genialidade especulativa expõe-se fatalmente ao cômico, em sua pretensão de fichar cada detalhe fugaz da existência. Certas páginas tomistas ou hegelianas não se subtraem à zombaria, como algumas de Heidegger. Esse lado cômico não diminui certamente a grandeza de Hegel ou de Heidegger; cada teoria realmente grande tem que aspirar à totalidade e essa tensão sempre comporta, na sua grandeza, também um elemento caricatural, uma ponta de autoparódia.

A tese de doutorado, e sucessivamente os três tomos, constituem o triunfo de Neweklowsky, a consecução da totalidade, que só se perfaz quando a desordem do mundo se compõe num livro e se articula em categorias. Neweklowsky institui o maior número possível de categorias, doma e põe em fila os fenômenos, mas dedica uma atenção dilacerante também aos detalhes efêmeros e sensíveis, à singularidade irrepetível. Seu tratado abrange também o variar do tempo, o vento, os incidentes imprevisíveis, a lista das desgraças, mortais ou não, acontecidas a bordo, os suicídios e os homicídios, as divindades fluviais, os bustos de 132 comandantes de Ulm e os versículos dedicados a cada um deles; descreve as cabeças dos santos protetores das pontes, registra a pena prevista para o cozinheiro de bordo que pusesse sal demais na sopa, dá a lista dos nomes dos barqueiros que exerciam também a profissão de taberneiros e dos lugares onde a exerciam.

Meticuloso ao extremo, reporta as variantes fonéticas e ortográficas do termo *Zille*, que indica uma embarcação de fundo chato (*Zilln*, *Cillen*, *Zielen*, *Zülln*, *Züllen*, *Züln*, *Zullen*, *Zull*, *Czullen*, *Ziln*, *Zuin*) e de inúmeras outras expressões técnicas; engenheiro escrupuloso, anota as medidas dos vários tipos de barcos, a capacidade e a arqueação. O cientista global se torna também historiador minucioso porque a sua avidez de totalidade abarca o mundo e seu devir. Ele sabe que também o passado é sempre presente, porque no universo viajam e subsistem, em alguma parte, as imagens de tudo aquilo que foi, levadas pela luz. A tarefa do enciclopedista é um retrato completo; seu Danúbio é simultaneidade de todos os eventos, é o saber sincrônico do Todo. Assim, ele refere, por exemplo, que em 1552 onze pelotões de soldados do duque Maurício da Saxônia desceram da Baviera em setenta barcaças e que no fim do século XIX ainda havia 130-140 pirogas na região de Salzburg, sessenta no Wolfgangsee, 25 no Attersee, cinco no Altaussersee, dois ou três no Grudlsee, no Hallstätter See e no Gmundersee.

Atormentado pela falta de "completude", que admite com honestidade, Neweklowsky é perseguido por uma tranqüila obsessão de totalidade; falando da viagem de Linz a Viena feita nos dias 13 e 14 de março de 1645 pela imperatriz Maria, esposa de Ferdinando III, dá a relação de todas as 52 naus do cortejo, especificando, para cada uma, a quem era destinada, ao primeiro camareiro-mor, conde Von Khevenhüller, ou a três damas de honra espanholas e à condessa de Villerual, ao confessor da imperatriz, ao confessor do príncipe, às cadeiras e aos carregadores de cadeiras. Quando apresenta as obras literárias que descrevem a navegação fluvial, sublinha as suas incongruências e inexatidões técnicas, suas inverossimilhanças, sugestões poéticas incompatíveis com a ciência náutica. O papel, e portanto a literatura, tem que coincidir com o mundo, com o mapa do império imaginado por Borges; o livro sobre o Danúbio superior deve aderir perfeitamente a este último. Inflexível no desmascarar as mentiras dos poetas, Neweklowsky é feliz quando entre as musas encontra não a aristotélica verossimilhança, que ele despreza, mas a verdade: comentando uma peça radiofônica de C. H. Watzinger transmitida pelos estúdios de Linz em 8 de outubro de 1952, *Dos bateleiros à navegação a vapor*, ele proclama solenemente: *Das Hörspiel atmet Donauluft*, a peça radiofônica respira o ar do Danúbio.

Na construção sistemática de Neweklowsky abre-se de vez em quando uma fenda de fragmentariedade, a presença de algum detalhe errante. O engenheiro deplora, com melancolia, que uma pedra miliária, colocada pelo imperador Caracalla três milhas além do Passau, tenha desaparecido sem deixar vestígio; na lista ordenada das viagens históricas pelo rio, entre frotas imperiais ou navios que transportam embaixadores da Sublime Porta, insere-se de súbito, em 1528, a travessia de "um certo Stefan Zerer", que desce o Danúbio, por um breve percurso, após ter embarcado em Regensburgo.

Decerto também para Neweklowsky a construção por vezes vacila; o vento imprevisto de uma irrepetível e fugaz singularidade perturba os papéis e os colchetes do protocolo e a existência irrompe imediata e instantânea. Tratando da gíria e do léxico dos barqueiros, ele se detém naturalmente sobre os dicionários existentes a respeito, ilustra-os e comenta-os, mas fica, mais que pasmado, fascinado por uma anárquica afirmação contida na obra de J. A. Schultes, *Viagens no Danúbio*, de 1819.

No primeiro tomo, na página doze, Schultes escreve que tinha dado início à compilação de um léxico de bateleiros, mas tinha em seguida abandonado a obra pois, diz ele, é suficiente ver como fazem os barqueiros ao gritarem alguma coisa uns para os outros para aprender a língua deles, sem precisar abrir o dicionário a toda hora. Constrangido, Neweklowsky intui num instante que só vendo aqueles gestos ou aqueles rostos, e escutando aqueles sons nas margens do rio, se pode realmente entender uma palavra, seu irrepetível sabor e colorido, que existe em toda a plenitude somente no contexto imediato que a envolve, entre aquelas chusmas (cuja fama de bebedores galhardos e canalhas é atestada pelos preocupados regulamentos imperiais e assinalada pelo grande pregador barroco Abraham a Sancta Clara) que trocam insultos. Mas aqueles impropérios, aqueles gestos pouco ortodoxos, aqueles rostos, aquela gíria desapareceram, levados pelas águas do rio, no vórtice do tempo, e nenhum dicionário pode retê-los, como sabia Schultes, que por isso tinha se poupado desse trabalho. Neweklowsky talvez compreenda que o correr do Danúbio leva e engole também seus cinco quilos e novecentos gramas de papel sobre o Danúbio superior, mas logo volta a si, rechaça para as águas inexploradas de seu coração aquele arrepio niilista e lamenta que Schultes não tenha terminado o seu vocabulário.

Neweklowsky de fato está abrigado desses turbilhões provindos do nada; sua meritória existência está toda envolvida e protegida por aquelas 2164 páginas, cresceu no seu interior como no pátio de um forte, aquela capa preta e aquele grosso volume são uma muralha inexpugnável, uma fé que não desilude e não atraiçoa.

É indiscutível a vantagem que ele tem sobre os fiéis de outros cultos. Quem acredita em Deus pode sentir-se de repente abandonado, como aconteceu até mesmo a Jesus na cruz, pode ver a realidade desaparecer à sua volta e debaixo dos seus pés. O pio Chaim Cohen, mais tarde magistrado em Israel, foi para Auschwitz com a fé ortodoxa de seus pais, mas quando voltou de Auschwitz também o seu Deus havia sido exterminado, reduzido a cinzas no forno crematório. Também a revolução, o comunismo, a messiânica redenção da história podem revelar-se um Deus que traiu ou que não existe, como aconteceu a Koestler e a tantos outros. Swann vive inteiramente na paixão por Odete, e percebe no fim ter se consumido por uma mulher que não valia a pena. Também o cego e irracional amor pela cálida vida, que sustenta alguns homens como uma intensa carga de desejo e de sedução, pode afrouxar-se subitamente, de modo que o encanto erótico da vitalidade acaba como Falstaff em uma cesta de roupa suja, a bandeira enfunada pelo vento torna-se um esfregão para limpeza.

O Danúbio ao contrário, mesmo somente o superior, existe, não desaparece, não promete aquilo que não mantém, não abandona, corre fiel e verificável; não conhece o azar da teologia, as perversões ideológicas, as desilusões do amor. Está lá, tangível e verdadeiro, e o devoto que lhe dedica a própria existência sente-a fluir em harmoniosa e indissolúvel união com a fluência do rio. Esta constante harmonia faz esquecer que ambos, o deus fluvial e o seu fiel, correm para o vale, para a foz. É como se Neweklowsky, como Quine, apontasse continuamente o dedo dizendo "Danúbio!", e esta ininterrupta ostentação escandisse a sua vida com uma paixão continuamente correspondida.

3. O ENGENHEIRO ENTRE A PERSUASÃO E A RETÓRICA

Neweklowsky era um persuadido? A morte "benignamente rápida" que o alcançou pouco depois do seu octogésimo aniversário, como diz o seu biógrafo, tornando leve e harmoniosa a sua travessia, pareceria testemunhá-lo. A persuasão, escreveu Michelstaedter, é a posse presente da própria vida e da própria pessoa, a capacidade de viver até o fundo o instante sem a obsessão frenética de queimá-lo rapidamente, de valer-se dele e usá-lo com vistas a um futuro que deveria chegar o mais rápido possível e conseqüentemente de destruí-lo à espera de que a vida, toda a vida, passe rapidamente. Quem não está persuadido consome a própria pessoa na espera de um resultado que sempre está por vir, que não é nunca. A vida como carência, como *deesse*, continuamente aniquilada na esperança de que a difícil hora atual já tenha passado, para que tenha cessado a gripe, esteja superado o exame, seja celebrado o casamento ou registrado o divórcio, tenha acabado um trabalho, tenham chegado as férias e o laudo médico. Espera-se esperando/ que chegue a hora/ de ir-se embora/ para não mais esperar.

A "retórica", ou seja, a organização do saber, é a enorme engrenagem da cultura, o febril mecanismo da atividade com que os homens incapazes de viver conseguem enganar-se, obliterar a consciência aniquiladora da sua carência de vida e de valor, não perceber o seu próprio vazio. As 2164 páginas de Neweklowsky, pergunto a mim mesmo saindo da biblioteca e volvendo os passos para o bairro dos pescadores, serão elas também um baluarte na grande muralha da retórica, que barra a vista e a consciência do próprio nada?

Não sei se Neweklowsky foi um persuadido ou um mestre de retórica, se nos seus milhares de páginas seguiu sereno a voz de seu demônio ou se procurou uma salvação contra os seus demônios. A morte benignamente imprevista parece sugerir uma existência que fluiu ela também sem angústias. Cada vida é decidida na capacidade de ser ou não persuadida, cada viagem se resolve entre a parada e a fuga. Com amável insistência, Neweklowsky detém-se repetidamente, em seu livro, sobre o *Moidle-Schiff*, o alegre barco das 150 moças suevas e bávaras que o duque Karl Alexander de Württemberg enviara em 1719, depois da paz de Passarowitz, aos suboficiais que ficaram como colonos alemães no Banato, para que pudessem casar-se e assim arraigar aquela presença sueva no Banato que devia tornar-se um dos capítulos centrais na história e na civilização da Europa Sul-Oriental. Aquele barco de 150 moças, das quais tantos *Lieder* propagaram muitas desenvoltas virtudes, seria uma embarcação ideal para fazer esta viagem e mesmo para fazê-la como persuadido, sem nenhuma pressa e até desejando nunca chegar.

4. A NEGRINHA DO DANÚBIO

Na sua resenha de obras literárias dedicadas ao Danúbio superior, Neweklowsky lembra um conto delicado e esquecido de Hermann Schmid, *Francisca, a negrinha*. O conto se passa por volta de 1813 e é ambientado entre os atores do teatro dos barqueiros de Laufen, aliás já antes exaustivamente tratado pelo engenheiro. A protagonista Franzel, Francisquinha, é filha das guerras napoleônicas e mais precisamente de um negro, corneteiro do exército do *Empereur*, e de uma moça alemã. A novela narra suas dificuldades e as humilhações por ela sofridas por causa da cor da pele, sua vocação para o teatro que a rejeita, seu amor por Hanney (um ator que escreve para ela uma comédia, *A Rainha de Sabá*, na qual ela desempenha o papel principal e triunfa justamente porque é negra), as intrigas que separam os namorados, a traição mas também o arrependimento de Hanney, que a manda embora mas depois a segue até o Danúbio inferior, perto da fronteira turca onde Franzel dá espetáculo na feira numa companhia de mouros, casa com ela e com ela volta para Laufen.

Esse pequeno "romance teatral" danubiano evoca a crueldade do racismo, desmistifica seu preconceito e o dissolve como uma ilusão cênica, atrás da qual há a verdade humana da pessoa, que transcende a cor da pele como o papel na comédia. A novela é modesta, mas a intuição daquele ator suevo que por amor inventa, para a amada negra, o papel da bela e escura Rainha de Sabá, desmascara a feroz inconsistência do racismo. O espírito sopra onde quer e ninguém pode estar permanentemente certo do próprio gênio ou da própria pequenez; o tom apocalíptico com que o grande Céline fala do "pequeno idílio entre a vossa empregada branca e o vosso carteiro negro" está intelectualmente um degrau abaixo desta novelinha de Hermann Schmid, quanto ao resto justamente esquecida.

5. O IDÍLIO ALEMÃO

Ulm é uma cidade do idílio alemão, da velha Alemanha sacro-romano-imperial. O Antiquarius saúda-a como a "primeira capital à beira do Danúbio" e como "Decus Sueviae", ornamento da Suábia; as crônicas celebram seu decoro burguês patrício, o antigo privilégio de suas autonomias, a prosperidade monetária que, de acordo com um antigo ditado em rima, competia com o poder de Veneza, Augsburgo, Nürnberg e Strasburgo.

Citando esses versículos, o Antiquarius observa numa nota de rodapé que eles já são somente uma advertência da caducidade, pois aquelas cidades perderam seu orgulho e enlanguescem no declínio, mas também evoca a antiga riqueza de Ulm e sobretudo a independência de suas corporações, os privilégios que tutelavam sua autonomia em relação à autoridade imperial, o *Jus de non appellando* e a selva de direitos, faculdades, poderes, isenções obtidas nos séculos pela livre cidade imperial a expensas do Império. Quando o imperador Carlos IV sitiou Ulm em 1376, impedindo à população o acesso à igreja que se achava fora dos muros, os cidadãos decidiram construir uma outra dentro da cidade e em 1377 puseram a primeira pedra daquela grande catedral que, em 1890, deveria tornar-se a mais alta do mundo. As crônicas contam que o burgomestre Ludwig Krafft, para ostentar a riqueza de Ulm, cobriu a primeira pedra com cem florins de ouro extraídos de sua bolsa, sendo imitado pelos outros patrícios, os quais jogaram também punhados de moedas de ouro e prata sobre a pedra, seguidos pelos "cidadãos honrados" e enfim pelo "povo comum".

Ulm é um coração do particularismo alemão sacro-romano-imperial e da velha Alemanha fundada no direito consuetudinário, que sancionava tradições e diferenças históricas, opondo-se a todo poder central, a toda forma estatal e também a toda codificação unitária. O universalismo imperial, que não consegue — apesar dos grandes esforços dos soberanos saxões ou suevos — traduzir-se num Estado compacto e unitário, desaba na acidentada dissolução de toda unidade política ou se despedaça num arquipélago de autonomias locais e de privilégios corporativos. O *Schwabenspiegel*, a coletânea de leis do século XIII, codifica essas liberdades dos corpos sociais das castas e sua separação, de onde nasce o tortuoso e atormentado idílio alemão, o particularismo, o fracionamento social, o dissídio entre ética e política, o enredo da "deutsche Misère", da miséria alemã, como a chamaria Heine.

O direito comum sancionava juridicamente esse mosaico de competências e prerrogativas, defendia a variedade orgânica de instituições formadas ao longo dos séculos e opunha-se a todo código unitário, a toda legislação unificadora. Quando Thibaut, o jurista de inspiração iluminista, propugnava uma codificação que abolisse, em nome da igualdade e da universalidade da razão, as diferenças e os privilégios, Savigny opunha-lhe o direito comum, a defesa das diferenças entre os homens e as leis que tutelavam essas diferenças, como fruto de uma orgânica evolução histórica e não de um "abstrato" racionalismo.

Assim, à liberdade, entendida em sentido moderno e democrático, se contrapõem, em terra alemã, as liberdades das castas e das corporações, seu "velho justo direito" que defende as desigualdades sociais estratificadas nos séculos. Não é a universal natureza humana, mas sim a realidade histórica que decide do valor e dos direitos de um homem; para Möser, o patriarca do Osnabrück, defender as antigas liberdades alemãs contra as tiranias totalitárias significava defender a servidão da gleba e a autonomia do livre agricultor. O idílio alemão é assim a interiorização do imobilismo, segundo a admoestação de são Paulo e de Lutero para não sair do próprio status social, para respeitar a variedade "natural" das classes sociais.

O orgulho de classe, que anima os personagens desse idílio, não é somente distância das classes inferiores, mas é uma altivez que afirma ciumentamente suas fronteiras também com relação às classes mais altas: num conto de Hoffmann, mestre Martinho, o tanoeiro, é relutante em conceder sua filha como esposa a um jovem patrício, porque desejaria dá-la a um honesto representante da corporação dos tanoeiros. Quando Fausto aborda

Margarida chamando-a bela e jovem dama, ela responde — com modéstia mas também com orgulho — que não é uma damazinha, ou seja, que é uma moça do povo. O *Streben*, o impetuoso desejo de Fausto, é o oposto desse espírito alemão, segundo Antoni o menos faustiano da história européia.

Às vezes a "livre cidade imperial", como Ulm, encarna o imobilismo do privilégio contra a justiça igualitária, outras vezes reivindica as liberdades individuais contra o nivelamento totalitário — por exemplo, contra o centralismo nazista. Em geral o idílio alemão, que confina o indivíduo numa dimensão estreita e numa sociedade separada em compartimentos estanques, tende a fazer deste último, escreve Lukács, um *Bürger*, um burguês, em vez de um *citoyen*, um cidadão; cria-se assim aquele patético e retraído isolamento interior, "apolítico" e "desesperadamente alemão", de que Thomas Mann foi o grande intérprete e, pelo menos em parte, representante. Essa situação encarna-se numa figura recorrente na literatura alemã, a do *Sonderling*, do personagem bizarro e solitário, que Giuseppe Bevilacqua definiu como "expressão de um profundo desajustamento entre uma natureza particularmente sensível e uma sociedade incapaz de oferecer pleno campo de aplicação aos seus dotes particulares".

Sonderlinge são muitos heróis de Hoffmann e de Jean-Paul, secretários de chancelaria, escreventes, pedagogos de província ou pedantes estudiosos, animados por ansiosa nostalgia e rigor metódico; sua intensa passionalidade interior, abafada nos trajes sufocantes de uma mesquinha convenção social, se distorce freqüentemente em sofrida e grotesca extravagância.

Charles Nodier remontava o florescimento da literatura fantástica na Alemanha à sua multidão de circunscrições locais e de usos especiais. Do particularismo, sancionado pelo direito comum, nasce a literatura fantástica, porque é às portas da cidade que se inicia, com a diversidade de leis e costumes, o inquietante mundo desconhecido; essa sobrevivência do passado confere à realidade uma aura atormentadora e ao mesmo tempo espectral. Também a lírica e a sátira de Heine, apesar de aluno de grandes mestres da escola histórica do direito, nascem do particularismo jurídico do idílio alemão. O *Sonderling* é sobretudo uma figura da interioridade alemã, de sua cisão entre ética e política, que permitiu, por exemplo, a resistência moral ao nazismo de tantas consciências, mas contribuiu, talvez, para entravar uma resistência política organizada. O idílio de Ulm acabou sob as bombas da Segunda Guerra Mundial, no fim da qual somente 2633 de seus 12 795 edifícios tinham sido poupados.

6. A TOMADA DE ULM

O idílio alemão tem algo de apertado, de limitado, como aliás o sugere a etimologia da palavra "idílio", a pequena imagem ou pequeno quadro florescido na literatura helenística. A história alemã, que de vez em quando se estende para impérios universais e milenaristas, nasce freqüentemente numa moldura provinciana, num horizonte municipal. Assim, por exemplo, um historiador relata o plano secreto preparado para a tomada de Ulm em 1701 pelos bávaros aliados de Luís XIV, alguns dos quais tinham conseguido infiltrar-se na cidade disfarçados de camponeses e camponesas com a tarefa, levada aliás a cabo, de abrir a porta da fortaleza para as suas tropas: "O tenente Baertelmann levará nos braços um carneiro, o sargento Kerbler uns franguinhos, o tenente Habbach, disfarçado de mulher, levará na mão uma cesta de ovos...".

As tropas bávaras, que graças a este golpe de mão apoderaram-se de Ulm — hoje a cidade acha-se na fronteira entre Baden-Württenberg e Bavária —, eram aliadas do Rei Sol, mas a política de Luís XIV, com sua modernização centralística e imperialística que despedaça os poderes feudais locais, faz parte de uma outra história, pertence a um capítulo que compreende Robespierre, Napoleão ou Stálin, ao passo que os aliados alemães do autocrata francês pertencem àquele particularismo medieval, limitado e "idílico", que a história moderna, e especialmente a da França, varre para longe.

7. DE MÃOS NUAS CONTRA O TERCEIRO REICH

Em Ulm nasceu uma grande flor da interioridade alemã. Hans e Sophie Scholl, os dois irmãos presos, condenados à morte e executados em 1943 por sua ativa luta contra o regime hitlerista, eram de Ulm e hoje uma escola superior tem seu nome. Sua história é exemplo da resistência absoluta que Ethos opõe a Kratos; eles souberam rebelar-se contra aquela que a quase todo mundo parecia uma óbvia e inevitável aceitação da infância. Como escreveu Golo Mann, eles combatiam de mãos nuas contra o enorme poder do Terceiro Reich, enfrentavam o aparato político e militar do Estado nazista munidos somente de seu mimeógrafo, com o qual difundiam as proclamações contra Hitler. Eram jovens, não queriam morrer e desagradava-lhes deixar a sedução dos dias de sol, como disse tranqüila Sophie no dia da execução, mas sabiam que a vida não é o valor supremo e que se torna amável e desfrutável quando é colocada a serviço de alguma coisa que é superior a ela e que a esclarece e a aquece como um sol. Por isso foram serenos ao encontro da morte, sem temor, bem sabendo que o príncipe deste mundo já foi julgado.

8. UM FUNERAL

Ainda em Ulm se desenrolou na praça em frente à sede do governo municipal outra cena do teatro alegórico da interioridade alemã. Em 18 de outubro de 1944 aconteciam, na presença de Von Rundstedt, os solenes funerais do marechal-de-campo Rommel. A multidão ignara dava-lhe a última saudação, acreditando que tivesse morrido em conseqüência de um ferimento recebido ao defender o Reich, ao passo que ele, envolvido na conjuração de 20 de julho e posto diante da escolha entre o processo e o suicídio, envenenara-se. Este também é um paradoxo da interioridade alemã: Rommel não temia certamente a execução, não lhe faltava a coragem com a qual, por exemplo, Helmuth James von Moltke enfrentou abertamente o tribunal nazista do povo e o enforcamento. As cartas que ele escrevia à esposa demonstram, na intensidade do afeto, a responsabilidade de um homem íntegro. Provavelmente acreditou, naquele momento, prestar um serviço à sua pátria, já tão periclitante, evitando a perturbação e a incerteza que o processo teria espalhado na Alemanha, com a transformação súbita de um grande soldado num inimigo da nação.

Com seco autocontrole e num supremo mas paradoxal sacrifício, silenciou a voz da própria consciência e deu uma indireta mas importante ajuda ao regime hitlerista, que procurara derrubar, e a Hitler, a quem desejara matar. Sua educação não lhe permitia distinguir claramente, nem naquele momento, entre seu país e o regime que o pervertia e o traía, afirmando encarná-lo. Aliás, as próprias potências aliadas, desconfiadas e obtusas diante das propostas avançadas pelo Estado-Maior alemão para derrubar o nazismo, tiveram certamente não pouca responsabilidade — desde a paz cartaginesa de Versalhes — nessa letal identificação do país com o regime. Na escolha de Rommel teve certamente um papel de destaque aquela educação alemã para o respeito e a fidelidade que é por si mesma um grande valor, a lealdade para com os que estão ao lado e para com a palavra dada, mas que está tão profundamente arraigada que não se consegue arrancá-la nem quando o torrão natal se tornou um pântano podre. Aquela fidelidade é tão forte que impede às vezes de perceber o engano do qual se é vítima, de compreender que nos tornamos fiéis não de nossos deuses mas de ídolos monstruosos e que, em nome da autêntica fidelidade, é um dever rebelar-se contra quem a exige abusivamente.

Também Von Stauffenberg, que cometeu atentado contra Hitler, estava dilacerado pela cisão alemã entre fidelidade à pátria e fidelidade à humanidade, e isso pode ajudar a entender a dificuldade de uma resistência armada e organizada na Alemanha. Mas certamente não foi só na Alemanha do Terceiro Reich que se apresentou o dilema fundamental, mascarado sob tantas formas, entre fidelidade ao universal e fidelidade à própria tarefa imediata — entre ética da convicção e ética da responsabilidade, como disse Max Weber, diagnóstico ainda insuperado das contradições entre os sistemas de valores dentro dos quais avança nossa civilização. Entre os crimes do nazismo há também a perversão da interioridade alemã; na encenação daquele funeral celebrado em frente ao governo municipal de Ulm há a tragédia de um homem íntegro representada como mentira.

9. UMA LIBRA DE PÃO

No Museu do Pão de Ulm, uma tabela enumera os preços de uma libra de pão no decorrer de um decênio, entre 1914 e 1924. Em 1914 custava 0,15 marco de ouro; em 1918, 0,25 marco de papel; em 1919, 0,28 (sempre de papel); em 1922, 10,57; em 1923, 220 milhões de marcos. Em 1924 o preço era novamente quase aquele de 1914, ou seja, 0,14 marco de ouro, embora em outro contexto e com diferente valor e poder aquisitivo da moeda.

Não tenho nenhuma esperança de entender as leis da economia e da ciência monetária, de perscrutar aqueles nós emaranhados nos quais as curvas matemáticas dos processos financeiros se cruzam e se acavalam com a imprevisível irregularidade da vida, com a casualidade dos eventos, com as paixões e as simulações. Um leigo, lendo os jornais, pensa que as finanças são freqüentemente acometidas de meningite, como escrevia Lafitte, o banqueiro de Luís Filipe.

O leigo, induzido por suas leituras germanísticas a mascarar a sua ignorância atrás de metáforas literárias, pensa na verdade não tanto numa meningite, mas numa psicose, num delírio de simulação, igual àquele dos loucos furiosos capazes de fingir tranqüilidade e autocontrole ou àquele dos idiotas, capazes, como dizia um luminar da psiquiatria vienense nos inícios do século XX, de simular grande inteligência. As estatísticas financeiras parecem tranqüilizadoras mas inverossímeis, o programa teatral de um espetáculo que talvez não seja encenado, a representação de algo que não existe.

A irrealidade vertiginosa daqueles 220 milhões de marcos por uma libra de pão é uma realidade do "grandioso século XX", como escreveu em 1932 Rudolf Brunngraber — aliás, autor de livros nada medíocres — na sua obra-prima *Karl e o século XX*, um dos poucos romances capazes de representar o mecanismo automático da história e da economia mundial, que engloba a vida pessoal transformando-a num mero dado estatístico, triturando e reciclando o indivíduo nos processos coletivos e reduzindo o universal à lei dos grandes números. No romance — que retrata a grande inflação não tanto na Alemanha, mas sobretudo na Áustria — Taylor, o racionalizador da produção, toma o lugar do destino, que torna supérfluo o indivíduo; as leis gerais do mundo e as cifras objetivas da economia — da produção, do desemprego, da desvalorização, dos preços e dos salários — tornam-se verdadeiros personagens, fantasmáticos mas concretamente ameaçadores e árbitros, como os tiranos de uma tragédia antiga, do destino dos homens.

A vida de Karl — com seus sonhos, suas esperanças, sua própria incapacidade de entender o que lhe acontece — é constituída e desagregada pelos mecanismos gerais, como a interseção das correntes e dos ventos forma e dissolve a crista de uma onda do mar, mas também ela — como toda vida, mesmo a mais efêmera — pede para ser eterna; a gota reluta, com pungente dor, a dissolver-se no mar da totalidade social a que pertence. O romance de Karl, cujo olhar não consegue discernir a rede que o envolve, é o romance da nossa vida, série descontínua de folhetins publicados num jornal do qual não se conhece proprietário nem diretor, circundados a cada vez por notícias sanguinolentas, anúncios trapaceiros e títulos sensacionalistas que conferem à nossa história, no contexto que nos escapa, um significado igualmente fugidio. O livro de Brunngraber — que incute um medo real, físico, de uma terceira guerra mundial, que o seu leitor se surpreende a temer como inelutável — mostra que aqueles 220 milhões de marcos por um pedaço de pão são, na sua inimaginabilidade, sinistramente reais, um enorme personagem de carne e de sangue, o gigante de um monstruoso poema épico.

10. NO MERCADO DO PORCO

O Fischerviertel, o bairro dos pescadores de Ulm, é encantador com suas vielas íntimas e acolhedoras, as hospedarias generosas de trutas e aspargos, as cervejarias ao ar livre, o passeio ao longo do Danúbio, as casas antigas e as glicínias que se espelham no Blau, o riacho familiar que corre discreto para o grande rio.

O ar é doce e fresco, Amedeo tomou pelo braço Maddalena, enquanto Gigi avalia criticamente as várias tabernas; o rosto de Francesca reflete-se no vidro de uma velha janela que dá para o canal e a vida parece correr leve e discreta como estas águas no mistério do entardecer. A cidade é amável, as 548 cervejarias comprovadas pelas estatísticas de 1875 parecem idealmente conciliar Christian Friedrich Daniel Schubart, o poeta rebelde, e Albrecht Ludwig Berblinger, o famoso alfaiate que queria voar e caiu como uma pedra no Danúbio, o novo cinema alemão, nascido em grande parte em Ulm e a célebre escola superior de design. Deste afável *genius loci* dava prova também o filho mais ilustre de Ulm, Einstein, quando escrevia, numa gentil quadra rimada, que as estrelas — indiferentes à teoria da relatividade — prosseguem eternamente a sua trajetória segundo os planos de Newton.

Na sede da prefeitura uma placa lembra que em Ulm Kepler publicou as *Tabelas Rodolfinas* e inventou uma unidade de peso adotada pela cidade; na praça do mercado de gado uma outra placa, que celebra com arrogância as vitórias alemãs de 1870 e a fundação do Reich guilhermino, diz, ao invés: "*Auch auf dem Merkt der Säue/ wohnt echte deutsche Treue*", também no mercado do porco bate um fiel coração alemão.

Essa rima entre porcas (*Säue*) e fidelidade (*Treue*) é já, sem querer sê-lo, uma maligna caricatura daquela que, em poucos anos, se tornaria a vulgaridade do rico e poderoso Segundo Reich. Uma gentileza diversa pintou em 1717, na bela Casa dos Pescadores na homônima Pracinha, a imagem de uma cidade, Weissenburg, ou seja, Belgrado. O pintor, o Mestre da Corporação Johann Matthäus Scheiffele, quis imortalizar os transportes militares que partiam de Ulm e desciam o Danúbio para ir combater contra os turcos; Belgrado, tomada e perdida, era um nó estratégico daquela guerra. De Ulm, nas barcaças conhecidas como "caixões de Ulm", partiam também os colonos alemães que iam povoar o Banato, os "Donauschwaben", os suevos do Danúbio que por dois séculos, desde Maria Teresa até a Segunda Guerra Mundial, deixariam uma marca fundamental, hoje apagada na civilização danubiana. A minha viagem ao longo do rio é sobretudo uma viagem em direção ao Banato, nas pegadas de uma expansão já desaparecida e até invertida, desde o fim da Segunda Guerra Mundial até os nossos dias, numa retirada, no êxodo alemão da Europa Sul-Oriental.

11. O ARQUIVISTA DAS VILANIAS

Na praça de Ulm ergue-se a catedral, com sua torre mais alta do mundo e com a heterogeneidade da sua plurissecular construção, iniciada em 1377 e terminada — à parte sucessivas restaurações — em 1890. A catedral tem alguma coisa de destoante, aquela ponta de indelicadeza que existe freqüentemente nos recordes e nas supremacias. O nariz de Maddalena, que olha para o alto, perplexa, o campanário, procurando convencer-se da bondade das coisas, imprime no ar uma linha intrépida e irrequieta, diante da qual a piedosa mole mostra toda a opacidade da pedra.

Entre os numerosos guias da catedral sobressai o esmerado e minucioso de Ferdinand Thrän, que descreve e narra cada detalhe, desde os frisos das colunas ao lucro da venda de uma calça oferecida por um pio fiel, o moleiro Wammes, para os trabalhos da igreja (seis xelins e dois cêntimos). Mais que autor do guia, Thrän era também um arquiteto goticizante e estivera a ponto de arruinar a catedral em conseqüência de uma sua obstinada convicção acerca de uma "lei" dos arcos que estava persuadido de ter descoberto. Na capa do douto livrinho (*A catedral de Ulm, uma exata descrição da mesma*, 1857), o impressor, por uma distração que parece obedecer à necessidade do destino de Ferdinand Thrän, esqueceu de escrever o seu nome, que o bibliotecário da Biblioteca Nacional de Viena acrescentou a lápis, pelo menos no exemplar conservado no palácio da Albertina.

Aquele esquecimento é uma das tantas injustiças sofridas por Thrän, arquiteto e restaurador da catedral no século XIX e hipocondríaco especialista em descortesias, como atesta o escrupuloso *Fascículo das vilanias recebidas* que ele manteve durante anos e que jaz, inédito e ignorado, numa caixa arrumada num escaninho da catedral. Azarado contumaz e alvo permanente de contínuas afrontas, Thrän parece sublinhar, com acre regozijo, que a vida é uma contrariedade e uma afronta, de modo que não resta mais nada a fazer senão manter um rigoroso inventário dos seus agravos. Se a autêntica escrita nasce do desejo de explicar o prolixo incômodo de viver, Thrän é um verdadeiro escritor. A literatura é contabilidade, livro razão do dever e do haver, inevitável balanço de um déficit. Mas a ordem do registro, a precisão e a completitude do protocolo podem dar um prazer que compensa o desprazer daquilo que é anotado. Quando Sartre diz que considera medíocre a realização do ato sexual em relação aos jogos preliminares e intermédios, adverte-se a satisfação com que ele registra o insatisfatório prazer final.

O contabilista das afrontas põe ordem entre estas últimas, conserva-as sob controle, torna-se patrão do mundo exorcizável e das humilhações sofridas. Quando conta o exame de arquitetura prestado como aluno de escola particular em Stuttgart em 1835, Thrän menciona de passagem as boas notas obtidas, mas se detém no acordar de manhãzinha, nos incômodos da viagem e na descortesia dos guardas aduaneiros, na péssima qualidade da cerveja e no vômito que dela resulta, nas despesas que teve, 77 florins e 47 cruzados. Nomeado inspetor de construção de estradas, deve deslocar-se para visitar, em cerimoniosa e servil homenagem, personagens influentes, conselheiros de finança e diretores de departamentos, mas um tio seu se obstina em acompanhá-lo, porque o acha muito desajeitado e tonto para tais visitas.

Quando trabalha nas restaurações da catedral entra em choque com os superiores e as autoridades da cidade, que o acusam de gastos excessivos, e ele conta minuciosamente as disputas, as críticas, as polêmicas nos jornais com os seus adversários, as brigas legais relativas às cláusulas dos seus contratos profissionais, as multas, os recursos, as calúnias a seu respeito, o desprezo e as afrontas dos notáveis, os litígios devidos à introdução da iluminação a gás, as intrigas dos seus rivais, os quais não conseguem impedir que o rei do Württemberg lhe confira a medalha de ouro por méritos artísticos e científicos, mas retardam a publicação oficial da condecoração.

Thrän sente-se "caça acuada", mas seu rancor não se limita aos inimigos que o perseguem, porque ele se coloca acima das mesquinhas razões pessoais. Não o indivíduo isolado, invejoso e mal-intencionado, mas a vida inteira comete injustiças e vilanias, é toda um abuso. Thrän anota imparcialmente a malvada mesquinhez dos homens e das coisas, as intrigas do inspetor de construção Rupp-Reutlingen e a malignidade do temporal que lhe arruína a nave central e lhe enche a catedral de escombros, a deliberação que lhe destina um salário sem hospedagem e as febres nervosas que o atormentam, as onze quedas do cavalo — atribuídas à má qualidade da montaria, a única aliás que ele, com seus meios limitados, podia permitir-se — e a morte de quatro filhos, os repetidos acidentes que o fazem escorregar do andaime ou acabar no Danúbio, o risco de ser espetado e a dificuldade de ser repescado com uma vara. Tragédias e aborrecimentos são colocados no mesmo plano, porque a verdadeira tragédia da vida é que ela é toda e unicamente um aborrecimento só.

A literatura mitteleuropéia conhece também em formato grande esta figura do autodestrutivo, que triunfa da estupidez e da injustiça da existência graças à radicalidade com que mantém o registro das suas desgraças. Thrän é um irmão menor de Grillparzer e de Kafka, é um desses agrimensores dos próprios malogros. No cadastro destes últimos, a vida mostra toda a sua mesquinhez e a sua maldade; quem as sofre e as anota pode esfregar-lhe na cara esse protocolo do seu atrevimento e portanto controlá-la, olhando-a de alto a baixo, como o diretor que confia o boletim ao último da classe.

Thrän está orgulhoso de documentar as vilanias sofridas de autoridades públicas e de particulares, de superiores ou de vizinhos de casa, porque no desprezo manifestado pelos outros ele lê o atestado da própria dignidade, a inaptidão que o torna digno de ser ultrajado, a inadequação à vida que é o sinal de uma verdadeira retidão de caráter. No artigo escrito para o centenário do seu nascimento pelo professor Dieferlen, este relembra Thrän, com os longos cabelos e a barba cerrada, ocupado em restaurar a catedral em ruína invadida pelas ervas daninhas, infestada de mochos e morcegos que faziam ninho entre os ornatos góticos, com o gelo e o vento que entravam pelos vitrais quebrados e o chiado dos pássaros que sobrepujava o sermão do púlpito. Provavelmente Thrän amava aquela desolação e aquele abandono; ele anota, por exemplo, com satisfação que a estátua do pardal — símbolo de Ulm — tinha se despedaçado, incapaz de resistir "à caducidade de todas as coisas", e acrescenta que o novo pardal de barro, posto no porão a aguardar que as autoridades decidam se o colocam ou não no lugar do velho, espera paciente o fim daquelas brigas, racha-se e desgasta-se imperceptivelmente naquela espera, mas por sorte mais lentamente do que se desgastam e definham os conselheiros que discutem sobre ele.

O arquivista das vilanias registra com satisfação a corrupção da vida, que eliminará do mundo também ele, mas ainda e sobretudo aquelas vilanias. A universalidade da morte corrige a da estupidez e da maldade. Mas todo livro escrito contra a vida, disse Thomas Mann, constitui uma sedução a vivê-la; por trás da obstinada recusa oposta por Thrän à malignidade das coisas existe também um pudico amor pela realidade, por aqueles rios e aquelas estradas que ele media com tenaz precisão. Talvez o sincero amigo da vida não seja o pretendente que a corteja com adulações sentimentais, mas o desajeitado enamorado repelido que se sente banido por ela, escrevia Thrän, como um velho móvel em desuso.

12. GRILLPARZER E NAPOLEÃO

Perto da abadia de Elchingen, a poucos quilômetros da cidade, encontra-se o lugar em que aconteceu em 19 de outubro de 1805 a *Capitulação de Ulm*, a rendição do general austríaco Mack — "o infeliz Mack" de que fala Tolstói em *Guerra e paz* — a Napoleão. Uma lápide lembra os mortos do exército de Napoleão, soldados franceses e de vários Estados alemães naquele momento aliados do *Empereur*: "*À la mémoire des soldats de la Grande Armée de 1805 Bavarois, Wurtembergeois, Badois et Français*". A paisagem, com os bosques brumosos sobre o rio, é a estampa de uma batalha; uma brecha indica o ponto no qual o marechal Ney rompeu as defesas austríacas.

Este trecho do Danúbio é um palco de grandes batalhas, como aquela de Höchstädt (ou de Blindheim), na qual o príncipe Eugênio e o lorde Marlborough, durante a Guerra da Sucessão espanhola, puseram em debandada, em 1704, o exército francês do Rei Sol. Mas essas batalhas junto ao Danúbio são batalhas da velha Europa pré-revolucionária e pré-moderna, que prolongam — com o alternar-se de vitórias e derrotas das várias potências — o equilíbrio entre as monarquias absolutas até 1789. O Império danubiano encarna por excelência aquele mundo da tradição, e Napoleão, que vence os austríacos em Ulm e entra em Viena, encarna a modernidade que acossa e preme de perto a velha ordem habsbúrgico-danubiana, numa perseguição que se concluirá em 1918.

As observações de Grillparzer sobre Napoleão são uma expressão exemplar desse espírito austríaco, pré e pós-moderno, que vê a modernidade arrasar a barreira simbólica da tradição, representada pelo Danúbio. Agudo e facciosamente unilateral, Grillparzer, que testemunha Napoleão entrar vitorioso em Viena em 1809, denuncia nele o predomínio de uma fantasia desenfreada, de uma *hybris* subjetiva nos confrontos da realidade que ele adverte também em si mesmo, como um perigo para a sua harmonia moral e para a própria obra poética. Epígono e ao mesmo tempo precursor, Grillparzer, o clássico do teatro austríaco do século XVII, é o primeiro homem sem qualidades — e criador de homens sem qualidades — da literatura habsbúrgica. É um indivíduo dividido e dúplice, mas penetrado de um profundo senso de reverência por aquela unidade da pessoa que lhe escapa e que ele considera um valor mais alto. Hipocondríaco e tortuoso, pedante organizador e administrador das próprias inibições, capciosamente relutante para com a alegria e cindido entre excitadas paixões e autodestrutivas aridezes, Grillparzer — não por acaso lido com arrebatamento por Kafka — é o escritor que falsifica o próprio auto-retrato, acentuando-lhe os lados negativos, como faz nos próprios diários, desdobrando-se na antipática figura do seu alter ego Fixlmüllner.

Quando a vida é privação, insuficiência, *deesse*, a defesa consiste na obstinada automarginalização, na recusa de participar. A civilização danubiana, tão sensível à irresponsabilidade da vida, foi mestra ao elaborar essa estratégia defensiva. Mas essa civilização destinada a descobrir o vazio das Ações Paralelas e a louvar, como Karl Kraus, o mundo às avessas, não esquecia o ecúmeno a cujo esvaziamento assistia, aquele ordenado e harmonioso cosmo barroco que via virar de pernas para o ar. Como mais tarde Kafka, Grillparzer não permite que suas idiossincrasias pessoais — vividas não como acidentes psicológicos, mas como necessidades da época, como descompensação entre o indivíduo e a totalidade — ofusquem o sentido objetivo da Lei, do mundo que, pela tradição vienense, permanece um mundo criado por Deus.

Grillparzer não pode certamente ver em Napoleão, como Hegel, a alma do mundo a cavalo mas sim um *parvenu* que exerce o poder em nome de um desenfreado egocentrismo e não de uma idéia superior; da experiência napoleônica nasce de fato em 1825 o drama *A felicidade e o fim do rei Ottokar*, no qual Grillparzer contrapõe Rodolfo de Habsburgo, fundador da linhagem e encarnação do poder exercido humildemente como *officium* suprapessoal, a Ottokar da Boêmia, que quer e exerce o poder por ambição individual. Napoleão é portanto para ele o símbolo de uma época que vê a subjetividade (nacional, revolucionária, popular) destacar-se da *religio* da tradição e provocar, com a nacionalização das massas, o fim do cosmopolitismo do século XVIII, racionalista e tolerante.

Napoleão é "febre de uma época doente", mas, como a febre, é uma reação violenta que pode "eliminar o mal" e levar à cura. Grillparzer qualifica-o de "filho do destino", confere-lhe a auréola de quem, como Hamlet, é chamado a repor no lugar o tempo que saiu dos eixos; mas ao Corso falta a humildade de Hamlet, ao qual a consciência da sua tremenda missão faz dizer "ai de mim", tornando-o consciente da sua inadequação pessoal. Napoleão é, ao contrário, pequeno porque se arroga o direito de ser grande, mas só se tornará realmente grande na queda, na expiação religiosa, no reconhecimento da própria vaidade, como Ottokar, no drama, ascende à verdadeira realeza quando é vencido e humilhado na batalha e no amor, acossado pela velhice, reduzido a mendigo, ou seja, a homem verdadeiro.

Napoleão, que afirma que na Idade Moderna a política tomou o lugar do destino, representa para Grillparzer o totalitarismo ou a politização total da vida, a irrupção da história e do Estado na existência do indivíduo, absorvida nos mecanismos sociais. A essa mobilização geral, própria da sociedade moderna e do napoleonismo — no qual Grillparzer distingue o aspecto caudilhesco, mas não percebe o impulso democrático e a ação emancipadora —, contrapõe-se o *ethos* josefino do fiel servidor do Estado, que cumpre com abnegação o próprio dever mas traça também os limites da ingerência da política, defendendo a distinção entre esfera pública e esfera privada.

Grillparzer define como "assustadora" a unilateralidade de Napoleão, que "vê em toda parte só as suas idéias e sacrifica tudo a elas"; contra o totalitarismo ideológico a tradição austríaca defende o detalhe sensível, o particular erradio, a vida irredutível ao sistema. Uma visão religiosa como a de Rodolfo II — o imperador silencioso do grande e tardio drama *Os irmãos inimigos na Casa de Habsburgo* — respeita também "o não sei quê", a individualidade irregular e disforme, enquanto o sentido da transcendência religiosa impede que se faça um ídolo das hierarquias terrenas e remete a um plano superior, no qual também a exceção encontra o seu lugar nos desígnios de Deus. Uma perspectiva puramente terrena, historicista, é dogmaticamente brutal para com aquilo que parece secundário e menor; Grillparzer acusa Napoleão de ter em mira a *Hauptsache*, a questão principal, negligenciando a *Nebensache*, o que parece marginal e secundário, mas que tem, todavia, aos olhos do poeta austríaco defensor do particular, sua autônoma dignidade e não deve ser sacrificado ao projeto totalizante e tirânico.

A civilização austríaca se inspira numa totalidade barroca transcendente à história ou numa dispersa fragmentação pós-histórica, que segue o dilúvio da história moderna; em ambos os casos ela recusa os critérios de uma valoração puramente histórica, os metros segundo os quais conferimos importância aos fenômenos e os distribuímos numa ordem de grandeza. A civilização austríaca defende o marginal, o transitório, o secundário, a parada e a pausa do mecanismo que pretende queimá-los para conseguir resultados mais importantes.

Napoleão personifica, ao contrário, a moderna febre de agir que aniquila o *otium* e o efêmero, e destrói o instante na sua impaciência de prosseguir. No seu romance *Os cem dias*, Joseph Roth retomará o velho boato da *ejaculatio praecox* do imperador, fazendo dela o símbolo da sua ansiosa pressa que deve fazer tudo rapidamente, que sempre tem algo mais a fazer e em cada instante pensa já no seguinte, sem poder parar nem ao menos no amor e no prazer, porque quem não está persuadido não quer fazer, mas já ter feito.

A perspectiva austríaca é excêntrica em relação ao mito napoleônico europeu, que conhece outras entonações — do fascínio por uma grande vida que emerge e se levanta do nada, presente em Stendhal ou em Dostoiévski, ao *pathos* apocalíptico de Léon Bloy. Grillparzer intui alguns aspectos da modernidade napoleônica, mas lhe contrapõe um *ethos* josefino iluminista-burocrático, que no seu tempo tinha sido radicalmente inovador mas que na era napoleônica ia se transformando, apesar da tenaz resistência da sua grande e progressiva tradição ético-política, em aparato do imobilismo. De resto Grillparzer quer celebrar a "estática grandiosa" em Rodolfo I, "um homem completamente silencioso e tranqüilo", mas este, no drama, resulta desbotado e insignificante, enquanto sobre ele se agiganta a figura de Ottokar, o titã vencido. E é além disso Rodolfo, teórico da paciência, quem age com sagacidade, porque sua prudência é uma arte política, enquanto Ottokar sonha com grandes ações mas se deixa embalar passivamente em seu turbinoso e apolítico sonho.

Com o drama "napoleônico" *A felicidade e o fim do rei Ottokar*, Grillparzer celebra o início da política oriental habsbúrgica, sua afirmação como Casa da Áustria e seu fatídico voltar-se para o Leste, para sua missão danubiana. Ottokar personifica a Boêmia derrotada, na Europa Central, pelo Sacro Império Romano de nação alemã, do qual Rodolfo leva a coroa. Mas no drama Ottokar aparece como modernizador, ou seja, germanizador da Boêmia, o soberano que favorece e introduz no seu país o elemento alemão, para tornar mais eficiente e evoluído seu reino, e despreza seus súditos relutantes em se deixar arrancar dos seus ritmos arcaicos e primitivos, do mundo agrário daquelas nações eslavas que no século XIX eram chamadas de "nações sem história".

Ottokar quer conduzi-los para a história e perece; o soberano boêmio quer germanizar seu povo para fazê-lo triunfar sobre os alemães, mas destrói assim seu poder e sua independência, segundo o pessimismo grillparzeriano e habsbúrgico, que vê o ingresso na história como uma queda. Boêmio, de resto, é — e continuará a ser por ao menos um século —, uma palavra ambígua, que pode indicar os tchecos mas também os alemães da Boêmia e indica sobretudo uma identidade difícil de definir, como todas as de fronteira, mistas e dilaceradas entre diálogo e disputa. Uma identidade sobretudo melindrosa, nunca satisfeita com a atitude dos outros para com ela, qualquer que seja. O drama ficou longo tempo em quarentena, por temor de ofender os boêmios, e o próprio Grillparzer conta ter se dirigido ao túmulo de Ottokar para pedir-lhe perdão, e ter visto ao seu redor, em Praga, muitas caras fechadas.

13. TERAPIA DEAMBULATÓRIA

Em Ulm, segundo a tradição, conservava-se no século XVII o sapato de Aasvero, o judeu errante. Com aquelas solas à prova de séculos se poderia empreender qualquer caminhada, exercício que os médicos, em outros tempos, consideravam salutar para o equilíbrio psíquico. Diz uma nota de rodapé na edição italiana completa dos contos de Hoffmann, a propósito de um personagem real tomado como modelo pelo escritor: "F. Wilhelm C. L. von Grotthus (1747-1801), procurava combater a doença mental hereditária na sua família realizando longas viagens a pé. Morreu louco em Bayreuth".

14. DE LAUINGEN A DILLINGEN

A antiga cidadezinha fundada pelos alemães é rica de torres, entre as quais sobressai, gentil e elegante, a do Cavalo Branco, o legendário corcel de quinze pés de comprimento que saltava com um pulo para o outro lado do Danúbio. Como a vizinha Dillingen, Lauingen tem uma tradição de estudos teológicos, colégios e seminários, uma aura de silenciosa e recolhida religiosidade sueva, aquela interioridade absorta e humildemente alegre que caracteriza, apesar do estrépito das ferozes lutas confessionais, a paróquia rural alemã e sobretudo a da Suábia — se bem que Lauingen, desde 1269, faça oficialmente parte da Baviera. A pequena cidade é um lugar de colégios, como o Gymnasium Illustre, construído por Wolfang, conde do Palatinado, em 1561 e hoje apagado da história; um lugar de párocos, de pastores e de preceptores como Deigele, chamado o Mendelssohn suevo e autor de cantos eclesiásticos que ainda hoje, em alguma igreja de aldeia, entoam uma submissa comunicação com Deus e um sentimento que se poderia definir quase de felicidade, mesmo que ali se advirta também a sombra, a brevidade e o nada do viver. Em Lauingen nasceu Alberto Magno, o mestre de santo Tomás, cuja estátua está hoje em frente à sede da prefeitura;

no seu *De animalibus*, o santo enciclopédico fala também dos peixes que tivera ocasião de observar, diz ele, no seu Danúbio natal.

Na província alemã do século XVIII, entre a Suábia e a Baviera, movem-se nas suas pequenas peregrinações os preceptores e os párocos de Jean-Paul; o escritor os segue pelas estradas do campo e pela estrada da vida com suas frases sinuosas, seus períodos acidentados, exasperadamente hipotáticos e tentaculares, nos quais Ladislao Mittner vislumbrava a tentativa de reproduzir na sintaxe o nexo móvel do Um-Todo e a aproximação assintótica do inalcançável infinito.

Aquela sintaxe era também o espelho do Império, daquele Sacro Império Romano do qual se pergunta, no *Fausto* goethiano, como conseguia manter-se ainda unido; as frases de Jean-Paul, que parecem todas subordinadas desprovidas da principal e oscilantes no vazio ou pelo menos sustentadas por um centro difícil de descobrir, refletem uma concatenação político-social superlotada de periferias, particularismos, derrogações, corpos separados e estatutos especiais e carente de uma sólida estrutura central, como era o Império alemão já próximo de seu fim também formal.

Também naquele mundo, verdadeiro reservatório de material satírico, Jean-Paul aprendia a sentir a vida como dissolução, como falta, como *deesse*. O caminho do homem lhe parecia uma contínua queda, semelhante à de um corpo físico; ele é o poeta da existência entendida como carência de persuasão, ou seja, de vida verdadeira, mas é também o sutil e capcioso estrategista que arranca, graças à poesia, território de persuasão, momentos absolutos de significado ao deserto da ausência e da temporalidade. Contemporâneo de Goethe e de Schiller e escritor anticlássico, Jean-Paul foi mantido a uma certa distância pelos grandes clássicos e manteve-se por sua vez afastado deles; satirizava o particularismo do Sacro Império Romano, mas continuava de algum modo prisioneiro dos seus horizontes provincianos. Aproximando as cadeiras em volta do aquecedor e enfiando na cabeça o barrete de dormir antes de contar a história do seu mestre-escola Maria Wuz, ele ironizava a ingenuidade de quem achava que mais além do beco começava o *grand monde*, mas por sua vez permanecia estranho àquele "grande mundo" da política no qual, naqueles anos, a literatura clássica colocava o pé, como Fausto, para confrontar-se com o caminho da história humana.

Mas Jean-Paul dá voz a cisões e a lacerações que emergiriam mais tarde com violência na literatura européia e que o classicismo alemão tende a remover ou a exorcizar. Ele percebe o vazio escondido atrás das palavras, o eclipse dos valores e do seu fundamento, o niilismo que devora toda realidade, transformando a natureza num cadáver e aniquilando o presente. O suave poeta das alegrias domésticas e da simplicidade religiosa é também o poeta que imaginou, ainda que transpondo-a obliquamente num sonho, a aterradora fábula do Cristo morto, o qual anuncia que não há nenhum Deus. Jean-Paul dá expressão àquele niilismo — aniquilamento dos valores e da realidade finita — que a cultura clássica julga poder superar. Ele percebe a não-identidade do sujeito consigo mesmo e se aventura nos meandros do sonho e do inconsciente, nos escuros corredores em que seus personagens encontram com assombro o próprio sósia. É somente o humorismo que pode sanar essa angústia da cisão, porque redimensiona e tritura o finito, mas com bondade e participante simpatia, abrindo-o ao infinito que o transcende mas lhe confere um significado universal.

É justo que Jean-Paul não agradasse a Hegel, porque ele recusava ver na realidade — e na realidade moderna — a completa e perfeita auto-realização do Espírito. Para Jean-Paul a esfera mundana é estragada por buracos e rasgões através dos quais penetram sussurros e sopros da transcendência, reflexos do infinito. Ele de fato escreve no *Siebenkäs* que neste mundo se deveria sempre pintar também um pedaço do outro a fim de que ele esteja completo; para ele a realidade remete a um outro lugar, às vermelhas estradas que parecem perfilar-se atrás do pôr-do-sol ou ao verão que o habitante do pólo Norte espera além da escuridão de sua longa noite. Jean-Paul não é um moderno, se a modernidade é o pensamento forte que unifica sistematicamente o todo, mas é antes um contemporâneo, se é contemporâneo sobretudo o sentimento do caráter incompleto e fragmentário do real, do seu impasse.

Qualquer que seja a opinião ou a fé professada pelos homens, o que os distingue é sobretudo a presença ou a ausência, no seu pensamento e na sua pessoa, deste mais além, seu sentimento de morar num mundo completo e exaurido em si mesmo ou incompleto e aberto para outro lugar. A viagem talvez seja sempre um caminho para aquelas lonjuras que resplandecem vermelhas e violetas no céu do crepúsculo, além da linha do mar e das montanhas, nos países em que surge o sol que entre nós se esconde. O viajante avança na tarde, cada passo o encaminha para o pôr-do-sol e o conduz para além da faixa flamejante que se desvanece. O viajante, escreve Jean-Paul, é semelhante ao enfermo, em equilíbrio instável entre dois mundos. O caminho é longo, mesmo se nos deslocamos somente da cozinha para a sala que dá para o Ocidente e sobre cujas vidraças se incendeia o horizonte, porque a casa é um reino vasto e desconhecido e uma vida não basta para a odisséia entre o quarto da infância, o quarto de dormir, o corredor em que os filhos correm atrás uns dos outros, a mesa de jantar na qual as tampas das garrafas disparam salvas como um piquete de honra e o escritório com alguns livros e alguns papéis, que procuram dizer o significado deste vaivém entre a cozinha e a copa, entre Tróia e Ítaca.

Agora está realmente entardecendo, entre Lauingen e Dillingen, e o céu vermelho não é só uma imagem com pretensões de valor simbólico, mas também um indiscutível dado meteorológico. Em Lauingen, diante da casa dos fundidores de sinos, encontramos, como estava nos planos da harmonia preestabelecida, Amedeo, que agora inesperadamente se cala, prisioneiro de alguma reticência aninhada na sua glândula pineal. O rosa do rosto de Maddalena é ainda mais intenso, a transparência da tarde e a do seu coração misturam as tintas nas suas faces e o germanista, obrigatoriamente conhecedor da *Teoria das cores* que Goethe contrapôs inutilmente a Newton, pensa talvez que Goethe não estava errado, que a luz se propaga como dizia Newton mas que nós, por sorte, não vemos comprimentos de onda mas o verde, o azul, o vermelho desta tarde e das faces de Maddalena.

Pudesse este entardecer não acabar nunca e nós não chegarmos nunca em Dillingen, como não se chega nunca além do horizonte. O rio da vida flui nas nossas veias, como para o mestre-escola Maria Wuz, e a cada batida deposita em nós, como nele, uma gota do limo do tempo, que um dia subirá até o coração e até recobrir-nos, mas neste momento aquela torrente não nos arrasta, mas nos embala. O pôr-do-sol resplandece também no rosto de Francesca, misteriosa e leve como uma bandeira ao vento. Os sentidos preferem, para uma hora de prazer, a redondez do que é clássico e completo, a feminilidade completamente desabrochada e que não pode mais vir a ser a linha curva e lasciva da senhora, o primor do acabamento da adúltera *fin de siècle*. O mero prazer precisa do tangível e do finito, não ama o além. Mas se no prazer se insinua mesmo o mais fugidio prelúdio ou relampejar de *perditio*, este desperta somente com o chamado do além, ama o enigma daquilo que está ainda em devir, esta incompletude esquiva ao nosso lado, o impulso airoso e a linha reta, a moça, árvore que se ergue retilínea no entardecer.

Agora Francesca está na frente, com os outros; nós — a língua em que escrevo é carente, sua gramática não conhece o dual necessário para conjugar e declinar sem equívocos a substância contínua da vida — ficamos um pouco para trás. Mas também aquelas figuras um pouco mais adiante, aqueles terceiros, fazem parte de nós. O passeio, na planície despojada e opaca, logo terminará, Dillingen já está perto, mesmo a comunhão desta tarde, a sintonia que nos une a todos, se dissolverá. A desagregação é a imperfeição da existência, a sua falha; a vida se esmigalha nas mínimas frações de tempo, nas quais — e portanto também em cuja soma — não existe nada.

Como mais tarde para os anciãos de Svevo, também para os afáveis personagens de Jean-Paul a luz da vida é freqüentemente ofuscada pela ânsia de viver, pelas preocupações ocasionais que a acossam. Na existência há demasiado e demasiado pouco, um afanoso acúmulo de embaraços contingentes, que tira o ar, e uma falta de coisas essenciais. Aqueles tímidos preceptores são sábios estrategistas na guerrilha para eludir a ausência, para fugir da sua garra que aperta o coração. Procuram gozar a vida, libertando-a da organização que a absorve toda e não lhe deixa nenhum momento de persuasão, assim como o programa da viagem, que o reitor Florian Fälbel, outro herói de Jean-Paul, realiza com seus formandos ao Fichtelberg, absorve-o completamente na preparação do próprio programa; a atenção voltada para o mapa impede de olhar os lugares que estão atravessando e a leitura em voz alta da descrição de um edifício no manual de Büsching desvia os olhos do próprio edifício.

Os pacatos pedagogos errantes de Jean-Paul combatem o *deesse* com uma radical terapia homeopática, com uma contínua subtração. Procuram um espaço vazio, uma pura suspensão na qual relampeje a luz do essencial ou pelo menos um seu reflexo; para fazer isso esvaziam a realidade de todo impedimento, da sua pesada mobília. Maria Wuz fecha os olhos, enquanto o vento e a neve obscurecem as janelas, e orvalha o gelo dos prados com a imagem da primavera; desde adulto ele passa as horas vespertinas a recapitular a infância e sobretudo aqueles momentos nos quais, quando menino, fechava os olhos feliz enquanto a mãe preparava o jantar. A subtração eleva-se ao quadrado, a luz brilha numa memória levada à segunda potência, quando se recordam os momentos em que se lembrava a felicidade ou se sonhava com ela; esta última se retrai num espaço fora do tempo, no escuro debaixo da escada onde ficaram os brinquedos e as relíquias da infância, e o verde daquela infância, para Wuz, reluz sob a neve que há tantos anos o recobriu.

Jean-Paul ama o presente — que é esperado ou desejado com saudade quando é ainda futuro ou já passado, mas desprezado e desperdiçado quando é presente. Este puro presente não existe no tempo, que o aniquila em cada instante; ele existe fora do tempo, isto é, da vida, na rarefação da recordação ou do escrever. A fumaça, diz-se no romance *Quintus Fixlein*, levanta-se da nossa existência que se derrete e se cristaliza, como os vapores de antimônio, em novas flores de alegria, as quais são somente flores de poesia, ou seja, as imagens que a escrita tira da vida que se consome. A luz daquele espaço imaterial arrancado do nada, cujas paredes côncavas refletem as figuras do coração, reverbera-se na realidade concreta e transforma a intimidade da casa em "um buraquinho de sala extraída do movimento do universo". O idílio familiar, cantado com tanta ternura por Jean-Paul, assume dimensões cósmicas e a épica doméstica — o amor conjugal, os trabalhos de casa, um dia feliz, o berço e o caixão — se insere e se entrelaça na trama do infinito. Escutando o tempo que cai, o biógrafo de Maria Wuz percebe "o nada da nossa existência" e jura "desprezar, merecer e gozar uma vida tão insignificante".

Cada viagem, como esta nossa caminhada em direção a Dillingen, é uma resistência à privação, porque se viaja não para chegar mas para viajar e entre os obstáculos brilha o puro presente. Quem é que se põe verdadeiramente a caminho? Narrando a história do seu prefácio à biografia de Quintus Fixlein, Jean-Paul conta ter encontrado, na viagem, um Superintendente das Belas-Artes e se ter feito passar, falando com ele, por Fixlein, seu personagem. Mas talvez não só Jean-Paul, mas também qualquer um que escreve, é um falsário de si mesmo, atribui com apaixonada sinceridade, mas com arbitrária substituição de pessoa, o pronome "eu" a um outro, que na realidade vai pelo seu caminho. Quem está caminhando, nesta tarde irrepetível, em direção a Dillingen, seguindo não o sulco do caminho, mas o percurso que a caneta traça agora no papel? Quem confia ao papel o próprio destino é um patético epígono kafkiano: quando já pegou na maçaneta da porta e está para entrar no quarto da mulher amada, como Kafka no de Milena, abre os dedos e volta atrás, à sua ciência cartográfica.

Os personagens de Singer não recuam, entram tranqüilamente naquele quarto, porque não têm medo de enfrentar a vida e o risco de não estar à altura; aceitam sem soberba a hora do triunfo e sem angústia a hora da falência, porque na desenvoltura do seu corpo há a profunda certeza de que ambas obedecem a uma lei necessária, como a alta e a baixa maré. Quem tem medo do xeque, como Zeno e Josef K., e não sabe aceitá-lo, se refugia na literatura, entre as dobras do papel, que permitem jogar com o fantasma do xeque, contorná-lo obliquamente, mantê-lo a distância flertando com ele, cortejando-o e retardando-o. A literatura oferece abrigo contra a carência, graças àquilo que transfere para o papel roubando-o à vida, mas deixando esta última ainda mais vazia e carente. Um escritor, diz Jean-Paul, conserva todos os seus conhecimentos e as suas idéias somente naquilo que escreveu, e se alguém queima os seus papéis ele fica privado deles e deles não sabe mais nada; quando anda pela rua sem as suas anotações é completamente ignorante e estúpido, "pálida *silhouette* e cópia do seu próprio eu, seu representante e *curator absentis*".

Mas o papel é bom, porque ensina esta humildade e faz abrir os olhos sobre a vacuidade do eu. Quem escreve uma página, e meia hora depois, esperando o bonde, se dá conta de não entender nada, nem mesmo aquilo que escreveu, aprende a reconhecer a própria pequenez e compreende, pensando na vaidade da própria página, que cada um toma as próprias elucubrações pelo centro do universo mas, justamente, de cada um. E talvez se sinta irmão daquela miríade de indivíduos que, como ele, se crêem almas eleitas rumando com suas idéias fixas para a morte, e compreenda quanto é estúpido, nesta comum e apinhada marcha para o nada, ferir-se reciprocamente. Os escritores constituem uma secreta ordem universal, uma maçonaria, uma Loja da estupidez; não por acaso foram eles, de Jean-Paul a Musil, a escrever Elogios e Ensaios sobre a Estupidez.

Mas esta insignificância do escrever ajuda a descobrir a miséria e a relatividade da inteligência e pode aplanar assim o caminho para uma fraternal tolerância recíproca. O papel ensina a não levá-la demasiadamente a sério; mesmo quem se assemelha mais a Kafka que a Singer aprende com o *Castelo* e as *Cartas a Milena* a girar aquela maçaneta, a abrir aquela porta e a entrar naquele quarto. Algum tempo depois verá com alegria seus filhos colocarem em desordem seus papéis e com eles fazerem barquinhos ou flechas de zarabatana. Quando Buffetto II, meu estimado porquinho-da-índia, esfola a capa da *Genealogia da moral*, levantando seus bigodes empoeirados e cheios de decoro à altura da baixa prateleira, a fidelidade a Nietzsche me ensina a deixá-lo fazer e até alegrar-me com sua tranqüila comunicação com o mundo além do bem e do mal.

Ao literato consciente de ser, como tal, um estúpido, seja portanto permitido, em virtude desta autoconsciência do espírito que sabe não se realizar, cultivar sua paixão pelas palavras escritas, que o ajudam a seguir em frente, a nutrir-se, como um personagem de Jean-Paul, de velhos prefácios, programas, cartazes de teatro, necrológios, avisos; e a escrever como lhe apraz, agarrando imagens e períodos como pode. Quando o bloco de anotações está cheio de rabiscos, a alma está mais tranqüila, assovia com indiferença o tempo que passa. É quase noite, estamos em Dillingen e a melancolia do entardecer é afugentada; é possível aceitar, sem perturbação, o decreto que ordena ao encanto destas horas que passe e acabe. A Königstrasse, com sua porta medieval e seus edifícios barrocos, nos recebe na sua recolhida paz, naquela descontraída e discreta intimidade alemã das antigas ruas que parecem alongar e prolongar a absorta tranqüilidade de uma praça.

A pousada é acolhedora, com sua madeira escura, os canecos de cerveja e o iglu das colchas de penas sobre o leito. Cumprimentamo-nos e nos espalhamos nos nossos quartos, até amanhã. Que palavra tola, amanhã. O sonho da vida, dizia Jean-Paul, é sonhado sobre um colchão demasiadamente duro, mas dormir juntos supre as carências gramaticais e suspende o *deesse*, é persuasão.

15. O KITSCH DO MAL

Em Günzburg, nesta cidadezinha que foi chamada a pequena Viena durante o período habsbúrgico, os cidadãos homenagearam, em 28 de abril de 1770, Maria Antonieta, que se dirigia, com seu cortejo nupcial de 370 cavalos e 57 carruagens, ao matrimônio com Luís XVI e, mais além, ao seu encontro com a guilhotina.

Mas não é em Maria Antonieta que fazem pensar estas casas amáveis, estas ruas acolhedoras e ordenadas, o letreiro do Hotel Goldene Traube com seu cacho de uvas dourado. Aqui nasceu Josef Mengele, o médico algoz de Auschwitz, talvez o mais atroz assassino dos Lager; aqui ficou escondido até 1949, em um convento, e aqui voltou furtivamente em 1951 para o funeral do pai. Em Auschwitz, Mengele, sempre sereno e sorridente, jogava crianças no fogo, arrancava lactentes dos braços das mães e os esfacelava no solo, extraía fetos do ventre materno, fazia experiências com pares de gêmeos — com particular paixão por gêmeos ciganos —, arrancava olhos, que conservava espetados na parede do seu quarto e enviava ao professor Otran von Verschuer (diretor do Instituto de Antropologia em Berlim e professor da Universidade de Münster até depois de 1953), injetava vírus, queimava genitais. Talvez esteja ainda vivo e há quarenta anos foge da caçada. Certamente, até mesmo um homem que mata outro por divertimento obrigando o filho deste a assistir à cena, pode amar o próprio pai.

A infâmia atrai cumplicidades: Mengele foi libertado pelos americanos, talvez ajudado a fugir pelos ingleses, escondido pelos frades, protegido pelo ditador do Paraguai. Certamente o nazismo não é a única barbárie que existiu no mundo, e condenar hoje a violência nazista, que não é mais ameaçadora, serve a muitos para calar outras violências, realizadas sobre outras vítimas de outra raça e cor, e ficar em paz com a consciência graças a essa profissão de fé antifascista. Mas é também verdade que o nazismo foi um apogeu, um vértice insuperado da infâmia, o nexo mais estreito que já existiu entre uma ordem social e a ferocidade. É desencaminhador recorrer a explicações patológicas, no caso do sádico médico sorridente, como se se tratasse de um doente vítima de uma pulsão irrefreável. Em Günzburg, no convento onde havia se homiziado, não arrancava olhos nem cortava vísceras, e não creio que sofresse crise de abstinência; terá se comportado bem, um senhor tranqüilo e discreto que talvez regasse as flores e escutasse respeitosamente o ofício vespertino. Não matava, porque não podia fazê-lo, porque as circunstâncias o impediam, e resignava-se sem inquietação a essa renúncia, aos limites que a realidade impunha às suas aspirações, assim como alguém deixa o coração em paz se não pode tornar-se multimilionário ou ir para a cama com as estrelas de Hollywood. *Timor Domini, initium sapientiae*; na ausência de uma lei, de um temor, de uma barreira que impeça fazer aquilo que em Auschwitz se podia fazer impunemente, não só o dr. Mengele, mas talvez cada um de nós pode tornar-se Mengele.

Os delitos de Mengele são uma página entre as mais horríveis dos campos de extermínio. Como toda paixão criminosa, também a sua volúpia de torturar revela uma enorme banalidade, vazia como o seu estúpido sorriso durante a execução do crime. Um médico judeu, que era obrigado a auxiliá-lo nas suas experiências, perguntou-lhe uma vez até quando duraria aquela obra de extermínio. Sorridente, com doçura, Mengele lhe respondeu: "*Mein Freund, es geht immer weiter, immer weiter*", para sempre, meu amigo, para sempre. Aquela frase idiota e extática contém toda a obtusidade do mal: é a repetição mecânica e fascinada de uma espécie de fórmula ritual, oscilante entre o *refrain* de uma musiquinha psicodélica e uma ladainha religiosa; é o balbuciar de uma pobre mente drogada pela crueldade.

Mengele, naquele momento, está encantado com a transgressão, exerce-a como uma espécie de culto, pensa que ela ilumina a vida cotidiana com uma luz superior. Os atos que pratica são, além de atrozes, de extrema estupidez, são atos que cada um poderia praticar e que ele, na sua ignorância deslumbrada pelo kitsch, pensa serem, ao contrário, ações reservadas a poucos eleitos.

A retórica da transgressão apresenta o crime como se este contivesse em si, talvez pela infelicidade que se supõe acompanhá-lo, o próprio resgate, sem necessidade de outra catarse. A violência parece idêntica à redenção e parece instaurar uma espécie de inocência entre as pulsões. A mística da transgressão, palavra envolta numa ênfase edificante, se ilude ao exaltar o mal pelo mal, com desprezo de toda moral; o tecnicolor sugestivo e tenebroso do Mal é mais sedutor que o sóbrio preto-e-branco do bem, e uma obra que celebra qualquer infração é saudada com deferência, como se bastasse dar um tiro num amigo — como Verlaine em Rimbaud — para escrever as poesias de Verlaine.

O fascínio da transgressão tem origens antigas; a tradição hebraica fala do Messias que virá quando o mal tiver chegado ao ápice e, segundo algumas seitas extremistas, acelerar o triunfo do mal, cooperando com ele, significa apressar o seu fim e o advento da redenção. Diante da obscura violência latente no fundo oculto da própria pessoa, cada um gostaria de se convencer, como os antigos gnósticos, de que suas ações, mesmo que empastadas de lama e de crueldade, não podem manchar o ouro escondido da sua alma e pede então a autorização, ou melhor, a ordem de dar vazão àquela violência, na ilusão de que ela seja ou confira inocência.

Enquanto a transgressão se dirige a códigos sexuais, as coisas são fáceis, porque as infrações dos tabus eróticos, se praticadas por livre escolha por pessoas capazes de decidir e não acompanhadas de sofrimentos infligidos a outros, não são o Mal, e o entusiasmo dos apóstolos da orgia é apenas ridiculamente inócuo. As coisas são um pouco diferentes quando Mengele arranca os genitais de quem não consente neste jogo; quando o nosso desejo, que como todo desejo justamente reluta por sua vez em ser reprimido, pode ser satisfeito somente ao preço da dor dos outros. O delito de Raskolnikov e o de M., o assassino de meninas do famoso filme de Fritz Lang, não nascem de caprichos, mas de paixões reais e atormentadas, que são respeitadas em seus sofrimentos, mas nem por isso justificadas nos sofrimentos que infligem a outros. A arte dá preferência a esses exemplos extremos e anormais, mas também nossa pequena existência cotidiana é tecida de dissídios entre o nosso prazer e o direito dos outros, e vice-versa.

O misticismo transgressivo quer amar não o pecador, mas o pecado, e acreditando que a única coisa proibida seja o sexo, reverencia cada impulso considerando-o impulso sexual, e achando que isso autoriza ou impõe a sua satisfação. É provável que a sexualidade de Mengele tivesse alguma coisa a ver com as suas predileções e que sua vida sexual, em Auschwitz, fosse satisfatória, mas é discutível que isso justifique as suas ações, induzindo a ver nele um homem desinibido que, sem obstáculos moralistas, viveu, como se costuma dizer, a sua vida.

A arte estimulada pela transgressão redentora é capaz na realidade de exaltar somente culpados de terceira categoria, o lumpensinato do mal: os delinqüentes-redentores que esta arte — por exemplo a narrativa de Genet — propõe como modelo são ladrões, estupradores, assassinos, pequenos criminosos cruéis e infelizes. Ninguém ousa ver o Messias pecador no chefe de Estado que ordena lançar a bomba atômica ou arrasar uma cidade, no governador corrupto que se apropria do dinheiro destinado aos hospitais, no fabricante de material bélico que induz um país à guerra para aumentar os seus lucros ou no chefe de repartição que humilha um seu subalterno. É justo ser mais compreensivo com o degolador de estrada que com o exterminador burocrata, se se pensa que tenha maiores atenuantes de infelicidade ou de necessidade, mas quem raciocina assim se reporta a alguns valores; é um homem honesto que aspira ao bem, mesmo que, por coquetismo, não queira admiti-lo.

Se, pelo contrário, o redentor é aquele que pratica mais a fundo o mal, então o *leader* que manda lançar a bomba atômica, o aproveitador de guerra, o chefe mafioso que impede as greves e o governante desonesto são Messias mais autênticos do que Jack, o Estripador. O artista ingênuo que celebra este último é fascinado por sua perversão erótica, pela excitação sexual que ele supõe no seu gesto; mas talvez também quem aperta o botão da bomba atômica e quem defrauda os outros do seu sustento experimenta, na sua satisfação, quem sabe que perverso orgasmo, que deveria enobrecê-lo aos olhos de quem acha que a excitação sexual enobrece todo agir. A doçura melosa de Mengele, do seu sorriso e das suas palavras, com que ele espera assemelhar-se ao Anjo da Morte, são a autêntica, imbecil expressão de toda fascinação do mal, de toda meia cultura que espera da pacotilha das trevas uma compensação à própria insignificância. O gesto proibido, freqüentemente vulgar como atirar imundícies pela janela, não é menos obtuso quando atormenta ou tortura. A Medusa, dizia Joseph Roth, a propósito do nazismo, é banal. As vítimas de Mengele são figuras de uma tragédia, Mengele é uma figura de um seriado confuso e indigesto.

16. UM TÚMULO VAZIO

"O mapa do Danúbio", escreve Trost em seu livro, pouco depois de ter falado da batalha de Blindheim e do assédio de Donauwörth, por parte de Gustavo Adolfo, em 1632, "assemelha-se, mesmo mais além, a um atlas militar." Entre os prados e os bosques de Oberhausen, pouco antes de Neuburg, um pequeno lote de terra pertence à França, que o comprou porque nele se encontra o sarcófago de Théophile Malo Corret de Latour d'Auvergne, o primeiro granadeiro do exército republicano, já oficial do rei, depois combatente da revolução americana e sucessivamente da francesa, alistado enfim como simples soldado no exército napoleônico, e morto nos campos de batalha danubianos.

O sarcófago está vazio, seus ossos foram transladados a Paris; na solidão dos campos vigiam-no, como uma guarda de honra, árvores dispostas em quadrado. O sepulcro é reservado também a De Forty, comandante da sexta semibrigada de infantaria, morto no mesmo dia, mas o protagonista é o soldado raso, "*Premier Grenadier de France, tué le 8ième Messidor, an 8 de l'ère republicaine*". Como parece, pouco adiante, afetada e laqueada, em comparação com este túmulo, a paisagem renascentista de Neuburg. Igrejas, palácios, casas patrícias, nobres pátios parecem um cenário teatral historicizante, bastidores estilizados e artificiais que recriam nas margens do Danúbio a graça da arte italiana. Aquele túmulo deserto é, no entanto, a glória e ao mesmo tempo sua vaidade, encerra o sentido de uma vida que empunha a espada pela fé numa nova bandeira, em vez de se pôr a serviço de guerras principescas locais, de brigas de família, e contém também o grande vazio que se perfila atrás de toda cavalgada gloriosa e de toda bandeira ao vento, ou seja, o fundo infinito e insensato do céu, contra o qual sobressai, no filme da história universal, o exército a cavalo dos homens chamados a morrer.

Os monumentos dos príncipes alemães são ilustrações de museu, o sarcófago do granadeiro republicano e napoleônico é, como a Revolução, um pequeno monumento a grandes sonhos de liberdade. O quartel, que traz hoje o nome de Tilly, lembra ao contrário outras guerras, grandes espadas contratadas por alguma família nobre, em vez de dedicadas a uma causa. Certamente Latour é também um enganado, porque Napoleão o sacrificava às próprias ambições, junto com as centenas de milhares de homens que ele estava pronto, como disse cinicamente a Metternich, a fazer morrer por seu sucesso. Mas a mesquinhez subjetiva de Napoleão não impedia que, debaixo das suas bandeiras, se concentrasse a grandeza de uma autêntica — ainda que já adulterada — revolução.

Gigi e Amedeo, que amam o halo da *gloire* mas também a precisão analítica, são atraídos pelo Instituto Descartes — não certamente por sua arquitetura estilo caixa, mas por seu nome. Nesta cidadezinha Descartes, em 1619, passou os dias de inverno no seu aconchegante quarto aquecido e teve a sua famosa iluminação conceitual. Maria Giuditta desapareceu, Maddalena está diante do Instituto, espera que os dois terminem de confabular com o bedel. Sua figura nítida e ereta, com os cabelos soltos, parece estar ali para demonstrar que não existe contradição entre as idéias claras e distintas e a aura daquela verdadeira glória que provém da luminosidade da pessoa, daqueles que o Evangelho chama sal da terra e luz do mundo.

O coração tem necessidade de *esprit de géometrie*, como a demonstração de um teorema. O reino do visível deve ser medido com esquadro e compasso, a curva de um destino se revela graças ao sistema de abscissas e ordenadas no qual ele está colocado. Só o preciso reconhecimento do visível permite chegar às suas bordas e dirigir um olhar para além daquelas fronteiras, lá de onde provém a luz de Maddalena ou o silêncio de Francesca. Também aquela luz e aquele silêncio que provém de uma fonte escondida, também o além e o invisível são nítidos e geométricos, abominam a confusão indistinta. A geometria daquela luz pode conferir ordem e apaixonada clareza a toda uma vida, não só a uma série de equações. Seria bom que Gigi e Amedeo deixassem pra lá o bedel e não fizessem Maddalena esperar demais.

17. MARIELUISE FLEISSER DE INGOLSTADT

Como o dos cronistas medievais, o nome da vigorosa escritora é sempre declinado com o acréscimo da sua cidade natal, como se se tratasse de uma única palavra. Marieluisefleisserdeingolstadt está certamente radicada, com um vínculo profundo e polêmico, na cidade bávara cuja tradição orgulha-se da altivez militar, da inviolabilidade de fortaleza tantas vezes assediada e nunca expugnada, e de onde parte hoje o celebrado oleoduto que chega a Trieste.

Ingolstadt é cidade de tradições militares, desde o assalto de Gustavo Adolfo, em 1632, até a morte de Tilly, o grande general imperial da Guerra dos Trinta Anos; desde o célebre forte onde estiveram prisioneiros, durante a Primeira Guerra Mundial, De Gaulle e o marechal Tukachevski, até a atual e famosa escola dos pioneiros. Aos *Pioneiros de Ingolstadt* é dedicado o drama escrito por Marieluise Fleisser em 1928-9 — e aperfeiçoado na edição de 1968 — que causou grande escândalo e fez dela, como acontece a muitos autores que retratam sem hipocrisia o seu mundo de província, uma figura rejeitada e desprezada pela opinião pública da cidade.

Como o outro e ainda mais notável drama, *Purgatório em Ingolstadt*, e como sua obra em geral, *Pioneiros em Ingolstadt* descreve, com lacônica intensidade, a sufocante violência da província e o sofrimento, social e particular, do indivíduo e sobretudo da mulher, cujo grito de dor e de revolta é uma voz constante nos textos da escritora, algumas vezes rouca como os gaviões que esta noite estridulam, na escuridão, sobre o rio.

Marieluise Fleisser, que Bruno Frank considerava “o mais belo seio da Mitteleuropa”, viveu e ao mesmo tempo representou a sufocante e reprimida condição feminina; sofreu aquela situação de violência, rebelou-se pessoalmente contra ela, de modo contraditório e até patético, e superou-a no caráter épico de sua representação poética. Identificou-se com a visceral imediatez da subalternidade feminina, até correr o risco de ser existencialmente esmagada por ela, mas ao mesmo tempo levantou-se acima dela, oferecendo na sua obra um retrato firme e objetivo da situação. Sua obra, sobretudo seu teatro, tem uma enxuta precisão realista, unida a um sangüíneo naturalismo plebeu e a uma força visionária. Brecht, que a introduziu no tumultuoso mundo berlinense e a levou à fama, via justamente nela um exemplo daquela literatura popular e rica de realidade, imune a banalidades realistas e cor popularesca, que lhe parecia a única adequada à situação alemã e que provocou, em anos recentes, a redescoberta da Fleisser, depois de um longo esquecimento.

O encontro com Brecht foi para a escritora uma felicidade intelectual e, provavelmente, uma desgraça existencial. Na relação sentimental com Brecht, da qual Fleisser sentiu a ardente necessidade de afastar-se, a autora viveu e sofreu aquela prevaricação masculina e aquela sujeição feminina denunciada por sua arte, aquela forçada mistura de colaboração e subordinação, cultura e sexualidade, dedicação visceral e visceral revolta que exclui a paridade e aceita *a priori*, mesmo protestando raivosamente, a fatalidade da violência masculina sobre a mulher. Brecht, escreve Fleisser, consumia as pessoas e ela não fugiu àquele papel de objeto de consumo.

Marieluise Fleisser era como a Berta dos seus *Pioneiros de Ingolstadt*, vítima que colabora para o próprio destino infeliz porque dá por assentado, interiorizando-o no sentimento e sobretudo autorizando-o com o próprio comportamento, o papel subalterno. Na relação com Brecht ou com outros homens soube ser uma criatura apaixonada, doce e rebelde, protegida e maltratada, mas de qualquer modo indefesa; não soube ser uma *partner* do mesmo grau e com os mesmos direitos, porque provavelmente ela mesma — nesse sentido radicada ao extremo na feminilidade tradicional — não se sentia como tal. Com Lou

Andreas Salomé — mas também com algumas das minhas companheiras de escola — Brecht não teria feito o papel de sultão, simplesmente porque desde o primeiro instante teria percebido, com toda a sua pessoa antes mesmo que com sua inteligência, que não lhe teria sido possível fazê-lo, de modo que nem ao menos lhe teria ocorrido fazê-lo.

As vítimas algumas vezes aplanam a estrada para os seus prevaricadores, nem por isso menos culpados. Na sua obra, rigorosamente isenta de confusão sentimental, Marieluise Fleisser mostra também o que acontece com mulheres como ela.

18. O LIMES

A tradição popular, aceita aliás também por Johann Alexander Döderlein, reitor do liceu de Weissenburg, num seu douto opúsculo de título longuíssimo e digressivo, atribui a construção destas muralhas, deste traçado de pedra agora em ruína, ao diabo. Para o camponês da tardia Idade Média, incapaz de olhar para além do campo que arava, a própria idéia do *Limes*, do valo que devia assinalar até o mar Negro os limites do Império Romano, era algo de impensável e de sobre-humano, que transcendia com a idéia a tangível imediatez cotidiana e devia aparecer como obra de forças misteriosas. Não o diabo e sim os imperadores romanos — de Augusto a Vespasiano, de Adriano a Marco Aurélio e Commodo — desenharam a linha de pedra daquela fronteira. Para cá daquela linha ficava o Império, a idéia e o domínio universal de Roma; para lá ficavam os bárbaros, que o Império começava a temer e não se propunha mais conquistar e assimilar, mas conter.

Como os camponeses da *Raetia secunda* e da *Germania superior* quando essas províncias já tinham sido abandonadas por Roma, também os contemporâneos custam a compreender a grandeza destas pedras e vêem nelas uma obra do diabo, talvez do diabo imperialista. Certamente Roma era também e sobretudo domínio, e a universalidade por ela reclamada era uma máscara do domínio e como tal destinada a perecer, apesar das pretensões de eternidade; para cada poder que se arroga o direito de representar o universal e a civilização vem o momento de sofrer o castigo e de ceder as armas a quem, até pouco antes, era considerado um rude inferior. Os desprezados bárbaros tornaram-se os artífices da nova Europa; mais tarde os eslavos, considerados por séculos um obscuro povo da gleba e sem história, sentiram que tinha chegado a sua hora; os chineses que transportaram os brancos no *rickshaw* são hoje uma potência mundial.

A cada um a sua hora, e a sua missão na história. Aquele valo, cujas ruínas emergem entre os campos e as sebes, conta a grande hora do Império Romano, sua unificação e fundação do mundo de então. A nossa história, a nossa civilização, a nossa Europa são filhas daquele *Limes*. Aquelas pedras falam do grande *pathos* da fronteira, da necessidade e capacidade de limitar-se e de dar-se forma. O *imperium* é barreira, defesa, valo contra a barbárie do indistinto, individualidade. Também esta boca que agora estou olhando é linha, forma, precisa fronteira de um reino no qual a indefinida — e portanto irreal — potencialidade do Eros torna-se realidade. Beija-se e ama-se uma boca, uma forma, um *Limes*. Por certo, diante de um rosto misterioso e de um olhar oblíquo também o limite imperial romano parece uma curiosidade antiquária, preciosa mas insignificante como o erudito livrinho do reitor Döderlein.

19. UM WALHALLA E UMA ROSA

O monumento erigido por Ludwig I da Baviera às guerras alemãs de libertação contra o domínio napoleônico, a "Befreiungshalle", ergue-se sobre o Danúbio e sobre a cidadezinha de Kehlheim do alto dos cem metros da colina do Michelsberg. O romântico rei bávaro tivera a idéia em 1836, durante uma viagem à Grécia; a primeira pedra foi colocada em 1842, e em 1862, quando o edifício finalmente acabado foi inaugurado oficialmente, o soberano tinha desaparecido havia muitos anos do cenário político, arrastado pelas sublevações de 1848 e por sua paixão pela bela Lola Montez, nos braços de quem, como disse Grillparzer, um rei tornara-se homem.

O edifício circular erguido à glória alemã das guerras de 1813-5 parece um gasômetro, monumento a empresas humanas não menos árduas nem menos perecíveis. A redonda fachada externa é adornada por dezoito estátuas de calcário, com seis metros de altura e apoiadas em gigantescas pilastras, as quais personificam as dezoito estirpes alemãs (entre as quais figuram também boêmios e morávios) que tomaram parte nas campanhas antinapoleônicas; no interior, dezoito brancas deusas da vitória em mármore de Carrara, com 3,30 metros de altura, sustentam escudos de bronze nos quais estão esculpidos os nomes das batalhas, enquanto as placas sobre suas cabeças trazem os nomes dos grandes comandantes.

Este desajeitado Pantheon de gesso empalidece diante dos prados que circundam o gasômetro; falta-lhe a glória que existe entre as esfarrapadas bandeiras dos Inválidos de Paris, aquele esplendor de vento, de pó e de vaidade que faz assemelhar uma batalha à vida. As guerras alemãs de 1813, com sua união de levante nacional e espírito reformador propugnado pelos iluminados políticos e generais prussianos — Stein, Scharnhorst, Gneisenau, Yorck, Clausewitz —, têm pouco em comum com a ênfase nacionalista sugerida por este monumento. A Alemanha — sobretudo a Prússia, mas não só ela — que despertava naqueles anos vivia uma breve quadra de progresso, de renovação, de esperanças civis; a Alemanha que poucos decênios depois levanta aquele monumento estagna já na restauração e na reação, já separou o sentimento de pátria do de liberdade e teme esta última, preparando-se assim para realizar a unidade nacional à custa do liberalismo: a Alemanha bismarckiana e guilhermina será, pelo menos em parte, a negação daquela de Stein e de Humboldt. Por certo, Ludwig I reina na Baviera, é soberano de um Estado que representa a mais notável alternativa — ora regressiva, ora liberal — à unificação germânica sob a *leadership* prussiana e ao nacionalismo alemão hegemonizado mais tarde pela

Prússia. Mas aquela glória sepulcral é já o enrijecimento ou a paródia do patriotismo liberal de 1813.

Apaixonado romanticamente pela Hélade e por suas lutas de independência, a ponto de empurrar seu filho Otto para o trono da Grécia recém-libertada dos turcos, Ludwig I é o promotor de um outro monumento da glória alemã, o Walhalla, o templo dórico que domina o Danúbio poucos quilômetros depois de Regensburgo. O branco templo helênico do mítico nome nórdico simboliza a sonhada simbiose entre Grécia e Alemanha; os alemães, descendentes dos antigos dórios, deviam ser os gregos da nova Europa, dar a esta uma nova cultura universalmente humana, como a Hélade dera ao mundo antigo. Para Hölderlin este foi um sonho libertário e revolucionário, uma utopia de liberdade e de resgate aberta ao mundo inteiro. O Walhalla está para este sonho como o filme sobre os trabalhos de Hércules, com Steve Reeves e Sylva Koscina, está para o mito grego. O Walhalla contém 161 bustos de grandes alemães; alguns são indicados somente com seu nome (Goethe), outros com sua qualificação (Mozart, compositor), ou com solenes definições (Klopstock, o cantor sacro). A admissão neste Pantheon prosseguiu mesmo depois de Ludwig I e ainda hoje, para os candidatos à imortalidade, não está excluída, superado um complexo trâmite burocrático, uma possibilidade de ingresso. Mas tinham razão Metternich, que não gostava dele, e Hebbel, que não desejava entrar ali.

O Walhalla é um museu de cera. É fácil notar-lhe a vaidade diante das folhas de relva ao vento, das águas do Danúbio que brilham cem metros mais embaixo, da sombra das árvores. É fácil optar pela poesia contra a literatura, pelo autêntico contra o artifício, pela vida contra os objetos e o seu museu. Mas talvez, como sugere uma fulminante fábula no jornal mimeografado de uma escola primária, ser partidário da flor contra a coluna pode ser também uma retórica vitalista, que leva ofensa àquela vida que pretende amar, à sua secreta dor. A fábula foi escrita por uma menina no *Giostrino ou La Gazzetta di San Vito*, revistinha do segundo Círculo Didático de Trieste, ano I, maio de 1973. A autora é uma aluna do primeiro ano do curso primário, Monica Favaretto, da escola De Amicis.

A fábula intitula-se *A Rosa*. "A Rosa era feliz. Dava-se muito bem com as outras flores. Um dia, a Rosa sentiu-se murcha e estava a ponto de morrer. Viu uma flor de papel e disse-lhe: 'Que bela rosa você é!' — 'Mas eu sou uma flor de papel.' — 'Mas você sabe que eu estou para morrer?' — A Rosa já estava morta e não falou mais."

Esta brevíssima fábula, que diz quase tudo sobre a ternura de viver e sobre a impenetrável dor de morrer, nos lembra que as coisas duram um pouco mais do que a vida mas estão também destinadas a desaparecer e que, diante da dor da morte, tem pouco sentido celebrar o autêntico contra o artifício. Somos fiéis às lágrimas das coisas vivas se escutamos seu pranto, seu desejo de durar um pouco mais, pelo menos como as coisas falsas, como as colunas dóricas deste postiço Walhalla.

Não sei onde está nem o que faz aquela desconhecida aluna do primeiro ano primário, se está destinada a tornar-se uma grande escritora ou se aquele lampejo de gênio está destinado a permanecer uma única e irrepetível revelação e ela é agora uma moça qualquer. A poesia é impessoal, sopra onde e quando quer como o vento, não pertence ao nome escrito debaixo dela. Nasce às vezes da mão, como certas figuras traçadas distraidamente no papel, que no fim se revelam encantadoras, ou como certos gestos, nos quais uma pessoa manifesta, sem se aperceber, uma graça que desconhece ter e que talvez nunca mais terá.

20. REGENSBURGO

Também o *Volksbuch*, o livro popular do doutor Fausto, celebra a fama de Regensburgo e da sua ponte de pedra, maravilha dos séculos e do mundo. Os cronistas mencionam sua magnificência de cidade episcopal e imperial; Maximiliano I, o imperador-cavalheiro, a definia em 1519 como "a mais florescente, em outros tempos, de todas as ricas e famosas cidades da nossa nação alemã". Elogio e saudade envolvem a esplêndida cidade gótica e românica das cem torres, suas ruelas e suas praças que condensam em cada friso de pedra uma estratificada história plurissecular. Os louvores, os panegíricos da cidade enchem bibliotecas; o elogio dirige-se todavia sempre aos faustos de uma era, de uma época acabada — *einst*, em outros tempos, diz já em 1517 o imperador Maximiliano. As igrejas, as torres, as casas patrícias, as figuras esculpidas dizem da majestade do passado, uma glória que se pode só recordar e nunca possuir, que sempre foi e que não é nunca.

A nostalgia dos epígonos protege os vestígios de um passado no qual por sua vez se cultivam as relíquias e as memórias de um período ainda mais antigo. "A cidade é antiquada, e o senado fala no tom do século XV", escrevia Johann Andreas Schmeller em 1802, mas já no século XV lamentavam-se os esplendores perdidos. Talvez por isso, e não só por suas torres, Regensburgo foi comparada a Praga, a cidade de ouro que parece, também ela, existir sempre e somente na recordação de seu esplendor desaparecido.

Regensburgo é a pátria dos enamorados de sua cidade-Estado, dos cultores das suas memórias conservadas em cada portal e em cada capitel. Aqueles sábios, comovidos e serenos como todos os eruditos locais — mesmo que eles, entre os seus cimélios, não se deparem com curiosidades antiquárias, mas com grandes páginas de história, com Frederico Barba-Roxa que atravessa a ponte de pedra — acham e descobrem, no passado, outros sábios dedicados a conservar os séculos desvanecidos. Em 665 densíssimas páginas, impressas em tipo minúsculo, Karl Bauer reconstrói e reexamina, pedra por pedra, o mapa da cidade, a história e o significado de cada casa e de cada monumento, as sombras daqueles que há centenas e centenas de anos povoaram as ruelas, os arcos, as portas e as esquinas das pequenas e esplêndidas praças. Detendo-se, em seu livro de 1980, sobre a casa de número 19 da Kreuzgasse, ele descreve Christian Gottlieb Gumpelzhaimer, o historiador de Regensburgo morto nesses aposentos em 1841, cuja paixão era o passado da cidade e que no primeiro tomo da sua *História, lendas e maravilhas de Regensburgo*, publicado entre 1830 e 1838, fala do seu amor pelas antiguidades da sua cidade natal.

Sede, desde 1663, da Dieta imperial permanente, Regensburgo é um coração do Sacro Império Romano; talvez por isso também ela nasça sob o emblema da nostalgia do passado, porque o Sacro Império Romano é desde o início, na sua íntima essência, o reflexo de um esplendor crepuscular que se sonha fazer ressurgir e resplandecer, *traslatio e renovatio* do Império Romano que não existe mais, reverberação da idéia universal de Roma, cuja forma política se desagregou. Por certo, como viram os historiadores mais lúcidos e sóbrios, o Sacro Império Romano não era "o império universal concebido por pensadores eclesiásticos, não se identificava com a *res publica christiana* nem coincidia com a cristianidade ocidental" (Julius Ficker); não implicava, escreve Barraclough, uma pretensão de domínio universal. Os grandes soberanos germânicos — de Otto, o Grande, a Henrique IV e a Frederico Barba-Roxa, da dinastia saxônica à dinastia sálica e à sueva — tinham concebido, e em parte realizado, uma forte monarquia alemã, um concreto Estado unitário, e não se abandonaram a quiméricos sonhos de domínio do mundo.

Mas não somente o homem, como pretende Heródoto, mas sim também uma idéia — nesse caso, a idéia imperial — é vicissitude. No curso dos séculos, e com a mutação das situações históricas, muda também o conteúdo da idéia imperial; quanto mais o Império é esvaziado de real peso político (sendo substancialmente posto fora de jogo pelo poder autônomo dos príncipes ou sendo subordinado aos interesses dinásticos, como acontece com os Habsburgo), mais se afirma, quase a título de compensação, um *pathos* universalista da idéia imperial, que preenche um vazio ou uma crise de poder. Assim, no período em que a política germânica era incerta e ameaçada pelas intervenções estrangeiras, Alexandre de Roes avisava que, se o Império fosse destruído, cairia a ordem do mundo.

O *pathos* imperial é o *pathos* de uma ausência, daquela descompensação entre a grandeza da idéia e a pobreza do real que

D'Annunzio representou no destino do cabeludo Sigismundo, "a tempestuosa alma imperial/ que teve poucos castelos e não o mundo". A idéia imperial projeta-se para um utópico futuro, mas alimenta-se de um mítico passado, atinge um esplendor remoto e extinto; sua glória é sempre *einst*, de um tempo longínquo, como o imperador Maximiliano dizia da de Regensburgo.

O Danúbio, que debaixo da ponte de pedra escorre vasto e pardo no entardecer e cortado pelas cristas das ondas, parece evocar a experiência de tudo aquilo que falta, o correr da água que fugiu ou fugirá mas não é nunca. O ar e as águas escuras são ricas de vento, de reflexos e de cores, de sons, de asas de pássaros, de relva que se dobra levemente e afunda na sombra, mas entrando na cidade das torres tenho a impressão de me enfiar entre duas páginas de um livro, entre a do velho Gumpelzhaimer, que evoca os séculos passados, e a de Karl Bauer, que evoca Gumpelzhaimer. No limitadíssimo espaço entre as duas páginas — talvez não sejam duas páginas, mas o verso e o reverso de uma mesma folha — se está bem, se está abrigado das intempéries dos acontecimentos. Heinrich Laube, em 1834, sonhava com o idílio da velha Regensburgo, com doces moças que se deixavam beijar abaixando os olhos, canções melancólicas e fugazes como as ondas do Danúbio e sem policiais nem censores de ronda. O idílio não ama as movimentações nem a organização, foge dos regulamentos de segurança pública e das polícias da indústria cultural.

Para dizer a verdade, não vim à procura de ausências, se bem que o passado, de algum modo, tenha algo a ver também com esta parada em Regensburgo. A Marechala me espera no início da famosa e antiga ponte de pedra, mesmo que eu tenha chegado na cidade pelo outro lado. Não é um capricho imprevisto, sempre lhe agradaram os rios e as arcadas que unem as suas margens, desde os tempos do liceu, quando seu riso parecia tornar concretas as coisas e transformar a serpentina de carnaval pendurada no lustre em um cometa resplandecente na noite.

Não lembro quem de nós lhe deu aquele apelido flaubertiano; há muitos anos que vive longe, primeiro em Viena e depois em Linz e agora em Regensburgo, com o marido e as duas filhas cuja perfeita semelhança com ela é ainda hoje a mais válida garantia, para todos nós daquela classe e daqueles verões, da continuidade da vida e da fidelidade das coisas. O tempo, cujo poder é algumas vezes contestável, somente trouxe acréscimos, nestes anos, à sua glória, rendeu-lhe tributos como um vassalo; enriqueceu de ternura materna a sua avidez, conferiu o profundo encanto da consciência à sua vitalidade. A Marechala tem ainda garras e levanta a cabeça, oferecendo o riso ao vento da tarde, com aquela imperiosa e estouvada magnanimidade que já nos bancos escolares a fazia parecer uma rainha nômade e induzia o decurião da turma a dizer-lhe, quando elogiava uma composição sua ou uma versão: "Lembre-se, porém, que *qui proficit litteris sed deficit moribus magis deficit quam proficit...*".

A Marechala amava o latim, matéria em que tirava ótimas notas graças às quais lhe eram perdoadas outras artimanhas, e na indômita clareza com que cavalgava pela vida ao encontro do futuro havia uma nitidez clássica, a sintaxe que hierarquiza a caótica poeira do mundo e põe as coisas no lugar certo, o sujeito no nominativo e o objeto direto no acusativo. Quem a viu sair, sorridente, do mar, num daqueles dias de final de outubro que eram os seus preferidos, dificilmente se deixará seduzir por falsos mestres.

Regensburgo assenta bem à Marechala, com sua irredutível variedade de memórias, estilos, imagens que se compõem todavia numa fundamental unidade de tom. Sobre a fachada da admirável catedral, uma selva de figuras sai da pedra, animais, rostos, criaturas também fabulosas ou monstruosas, uma proliferante floresta da vida que revela uma superior harmonia, a unidade da criação. Os rostos escarninhos emersos do abismo são domados, quase se tornam claros e distendidos por uma coragem cristã, que diz sim à multiplicidade da existência, a cada uma das suas inumeráveis criaturas, justamente porque as reconhece como criaturas de Deus, figuras de um desenho universal, no qual não existem monstros.

Também a Marechala é uma criatura daquela floresta selvagem e cristã, sai da pedra para empreender seus vôos temerários, mas se reconhece parte daquela totalidade. A vida não foi e não é fácil para ela, como não o é nunca para os fortes, ou seja, para aqueles que procuram esconder suas fraquezas, para não pesar sobre os outros, e dar-lhes, em vez disso, conforto e vigor. A vida é dura com quem vive conscientemente, sabedor da própria precariedade; é indulgente ao contrário com os fracos, ou melhor, com aqueles que ostentam sua fraqueza para descarregar todo o peso sobre os outros e são afagados, panteados, mimados como almas nobres e belas. Até Jesus foi injusto com Marta, achava natural que ela se atarefasse no preparo do almoço, enquanto Maria escutava beata e no bem-bom as suas palavras. Mas foi Marta quem proferiu a mais intensa profissão de fé no Cristo, talvez mais intensa do que a de Pedro.

Como é difícil ser uma Marechala, o mundo exige sempre dela a repetição deste papel, não permite que ela tenha dor de dente ou melancolia, lança tudo sobre aqueles belos ombros que parecem tão fortes. Mesmo aquele coração, porém, conhece a debilidade, às vezes treme e sente subir das profundezas os fantasmas da própria escuridão. Mas, como nas alegorias do portal de São Tiago em Regensburgo, ela os rechaça para o informe, os acorrenta a seu turvo nada e os desarma. Noite serena e vida imortal, invoca a oração da tarde. Se tivesse sido por mais tempo colega de escola da Marechala, minha conversão seria talvez um fato consumado.

21. NA SALA DO REICH

Nesta sala da prefeitura reunia-se a Dieta permanente do Sacro Império Romano, nesta cadeira vazia sentava-se o imperador, cada vez mais neutralizado pelos príncipes e pelos representantes ou desinteressado ele mesmo do Reich, freqüentemente mais seu *administrator* que *dominus*. Em volta estão as salas reservadas aos grandes eleitores, aos príncipes, ao colégio das cidades imperiais. Quando Regensburgo tornou-se sede da Dieta permanente, em 1663, o Império já estava esclerosado e esvaziado;

nesta sala que devia reinar sobre o mundo falta o mundo, e seu vazio faz pensar no "nada definido somente pelos próprios limites" de que fala Achim von Arnim, o poeta romântico oitocentista fascinado pelo passado alemão, na sua comédia *O buraco*. A débil conjunção, a *und* da fórmula "Kaiser und Reich", parece, também ela, um nada, uma disjunção, uma simples nulidade que só separa. O Império é uma elipse, escrevia Werner Näf, cujos focos são os príncipes e os representantes; o centro — o imperador — parece pura abstração. *Irregulare aliquod corpus et monstro simile*, dizia, a propósito do Império, um jurista do século XVII.

Essa ausência de um centro, essa carência de força coesiva e de unidade política, não evocam o olhar transparente e inexoravelmente claro de Frederico II da Suábia, que via as coisas assim como são na sua nua superfície desprovida de qualquer significado recôndito, mas o olhar oblíquo dos Habsburgo da Espanha, voltado para o lado oculto e torto das coisas, para a escuridão — o olhar que a tradição atribui a d. João da Áustria, o vencedor de Lepanto, o filho ilegítimo de Carlos V e de uma linda burguesa de Regensburgo, Barbara Blomberg, nascido na cidade, numa casa da Tändlergasse. Barbara Blomberg tinha dezoito anos, o imperador, viúvo há sete, tinha 46, era um homem marcado por um precoce e melancólico cansaço, por aquela percepção da vaidade que o fazia declinar, de acordo com o verso de Platen, como o velho Império, mesmo que aquele declínio da herança medieval implicasse a afirmação de uma potência mundial moderna sob sua coroa.

Marcado por aquela paixão e pela mulher que nunca mais tornara a ver, Carlos V lembrou-se dela na véspera de sua morte, deixando-lhe em segredo uma rica herança, seiscentos ducados de ouro. Descuidados fazemos amor, diz um verso de Brecht. D. João da Áustria criou-se para a glória de Lepanto, mas não para a felicidade; seu destino foi a obscura obliqüidade da vida, não sua claridade.

A águia bicéfala, na parede da sala imperial, sela uma paisagem de sombras, de melancolia. Não devia ser propenso a esse *pathos* crepuscular aquele secretário, ou escrivão, a quem se deve o fim da tradição do *Konfekttischlein*. Nesta mesa de confeitaria a cidade oferecia aos delegados da Dieta refrescos, vinhos e doces aos quais, ao que parece, se atiravam sobretudo os escrivães e os secretários. Um deles, durante uma Dieta, aproveitara-se um pouco generosamente demais do vinho, de maneira que, durante a reunião da qual devia redigir a ata, adormeceu e começou a ressonar estrondosamente, perturbando as discussões das quais dependia o Sacro Império Romano, ou seja, o mundo. Desde então o senado citadino aboliu os refrescos.

22. AS SEIS PONTAS DO NADA

Eu sei, você ama o nada, e não pelo seu valor mínimo, mas porque se pode jogar com ele de maneira arguta e leve, como um canoro passarinho e creio, pois, que um presente chega às suas mãos tanto mais querido e bem-vindo quanto mais se aproxima do nada. O presente que Kepler envia, para o Ano-Novo de 1611 a seu amigo e protetor Johannes Matthäus Wackher von Wackenfels, é o pequeno tratado *Strena seu De Nive Sexangula*, que começa com estas palavras e se pergunta por que a neve cai condensando-se em estrelinhas diminutas de seis pontas, brincando, no curso da divertida mas rigorosa pesquisa, no irônico espaço que lampeja entre o mínimo e o nada. O folheto, que pertence ao período praguense do cientista, é agora vendido à entrada do Museu Kepler de Regensburgo, organizado na casa onde ele morreu em 1630 e que conserva, entre os instrumentos e aparelhos que ele construía para suas experiências, também o tonel, ternamente amado, com o dispositivo que ele inventara para calcular exatamente, a cada vez, quanto vinho restava no recipiente.

A literatura barroca é rica de Elogios e Glórias do Nada, de agudezas intelectuais e poéticas fascinadas pela impensabilidade de seu objetivo, o Nada, mais difícil de apreender do que a eternidade de Deus, e pelo desejo de desafiar ou abordar aquela impossibilidade conceitual. Kepler pretende explicar a si mesmo a formação do cristal de neve de seis pontas e, na resenha das várias hipóteses, cuidadosamente avaliadas e descartadas, efetua uma série de subtrações e negações, desliza por entre mínimas frestas e dimensões imperceptíveis, de maneira que o presente que ele oferece ao amigo corre o risco de perder-se como a água do Choaspes, que os persas ofereciam a seu rei levando-a na palma da mão.

O tom brincalhão reduz o tratado a *nugella*, a nonada, mas para além do véu do humor fala o cientista, que acredita na verdade e na exatidão, que percebe na geometria a divina proporção da criação e a estuda com precisão rigorosa, sabendo que o conhecimento enriquece o sentido do mistério e que o mistério autêntico não é aquele ao qual a mente se rende com satisfeita superstição, mas aquele que a razão nunca pára de pesquisar com seus instrumentos. É o geômetra que se aproxima do desígnio divino. Sir Henry Wotton escrevia, em 1620, a Bacon dizendo ter visto em Linz, no escritório de Kepler, um quadro deste, uma paisagem, e acrescentava que Kepler lhe dissera: "Eu pinto paisagens como matemático".

As cores, as luzes, as sombras, as árvores, as moitas de arbustos, a variedade da natureza que parece verbosa e desordenada obedecem a leis, proporções, relações, são um jogo de linhas e ângulos e é o matemático que lhes adivinha a autêntica face. Mas um matemático, escreve Kepler a seu nobre protetor, nada tem e nada recebe; talvez porque seu bolso esteja vazio e seu lápis jogue com abstrações, ele inscreve o nada no signo redondo do zero, conhece somente os signos e não as coisas. Por isso bem lhe condiz ocupar-se da neve, que se dissolve num nada e que em latim — *nix*, *nivis* — soa tão semelhante ao *Nichts*, ao nada.

Kepler era ligado à idéia de que o Sistema Solar estava de algum modo no centro do cosmo, tinha horror ao infinito que para ele representava o caos, e entregou a alma ao Senhor assistido pelo pároco evangélico de Regensburgo, Sigismund Cristoph Donauer, que o confortou "virilmente, como convém a um servo de Deus". Mas no seu amável tratado sobre o nada que é a neve ele descarta, elimina, nega, procede por exclusões, quase mimando a dissolução de um floco de neve. O "Mathematicus, Philosophus et Historicus", como ele se considerava, viveu alegremente num cosmo criado por Deus, mas a nossa exatidão tornou-se menos recomendável e talvez nem seja o caso de pintar, como matemáticos, a paisagem da nossa vida. A operação poderia revelar-se uma subtração inexorável e extremamente simples, cujo resultado — um zero redondo e branco — assemelhar-se-ia àquela neve, a um informe cancelamento de toda a paisagem e de seu habitante.

23. O BURRO DOS RAMOS

Em Regensburgo era viva a tradição do "burro dos Ramos", a procissão que levava pelas ruas uma imagem de Jesus sentado num burrico de madeira, em memória de sua entrada festiva em Jerusalém antes da semana da Paixão. O protagonista, nesta tradição, parece ser o burro e o animal maltratado e menosprezado merece esta glória. A convenção humilha o burro, inflige-lhe golpes na realidade e injúrias no léxico cotidiano; o burro puxa a carroça, leva o fardo, suporta o peso da vida e esta, bem se sabe, é ingrata e injusta para com os que lhe oferecem ajuda. A vida deixa-se encantar pelos romances açucarados e pelo tecnicolor, prefere os destinos radiosos à prosa da realidade e por isso mesmo é fascinada pelos cavalos das corridas de Ascot mais do que pelos burricos das estradas rurais.

Mas a poesia tem mais gênio que a vida, e sabe cantar a majestade do burro. É um burrico, não um puro-sangue de haras, que aquece Jesus no estábulo; Homero compara Ajax, que salva as naus aquéias resistindo sozinho ao assalto dos troianos, a um burro cuja garupa, sob o fardo e os golpes, torna-se grande como o escudo de Telamônio. A um burro, a seus sofrimentos pacientes, é comparado também o Cristo, golpeado por ter desejado ajudar os homens.

A força do burro possui o atributo dos heróis clássicos, a paciência, a tranqüila, humilde e indomável constância que não retrocede do próprio caminho e que se eleva acima do salto nervoso do nobre corcel, assim como Ulisses está acima de Páris. Por isso o burro foi celebrado em sua potência sexual desde os tempos de Apuleio. Tal potência, sobre a qual se detém também Buffon, não é a prepotência do touro, boa para o *machismo*, nem a desagradável satiríase do galo, mas forma um todo com a humilde paciência, com a força tranqüila de enfrentar a vida. A admiração da belíssima e exigente dama de Corinto, no romance de Apuleio, compensa largamente as injúrias da linguagem comum. Em *Vozes de Marrakesch* Canetti descreve a ereção imprevista de um burro surrado e exausto, uma teimosa vitalidade que parece vingar todos os humilhados e ofendidos.

24. A GRANDE RODA

No cemitério de Sankt Peter, na periferia de Straubing, as lápides, espalhadas em volta da igreja como num jardim, testemunham vidas tranqüilas, que repousam no orgulho de classe: aqui jaz Adam Mohr, fabricante de cerveja, conselheiro municipal e tenente da Guarda Nacional bávara, morto em 1826. O orgulho de classe sela uma pia harmonia entre o indivíduo e a comunidade, mas transforma-se rapidamente em ferocidade quando outras leis ou outras vozes do coração põem o indivíduo em contraste com a ordem social e o induzem a perturbar, mesmo sem querer, esta última. Numa das três capelas há o monumento fúnebre de Agnes Bernauer, a lindíssima filha do barbeiro de Augsburgo, que em 12 de outubro de 1435 o duque Ernesto de Baviera mandou afogar no Danúbio, sob a acusação de feitiçaria, porque desposara seu filho Alberto e ameaçava, com essa *mésalliance*, a política dinástica e a própria ordem do Estado.

O monumento fúnebre, que mostra Agnes Bernauer com um rosário na mão e dois pequenos cães a seus pés, símbolo da fidelidade conjugal que unia a moça do povo e seu esposo principesco, foi construído pelo duque Ernesto, seu matador. A tradição, recolhida pelo drama de Hebbel, é um apólogo da razão de Estado: o duque Ernesto teria admirado profundamente as virtudes e a personalidade de Agnes, o amor puríssimo que a ligava a seu filho, e teria decidido com firmeza mas, a contragosto, eliminá-la brutalmente em vista das conseqüências políticas provocadas pelo casamento e pelas sucessivas complicações — desordens, guerras, rebeliões, divisão e colapso do Estado, lutas fratricidas e miséria. Realizado esse sacrifício, ou delito de Estado, o duque prestou homenagem à firmeza moral e à inocência da vítima, erigindo-lhe — agora que não constituía mais um perigo — um túmulo que a lembrasse nos séculos e retirando-se ele próprio para um claustro; seu filho Alberto, que tomara armas contra ele para defender e em seguida para vingar a esposa, recuperou rapidamente sua posição nos escalões políticos e dinásticos e, reconciliado em nome da razão de Estado com o pai que fizera dele um viúvo, assumiu o cetro ducal e passou depois a novas núpcias mais condizentes com sua posição.

Agnes foi afogada no Danúbio e até o fim recusou-se a salvar a vida renegando o marido. Para afogá-la, uma vez que boiava nas ondas, os sicários do duque tiveram de enrolar seus lendários cabelos em volta de um pau e mantê-la longamente com a cabeça debaixo d'água, até que morreu. A acusação formal era de bruxaria. Relembrando o episódio, o Antiquarius, que escreve no fim do século das luzes, não pode mais considerá-la uma bruxa, mas como bom burguês seculariza a superstição e diz com desdém que ela tinha "vergonhosamente" seduzido o duque Alberto, o qual, contudo, não era uma criança, mas um cavaleiro, na flor da idade, e a tinha conhecido e cortejado durante um torneio em Augsburgo. Um fio vermelho liga Emmeram Rusperger, o jurista que formula a acusação de feitiçaria contra Agnes, o Antiquarius que a considera uma sem-vergonha, e a opinião comum ainda hoje difundida, segundo a qual se um pai de família abandona esposa e filhos para juntar-se a uma mocinha de vinte anos, só esta é culpada e ele é uma pobre vítima.

Pena que o drama sobre Agnes Bernauer não tenha sido escrito por Marieluise Fleisser, pois ela o teria escrito do lado de Agnes Bernauer. A tragédia, em vez disso, foi escrita, sem dúvida com notável força poética, por Friedrich Hebbel, em 1851. Hebbel está cheio de admiração pela mulher límpida e lindíssima, que conhece os artigos da fé cristã como a Margarida do *Fausto*, e em cuja garganta, quando bebia, via-se transparecer o vinho como através de um cristal. Agnes deve morrer "só porque é linda e honesta" e porque, quando a ordem do mundo é perturbada e o Senhor intervém não com a sachola mas com a foice, que golpeia sem distinção justos e malvados, "não é mais questão de culpa ou de inocência, mas simplesmente de causa e efeito", ou seja, é só questão de eliminar a causa da perturbação. Hebbel embriaga-se com este *pathos* da razão de Estado; a nobreza e a pureza do indivíduo só servem para aumentar a solene sacralidade de quem se coloca, como o duque Ernesto e o próprio poeta, do lado da totalidade, que está sempre com a razão e tanto mais parece estar quanto mais subjetivamente inocente e admirável é o indivíduo que é sacrificado.

A poesia é chamada a celebrar esse sacrifício, que é também auto-sacrifício, porque é a repressão da amorosa simpatia que a poesia, por sua natureza, sente pelo indivíduo, pela vítima, por Agnes Bernauer. "A grande roda passou por cima dela", diz o duque Ernesto, depois de mandar matá-la. "Agora ela está ao lado daquele que a faz girar." Como todo *pathos* do objeto, que se exalta com a aniquilação e a auto-aniquilação do sujeito, também este é suspeito; toda grandiloqüência da totalidade é também sublime disfarce da vulgaridade filistéia do Antiquarius. Há uma retórica da objetividade que parece, na sua estentórea brutalidade, uma paródia da relação entre as exigências coletivas de uma sociedade e as pessoais de seus componentes. O tom exultante com que tantos advogados não solicitados do Todo repetem as palavras de Hegel — "quando se aplaina caem aparas" — é uma caricatura do pensamento hegeliano e de todo pensamento que leva em conta, responsável mas não enfaticamente, a realidade político-social.

Hebbel está seguro de que aquela "violência" é "violência do direito". O advogado da totalidade está de fato sempre certo de alguma coisa que, ao contrário, fica sempre por demonstrar, isto é, de representar a história, os interesses gerais. Poderia, por exemplo, ser verdade o contrário: o casamento de Alberto com Agnes ameaça, está dito na tragédia, desagregar o ducado bávaro e dessa desagregação, depreende-se, poderia aproveitar-se o imperador para reafirmar sobre os príncipes a sua autoridade central, assim como a águia que se apodera da presa que os ursos estão disputando. Mas a história, o todo, poderia desejar essa vitória do Império sobre o particularismo dos príncipes, e nesse caso o duque Ernesto seria o representante de uma ambição subjetiva e o casamento de Agnes Bernauer seria não infração mas expressão da totalidade. Poderia ser Agnes a encarnar naquele momento o *Weltgeist*, o espírito do mundo.

Não existe um quadro dos procuradores legais deste último e o alvoroço entre os que se arrogam o direito de usar o título é indecorosamente interminável. O desejo de marchar com os tempos, e de incorporar-se em seu cortejo, é a regressiva e fascinante nostalgia de se libertar de toda escolha e de todo conflito, ou seja, da liberdade, e de achar a inocência na convicção de que é impossível ser culpado porque é impossível escolher e agir de maneira autônoma. A poesia, no drama de Hebbel, é a sereia dessa ilusão, dessa abdicação; inocente, na tragédia, não é somente Agnes, mas também e sobretudo seu assassino. "Há coisas", diz o duque Ernesto falando do seu crime, "que é preciso fazer como que em sonho; esta, por exemplo."

Também Grillparzer escreveu um drama sobre a razão de Estado, a *Judia de Toledo*, no qual os Grandes de Espanha decidem-se a matar Rahel, a linda e demoníaca amante do rei de Castilha, que o mantém numa espécie de inerte servidão amorosa, paralisando o reino que se acha assim exposto à agressão dos inimigos, à guerra, à chacina e à ruína. Mas Grillparzer contrapõe, diria Max Weber, a ética da convicção à da responsabilidade, mostrando as razões de ambas e não sacrificando uma à outra, mas evitando toda reconciliação de seu conflito, que aparece irredutível e por isso mesmo trágico. Os Grandes de Espanha que mataram Rahel perseguiram "o bem, mas não a justiça"; eles acreditam ter feito o seu dever para com o Estado, mas não acreditam que o fim perseguido torne menos delituoso seu ato e justifique a violação de um mandamento universal. Eles se reconhecem culpados e assassinos, pedem perdão a um Deus longínquo e misterioso.

A necessidade do acontecer — assim eles consideram sua ação — não comporta sua justificação nem sua inocência; a história universal, para o austríaco Grillparzer, não é o julgamento final, como para o alemão Hebbel. O julgamento moral sobre o mundo não se identifica com o simples acontecer do mundo, os fatos não coincidem com os valores, nem o ser com o dever ser. À identidade hegeliana de realidade e racionalidade a civilização austríaca contrapõe uma defasagem entre as duas, as coisas que poderiam sempre acontecer de outro modo, a história no subjuntivo, uma irônica falta; o soberano, nos dramas de Grillparzer, é ausente ou inadequado, a rigor, aliás, nem existe e só pode ser representado, mas de maneira imperfeita.

Esta é uma lição austríaca. Em Straubing nasceu Schikaneder, libretista da *Flauta mágica*, poeta da maravilhosa comédia popular vienense que desfaz caprichosamente toda realidade para inventar uma outra ulteriormente possível, para opor ao *pathos* do objeto, à grande roda que passa por cima de Agnes Bernauer, os trilos e gorjeios de Papageno e Papagena, aos quais nem Sarastro poderia pedir que renunciassem a si próprios, a seu amor e a suas cambalhotas.

25. EICHMANN NO CONVENTO

No Bogenberg todos os anos, na festa de Pentecostes, tem lugar uma procissão; de Holzkirchen a Bogen, ao longo de 75 quilômetros, os camponeses, a pé, levam, passando-os de ombro a ombro, dois círios de treze metros de altura. Os peregrinos atravessam a floresta bávara, que pouco mais adiante penetra na selva boêmia — a floresta de Stifter, quietude secular, gerações vividas e transcorridas como as estações, antiga piedade religiosa. Em outros tempos, quando derrubavam uma árvore, os lenhadores bávaros tiravam o gorro e pediam a Deus que lhes concedesse o descanso eterno. Há uma religiosidade da madeira; seu florescer e seu envelhecer fazem considerar uma árvore como uma irmã. Nenhum ser vivo pode ficar excluído da redenção ou ser suprimido da eternidade; como os personagens de Singer, deveríamos recitar o *Kaddish*, a oração fúnebre, pela borboleta que morre e a folha que cai.

Os bosques bávaros tinham seus profetas, os *Waldpropheten* como o "Mühlhiasl" que trabalhava perto do convento de Windberg, por volta de 1800, e predizia apocalipses e renascimentos de um mundo novo. Em 1934, entretanto, no convento refugiou-se durante uma semana Adolf Eichmann, numa espécie de retiro espiritual. No livro dos hóspedes, relata Trost, há ainda, de seu próprio punho, o agradecimento pela estada e hospitalidade, a expressão de uma intensa experiência e de um emocionado vínculo. "Treue um Treue", fidelidade pela fidelidade, escreve Eichmann no livro do convento em 7 de maio de 1934. O tecnocrata do massacre ama a meditação, o recolhimento interior, a paz dos bosques, quem sabe também a oração.

26. AS PAPADAS DE VILSHOFEN

As fotografias do *meeting* mostram nucas gordas, papadas que oscilam agitadas pelo riso, ventres inchados como odres, rostos porcinos suados por força da cerveja e das gargalhadas. Entende-se por que Dioniso, deus da embriaguez, deva ser deus do vinho e não da cerveja. É a reunião da quarta-feira de cinzas em Vilshofen, na Baixa Baviera, um tradicional encontro político que remonta às feiras e aos mercados de gado dos séculos passados. Nessa festa popular, outrora expressão do mundo camponês e há pouco tempo parcialmente transferida para a Nibelungenhalle de Passau, triunfa a CSU (União Social Cristã) e, através dela, Franz Josef Strauss, que do ponto de vista fisionômico tem todos os papéis em ordem para emergir com sua vital e transbordante massa de suor, extraordinário faro político, que faz dele um *leader* de visão internacional, vulgaridade, energia e demagogia plebéio-reacionária. Até 1957 Vilshofen não era tanto a platéia de Strauss e da CSU quanto da *Bayernpartei*, do Partido da Baviera e de seu *leader* rugidor e mugidor, Joseph Baumgartner. O Partido da Baviera, escreve Carl Amery, estava ainda genuinamente arraigado naquela tradição populista rural e religiosa que representara, por mais de um século, uma alternativa às forças iluministas-liberais, trazidas ao poder no início do século XIX pelo grande ministro Montgelas.

Montgelas criara um Estado iluminista-autoritário liderado por um aparato de burocratas, uma máquina política que em nome do progresso e da razão também tinha imposto à sociedade uma camisa-de-força. Como acontece segundo a dialética do Iluminismo, a máquina estatal bávara tinha avançado no caminho da modernização, promovendo reformas e realizando importantíssimas conquistas civis; mas seu funcionamento perfeito acabara por comprimir a sociedade e integrá-la à força nas engrenagens administrativas.

Seus adversários — os "negros", camponeses e clérigos — representavam a tradição e até mesmo a reação, o populismo regressivo, mas representavam também, às vezes, autênticas exigências populares, liberdades e autonomias, individualidades históricas que legitimamente recalcitravam a ser anuladas pelo despotismo jacobino-absolutista.

É o antigo, eterno conflito, entre a Razão, progressista e tirânica, e as diversidades, às vezes conservadoras, às vezes liberais. Carl Amery, que vê desaparecer seu amado povo bávaro, descobre na história da Baviera uma lenta e inexorável fusão dessas duas forças, cujo antagonismo assegurava uma certa dialética e uma possibilidade de alternativas ao poder político. Pouco a pouco, a máquina engole e transforma em mecanismos próprios até os elementos populistas que a contestaram, insere em seu arsenal até aquelas paixões plebéio-conservadoras contra as quais brandira o cetro da Razão iluminista, ao passo que as forças populares, por sua vez, não mais expressam um protesto vindo de baixo mas os quadros do poder.

A CSU realizou esse totalitarismo perfeito, essa simbiose de máquina burocrática e visceralidade popular; por isso domina, soberana, a Baviera. O Partido da Baviera de Baumgartner, que durante três anos governou com uma coalizão que excluía a CSU, era ainda a voz do antigo particularismo bávaro e de suas camadas autenticamente populares, com todas as virtudes e os vícios dessa natureza arcaica. A coalizão dissolveu-se em 1957 e daí a pouco um duvidoso processo afastou Baumgartner da cena política. Desde então a CSU constitui o único poder na Baviera, frente ao qual até a Igreja aparece fraca; ela herdou e fundiu em si duas tradições opostas e representa a totalidade. Vilshofen torna-se assim um pequeno espelho do nivelamento do mundo, daquela integração global que, nas sociedades ocidentais, unifica num só mecanismo dominante Iluminismo e romantismo popular, racionalização e irracionalidade, programação inexorável e desfiadura *casual*, produção em série e multiplicação das transgressões.

27. NA CIDADE DE PASSAU

In der stat ze Pazzouwe/ saz ein bischof, na cidade de Passau reinava um bispo, diz a XXI Aventura do *Canto dos Nibelungos*. Esse bispo, no grande poema medieval alemão, é Pilgrim, que aparece como tio dos Burgúndios e de Cremilda; mas toda a história de Passau está envolvida numa redonda majestade episcopal. Desde o século VI até hoje inúmeros elogios exaltam a glória e a beleza da "florescente e resplandecente" cidade de três nomes e sobre três rios, a Veneza da Baviera, *schön und herrlich*, linda e magnífica, cuja diocese, em outros tempos, estendia-se até a Áustria e a Hungria e cujos bispos eram senhores da Panônia e patriarcas de Aquiléia. Passau foi livre cidade imperial e, sobretudo, residência do bispo-príncipe até 1803; do alto da colina, a Oberhaus — a fortaleza episcopal — mantinha sob vigilância e sob a mira dos seus canhões os burgueses e seu governo municipal, tutelando uma ordem marcada por devoção religiosa, autoritarismo clerical, esplendor barroco, bons estudos clássicos e amáveis prazeres dos sentidos.

A antiga Bojodurum ou Batavis dos celtas, dos romanos e dos bávaros é um dos corações da Baviera; mas em 1803 a incorporação ao Estado bávaro foi percebida como uma ocupação estrangeira. A milenária, estratificada história de Passau, que em certos momentos a transformou numa capital européia, contrai-se num orgulhoso patriotismo municipalista, que induzia já Enea Silvio Piccolomini, nomeado papa Pio II, a dizer que era mais difícil tornar-se cônego em Passau do que papa em Roma.

Apesar dos vínculos com a epopéia trágica e heróica dos Nibelungos, as três companhias de soldados do bispo-príncipe não parecem ter criado uma grande tradição guerreira; em 1703, convidados pelo general austríaco que comandava a guarnição da cidade sitiada pelos bávaros a combater, os cidadãos desculparam-se, dizendo que uma febre maligna os tornava momentaneamente incapazes; em 1741 o conde Minucci informava ao príncipe eleitor da Baviera que a cidade fora conquistada sem o disparo de um só tiro. Viajantes e cronistas testemunham a alegre vida dos clérigos — entre música, funções litúrgicas, chocolate, bombons e galanteios —, o grande número de cervejarias e a condescendência das moças, náiades do Danúbio, escreve Carl Julius Weber em 1834, especialmente criadas para aqueles *amant parabilem venerem facilemque*. Quando Ludwig I da Baviera, em seu entusiasmo filo-helênico colocou no trono da nova Grécia libertada seu filho Otto e a burocracia bávara, o ministro Rudhard, um filho de Passau, embarcou na sua cidade natal para Atenas, bebendo cerveja de um tonel que levava consigo e cantando canções bávaras nas quais um certo Hans Jörgl corre atrás de sua Lieserl. A bavarocracia instalada na Grécia tratou imediatamente de abrir em Atenas uma grande fábrica de cerveja e locais capazes de transformar, como dizia o redator secreto da chancelaria ministerial, Von Wastlhuber, "Atenas num subúrbio de Munique".

A cerveja de Passau sempre desempenhou um papel eminente: o recatado e melancólico Stifter, cantor da renúncia e destinado a um trágico suicídio, a elogia repetidamente e pede ao amigo Franz X. Rosenberger que lhe forneça cinqüenta litros, 25 para ele e 25 para a mulher. Ernst von Salomon e Herbert Achternbusch contaram zombeteiramente, com sarcasmo respectivamente anárquico-fascista e pulsional-revolucionário, como essa sociedade católico-epicurista viveu o Terceiro Reich e seu esfacelamento.

Passau acha-se na confluência de três rios — o Danúbio, o Inn com suas águas azuis e o Ilz com suas águas negras e suas pérolas — e é toda uma ribanceira, uma margem, uma cidade que bóia sobre a água e flui com a água. O céu é azul flor-de-lis, a luz dos rios e da colina se funde, gloriosa e alegre, com o ouro e com o mármore rosado dos palácios e das igrejas; o branco da neve, o odor dos bosques e o frescor das águas imprimem uma gentileza delicada e nostálgica à magnificência episcopal e aristocrática dos edifícios, resgatam numa aura de lonjura a linha fechada e redonda das cúpulas e das ruas que se espalham sob arcos e pórticos.

Em Passau prevalece a rotundidade, a curva, a esfera, um cosmo fechado e finito como uma bola, bem protegida e coberta por um chapéu episcopal. Sua beleza é a da senhora, a sedução acolhedora e conciliadora do finito. Mas a curva da cúpula se espuma na curva materna da ribanceira, morre na das ondas que fogem e se dissolvem; o inapreensível e a leveza da água tornam aérea e leve a pompa dos palácios e das igrejas, que aparece misteriosa e longínqua, irreal como um castelo no céu do crepúsculo.

Passau é cidade aquática e a majestade barroca de suas cúpulas abre-se sobre aquela fugacidade, sobre aquele perpassar e empalidecer das águas e de todas as coisas, que é a aspiração secreta de todo autêntico barroco. A confluência daqueles rios tem uma liberdade marinha, meridional, convida a deixar-se ir ao fluir da vida e dos desejos; o nítido perfil das formas, frisos dos portões ou estátuas nas praças, evoca as Vênus e as Náiades que parecem levantar-se espontaneamente da espuma, forma um todo com a água, como as figuras das fontes que lançam esguichos.

Em Passau o viajante sente que o correr do rio é desejo de mar, saudade da felicidade marinha. Aquela sensação de plenitude vital, aquele presente das endorfinas e da pressão sangüínea ou de algum ácido benignamente secretado pelo cérebro, experimentei realmente pelos becos e ribanceiras de Passau, ou acredito tê-la experimentado somente porque agora tento descrevê-la sentado às mesas do café San Marco? Provavelmente no papel finge-se, inventa-se toda felicidade. Talvez a escrita não consiga realmente dar voz à desolação absoluta, ao nada da vida, àqueles momentos nos quais ela é só vazio, privação, horror. Já o simples fato de escrever sobre ele preenche de algum modo aquele vazio, lhe dá forma, torna comunicável o horror e portanto, nem que seja por pouco, triunfa sobre ele. Existem páginas altíssimas de tragédia; mas para quem morre ou deseja morrer, no momento em que morre ou deseja morrer, mesmo aquelas altíssimas páginas de dor soariam demasiado a glória, espantosamente inadequadas à sua dor daquele momento.

A privação absoluta não pode falar; a literatura fala dela e de algum modo a exorciza, vence e transforma em algo diferente, converte sua irredutível e inaproximável alteridade em moeda de uso corrente. O incerto viajante, que na viagem não sabe bem o que fazer, relendo suas notas, descobre-se, com alguma surpresa, um pouco mais contente e sereno e sobretudo mais decidido e resoluto do que, vivendo e andando por aí, pensava ser; descobre ter dado respostas claras e nítidas às perguntas que o atormentam, na esperança de poder, um dia, acreditar ele próprio naquelas respostas.

Assim ingressa-se na tranqüilizadora literatura. Nela tudo se torna mais amável, apaziguador, como as portas e praças de Passau. E o viajante, distraindo-se do monótono latejar que marca o tempo dentro de suas veias, se parece com aquele jovem aprendiz de mercador de Nuremberg que, em 1842, escrevia de Passau amáveis epístolas, nas quais elogiava os vinhos, as bibliotecas, os armazéns, o comércio e uma linda Therese, lamentando unicamente não ter conseguido sentar-se ao lado dela, durante um almoço, e ter acabado, em vez disso, ao lado da tia dela, uma imponente matrona de touca na cabeça, que desde a entrada até a sobremesa nada mais fizera do que falar com ele de suas desgraças, distúrbios e doenças e dos remédios sugeridos pelo médico da família, dr. Gerhardinger.

28. CREMILDA E GUDHRUN, OU AS DUAS FAMÍLIAS

Na sala da prefeitura uma pintura colossal de Ferdinand Wagner, pintor historicizante da escola muniquense de fim do século, mostra Cremilda entrando em Passau pelo *Paulustor*, acompanhada do tio, o bispo Pilgrim, e recebida pelos cidadãos que lhe oferecem presentes e homenagens. O quadro não evoca a sombria essencialidade do *Canto dos Nibelungos*, mas as cenografias grandiosas com que o fim do século XIX acompanhou o renascer do mito ou a grandiosidade dos *Nibelungos*, o filme de Fritz Lang. Na cena retratada por Ferdinand Wagner, Cremilda está dirigindo-se para a Panônia, está a caminho do casamento com Átila, primeiro passo no plano de sua vingança.

Essa vingança, que o poema relata com tamanha grandeza, testemunha um *ethos* da família, ao qual a tradição nórdica do mito contrapõe um outro. No *Canto dos Nibelungos* Siegfried, o herói solar morto a traição na floresta, é de fato vingado pela esposa, Cremilda, que se une em novas núpcias a Átila, o poderoso rei dos hunos, para poder com seu grande exército destruir seus próprios irmãos, príncipes dos burgúndios e assassinos de Siegfried. Também nas versões nórdicas do mito, reunidas no *Eda* — cancioneiro de baladas norrenas, ou seja, islandesas, compostas provavelmente entre os séculos IX e XII —, são as tropas de Átila que destroem os assassinos do herói, cujo nome é Sigurdhr, e também no *Eda* Átila casou com sua viúva, que se chama Gudhrun e é irmã dos príncipes que o levaram à morte. Em ambos os casos, à celebração do herói mítico, que venceu o dragão e encarna as forças da luz e da primavera, segue-se a glorificação de seus assassinos e do valor com que eles se defrontam com a maré dos hunos e o fim inelutável. O autor ou os autores cantam a virtude guerreira dos germanos, que desafiam o destino mesmo sabendo que deverão sucumbir; os poemas transfiguram assim a queda do reino burgúndio, arrasado pelos hunos na época das migrações bárbaras.

Há, todavia, uma profunda diferença entre as duas versões. No *Canto dos Nibelungos* Cremilda deseja vingar o homem amado e fazer, pois, com que seus irmãos morram, e só encontra paz quando eles caem, um após o outro. No *Eda*, ao contrário, Gudhrun, apesar de ter amado com ternura Sigurdhr e sofrido com sua morte, tenta frustrar a armadilha preparada por Átila para seus irmãos, em vez de prepará-la ela própria, como acontece no poema alemão; não exerce sua vingança sobre os irmãos que lhe mataram o esposo, mas sim sobre Átila e os hunos que massacraram seus irmãos.

No *Canto dos Nibelungos* prevalece o amor, o vínculo conjugal fundado na livre escolha, a inclinação do coração e a fidelidade escolhida deliberadamente. No *Eda* predomina o *ethos* do clã, a fidelidade fatal a um vínculo de sangue que não se pode escolher, porque transcende todo sentimento pessoal e se impõe com a necessidade da natureza. O amor pode vir e passar, o casamento pode ser dissolvido; ser irmãos é um dado de fato, épico e objetivo como as feições do rosto ou a cor dos cabelos.

Há freqüentemente tensão e antítese, na história da cultura como na vida dos indivíduos, entre a família da qual se provém, na qual se é filho ou irmão, e a família que se cria, na qual se é cônjuge ou pai. É natural que no *Eda* prevaleça a primeira: aquela linguagem de ferro tem a paixão da necessidade e não da liberdade. No mundo do *Eda* só existem objetos e acontecimentos inexoráveis, um guerreiro que domina outro na batalha como um freixo se ergue acima das sarças, cavalos sob um céu lívido, o ouro avermelhado das jóias bárbaras; é o mundo das inalteráveis coisas assim como são, que tanto fascina Borges, o mundo em que o julgamento é confiado à espada, ou seja, ao acontecer dos eventos, e em que morrer significa tomar conhecimento de que o tempo concedido pelo fado já transcorreu.

A literatura detém-se geralmente com mais gosto sobre a totalidade épica da família de origem, que abraça o indivíduo como um coro: os Rostov de *Guerra e paz*, com a harmonia e a unidade de tom de sua casa; os Buddenbrook, para os quais a fidelidade coletiva à honrada insígnia da empresa familiar é mais forte que a sedução dos olhos misteriosos de Gerda, a esposa estrangeira, e do que o amor da bela Tony pelo jovem Morten; os Buendía de *Cem anos de solidão*, cujos componentes são como as pedras da muralha da China.

As transformações sociais, que desagregaram os vínculos patriarcais e tendem a afrouxar a unidade familiar, não eliminaram a saudade da compacidade da saga; a poesia freqüentemente denunciou as repressões sufocantes da família épica, mas também repetidas vezes homenageou seu fascínio, quase seduzida por uma unidade que parece indiscutível como a própria vida.

A outra família, aquela que se cria, é uma odisséia árdua e imprevisível, cheia de dificuldades e de sedução, de crepúsculos e de voltas; essa perigosa plenitude da convivência consciente e apaixonada não encontra freqüentemente representações poéticas adequadas, talvez porque se tema que a tomada de consciência comporte o desencanto e se prefira buscar refúgio na infância.

Nas páginas da literatura mundial encontram-se numerosas famílias como os Buddenbrook ou os Buendía, mas poucas imagens como aquela em que Homero retrata Heitor, Andrômaca e Astíanax, uma vida que conhece a grandeza extrema e que gira em volta do amor conjugal e paterno, em volta de Astíanax que brinca com o elmo do pai e da esperança deste que o filho suba mais alto do que ele na vida.

A grande poesia sabe cantar a paixão erótica, mas é necessária uma poesia magnífica para representar aquela mais tortuosa e profunda — mais radical, mais absoluta — que se volta para os filhos e da qual é tão difícil falar.

A maturidade celebrada por Homero é o oposto do mesquinho idílio doméstico, que desconhece o mundo e se fecha na própria medíocre intimidade; o amor por Andrômaca e por Astíanax faz de Heitor um herói que se expõe para todo mundo, capaz de amizade e de fraternidade, de piedade filial, de humana gentileza para com os outros. Hoje é Singer quem representa o mistério conjugal como teatro do mundo, de acordo com a lição da literatura hebraica que fez particular justiça ao epos familiar. Em suas histórias cômicas e pícaras, Sholem Aleichem, o clássico da literatura iídiche, exprime, por exemplo, todo o *humour* e a profundidade de personagens que, como Tewje, o leiteiro, são sobretudo pais e vivem a paternidade como a mais intensa e forte das paixões.

O maior poeta contemporâneo do casamento e da convivência familiar é talvez Kafka, que não se sentia à altura daquela aventura e dela não ignorava os encargos e as misérias, mas percebia tão fortemente a grandeza daquela realidade que lhe era vedada e à qual ele próprio, mesmo invejando-a, desejava subtrair-se para fugir dos vínculos e de qualquer tipo de poder. A Kafka, e à sua solidão, assemelham-se muitos personagens de sua obra, os solteiros desleixados e desagradáveis de alguns de seus contos, que vivem em quartos alugados e atravessam seus patamares mal iluminados como os nômades percorrem o deserto. Aquele território vazio, onde eles avançam sem ultrapassá-lo, é também o espaço que Kafka deveria atravessar para se afastar da casa paterna, daquele "único organismo" familiar e daquela "papa informe das origens" que o mantinham culposamente amarrado, como ele próprio escrevia a Félice, a noiva que nunca chegaria a ser sua esposa.

29. SOBRE O LINDO INN AZUL?

Em Passau confluem três rios: o pequeno Ilz e o grande Inn se lançam no Danúbio. Mas por que o rio que se forma dessa confluência, que corre para o mar Negro, deve chamar-se e ser o Danúbio? Há cerca de dois séculos Jacob Scheuchzer, em sua *Hidrographia Helvetiae*, à página trinta, observava que o Inn, em Passau, é mais amplo, mais rico de água e mais fundo que o Danúbio, e também tem atrás de si um percurso maior. O dr. Metzger e o dr. Preussmann, que mediram a largura e a profundidade dos dois rios, lhe dão razão. Então o Danúbio é um afluente do Inn, e Johann Strauss compôs a valsa do *Lindo Inn Azul*, que além do mais poderia reivindicar aquela cor com mais direito? É evidente que, tendo decidido escrever um livro danubiano, não posso aceitar tal teoria, do mesmo modo que um professor de teologia de uma universidade católica não pode negar a existência de Deus, objeto de sua ciência.

Por sorte, socorre-me justamente a ciência, a perceptologia, de acordo com a qual se dois rios misturam suas águas, é considerado rio principal aquele que, na confluência, forma um ângulo maior com o curso que prossegue. O olho percebe (estabelece?) a continuidade e a unidade daquele rio, e percebe o outro como um seu afluente. Confiemo-nos então à ciência e evitemos ao máximo, por precaução, observar a fundo a confluência dos três cursos de água em Passau e verificar demais a amplitude daquele ângulo, porque o olho, de tanto fixar um só ponto, embaça-se e desdobra as figuras, mandando às favas a clareza da percepção e arriscando provocar desagradáveis surpresas ao viajante do Danúbio.

O que é certo é que o rio corre para o vale, como quem o acompanha; pouco importa apurar de onde provêm todas as águas que ele arrasta consigo e que se confundem nas suas vagas. Nenhuma árvore genealógica garante cem por cento de sangue azul. A multidão heterogênea que se atropela em nosso crânio não pode exibir uma certidão de nascimento irrefutável, não sabe de onde provém nem qual é seu verdadeiro nome, Inn ou Danúbio, ou qualquer outro que seja, mas sabe para onde vai e como acabará.

III.
NA WACHAU

1. UM NECROLÓGIO EM LINZ

As janelas dão para o Danúbio, abrem-se sobre o grande rio e sobre as colinas que o dominam, uma paisagem marcada pelos bosques e pelas cúpulas em forma de cebola das igrejas; no inverno, com o céu frio e as manchas de neve, as amáveis curvas das colinas e do rio parecem perder corpo e peso, tornam-se linhas leves de um desenho, uma elegante melancolia heráldica. Linz, a capital da Áustria Superior, era a cidade que Hitler amava mais que qualquer outra e queria transformar na mais monumental metrópole danubiana. Speer, o arquiteto do Terceiro Reich, descreveu aqueles projetos de edifícios gigantescos e faraônicos nunca realizados, nos quais Hitler, como escreveu Canetti, revelava sua febril necessidade de superar as dimensões já alcançadas anteriormente por outros artífices, sua obsessão agonística de bater todos os recordes.

Agora Linz, a cidade tranqüila que em tantos poemetos rima com "Provinz", província, é a capital industrial da Áustria, apresenta uma discreta taxa de doenças nervosas entre os jovens e, segundo uma pesquisa de poucos anos atrás, habitantes particularmente desconfiados no tocante à justiça do seu país. A devoção religiosa da sua gente, que impressionava os viajantes ingleses do século XVIII, não parece *apagada*: na praça principal, diante da coluna da Trindade — uma daquelas colunas que se erguem nas praças de toda a Mitteleuropa, em memória de pestes dominadas e para glorificação da majestade da criação — um grupinho de pessoas, na noite gélida e nevoenta, reza em voz alta. Um combativo jornal diocesano convida à solidariedade com os operários despedidos nas fábricas da Estíria, polemiza com os industriais, incita a boicotar o governo sul-africano por sua política racista e a bombardear com telefonemas sua embaixada para pedir a libertação de Smangaliso Mkhatshwa, um sacerdote negro preso.

Nos sonhos do Führer, a ciclópica Linz que ele queria edificar deveria ter sido o refúgio da sua velhice, o lugar para onde ele sonhava retirar-se, depois de ter consolidado definitivamente o Reich milenar e tê-lo confiado a algum digno sucessor. Como muitos tiranos desapiedados, ele também, assassino de milhões e aspirante exterminador de povos inteiros, era um sentimental, que se comovia pensando em si mesmo e se embalava em fantasias idílicas. Em Linz, confiava de vez em quando a seus íntimos, teria vivido afastado do poder, quando muito disposto, como um benévolo avô, a dar conselhos aos herdeiros que viessem visitá-lo; mas talvez, dizia — coqueteando com a hipótese da própria destronação, bem decidido a não permiti-la nunca —, ninguém viesse visitá-lo.

Em Linz, onde havia passado anos serenos, o déspota sanguinário fantasiava reencontrar uma espécie de infância, uma estação livre de projetos e de metas. Provavelmente pensava com nostalgia naquele futuro vazio, no qual gozaria a segurança de quem já viveu, já combateu pelo domínio do mundo e já venceu, já realizou os próprios sonhos, que ninguém poderá mais frustrar. Quando imaginava aquele futuro, sentia-se talvez atormentado pela ansiosa angústia de alcançar logo seus objetivos e roído pelo temor de não conseguir alcançá-los. Desejava que o tempo passasse depressa para ter logo a certeza de ter vencido; desejava, em outras palavras, a morte, e em Linz planejava viver numa agradável segurança semelhante à morte, ao abrigo das surpresas e dos embates da vida.

As janelas daquela casa debruçada sobre o Danúbio — que hoje ostenta o endereço Untere Donaulände nº 6 — poderiam indicar-lhe um outro modo de viver, uma medida e um estilo que ele todavia nunca poderia aprender. Naquela casa, que pertencia e pertence ainda à Sociedade para a Navegação a Vapor no Danúbio, viveu silenciosamente por vinte anos, e morreu tragicamente, Adalbert Stifter, um dos mais elusivos escritores austríacos do século XIX, uma personalidade apartada e dedicada a combater o caos da vida na modesta e impessoal repetição dos simples gestos cotidianos.

De 1848 a 1868, ou seja, até sua morte, Stifter olhava das suas janelas o Danúbio, a amada paisagem austríaca que lhe parecia conter séculos de história que se tornaram natureza, impérios e tradições absorvidos pela terra como folhas e árvores pulverizadas. Aquela paisagem habitual, desprovida de fortes cores e de elementos vistosos, ensinava-lhe o respeito por aquilo que é, a atenção reverente aos pequenos acontecimentos, nos quais a vida revela a sua essência mais do que nas grandes perturbações e nos coloridos golpes teatrais; indicava-lhe a submissão das míseras ambições e paixões pessoais à grande lei objetiva da natureza, das gerações, da história.

Nos seus romances e sobretudo nos seus contos, muitos dos quais escritos naqueles quartos, Stifter indaga com inquieta maestria o segredo da moderação, daquela aceitação do limite que permite ao indivíduo subordinar a própria vaidade subjetiva a um valor suprapessoal, abrir-se à sociabilidade e ao diálogo com os outros — uma afetuosa vizinhança que é antes de tudo discrição, respeito pela autonomia do outro e por sua necessidade de distância.

Esse *pathos* defensivo não deixa de ter conseqüências na arte de Stifter. No romance *Fim de verão* ele narra a difícil formação de seu protagonista, Heinrich, cuja personalidade se vê ameaçada, no seu pleno desenvolvimento, pela vulgaridade do mundo, pelos obstáculos objetivos que a realidade moderna opõe à evolução harmoniosa e total, "clássica", do indivíduo. O preço da formação de Heinrich é uma relativa renúncia ao mundo, uma solidão aristocrática contraposta à prosaica desordem das coisas. Para os heróis de Flaubert, observa Schorske, a vulgaridade do mundo já lhes invadiu o coração; não se ergue diante deles como um inimigo, mas tornou-se, de maneira muito mais insidiosa, uma estrutura da sua personalidade, um seu modo de ser, uma sua natureza. Por isso a desilusão de Frédéric Moreau, na *Educação sentimental*, é tão mais sofrida e mais intensa — imersa como está no presente da vida e da história e corroída por elas — do que o cerimonial com que Heinrich, o herói de *Fim de verão*, mantém a distância a vulgaridade do moderno, iludindo-se em pensar que sua interioridade pode ficar imune. Flaubert pinta o nosso retrato, Stifter parece obstinar-se em aparar-lhe as arestas e refrear a dissolução num idílio feudal, embora sua oleografia seja animada por uma apaixonada tentativa de evitar os abismos da realidade.

Stifter não ignorava estes abismos, a desordem e a irracionalidade da sorte, seus golpes repentinos e insensatos como revela, por exemplo, sua trágica narrativa do destino hebraico, *Abdias*; não fechava os olhos diante da tragédia, mas negava-se a inebriar-se com ela e rejeitava o culto do trágico, do passional e do anormal que via difundir-se, sobretudo através do romantismo decadente, na civilização européia. Nos seus contos há melancolia, renúncia, solidão, mas há sobretudo a implacável condenação de todo culto da solidão e da infelicidade; no *Homem só*, uma anciã responde a um jovem, que declara sua incapacidade de alegrar-se com as coisas, dizendo que essas palavras são as mais injustas, que não é lícito dizer que nada mais nos alegra.

Essa alegria Stifter procura na aparente monotonia, na repetição cotidiana. Na sua casa ele escrevia, cuidava das suas plantas, sobretudo do cáctus, restaurava e polia os móveis, sua escrivaninha que ainda hoje se encontra no seu quarto; pintava, fazia metódicos passeios, louvava a sucessão dos dias e das semanas, escutava o murmúrio do rio e o ouvia fluir, com o seu ritmo pacato, na cadência do seu estilo e da sua vida. Aquela escansão tranqüila, rica de matizes sempre novos, lhe parecia a felicidade e ele desejava que aquele presente nunca passasse.

De felicidade, ele mesmo não teve muita; naquelas ondas jogou-se uma sua filha adotiva e ele próprio, numa crise de hipocondria e de sofrimentos físicos, apressou seu fim com uma navalhada. Mas justamente por isso tinha compreendido que o excepcional, o anormal, o dramático, sonhados por quem deseja um destino heróico e fora do comum, contêm toda a miséria do sofrimento e nada mais. Seus personagens dedicam-se quase sempre a pôr em ordem, a guardar a roupa, arrumar as gavetas, podar as roseiras; sua meta é a conversa, o matrimônio, a família. À ênfase da transgressão, que ama os efeitos vistosos e truculentos, Stifter opõe a saga da família, a difícil originalidade da ordem e da continuidade, a capacidade de calar a laceração.

Nesse sentido ele está radicado na tradição conservadora austríaca, na fidelidade a um tom espiritual secular, a uma longa duração que leva pouco em conta as mutações de curto prazo e os efeitos sensacionais da atualidade. O protagonista de um outro grande escritor austríaco seu contemporâneo, o "pobre músico" de Grillparzer, se surpreende quando lhe pedem que conte sua história, porque não acredita ter uma história, não crê que o suceder-se dos seus dias — embora tão ricos de significados ocultos — seja algo de particular e de especial. Esses personagens amam a vida, o simples presente das suas humildes mas encantadoras horas, e não querem portanto ser protagonistas de eventos grandes e excepcionais, nem históricos nem privados. Se podem, evitam todo acontecimento importante; como escreverá mais tarde Musil, quando no resto do mundo se pensava ter vivido algo de mirabolante, na velha Áustria se preferia dizer, com indiferença, "aconteceu que...". Quando Stifter morreu, o coro do seu funeral foi dirigido por um homem de certo modo "sem história" como ele: Anton Bruckner, o grande compositor moderno que era o organista da catedral de Linz e que não pensava tanto em ser um artista, mas sobretudo em realizar um trabalho honesto e um ofício religioso.

A ordem doméstica de Stifter é bem mais misteriosa que os monumentais edifícios sonhados por Hitler. Nos aposentos de Stifter, nos quais existe hoje um instituto literário com seu nome, procuro marcas daquela ordem, as chaves daquele nítido mistério. Enquanto isso, no telefone, alguns funcionários do próprio instituto discutem animadamente se deveriam usar, no necrológio de uma importante personalidade morta um dia antes, o adjetivo "inesquecido" ou "inesquecível". A discussão torna-se mais acirrada, consultam-se e lêem-se polemicamente em voz alta diversos dicionários, alguém apela para casos precedentes; no momento em que preciso ir embora, o debate ainda prossegue. Este escrúpulo de ater-se às normas mais precisas da retórica e da conveniência não desdiz da morte, da sua exigência de formas. E o cômico, que nasce daquela pedante busca de uma adequada expressão de solenidade, redimensiona também a morte, a faz descer do pedestal do excepcional e a reinsere na boa cotidianidade. "Só quando podes novamente rir", diz um manifesto na porta da catedral de Linz, "perdoaste verdadeiramente. Não arrastes nada contigo!"

2. SULEIKA

No nº 4 do Pfarrplatz, onde agora se encontra a sede paroquial de Linz, uma placa diz que, segundo a tradição, naquele lugar erguia-se a casa onde nasceu "Marianne Jung depois de casada Willemer — a Suleika de Goethe". Essa paixão não condiz exatamente com uma residência paroquial, ainda que na vida de Goethe haja desde seu amor juvenil por Friederike Brion, indiscutível vínculo entre coração e paróquia.

Marianne Jung, que nasceu provavelmente em 20 de novembro de 1784, era uma artista de origens obscuras: trabalhava como figurante, bailarina ou atriz versátil, cantando no coro ou saindo com passos de dança, vestida de Arlequim, de um grande ovo que se deslocava pelo palco. O banqueiro e senador Willemer, agente financeiro do governo prussiano e autor de opúsculos político-pedagógicos mas também amante do teatro e dos jantares após os espetáculos, conheceu-a aos dezesseis anos, durante essa exibição em Frankfurt, e levou-a consigo para casa, pagando à sua mãe duzentos florins de ouro e uma pensão anual. Na sua casa de campo perto de um velho moinho, entre Frankfurt e Offenbach, Marianne aprendeu boas maneiras, francês, latim, italiano, desenho e canto; depois de catorze anos de convivência Willemer achou melhor casar com ela, preocupado com o aparecimento, no seu tranqüilo horizonte, de Goethe.

Goethe, então com 65 anos, vivia uma das suas mais altas fases criadoras; estava escrevendo as poesias do *Divã ocidental e oriental*, genial reelaboração das líricas persas de Hafiz, que ele lia na tradução de Joseph von Hammer Purgstall, para alcançar vitalidade na eterna aurora do Oriente e para fugir do tumultuoso presente das últimas campanhas napoleônicas.

Goethe está feliz de se disfarçar de persa e de se inserir numa tradição na qual toda a realidade sensível, em cada um de seus pormenores, torna-se um símbolo em que transparece a divina totalidade da vida. Sua existência, escrita no pó e alegrada pelo vinho, abre-se sobre o infinito e muda de cor, efêmera e eterna ao mesmo tempo, como as papoulas semelhantes a tendas de Vizir. Agora ele não tem mais preferência pelo nítido perfil da estátua grega, e sim pelo fluir da água. Mas também aquela água é forma, limite, é a móvel mas límpida figura desenhada pelo jogo de uma fonte. O grande clássico ama sempre a forma, o acabado, o que é distinto, mas agora procura uma forma que, como a figura de água de uma fonte ou um corpo amado, não seja rígida imobilidade mas sim transcorrer e devir, vida.

Em uma lírica do *Divã* a lindíssima Suleika diz que tudo é eterno diante do olhar de Deus e que se pode amar esta vida divina, por um instante, nela mesma, na sua beleza terna e fugaz. Suleika está consciente de ser somente um momento passageiro, a crista de uma onda ou a orla de uma nuvem, mas está sobriamente feliz por encarnar, por um instante, o ritmo daquele fluir. Não é nem fascinada nem angustiada pela incessante mutação; sente-se tão plenamente inserida na vida proteiforme e mutável que não tem necessidade de apressar ou forçar a própria metamorfose, assim como Goethe não precisa fragmentar o metro e a rima da quadra para apreender a melodia aberta e potencial do devir e para identificar com ela o seu canto.

Goethe conhece Marianne, e Marianne, no *divã*, torna-se Suleika. Assim nasce uma poesia amorosa entre as maiores de todos os tempos, mas nasce também algo ainda maior. O *divã*, e o altíssimo diálogo amoroso que ele contém, traz o nome de Goethe. Mas Marianne não é apenas a mulher amada e cantada na poesia; é também a autora de algumas líricas, entre as mais altas, em sentido absoluto, de todo o *Divã*. Goethe integrou-as e publicou-as na coletânea com seu nome; só em 1869, muitos anos depois da morte do poeta e nove depois da morte de Suleika, o filólogo Hermann Grimm, a quem Marianne havia confiado o segredo e mostrado sua correspondência com Goethe, por ela conservada em fiel segredo, tornou público que a mulher havia escrito aquelas pouquíssimas porém altíssimas líricas do *Divã*.

Musicadas por Schubert, aquelas poesias haviam dado a volta ao mundo sob o nome de Goethe e continuam a fazê-lo, a trazer aquele nome nos livros e também na memória de quem ama aqueles *Lieder* e deve, cada vez, ler as notas de Erich Trunz na sua edição crítica das obras goethianas para saber quais são os versos escritos pelo Conselheiro Secreto e quais são os versos escritos pela pequena bailarina que saía do ovo vestida de Arlequim e havia custado ao seu banqueiro duzentos florins.

Não é só o mimetismo que surpreende, aquela união de vozes que se fundem entre si no diálogo apaixonado, como os corpos no amor ou como os sentimentos e os valores em uma existência compartilhada. Existe também sem dúvida prevaricação masculina, um caso típico e quase extremo de apropriação, por parte do homem, da obra da mulher; o trabalho que traz o nome de um homem é freqüentemente, como neste caso o livro de Goethe, também expropriação do trabalho feminino. Existe, todavia, algo mais. Marianne escreveu, no *Divã*, pouquíssimas poesias, que pertencem às obras-primas da lírica mundial, e depois não escreveu mais nada, nunca mais. Quando se lêem as suas odes ao vento do Leste e do Oeste, um canto de amor que se transforma na própria respiração da existência, parece impossível que Marianne não tenha escrito mais nada. Como a pequena fábula sobre a rosa moribunda da aluna do curso primário, também as líricas de Marianne testemunham a suprapersonalidade da poesia, a misteriosa conjunção e coincidência de elementos que a produz como um certo grau de condensação do vapor de água, provocado por uma combinação casual — ou de qualquer modo dificilmente previsível — de certos fatores, produz a chuva, um incremento da venda de guarda-chuvas e uma insuficiente oferta de táxis em relação à demanda.

Também pela criação das suas obras-primas, Marianne, nascida na Áustria, poderia repetir o ditado austríaco caro a Musil, *es ist passiert*, aconteceu assim, um contato repentinamente perfeito entre a alma e o mundo, uma mão que escreve palavras como uma outra desenha distraidamente na areia ou numa folha de papel, sem querer patentear ou garantir a propriedade exclusiva daquele esboço. Marianne deixou que aquelas líricas levassem o nome de Goethe; na sua dedicação sabia bem quanto é inútil distinguir o meu e o teu na união amorosa. Mas aquelas suas líricas publicadas sob o nome de um outro falam também da vaidade de todo nome colocado ao pé de uma página ou na capa de um livro de poesia, porque esta, como o ar e as estações, não pertence a ninguém, nem mesmo a quem a escreve.

É possível que Marianne Willemer tenha percebido que a poesia só tinha sentido se brotasse de uma experiência total como aquela que tinha vivido e que, terminado aquele momento de graça, também terminara a poesia. "Uma vez na minha vida", disse ela muitos anos mais tarde, "me dei conta de sentir alguma coisa de nobre, de ser capaz de dizer coisas que eram doces e sentidas com o coração, mas o tempo não só as destruiu como as apagou." Era injusta consigo mesma, porque a consciência e o estilo com que ela vivia o desvanecer daquela plenitude e a progressiva aridez daquela nobreza demonstram por sua vez uma grande nobreza de alma e intensidade de sentir, eram uma poesia não menor do que a vivida nos longínquos meses de paixão. Marianne havia sido muito maior e mais magnânima do que Goethe, que a tinha arquivado e esquecido com aquela sua estratégia fugidia que unia a brutalidade da saúde e os temores da insegurança; também Willemer, sempre carinhoso e respeitador, se comportara mais generosamente do que o poeta.

Certamente Marianne, mesmo sem a ignição daquele 1814-5, poderia, com sua inteligência e com a fina cultura literária que havia adquirido, escrever volumes de belos versos, dignos de figurar em uma História da Literatura. Todo freqüentador da sociedade literária pode ser um autor digno e de fato quase sempre o é realmente; os livros verdadeiramente maus são raros e uma clamorosa falência literária é um caso anômalo em relação à média aculturação estilística, como o é um gritante erro de ortografia em relação à difusa alfabetização. Também Marianne Willemer poderia certamente produzir cinco ou dez daqueles livros em versos e em prosa, que uma literatura e um país produzem aos milhares, com o ritmo automático e regular de uma secreção fisiológica.

Preferiu calar. Seus poucos versos estão entre os maiores da lírica mundial, mas isso não é suficiente para incluir Marianne Willemer na história da literatura, apesar dos ensaios escritos, por sagazes estudiosos. A literatura é um sistema de manutenção; não lhe bastam algumas linhas perfeitas, mas tem necessidade de uma engrenagem produtiva, não importa se de páginas geniais ou banais, para construir sobre ela sua cadeia de distribuição, o ciclo das edições, recensões, teses de doutorado, debates, prêmios, manuais escolares, conferências. Com os versos de Marianne Willemer não se pode fazer, neste mecanismo, absolutamente nada. E assim Marianne, que escreveu algumas entre as maiores poesias do *Divã*, fica na história da literatura como uma mulher amada e cantada por Goethe e não é inscrita no álbum dos poetas.

3. A.E.I.O.U.

A tarde é fria e silenciosa, alguns meninos que arrastam trenós não rompem a solidão e o deserto das ruas, sua grave melancolia continental. No Friedrichstor de Linz sobressai a célebre sigla sibilina que o imperador Frederico III, morto provavelmente um pouco mais adiante, no nº 10 da Cidade Velha enfeitada de mudos palácios e de severos brasões, imprimia nos seus objetos e nos seus edifícios: A.E.I.O.U., talvez *Austriae est imperare orbi universo* ou então *Austria erit in orbe ultima*. Esse império estendido aos confins do mundo e do tempo aparecia, ao próprio Frederico, corrompido pelo declínio e curvado pelas derrotas, tanto que ele lamentava, no seu diário, que a bandeira da Áustria não fosse vitoriosa e procurava conter as dificuldades com aquela estratégia da elusão e da imobilidade que devia tornar-se, nos séculos, a grandiosa estática dos Habsburgo celebrada por Grillparzer e por Werfel, a relutância à ação, o *pathos* defensivo de quem tem em mira não vencer mas sobreviver e não ama as guerras porque sabe, como Francisco José, que as guerras se perdem.

Morto em 1493, Frederico III, observa Adam Wandruszka, mostra já os típicos traços canonizados mais tarde pelo mito habsbúrgico: a simbiose de inépcia e sabedoria, a incapacidade de agir que termina em astuta prudência e em hábil estratégia, a vacilação e a contradição elevadas a linha de conduta permanente, o desejo de quietude misturado com a coragem de aceitar conflitos intermináveis e insolúveis.

A sigla A.E.I.O.U., da qual existem também sucessivas interpretações menos respeitosas, tornou-se uma cifra do pós-moderno, o emblema de uma inadequação e de uma defesa oblíqua que assinalam nosso eu torto e humilde. Aquela grande e sofrida tática de sobrevivência, que muitas vezes me parecia um escudo pouco vistoso mas não menos protetor do que o de Ajax, esta noite me aparece também em sua coriácea aridez; uma sabedoria cheia de dignidade e de ironia, à qual é porém negada, por um triz, a revelação das coisas últimas, aquele amor que cria e que redime, de que fala o *Veni Creator Spiritus*.

Este entardecer danubiano, do qual o A.E.I.O.U. é a insígnia densa de glória e de crepúsculo, tem uma desolação continental, a opacidade de planícies e de edifícios públicos que confirma uma vasta monotonia da vida e faz sentir a nostalgia do mar, de suas variações sem fim, do seu vento que dá asas. Sob o céu continental existe só o tempo, a sua repetição que o escande como o exercício matutino no pátio de um quartel, a sua prisão. Na vitrine de uma livraria antiquária, o volume *Danube et Adriatique*, do prefeito honorário G. Demorgny (1934), promete uma documentada exposição das questões diplomáticas ligadas à liberdade de navegação no Danúbio e à política dos Estados centroeuropeus e balcânicos, mas o título azul na capa branca encanta, neste momento, não pela análise da questão danubiana mas por aquele outro azul que ele sugere, pela alusão ao mar. Também o ocre e o amarelo-alaranjado dos edifícios danubianos, com sua tranqüilizante e melancólica simetria, são uma cor da minha vida, a cor da fronteira, do limite, do tempo. Mas aquele azul, que a civilização do Danúbio não conhece, é o mar, a vela enfunada, a viagem em direção às Novas Índias e não somente na biblioteca do Instituto de Geografia e Cartografia.

Da prisão continental do tempo se sonha, compreensivelmente, com a liberdade marinha do eterno, como Slataper, lendo e estudando o grande rigor de Ibsen, sonhava de vez em quando com os espaços abertos de Shakespeare. Não seria desagradável, neste momento, se se tornasse repentinamente plausível a antiga e infundada hipótese referida à página 250 do seu livro *Il mare Adriatico descritto e illustrato* (Zara, 1848) pelo dr. Guglielmo Menis, Conselheiro de Governo de Sua Majestade, protomédico e relator de saúde para a Dalmácia: “Foi sustentado por escritores fidedignos, como diz Plínio, que o rio Quieto é o Ister, afluente do Danúbio, pelo qual penetrou no Adriático a nau Argos, de regresso da Cólquida”.

O Quieto desemboca no Adriático na costa da Ístria, perto de Cittanova. Se os escritores fidedignos ainda tivessem crédito, em vez de me dirigir ao Banato, como os colonos suevos nas “caixas de Ulm”, eu desceria para o mar, para as ilhas do Adriático, para os lugares nos quais, por alguns instantes, me pareceu que o romance rocambolesco iniciado com o *big bang* não pertence a uma vulgar literatura de folhetim e que se pode aceitar nascer e morrer. Quando se é Zeno ou o homem sem qualidades sabe-se perfeitamente que a partida, por mais agradáveis que possam ser certos lances, não merece ser jogada. Não é o caso de fazer alarde e é até obrigatório fingir que nada aconteceu, mas a cor ocre-habsbúrgica do tempo sugere, com discrição, que talvez tivesse sido melhor que as enfadonhas moléculas de hidrocarboneto não tivessem posto em movimento, com sua incauta libertinagem, toda essa história.

Os homens sem qualidades, os Ulisses continentais de biblioteca, sempre têm no bolso os anticoncepcionais, e a cultura mitteleuropéia, no seu conjunto, é também uma grandiosa contracepção intelectual. No épico mar, ao contrário, nasce Afrodite, ali se conquista — escreve Conrad — o perdão dos próprios pecados e a salvação da própria alma imortal, ali se lembra que já fomos deuses.

4. COM O GUME E A PONTA

No palácio Zum schwarzen Adler — da águia negra — de Linz, no qual morou Beethoven, morreu em 1680 Raimondo Montecuccoli, o grande marechal e teórico da arte da guerra, príncipe do Império; na igreja dos Capuchinhos um epitáfio aconselha o peregrino a parar diante do túmulo que conserva, com macabro gosto barroco, as suas entranhas, enquanto o corpo está enterrado em Viena. Montecuccoli combateu contra Gustavo Adolfo e o Rei Sol, foi ferido em Lützen e feito prisioneiro em Stettin, obrigou em 1646 os suecos a recuarem na Pomerânia e em 1673 o legendário Turenne a retirar-se para além do Reno; entre 1663 e 1664 derrotou os turcos, invasores da Hungria, na célebre batalha do rio Raab.

A igreja dos Capuchinhos é escura, a escrita sepulcral latina, embora em grandes caracteres, mal se vê e é preciso procurá-la com atenção, como se esta escassa luz vespertina quisesse encenar uma alegoria barroca da vaidade da glória. Montecuccoli é uma daquelas velhas espadas imperiais que defenderam o equilíbrio da Europa Central — na Guerra dos Trinta Anos e naquelas com o Turco — e retardaram de alguns séculos o seu fim, a dissolução daquele ecúmeno conservado unido pela prudência, pelo ceticismo conservador, pela arte do compromisso, mas também pela arte de viver. A sombra protetora de sua espada, como a do príncipe Eugênio, se estende sobre a Mitteleuropa até 1914 e somente então será despedaçada por guerras diversas conduzidas com meios e intentos diversos: a guerra total, que mobiliza e aniquila não mais exércitos profissionais manobrados por interesses de cortes e dinastias mas populações inteiras, massas chamadas a matar ou a morrer por ideais (a pátria, a nação, a liberdade, a justiça) que exigem o sacrifício completo e a destruição completa do inimigo, encarnação não mais de um interesse contraposto, mas do mal (a tirania, a barbárie, a raça malvada).

Montecuccoli se bate no cenário da grande política mundial, mas sua estratégia e sua ótica são as da guerra de gabinete, na qual as milícias se enfrentam quase como num torneio, mais preocupadas em não perder que em vencer, dedicadas a conseguir uma vitória que arranque uma vantagem ainda que modesta e a estipular uma paz diplomática que assegure aquela vantagem. Por certo o grande capitão sabe ser rápido e fulminante, mas sua arte bélica é antes de tudo o comedimento, a compassada ordem geométrica, o atento e meditado conhecimento de circunstâncias e regras, o moderado "refletir sobre as coisas", sem o que é vã a experiência da "infinidade de ocasiões" em que vem a encontrar-se o soldado.

Não há — nem pode haver — em Montecuccoli o *pathos*, o entusiasmo, o sentimento místico e sacro que envolverá freqüentemente as páginas dos escritores de guerra quando esta, a partir do século XIX, for vista, vivida e pregada como destino, missão ou até mesmo como educadora e formadora de individualidades e de povos. Para o marechal imperial, que Magalotti chamava de "Escorial animado", a arte da guerra é simplesmente uma sabedoria que se tornou necessária por causa da maldade da história e, mais em geral, da vida; uma necessidade que o intelecto acredita ter de reconhecer e da qual, portanto, acredita ter de aprender a gramática e a lógica.

No cativeiro de Stettin ou na pausa que se seguiu à Guerra dos Trinta Anos ou às campanhas contra o Turco, Montecuccoli escreve esta gramática: o *Tratado da guerra*, os *Aforismos da arte bélica*, *Da guerra com o Turco na Hungria* e as outras obras. Sua cuidadosa atenção aos instrumentos e aos aparelhos, aos detalhes concretos, à lança rainha das batalhas e à tática de defesa em profundidade disposta em pelo menos três linhas não o impede de colher o nexo entre guerra e política; o grande capitão sabe que para vencer é necessário conhecer também as razões da guerra, as próximas e as distantes, e a alma e a capacidade dos soldados, ou seja, a estrutura social e política dos Estados, que determina a variedade, a qualidade e o caráter dos homens. Três séculos mais tarde, Mao Tse-tung mostrará com incomparável genialidade, nas suas obras de estratégia da guerra revolucionária e de guerrilha, que até a mais humilde das ações bélicas deve enquadrar-se no conhecimento total não só militar mas também político-social do todo, a fim de que cada fenômeno particular seja ligado à totalidade em que assume seu verdadeiro significado e o comandante possa dominar dialeticamente a imediatez, que se arrisca a confundir a inteligência, subordinando-a à lei geral de que cada caso particular não é mais do que um exemplo e evitando assim "afogar-se no oceano da guerra", no furibundo caos do momento.

Montecuccoli não podia conhecer a dialética hegeliana, que permitia a Mao ver o particular na sua acidentalidade e lhe superar a deslumbrante e deformadora violência. Montecuccoli dominava artes mais modestas, uma lógica e uma retórica que lhe permitiam enfrentar a realidade — a realidade furiosa e imprevisível da guerra —, esquematizando, dividindo, subdividindo a maré dos fatos. Inspirando-se na prática dos matemáticos, dizia no *Trattato* partir daqueles "princípios e daquelas proposições maiores, sobre as quais, como sobre estáveis bases, o intelecto silogizando seguramente se apóia", para passar depois aos exemplos concretos de aplicações práticas. No seu rigor geométrico, na sua paixão de cartógrafo e de topógrafo, há o melancólico pessimismo do secretário florentino, a convicção — como dizia o seu Maquiavel — de que as ordens criadas por uma civilização "para viver com temor das leis e de Deus, seriam inúteis, se não estivessem preparadas as suas defesas" e que para defender tudo aquilo que nos é caro é preciso amar a paz e saber fazer a guerra.

Genial mas conservador e apegado ao passado, Montecuccoli enaltece os quadrados de piqueiros e a velha lança, o homem coberto de ferro sobre o cavalo também encouraçado, quando os fuzileiros estão já pondo fora do jogo aquelas pilastras da tática guerreira. Mas também esse seu apego a regras clássicas já a ponto de desaparecer revela um incansável amor à ordem, a consciência de que ela afugenta o temor e de que em qualquer momento, no caos da batalha e da existência, é preciso agarrar-se a algo de familiar e reconhecer-se num hábito, porque nas coisas costumeiras, ensinava-lhe o seu Maquiavel, os homens não sofrem ou sofrem menos.

A velha arte da guerra era uma estratégia defensiva oposta à cruel imponderabilidade da vida, uma paixão de exatidão fatalmente cômica e dolorosa, pela defasagem que sempre existe entre as medidas tomadas para conter a morte e sua inutilidade final. Quando Heinrich Dietrich von Bülow, lembra Gerhard Ritter, acreditou ter descoberto a fórmula do sucesso bélico no ângulo operativo da ação militar, que devia ser de pelo menos sessenta graus e possivelmente mais de noventa, ele confiou a vida à matemática, ciência exata porque abstrata e independente do mundo. Von der Goltz sorria dessas utopias da exatidão, segundo as quais uma patrulha não deveria atravessar um riacho sem consultar a tábua de logaritmos. Mas naquela subordinação do riacho aos logaritmos há uma certa ansiedade defensiva e autodestrutiva, o desejo impossível de opor uma barreira à maldade da sorte, de dominá-la apertando-a nos esquemas da classificação. Kafka e Canetti narraram de maneira grandiosa esse nostálgico delírio da inteligência que se entrincheira contra o mundo e perece de asfixia por temor de furacão.

Gigi ficou mais para trás, fora da igreja na qual já é quase noite, com Francesca e Maria Giuditta, diante de uma opaca confeitaria. Os três estão parados na porta, com os doces na mão iluminados pela luz esmorecida que provém do local, e por um instante parece que um mal-estar secreto os bloqueou e enrijeceu naquela soleira.

Mais longe o Danúbio escorre, um pedacinho de papel jogado distraidamente na água já fugiu, perdido no futuro, mais adiante, onde ainda não estamos. O fio da corrente corta as águas como uma espada e as encrespa, a espuma cintila ao sol poente e um brilho se acende no centro do rio, que prossegue decidido no seu respirar calmo e tranqüilo. Escolher, subdividir, descartar, eliminar, excluir; golpear com a ponta e o gume e lancetar e limpar as feridas, desfazer o emaranhado que impede o livre fluir.

Devemos seguir viagem e aprender, como o marechal Marsili no seu grande *Opus Danubiale*, o sentido vivo da realeza do rio pelo nítido desenho do seu curso, com os seus afluentes e subafluentes. Entregar-nos à corrente e à sua determinação, e enxaguar do pensamento aqueles resíduos que o obstruem e o tornam medroso diante de toda resolução. Se a viagem, dizia Embser, é uma guerra que apaga fronteiras e amplia horizontes, é oportuno viajar *more geometrico*, enquadrados como os pelotões de Montecuccoli ou como os regimes de chumbo no museu de soldadinhos abrigado, poucos quilômetros mais adiante, no castelo de Trauttmansdorf em Pottenbrunn — os pequenos soldados estão em marcha, a simetria anula as diferenças e um batalhão é só a sua cor, que alinha e iguala os seus homens, e avança unido sem medo.

Essa ordem de parada militar pode ser, aliás, um meio de evitar bater-se, de esquivar-se à batalha, como Francisco José que fazia manobras e desfiles pensando que seriam úteis para exorcizar as guerras. Um grande general, dizia Frederico II, não se acha nunca na condição de ter que se bater, porque seu cálculo e seu gênio predispuseram as coisas de modo a tornar inútil e portanto insensato o confronto. Como toda verdadeira ciência, também a bélica, no auge da sua perfeição, deveria abolir a si mesma, remover o terreno sob os pés.

Restaria assim, por subtração, somente a paz, uma paz total; os campos conquistados aos duelos da *Eneida* seriam restituídos à serena operosidade das *Geórgicas*. Infelizmente a realidade freqüentemente passa uma rasteira nessas utopias geométricas, dispersa aqui e ali pela sala os soldadinhos de chumbo, joga-os para debaixo do armário ou no lixo. E não é certamente o caso de confiar somente aos planos estratégicos dos Estados-Maiores a busca e manutenção da paz. Depois das guerras mundiais, nem mesmo a literatura, escreveu Stefano Jacomuzzi, pode amar as paradas. Ao lado do palácio onde morreu Montecuccoli, uma placa da agência de investigações particulares Lidea promete discretas e eficientes devassas matrimoniais. Outras geometrias, cálculos, ângulos operativos, outras guerras.

5. UM FIO DE FUMAÇA

No museu do castelo de Linz, uma gravura do século XIX mostra uma imagem de Mauthausen. Colinas serenas, casas acolhedoras, barcos do Danúbio cheios de gente que acena festivamente, um ar idílico de passeio no campo. Dos navios a vapor no rio eleva-se, alegre, um fio de fumaça.

6. MAUTHAUSEN

Neste Lager, não dos piores, morreram mais de 110 mil pessoas. A imagem mais terrível, talvez mais ainda que a câmara de gás, é a grande praça em que os prisioneiros eram reunidos e postos em fila para a chamada. A praça está vazia, ensolarada e sufocante. Nada mais do que este vazio traduz a irrepresentabilidade do que aconteceu entre estas pedras. Como a face da divindade para as religiões que proíbem desenhar-lhe a imagem, o extermínio e a abjeção absoluta não me deixam descrever, não se prestam à arte e à fantasia, diferentemente das belas formas dos deuses gregos. A literatura e a poesia nunca conseguiram representar adequadamente esse horror; mesmo as páginas mais altas empalidecem diante do documento nu desta realidade, que ultrapassa toda imaginação. Nenhum escritor, nem mesmo genial, pode competir, sentado à sua mesa de trabalho com o testemunho direto, com a transcrição fiel e material dos fatos acontecidos entre as barracas e as câmaras de gás. Somente quem esteve em Mauthausen ou em Auschwitz pode tentar narrar aquele horror radical; Thomas Mann ou Brecht são grandes escritores, mas se tivessem procurado inventar uma história sobre Auschwitz suas páginas não teriam sido mais do que edificante literatura de folhetim em comparação com *É isto um homem?*.

Talvez os testemunhos mais adequados àquela realidade não os tenham escrito as vítimas, mas os algozes, Eichmann ou Rudolf Höss, o comandante de Auschwitz — provavelmente porque, para dizer o que era verdadeiramente aquele inferno, só se pode citá-lo literalmente, sem comentários e sem humanidade. Um homem que narre com ira ou com piedade embeleza-o sem querer, transmite à página uma carga espiritual que atenua, no leitor, o choque daquela monstruosidade. Talvez por isso é quase embaraçoso encontrar por acaso, em um inofensivo e agradável almoço, um sobrevivente dos Lager, descobrir no braço do nosso amável ou antipático vizinho de mesa o número de matrícula do campo; sempre há uma divergência paralisante entre a sua inimaginável experiência e a insuficiência dos gestos ou das palavras com que ele alude a ela, fazendo-a parecer quase uma *routine*.

O maior livro sobre os Lager escreveu-o, nas semanas entre a condenação à morte e o enforcamento, Rudolf Höss. Sua autobiografia, *Comandante em Auschwitz*, é o relato objetivo, imparcial e fiel de atrocidades que confundem qualquer medida humana, tornando intoleráveis a vida e a realidade, e que deveriam confundir e portanto impedir também sua representação, a própria possibilidade de narrá-las. Nas páginas de Höss o extermínio parece narrado pelo deus de Spinoza, por natureza indiferente à dor, à tragédia e à infâmia; a pena registra imperturbável aquilo que acontece, a ignomínia e a vileza, os episódios de baixeza e de heroísmo entre as vítimas, as dimensões imensas do massacre, a grotesca solidariedade automática que se cria por um instante, sob as bombas, entre carrascos e perseguidos.

Höss não é o burocrata habitual pronto, de acordo com as ordens, a salvar ou a assassinar com igual eficiência; não é um torturador como Mengele, não é nem mesmo como Eichmann, que narra e reelabora a própria vicissitude porque interrogado por israelenses, procurando não sofrer o castigo dos seus delitos. Höss escreve depois da condenação à morte, sem que ninguém lhe peça isso; a mola que o impele a escrever é obscura, não se deixa explicar pelo desejo de enobrecer a própria figura, porque o auto-retrato que dele resulta é certamente o de um criminoso, e o livro parece obedecer a uma imperiosa exigência de verdade, a uma necessidade de reproduzir a própria vida, depois de tê-la vivido, de protocolá-la com precisão, de documentá-la impessoalmente nos autos. Por isso o livro é um monumento, o registro da barbárie, precioso contra as reiteradas e abjetas tentativas de negá-la ou pelo menos de abrandá-la, atenuá-la. O comandante de Auschwitz, assassino de centenas e centenas de milhares de inocentes, não é mais anormal do que o professor Faurisson, que negou a realidade de Auschwitz.

Desço a Escada da Morte, que conduzia à gruta de pedra de Mauthausen. Por estes 186 altos degraus os escravos transportavam grandes blocos, caíam de cansaço ou porque a SS os faziam tropeçar e rolar sob as pedras, eram abatidos a bastonadas ou fuzilados. Os degraus são blocos desiguais e intransitáveis, o sol escalda; o massacre está ainda perto, vêm à mente divindades arcaicas ávidas de sacrifícios humanos, as pirâmides de Teotihuacán e ídolos astecas, ainda que deuses mais modernos e civilizados não tenham impedido os torturadores de torturar. O livro de Höss é terrível — terrivelmente instrutivo — porque sua épica concatenação de fatos mostra como na mecânica roda das coisas é possível chegar, um passo depois do outro, à posição não somente de guardas municipais ou cozinheiros do exército do Terceiro Reich, comparsas do horror, mas também protagonistas principais e diretores do extermínio, comandantes em Auschwitz.

Os degraus são altos, estou cansado e suado. Adorno disse que depois dos campos de extermínio é impossível escrever poesia. Essa afirmação é falsa — e de fato foi desmentida pela poesia, por exemplo, por Saba, que sabia o que significava escrever "depois de Maidanek", outro terrível Lager, mas que escreveu "depois de Maidanek"; é falsa também porque não houve somente o nacional-socialismo, e mesmo depois dos Conquistadores, do tráfico negreiro, dos gulags ou de Hiroshima a rima flor-amor era — é — igualmente problemática.

A afirmação é todavia paradoxalmente verdadeira, porque o Lager é um exemplo extremo de anulação do indivíduo — daquela individualidade sem a qual não existe poesia. Nesta escada de Mauthausen percebe-se, fisicamente, a superfluidade do indivíduo, o seu aniquilamento, o seu desaparecimento, como se ele fosse um dinossauro ou um ocapi, um animal extinto ou em vias de extinção.

Não só a suástica, mas a história universal, os processos gerais conspiram para esta exautoração. O protocolo do interrogatório de Eichmann é um documento extremo de um parcelamento da existência, da pessoa e do seu agir, que abole responsabilidade e criatividade. Eichmann não mata, providencia o comboio e o transporte daqueles que devem ser mortos; a responsabilidade parece não envolver ninguém — porque cada um, mesmo em altíssimo grau, é somente um elo de uma cadeia de transmissão de ordens — ou envolve todos, por exemplo, mesmo as organizações judias, que os nazistas obrigam a colaborar e a escolher os judeus a deportar. Nestes degraus, o indivíduo sente-se um dos grandes números triturados pelo Espírito do Mundo que evidentemente dá sinais de desequilíbrio mental, um daqueles números de matrícula que a repartição competente do Lager gravava no braço dos detentos.

Mas nestes degraus o indivíduo soube também tornar-se único e insuprimível, maior do que Heitor sob os muros de Tróia. Aquela jovem mulher que, na soleira da câmara de gás de Auschwitz, vira-se para Höss e lhe diz, desdenhosa — como ele conta —, que não quis deixar-se selecionar, como poderia, para seguir as crianças que lhe eram confiadas, e depois entra segura com elas na morte, é a prova da inacreditável resistência que o indivíduo pode opor àquilo que ameaça aniquilar a sua dignidade, o seu significado. Nos vários Lager e também nesta escada de Mauthausen aconteceram muitos desses gestos, dessas Termópilas que detêm a maré da abjeção.

Enquanto estou ainda na escada, tenho diante dos olhos uma fotografia, entre as muitas vistas pouco antes no Lager. É a fotografia de um homem sem nome, provavelmente, a julgar pelo aspecto, um balcânico, um europeu sul-oriental. O rosto está desfigurado pelas pancadas, os olhos são dois coágulos inchados e sanguinolentos, a expressão é paciente, de humilde e sólida resistência. Veste um casaco remendado, nas calças se vêem remendos-recosturados com cuidado, com amor pelo decoro e pela limpeza. Aquele respeito por si e pela própria dignidade, conservado no coração do inferno e dirigido até às próprias calças esfarrapadas, faz com que os uniformes das SS, ou das autoridades nazistas em visita ao Lager, em toda a sua miserável farraparia de carnaval, pareçam roupas alugadas na casa de penhor, com a convicção de que um banho de sangue pudesse fazê-las durar um milênio. Duraram doze anos, menos que o meu velho casaco que uso sempre nas excursões.

7. UMA GOTA DE ESQUECIMENTO

Em Sankt Florian triunfa, *ad majorem gloriam* de Deus e dos Habsburgo, certa magnificência tardo-barroca, escadarias imperiais, fileiras de corredores, tapeçarias, o quarto do príncipe Eugênio com o leito ornamentado de turcos e rebeldes húngaros esculpidos na pose dos vencidos. Mas há também o quarto de Bruckner, pobre e despojado, com sua cama de latão, uma mesinha, uma cadeira, um piano e um par de quadros sem valor; na igreja de Sankt Florian está o seu grande e famoso órgão. A pompa decorativa dos grandes conventos austríacos — Sankt Florian, Göttweig, Maria Taferl e sobretudo Melk, majestoso e esplêndido — não apaga a sua mais verdadeira natureza, aquela misteriosa simplicidade que insere as suas cúpulas e os seus campanários na religiosidade secular da paisagem, na curva das colinas e no silêncio dos bosques, na paz da tradição. Bruckner, que dedicava uma sinfonia "ao bom Deus", encarna essa recolhida interioridade, que vive na religião como no ar natal e entende a dissonância do moderno graças ao seu doloroso e cândido sentimento da harmonia.

A arte de Bruckner ou de Stifter nasce da reverência pela doce e idílica paisagem austro-boêmia, com suas florestas, a cúpula em forma de cebola da igreja da aldeia e a quietude da casa. A paz doméstica e silvestre é um idílio, uma conciliação dos dissídios conseguida em uma esfera protegida e limitada. No bosque a vida flui e se transforma, mas com um ritmo tão lento que ao indivíduo parece imóvel, de maneira a dar-lhe uma sensação de eternidade. A doce lei prossegue pelos séculos afora, cuidando de organizar a vida segundo uma boa regra e de transferi-la lentamente na profundidade do tempo; essa moralidade do tempo, observava Sergio Lupi, faz parecer bom o passado, porque nele se discerne como agiu bem a doce lei e como ela se houve bem ao organizar o mundo. Stifter ama o passado e teme o presente, tem horror do instante faustiano parado na sua plenitude, que interrompe o lentíssimo fluir da vida.

A águia bicéfala procurou defender o mundo da tradição contra os ritmos rápidos e ameaçadores do moderno — e a tradição é esta longa medida do tempo, vivido como se fosse o eterno. As gerações, escreve Stifter na *Aldeia da landa*, são um rosário desfiado conta a conta, uma vida individual após outra, e cada uma, igual à precedente, acrescenta uma gota de esquecimento à cadeia do tempo porque se insere nesta cadeia, sendo esquecida.

O instante de Fausto ou o rosário de Stifter? Maddalena, diante da igreja de Sankt Florian, está comprando cartões-postais e se inclina para examiná-los, franzindo um pouco os lábios como faz sempre quando está atenta a alguma coisa. O sulco que aquele franzido desenha em suas faces é um pouco mais profundo e o ouro dos cabelos é levemente embaciado, quase a lembrar que a vida não é inoxidável. Também aqueles cabelos louros, ainda louros, são uma conta do rosário, uma gota de esquecimento. Será que a persuasão é faustiana ou stifteriana, será que é a capacidade de querer parar o instante, o ouro inalterável, ou de desfiar em paz o rosário, aceitando sem impaciências o debulhar das contas?

Todas as coisas contam, diz Stifter, mas o homem que as escuta estremece, porque elas dizem a lei geral, o fluir do presente no passado. Talvez a persuasão consista em saber identificar-se com este fluir, com o infinito presente do verbo, movimento e permanência, tempo e eternidade. Persuasão, para Michelstaedter, era *peithò*, uma palavra grega, e o grego conhece o dual. A figura que, pouco mais adiante, está para dobrar a esquina é uma gota, uma conta, um grão, ou é o rosário todo, o desfiar das contas? O tempo da existência compartilhada é uma viagem que repercorre e reencontra continuamente, no seu percurso, os lugares e os instantes da própria odisséia. Fazer amor com uma mulher de sessenta anos?, berrava uma vez o meu amigo Roberto no café. Pelo amor de Deus, não se trata disso. Mas acrescentava, retificando a interrogativa retórica — Paola não tem só os sessenta anos de hoje, é também a mulher de quarenta anos, a de trinta, a de 25 com quem vivi os meus dias. A média, portanto, indica uma idade jovem e a indicará também amanhã. Um rosto se faz mais intenso, mais marcado e consciente, mais apaziguado e sedutor. Em volta daquela boca, sob aquele nariz, em algum leve sinal de ruga, nas águas escuras dos olhos vagam os anos, passados e presentes, desenha-se e grava-se o tempo; a curva da garganta é o álveo do tempo, o leito do seu rio. A boca que transita naquele rio é a de ontem, de hoje; talvez Heráclito tenha errado, a gente se banha sempre no mesmo rio, no mesmo infinito presente do seu fluir, e cada vez a água é mais límpida e profunda. Descer o declive em direção ao mar Negro, aceitar a corrente, brincar com seus redemoinhos e os seus encrespamentos, com as dobras que ela desenha na água e no rosto.

Stifter amava a natureza vegetal e talvez ainda mais a inanimada; considerava moral a pedra, na qual a lei se depositou revelando sua estrutura cristalina, e para magnificar a figura da avó, na *Aldeia da landa*, comparava-a a uma pedra da qual o sol extrai uma centelha. As coisas parecem superiores aos homens, porque na sua opaca estaticidade e na sua tranqüila objetividade estão em uníssono com a lenta e obscura lei do real. A sabedoria mais alta coincide com a radical renúncia à *hybris* individual e à própria inteligência.

Stifter é magistral quando narra, não histórias positivas e edificantes, mas sim parábolas da sombra, vicissitudes de tórpida letargia nas quais os homens parecem degradar-se a objetos, a coisas passivas e mortas, para reencontrar, mais além das ambições pessoais, uma misteriosa harmonia com o insondável fluir da vida. No conto "Turmalin", uma de suas obras-primas, a moça quase deficiente mental, que escreve páginas intensas mas não entende o que escreve, encarna um impenetrável embotamento que alcança uma superior inteligência das coisas. Seu pai, o protagonista do conto, é uma outra figura da obscuridade e da dor, que alcança uma mais alta consonância com a vida — com o fluir do presente no passado — graças à sua total marginalização, que o apaga da sociedade, da dialética da história e do progresso.

Para curvar-se diante da natureza, Stifter — que a procura nas pequenas manifestações, no crescer da relva e não na erupção vulcânica — sobrevoa sua atividade criadora e destruidora para deter-se sobre a conservadora. Quando é obrigado a acertar as contas com o tremendo, com a destruição e com a tragédia, ele diz que "o homem forte curva-se perante elas humildemente, o fraco se rebela e se lamenta, e o homem comum permanece atônito". Suas grandes páginas Stifter escreveu quando se colocou no ponto de vista desse atônito estupor diante da crueldade do destino, como em *Abdias* ou em "Turmalin", sem pregações moralizantes e sem protestos ideológicos. Quando quis colocar-se na perspectiva positiva do homem forte que sabe aceitar o destino, escreveu páginas edificantes e por vezes insuportavelmente enfadonhas. Os grandes ingênuos como Stifter ou Bruckner, que demonstram ser muito mais experientes no mal do que eles próprios acreditam, são poetas quando se confrontam, mansos e inflexíveis, com a obscuridade e o negativo, como o professor Andorf de "Turmalin", que se detém a observar o fenecer, o afundar e o decair das coisas, os pássaros e os outros animais que pouco a pouco tomam posse das casas em ruínas abandonadas pelos homens, a umidade que escorre ao longo das velhas paredes.

Em Sankt Florian há um outro, mais inquietante perito do mal. No altar de são Sebastião, Albrecht Altdorfer pintou alguns dos seus quadros mais perturbadores, cenas da Paixão de Cristo e do martírio do santo. Sob céus trágicos e em chamas, desencadeia-se uma violência bestial e estúpida que desaba sobre os dois condenados, ressaltam-se rostos obtusos e turvos, que mostram toda a imbecilidade do mal. Um pouco mais adiante, num quadro de Wolf Huber que representa a morte de são Sebastião, uma mulher espanca brutalmente o mártir com uma espécie de frigideira, e também um menino, estúpido e nervoso, participa do linchamento. Altdorfer faz entender Mauthausen, as suas cores selvagens gritam também contra a feroz loucura dos Lager.

As rotundidades austro-barrocas dos conventos, as cúpulas de Sankt Florian ou de Melk, eludem este lado trágico e cruel da realidade, atenuam-no e, de certo modo, tornam-se quase seus cúmplices, porque o escondem e o fazem esquecer. As doces curvas barrocas adaptam-se a uma sabedoria positiva e tranqüilizadora, ao regozijo dos monges de Melk que, na *Fábula da amizade* de Gütersloh, o romancista tomista e total, falecido havia poucos anos, jogam bola convictos, nas suas fibras mais íntimas, de que a rotundidade e a leveza da bola e a móvel simetria da fonte do convento expressam a harmonia das esferas.

Aquela harmonia circular tem a sua grandeza ecumênica, o gesto largo e redondo que confere ordem e segurança ao mundo na bênção vespertina. Mas os grandes mosteiros barrocos, que pertencem à história ilustre da arte, alisam e lustram demais aquela rotundidade, que algum pároco da periferia sabe ao contrário às vezes conservar bastante aproximada e familiar para poder dar lugar também às distonias e às lacerações. Sob as cúpulas polidas desses conventos não há lugar, no entanto, para a dor insensata, para a dissimetria, para a bárbara paixão e crucificação que a todo instante são infligidas aos homens. Não os baldaquins da igreja triunfante, mas os céus de sangue e de tragédia de Altdorfer fazem justiça ao apocalipse que se repete sem parar, aos esqueletos viventes de Mauthausen.

8. PATOS EM GREIN

Em Grein não existem mais os redemoinhos e os vórtices descritos por Eichendorff, que espantavam os viajantes e tragavam barcos e batéis; obras de engenharia já preconizadas por Maria Teresa mas levadas a cabo em épocas recentes tornaram tranqüilas as águas do Danúbio, esta manhã envolvidas por neblinas que o sol já está fazendo evaporar. O velho teatro da cidade, junto da prisão, da qual os detidos podiam olhar o espetáculo através das grades, purificando aristotelicamente as suas almas das criminosas paixões, está silencioso e poucos metros mais abaixo, no rio, na última neblina, os patos flutuam desajeitadamente heráldicos e familiares, como procelárias aburguesadas que relembram lonjuras do norte mas permanecem no embarcadouro de casa.

Nestas paragens morava Strindberg, com a esposa austríaca; encontrava, diziam os estudiosos, inspiração para *Inferno* e *O caminho de Damasco*. Olho em volta: é fácil imaginar o que esta paisagem esfumada podia sugerir à nostalgia romântica de Eichendorff, mas é árduo entender o que poderia ler nela o furor visionário do sueco.

9. UMA TORTA PARA O ARQUIDUQUE

Em 1908 Francisco Ferdinando, arquiduque da Áustria-Este e herdeiro do trono do Império austro-húngaro, havia definido a coroa dos Habsburgo como uma coroa de espinhos. Essa frase sobressai numa sala do museu que lembra o arquiduque no castelo de Artstetten, a mais ou menos oitenta quilômetros de Viena, não longe do Danúbio, onde ele está sepultado junto com a esposa tão amada, Sophie. Os tiros de revólver de Sarajevo impediram Francisco Ferdinando de colocar aquela coroa na cabeça, mas também se tivesse se tornado imperador e se tivesse reinado por muito tempo como Francisco José, ele não teria sido sepultado na Cripta dos Capuchinhos, como os seus antepassados: queria repousar junto à esposa e esta, Sophie Chotek von Chotkowa und Wognin, era somente condessa, pertencente a uma das mais antigas famílias da nobreza tcheca, e como tal não tinha direito de ser acolhida na cripta imperial dos Habsburgo, assim como sua linhagem demasiado modesta a impedia, depois do matrimônio com o herdeiro do trono, de morar na Hofburg e de ter acesso às carruagens ou aos camarotes imperiais.

Agora jazem ambos na cripta da igreja de Artstetten, próxima do castelo, em dois sarcófagos brancos e extremamente simples. De "Franciscus Ferdinandus, Archidux Austriae-Este", a lápide não recorda nem a qualificação do herdeiro do trono nem outros títulos ou pompas; sua existência é resumida, em latim, em três eventos essenciais, acompanhados das respectivas datas: *Natus*, *Uxorem duxit*, *obiit*. Também a história de Sophie está ritmada e condensada nesses três momentos. Nascer, casar, morrer: nesta épica lacônica se resume a essência de uma vida, a do arquiduque e a de cada um de nós; qualquer outro atributo, ainda que altissonante, parece secundário e não merece ser lembrado nem gravado no mármore. Naquele túmulo não repousa somente um acidental príncipe herdeiro, mas alguém que é muito mais, um personagem mais universal, um homem que partilhou o comum destino de todos.

O matrimônio com Sophie, a reprovada *mésalliance* com uma mulher que era apenas condessa, não o tinha somente obrigado a renunciar à sucessão ao trono para seus filhos, mas lhe havia feito sofrer acres humilhações, uma acirrada hostilidade da camarilha da corte que teria meio de encontrar satisfação também depois do Sarajevo, por ocasião dos seus funerais. Francisco Ferdinando não havia renunciado ao trono por amor, como um filisteu romântico, porque sua vida achava significado na dedicação à superior responsabilidade do Império e só obedecendo a essa vocação podia ser uma vida plena, digna daquele amor em que encontrava coroamento, mas não tinha aceito tampouco a renúncia ao amor pelo trono, igualmente filistéia.

Todos foram contrários àquele matrimônio, inclusive seu irmão, o arquiduque Otto, que gostava de aparecer nu no Hotel

Sacher, vestindo apenas cinturão e sabre, ou irromper a cavalo nos cortejos fúnebres judeus e mandar espancar seus críticos pelos próprios seguidores. Como bom desordeiro desabusado, o arquiduque Otto sabia ser gregariamente submisso às convenções da hierarquia; o rancor da aristocracia da corte em relação a Francisco Ferdinando revela a vulgaridade de todo grupo social que se considera uma *elite* e acredita poder excluir os outros, enquanto é ele que se fecha fora do mundo, como o bêbado da piada, que gira sobre si mesmo em um pequeníssimo canteiro redondo, persuadido de que aquele canteiro é o mundo e que do outro lado do murinho começa a prisão na qual estão confinados todos os outros.

Nas salas do castelo de Artstetten, que evocam e ilustram a vida de Francisco Ferdinando, percebe-se a marca de uma personalidade contraditória, um homem que sentia, com *pathos* retrógrado, a autoridade do monarca como um poder por direito divino, mas pretendia usá-la contra os privilégios aristocráticos e a favor dos povos mais oprimidos do Império. Cartas, fotografias, documentos, objetos restituem a imagem de um caráter impetuoso e obstinado, desagradavelmente agressivo e fanaticamente autoritário, mas dedicado — com incansável energia — a uma missão suprapessoal e capaz de intensos afetos.

Aquelas relíquias e aquelas lembranças são também os sinais de uma felicidade familiar e amorosa, que torna invejável o destino dos dois cônjuges assassinados em Sarajevo. Os retratos mostram Sophie lindíssima e serena, um pouco parecida com Ingrid Bergman, envolvida no mistério de uma tranqüilidade cheia de significado e de segredos. A sedução de Sophie é a que emana das vidas satisfeitas e insondáveis na sua claridade; as fotografias do arquiduque com a mulher fazem a confidência da ternura e da sensualidade, dois corpos felizes e resolutos. Essa harmonia se estende às imagens dos filhos; a pequena Sophie, em traje típico durante uma festa em Schönbrunn, com uma fita rosa, olha para o alto, além dos dois irmãos, Maximilian e Ernst, que Hitler, anexando a Áustria em 1938, mandaria deportar para Dachau. Os cartões-postais de Francisco Ferdinando para os filhos são endereçados à Sua Alteza, mas assinados "Papi".

Essa gentileza torna-se vulgar nas fotografias de caçada, que revelam no herdeiro do trono uma avidez de acumular matanças, uma desajeitada paixão pelo recorde, por abater num só dia 2763 gaviões ou atingir o seu sexto milhar de cervos. Destacando-se sobre um amontoado de cabritos-monteses, o arquiduque e os outros caçadores tornam-se, numa das fotografias, barrigudos e rudes empregados de um matadouro.

Naquela épica familiar vêem-se presentes boletins escolares, festas, soldadinhos, doçaria. Quem sabe se a pequena Sophie, naquele 1908 em que se vestia de rosa em Schönbrunn e em que o pai pensava na coroa de espinhos, saboreou a torta de que fala a carta escrita pelo empreendedor pasteleiro Oskar Pischinger, titular da homônima firma de especialidades doceiras, a Sua Alteza Sereníssima a consorte do arquiduque, elevada pelo marido à posição de duquesa. Nessa carta, redundante de reverência e de tenaz obstinação, o humílimo missivista ousa tomar respeitosamente a liberdade de anuir a seu mais íntimo e ardente desejo, ou seja, enviar deferentemente a Sua Alteza Sereníssima a duquesa, como amostra, uma torta de sua invenção, confiando na felicidade de poder merecer sua augusta apreciação. Finalizando, Oskar Pischinger se prosterna novamente em homenagens e agradecimentos, mas reforça a esperança de obter o ambicionado parecer sobre a sua criação.

Evidentemente deve ter partido da casa do arquiduque uma resposta, aliás, segundo os indícios, imprudentemente encorajadora, porque numa carta subseqüente o pasteleiro exprime sua gratidão e sua alegria por ter obtido a autorização para denominar oficialmente "duquesa Sophie" alguns *Krapfen* de creme de sua fabricação. A torta, porém, misteriosamente, não é mais mencionada; talvez não tenha encontrado muita aceitação, mas Oskar Pischinger compensa o presumível insucesso com o bom golpe dos *Krapfen*, cujo nome promete uma ampla acolhida por parte do público. Nesse ponto, todavia, a duquesa, talvez arrependida daquela autorização concedida distraidamente, deve ter achado oportuno enviar ao intrometido pasteleiro um sinal de frieza; este, de fato, comunica-lhe ter executado prontamente a incumbência e ter enviado ao Belvedere, onde a família do arquiduque residia durante as estadas em Viena, os seis *Krapfen* encomendados por Sua Alteza Sereníssima. Seis *Krapfen* — seis bolinhos, talvez dois por cabeça para as crianças — eram bem poucos para uma casa arquiducal, até mesmo para a proverbial parcimônia de Francisco Ferdinando.

Por trás daquelas cartas pode-se conjecturar um drama doméstico; o misterioso silêncio sobre a torta, a verossímil agitação de Oskar Pischinger ocupado em preparar os *Krapfen*, a obra da sua vida, os pescoções que terá nervosamente distribuído aos seus ajudantes, a parca e frustrante encomenda, a minúscula bandeja entregue no grandioso palácio do Belvedere. Pouco mais adiante, algumas fotografias mostram a seqüência do atentado de Sarajevo, tão semelhante ao de Dallas; naqueles instantes, entre uma fotografia e outra, partiram os tiros de pistola do suicídio da Europa — talvez, pelos tortuosos caminhos da astúcia da razão, aqueles tiros, que nos feriram de morte, tenham também começado a libertação dos países da Ásia e da África, que as velhas potências européias, unidas, poderiam continuar a dominar e a explorar.

Os *Krapfen* "duquesa Sophie" sobreviveram talvez à coroa de espinhos, como a torta de Pischinger, hoje famosa. O mundo continua e a épica familiar torna-se objeto de interesse para sociólogos e religiosos; diante da cripta arquiducal, o quadro de avisos da paróquia de Artstetten anuncia, para a semana seguinte, um "dia de reflexão para as sogras".

10. KYSELAK

Foi talvez a fugacidade do rio que sugeriu, por contraponto, ao senhor Kyselak, assistente do registro junto à Câmara da Corte de Viena, nos primeiros anos do século XIX, e fervoroso caminhante, uma ambição de eternidade, a ânsia de opor àquelas águas fugitivas alguma coisa de estável. Infelizmente não lhe veio à mente nada melhor que o seu nome e assim ele se pôs a traçar o seu autógrafo J. (Josef) Kyselak, em grandes caracteres pretos e com indelével tinta a óleo, durante as suas perambulações ao longo das margens do Danúbio, sobretudo na zona de Loiben e entre os vinhedos da Wachau. Escrevia-o sobre as coisas, por exemplo, nas paredes de rocha. Como todos aqueles que rabiscam as colunas gregas ou o cume das montanhas, Kyselak aspirava a uma pequena imortalidade e a alcançou. Gerhard Rühm e Konrad Bayer, dois poetas da mítica *Wiener Gruppe*, a vanguarda literária do segundo pós-guerra em parte inventada *a posteriori*, o imaginam todo tomado por essa mania totalizante, ocupado a traçar a sua assinatura com perfeccionismo caligráfico sempre mais exigente, com uma mania digna da divina mania que o platônico Íon via na poesia.

Certamente a fuga das águas é mais magnânima do que aquela fixidez megalômana. Teria sido melhor se Josef Kyselak tivesse escrito na face do mundo — ou, mais modestamente, na bela região da Wachau — um nome alheio, o de uma pessoa amada, ou uma daquelas palavras sem sentido que se repetem como uma fórmula mágica: certamente ele teria sido maior se tivesse andado por aí a apagar seu nome em vez de escrevê-lo. Mas o assistente do registro era um continental, um homem de terra firme, apesar das suas excursões nas paragens danubianas, e para saber ser Ninguém, como Ulisses, talvez seja necessário o mar. A Mitteleuropa é terrícola, *alpenstock* e roupas de pesado pano verde, meticulosa ordem de erários e chancelarias: civilização de quem perdeu a familiaridade com o elemento líquido, com o âmnio materno e com as antigas águas originárias, e não se despe facilmente, porque sem paletó, fronteira, grau, distintivo e número de registro sente-se exposto e mal acomodado.

A Mitteleuropa é uma grande civilização da defesa, das barreiras opostas à vida por Josef K. ou pelo dr. Kien, das trincheiras e dos corredores subterrâneos cavados para proteger-se dos assaltos externos. A cultura danubiana é um forte que oferece grande refúgio quando nos sentimos ameaçados pelo mundo, agredidos pela vida e temerosos de perder-nos na realidade traiçoeira, de modo que nos fechamos em casa, atrás dos papéis e dos protocolos do escritório, na biblioteca, ao redor do abeto natalício de Stifter, fechados no áspero e quente *loden*. Entre quatro paredes sente-se a necessidade de ver escrito o próprio nome nos papéis da burocracia e talvez também de escrevê-lo nas paredes, como Kyselak.

O mar, pelo contrário, é o abandono ao novo e ao desconhecido, enfrentar o vento mas também deixar-se levar pela onda. Em qualquer portozinho, com uma velha camisa e as pedras que queimam debaixo dos pés, a mão estendida para receber com naturalidade o prazer e o amor, que não precisam abrir caminho com esforço entre os casacos ou as precauções do inverno, estamos prestes a subir no primeiro barco e desaparecer, como aqueles personagens de Conrad que saídos da capitania dos portos desaparecem na imensidade da costa do Pacífico, engolidos pela inumerável vida dos seus milhares de quilômetros. O continente mitteleuropeu é analítico, o mar é épico; em suas rotas aprendemos a libertar-nos da ânsia de Kyselak, obcecado pela necessidade de reconfirmar continuamente a própria identidade.

Kyselak também escreveu, em 1829, dois volumes de anotações de viagem, que valem muito menos que os seus autógrafos. Viajando de barco sobre o Danúbio, o funcionário do registro se queixa da trivialidade dos passageiros, ajudantes, domésticas, vendedores ambulantes, barqueiros. Ele revela a vulgaridade daqueles turistas que desejariam lugares imaculados e acreditam que só os outros os maculam. Kyselak se considera o único com sentimentos nobres, capaz de apreciar o autêntico. Os outros são "semi-homens", massa estúpida e bruta, da qual ele nem suspeita fazer parte.

Kyselak é um daqueles desprezadores de massas, numerosos ainda hoje, que, apinhados um junto ao outro no ônibus lotado ou na auto-estrada congestionada, consideram-se, cada um, moradores de sublimes solidões ou de salões refinados e desprezam, cada um, o vizinho, sem saber que estão sendo pagos com a mesma moeda, ou então lhe piscam o olho, para fazê-lo entender que, naquele tropel, somente eles dois são almas eleitas e espirituosas, obrigadas a compartilhar o espaço com o rebanho. Essa suficiência de chefe de repartição, que proclama "O senhor não sabe quem sou eu", é o oposto da verdadeira autonomia de pensamento, daquela altivez que existe em Dom Quixote quando ele, atirado para fora da sela, murmura "Sei quem sou" e que nunca vai acompanhado pelo fácil e indiferenciado desprezo pelo próximo.

A estandardizada altivez para com a massa é um comportamento tipicamente massificado. Quem fala da estupidez geral deve saber que não está imune a ela, porque também Homero de vez em quando cochila; deve assumi-la como risco e destino comum dos homens, cônscio de ser alguma vez mais inteligente e alguma vez mais bobo que o seu vizinho de casa ou de bonde, porque o vento sopra onde quer e ninguém nunca pode estar certo de que, naquele momento ou um segundo depois, o vento do espírito não o abandonará. Os grandes humoristas e os grandes cômicos, de Cervantes a Sterne ou a Buster Keaton, fazem rir da miséria humana porque a percebem também e em primeiro lugar em si mesmos, e aquele riso implacável implica uma amorosa compreensão do destino comum.

A estupidez também é um fato de época, assume formas e conotações de acordo com a quadra histórica e portanto nos insidia e afeta a todos, não somente os outros, como acreditava Kyselak. O escritor desdenhoso que parece escarnecer indiscriminadamente de todos, na realidade não fere ninguém, porque se dirige a cada leitor fazendo acreditar que o acha o único inteligente em uma massa de estúpidos, mas se dirige desse modo à massa de leitores. Em geral a técnica tem sucesso, porque o leitor pode sentir-se estimulado por essa exceção que o desprezador dos outros faz no seu caso, sem se aperceber que a mesma exceção ele a faz, justamente, para todo mundo. Mas a verdadeira literatura não é aquela que bajula o leitor, confirmando-o nos seus preconceitos e nas suas seguranças, mas sim aquela que o persegue e o coloca em dificuldades, que o obriga a refazer as contas com o seu mundo e com as suas certezas.

Não seria nada mau se aquele que tem inclinação a considerar "semi-homens" os seus vizinhos pegasse a caneta, como Kyselak, só para escrever o próprio autógrafo. Quem sabe, talvez copiando de novo aqueles rabiscos acabaria por esvaziar de sentido o seu nome como uma palavra repetida muitas vezes, para esquecer-se dele e deixar de lado toda presunção, para tornar-se Ninguém.

11. VINHETA DO DANÚBIO

As duas cidadezinhas contíguas Krems e Stein, divididas ou unidas, segundo a velha piada, somente por aquele *e*, são famosas pelo vinho e pela pintura barroco-popular de Schmidt (o chamado "Schmidt de Krems"); outrora ativos centros de comércio à beira do rio, foram deixadas completamente de lado pelos séculos XIX e XX, pelo progresso e pela industrialização. Hoje são uma paisagem silenciosa de ruelas que sobem vazias, pequenas sacadas salientes que dão para pracinhas adormecidas, escadarias escondidas que desembocam sobre selvas de telhados, hotéis fechados e arcadas desertas. Tudo cala, minúsculo e morto; nos pátios se ouve somente cair a chuva, tênue e discreta.

Krems, da qual em 1153 o geógrafo árabe Idrisi celebrava o esplendor que superava, a seu ver, o de Viena, assemelha-se hoje a Vinheta, a cidade submersa pelas águas, em cujas ruas no fundo do mar a lenda vê alguém passear em roupas antigas. Quando um transeunte aparece nas ruelas ou sai de um portão, se pensa naquelas pinturas ou naquelas tapeçarias das lendas, das quais, em uma hora enfeitiçada, as figuras saem e descem na vida. Em Stein, ainda mais adormecida, pouco distante da placa que lembra Köchel, a quem se deve o elenco das composições de Mozart, o farmacêutico se anima com a insólita chegada de um forasteiro, mostra-lhe com orgulho toda a farmácia e celebra para ele as glórias de Stein, não sem polêmica com Krems, eco de velhas rivalidades municipais.

Existe uma imobilidade mortuária, que parece encadear cada um à cópia de si mesmo. Prova-se o prazer de abandonar-se a esse letárgico esquecimento, mas também uma nostalgia de fuga e uma impaciência de metamorfoses; desejo de ser o piloto do Danúbio do homônimo romance de Verne, no qual o senhor Jaeger, aliás Karl Dragoch, policial húngaro, confunde Ilia Brusch, aliás, Serge Ladko, com o chefe do bando dos piratas do rio, Ivan Striga (o qual se faz passar por Ladko) e é por sua vez confundido com ele.

12. 10H20

Em Tulln o tempo pica, morde, e a vida é uma flecha lançada em direção ao nada, o processo dissipativo irreversível de que falam os físicos. No *Canto dos Nibelungos* Átila espera e acolhe em Tulln a esposa burgúndia Cremilda, e o poema descreve o cortejo cosmopolita dos príncipes e dos seus povos vassalos que a acompanham, valáquios e turíngios, dinamarqueses, petchenegas e guerreiros de Kiev, que pouco mais tarde a vingança de Cremilda empurrará para a batalha e para a morte.

O dia é frio e chuvoso, o bosque em torno da cidadezinha é de um verde fosforescente, musgo encharcado de água e umidade. Na igreja de Santo Estêvão, uma basílica de três naves dos séculos XI-XII, uma lápide diz "aqui jaz Maria Sônia" e a morte indica o ponto com uma flecha; o relógio parou às 10h20 e os seus ponteiros são dardos como os da morte, representada com a aljava.

A flecha é a vida, arremessada irreversivelmente e destinada a cair quando a força de gravidade prevalece sobre seu impulso, mas é também a morte que alcança a vida em plena corrida, é o tempo que transpassa a cada hora, é o relógio que mede a breve dilação concedida e fere com essa medição. Aqui jaz Maria Sônia, nossa irmã na morte, e gostaríamos de acordá-la com um beijo não fraterno, um beijo na boca que fizesse reemergir seu corpo das águas do sono, seios e pernas que saem da sombra, ombros para abraçar na noite. Que cósmica ordem administrativa decretou que não pudéssemos encontrar Maria Sônia, que conselho de administração Empresa Espetáculo Universal dispôs que participássemos de duas encenações e em dois estúdios diferentes e defasados. Se ao menos o técnico da montagem ou o da projeção confundisse os nossos filmes, como em *Hellzapoppin'*, mandando-nos por engano atuar no outro filme! Talvez o paraíso seja *Hellzapoppin'* e atuemos todos juntos, em uma festiva algazarra como na escola durante o recreio.

A flecha já alcançou Maria Sônia, mas está a ponto de alcançar-nos também; talvez já nos tenha alcançado um pouquinho, a precisão com que a morte indica o ponto exato em que ela jaz é acre como uma ferida. Sobre o portal vê-se uma águia bicéfala, que segura entre as garras a cabeça de um turco, e a pedra tumular de um chefe cigano. A rugosa pedra bárbara desta igreja faz justiça também à orgulhosa realeza nômade de um povo obscuro e esquecido, ausente da nossa consciência como o é geralmente da memória histórica.

13. ÁGUIA BICÉFALA E ÁGUIA MARINHA

Os bosques e os prados encharcados que rodeiam Tulln eram o reino de Konrad Lorenz, das suas andanças pelo Danúbio, pelos seus braços e seus canais. As histórias que as pegadas contavam ao seu olhar e ao nariz do seu cão quando ele morava em Altenberg, uma aldeia entre Tulln e Klosterneuburg, são mais interessantes que aquelas que recolho nos frisos das casas, em velhos livros ou em algum museu. Na minha viagem demasiadas vezes encontro a heráldica águia bicéfala e demasiado pouco a águia real ou a marinha, que volteiam sobre as águas danubianas; Musil, Francisco José, a Meia-Lua e o Café Central deixam na sombra moradores mais antigos e legítimos da Mitteleuropa, olmos e faias, javalis e garças.

Assim, neste atlas pessoal da região pôntico-panônica, como a chamam os zoólogos, se registram somente os recém-chegados, tão temerários, diria Faulkner, que se acreditam donos da floresta. Dou-me conta do quanto isso invalida a minha potamologia. No seu *Opus Danubiale* de 1726, o marechal Marsili fala de povos e de monumentos, de cidades e de coroas, mas também dos metais, de *piscibus in aquis Danubii viventibus*; descreve e classifica as *aves vagantes circa aquas Danubii et Tibisci*, os pássaros não-piscívoros e os das zonas pantanosas; ilustra os sistemas de fabricação dos ninhos, desenha tábuas anatômicas da águia e do esturjão.

Mas o marechal bolonhês vive em uma época que procura o saber universal e o funda sobre a raiz primária, natural do homem e da civilização. Soldado imperial, ele combate na Transilvânia e assedia Belgrado; escreve o *Estado militar do Império Otomano, incremento e diminuição do mesmo*, mas também a *Histoire physique de la mer*, dissertações sobre os cogumelos e sobre o fósforo e memórias hidráulicas sobre as águas estagnadas. O estrategista e potamólogo é ainda historiador, literato, mineralogista, limnólogo, cartógrafo. Ele tem ainda uma concepção total e clássica da vida, que não esquece a estrutura material do indivíduo e insere a história na natureza.

A grande poesia é freqüentemente permeada por esta consciência da história natural do homem: Lucrécio, Leopardi, os líricos chineses que inserem o indivíduo e a sua melancolia por um amigo distante, na milenária história da paisagem onde ele respira, no pano de fundo das montanhas e do lago. Também as grandes religiões levam em conta a matéria da qual somos feitos; o que as distingue das falsas e supersticiosas, dizia Chesterton, é o seu genuíno materialismo.

Uma espécie de reforma Gentile planetária nos habituou a não reconhecer os animais e a não saber dar nome às plantas que crescem debaixo das janelas de casa; as desprezadas pseudociências da natureza cederam lugar, segundo os programas ministeriais, às *humanae litterae*, de modo que do *Systema Naturae* de Lineu, sobrou só a nomenclatura binominal latina e não o ser vivo que ela designa, um catálogo de puros nomes como os dos animais fabulosos que existem somente na palavra, o unicórnio e a fênix, e a nós só resta jogar com este latinório, esperando que a ironia possa suprir a falta de realidade. Se quero dar um nome aos pássaros e às flores que vi, em diversas estações, nestas margens do Danúbio, devo recorrer aos manuais de flora e de fauna danubiana, aos livros de Bauer e Glatz ou do velho Mojsisovics.

A cisão entre natureza e cultura produz o mal-estar desta última. Na cultura alemã é pelo menos viva a consciência do mal-estar e a nostalgia messiânica de saná-lo. A lírica de Eichendorff, com o murmúrio dos seus bosques, e o pensamento utópico de Bloch nos recordam a nossa mutilação; Hölderlin nos diz que somos órfãos dos deuses e que sem essa consciência do exílio não pode haver uma única esperança de redenção. Mas nossa cultura não provém do bosque de Eichendorff nem do mar de Melville; sai mais da monótona fantasia de Sade, na qual — dizia Flaubert — não há uma verdadeira árvore nem um verdadeiro animal. A mundanidade social constitui o nosso único horizonte.

O mal-estar da civilização, magistralmente evocado por Freud, nasce também de uma incurável contradição. A civilização e a moral se baseiam sobre uma distinção necessária e dificilmente sustentável, a distinção entre homens e animais. É impossível viver sem destruir a vida animal, nem que seja só a de organismos microscópicos que fogem à nossa percepção, e é impossível reconhecer aos animais direitos universais e invioláveis, considerar kantianamente cada animal um fim e não um meio; a fraternidade solidária pode abraçar a humanidade, mas não vai além. Essa impossibilidade torna inevitável a separação entre mundo humano e mundo natural e obriga a cultura, que luta contra os sofrimentos infligidos aos homens, a construir o seu edifício sobre o sofrimento animal, procurando aliviá-lo, mas resignando-se a não poder eliminá-lo. A irredimível dor dos animais, povo obscuro que acompanha a nossa existência como uma sombra, joga sobre ela todo o peso do pecado original. A obra de Canetti, especialmente *Massa e poder*, é a descoberta da treva que se acumula em nós com a morte dos seres vivos dos quais nos alimentamos.

O naturalista que vive com seus gansos cinzentos nos pântanos danubianos acha que aquela distinção se funda sobre um arbitrário antropomorfismo; a etologia lhe ensinou que os animais não têm somente mecanismos instintivos automáticos, como seria cômodo acreditar, e ele não é propenso, como Buffon, a perceber uma "distância infinita" entre eles e o homem, mas antes, como Lineu, a incluir simplesmente este último entre os mamíferos. Nos ideais cosmopolitas o naturalista tende a ver um "chauvinismo da humanidade", um nacionalismo que se estendeu da tribo à nação, a toda a humanidade, sempre porém excluindo do direito e do respeito quem não faz parte do grupo.

O democrata é humanista; o naturalista — mesmo quando está imune às inclinações nazistizantes encontráveis no passado de Lorenz — dificilmente acredita na "religião da humanidade", porque descobre nesta uma — mesmo que seja a mais evoluída — das formas de vida e provavelmente acha, como aquele personagem de Musil, que se Deus se fez homem, poderia ou deveria fazer-se também gato ou flor. Observando os ratos e as lontras, o naturalista pensa que a luta pela vida é inevitável e por outro lado não acredita que os homens sejam os protagonistas ou o fim do cosmo e que possam, portanto, subtrair-se ao destino de ferir-se reciprocamente. Ele procura então poupar o mais possível de crueldades e dores cada ser, humano ou animal, mas está pronto a justificar a lei que coloca, fatalmente, um grupo contra o outro — e o grupo, de acordo com a constelação histórica, pode ser a cidade, o partido, a classe, a tribo, a nação, a raça, o Ocidente ou a Revolução mundial. No momento da luta não valem princípios gerais, mas vigora o instintivo sentido de pertença ao grupo, em nome do qual é lícito e obrigatório ferir, pouco importa se outros homens ou outros animais, porque em ambos os casos se trata de uma tragédia, mas de uma tragédia necessária.

O naturalista, persuadido de que todo chauvinismo é relativo, recusa-se a considerar sagrado e absoluto o da humanidade; ele justifica e exalta assim todo chauvinismo, a lei elementar do vínculo de grupo que ofusca, no entusiasmo da luta, juízos e valores. Desse modo pode-se aceitar, no final, qualquer tipo de violência cometida na ênfase da solidariedade de clã e o extermínio praticado pelo Terceiro Reich acaba por parecer não muito diferente nem qualitativamente diverso dos enormes massacres de ratos negros cometidos pelos ratos pardos na sua invasão da Europa no século XVIII.

Nem mesmo as cores destas águas e destas árvores das "Donauauen" ou os chamados destes pássaros podem induzir a renegar o chauvinismo da humanidade, sem o qual não se alivia por certo a dor animal, mas se cai em uma obtusa barbárie e se acrescentam outras dores às inevitáveis. Mas mesmo quando a trompa de *Fidélio* ressoasse, a humanidade liberada devia recordar-se, no último andar do arranha-céu onde morasse, de todos os humilhados e dolorosos andares inferiores que sustentam, como escrevia Horkheimer, aquele andar superior. No subsolo mais baixo, sobre o qual se apóia todo o edifício que lá em cima oferece um concerto de Mozart ou um quadro de Rembrandt, mora o sofrimento do animal, corre o sangue do matadouro.

14. KIERLING, HAUPTSTRASSE 187

Num destes quartos, em 3 de junho de 1924, morreu Kafka. A pequena casa de dois andares, que hoje abriga aposentos modestos, era o sanatório do dr. Hoffmann nesta pequena aldeia nos arredores de Klosterneuburg, no qual Kafka esperava sarar e passou as suas últimas semanas. No chão, na entrada, uma inscrição diz: "Salve". O quarto de Kafka dava para o jardim, provavelmente no segundo andar; agora o proprietário é o sr. Bacher, no portão alguns avisos comunicam que o limpador de chaminés vem toda terceira segunda-feira do mês, proíbem cortar lenha em casa e transportar caixas pesadas pelas escadas sem uma autorização por escrito.

Bato no apartamento do segundo andar, uma gentil e idosa sra. Dunay me permite entrar e ir até a sacada. A balaustrada é de madeira, tem roupa pendurada e um ursinho de pelúcia no chão; na sacada de baixo, onde a sra. Hascher está ocupada a trabalhar, muitos chifres de cervos e troféus de caça não se deixam facilmente associar às últimas horas durante as quais Kafka, entre dores atrozes, corrigia os esboços de *Um artista da fome*, o volume que continha também o conto do mesmo nome, parábola de uma perfeição que esteriliza a vida.

Daqui Kafka, na sua espreguiçadeira, olhava o jardim lá embaixo, onde agora há uma barraca de madeira cheia de carrinhos de mão, foices e vários utensílios. Via aquele verde que lhe escapava, ou seja, o florescer, a estação, a linfa que o papel, pelo contrário, sugava de seu corpo, ressecando-o numa sensação de pura e impotente aridez. Diante daquele verde tão feminino, Kafka sentia talvez ser, na sua grandeza, uma exasperação quase grotesca da insegurança masculina, das suas obstinadas defesas e da sua necessidade de contínuas confirmações. Frente àquele épico verde, Kafka tinha finalmente consigo uma mulher, Dora Dymant, uma mulher a quem ele não tinha medo de abandonar-se, com quem desejava casar, com quem queria viver. Nunca é demasiado tarde, nem mesmo na soleira da morte, para chegar à verdade destas palavras: "O que seria eu sem ela?", diz Kafka referindo-se a Dora. Essa força de aceitar a ajuda o levanta acima dos seus personagens, nos quais tinha retratado sua ansiosa incapacidade de reconhecer-se insuficiente e de conviver com a própria inadequação.

É possível que a doença, tirando-lhe a obstinada força de escrever que o afastara da vida, o ajudasse a encontrá-la de novo, com uma humildade que a escrita não lhe teria concedido. Talvez a salvação seja fruto da debilidade, da impossibilidade física de ser auto-suficiente e de escrever. Mas isso não impede que seja a salvação. Nos diários, Kafka lembra que seu nome em hebraico era Amshel — um nome que exprimia a identidade humana que lhe era negada, a vida afetiva, o amor, a família. A tudo isso ele tinha renunciado, para ser "só como Franz Kafka", para ser escritor. Aquilo que lhe acontece no extremo limite de sua vida, quando o amor por Dora o aproxima de novo do judaísmo e da aventura da existência compartilhada, não faz mais parte da história de Kafka escritor, diz Giuliano Baioni, "mas diz respeito somente ao homem cujo nome hebraico é Amshel".

Amshel sabe dar o passo de que Kafka é incapaz, sabe aceitar as próprias fraquezas, abandonar-se ao amor, reconhecer que sem Dora ele não seria nada. Se um homem sem uma mulher, como diz o trecho do *Talmude* caro a Kafka, não é um homem, é Amshel que se tornou um homem, ainda que à beira da morte, mas é Franz que conta e ensina essa odisséia para tornar-se Amshel, para tornar-se um homem.

Alberto Cavallari, num outro quarto, inclina-se para ler a ficha com a curva da febre; em 12 de abril Kafka tinha 38,5. O rosto shakespeariano de Alberto é intenso enquanto lê no registro os nomes das pessoas hospitalizadas no mesmo dia em que Kafka deu entrada no sanatório do Wienerwald: Kraus Olga, Kovacs Bianca, Kisfaludi Etelka. Naquele rosto ávido e magnânimo leio uma grande e desiludida amizade pelo mundo, uma *pietas* que se detém nesses nomes desconhecidos e perdidos no desejo de homenagear o destino deles, de salvar-lhes a memória e de descobrir a história deles com o faro do velho cronista. Os nossos olhares se cruzam por um instante por cima daquele registro. Também este instante, como aqueles três nomes desconhecidos, está fixado na eternidade destes aposentos. Aqui morreu realmente Todo Mundo, como nas representações sacras medievais.

IV.
CAFÉ CENTRAL

1. O MANEQUIM DO POETA

Viena. A uma das mesas, entre as primeiras à esquerda de quem entra no Café Central, está sentado o manequim de Peter Altenberg, com seus olhos melancólicos e fundos e seu célebre bigodão de foca. Entre as mesas ocupadas pelos clientes, o manequim de Altenberg lê o jornal. Sentado perto dele, de vez em quando esqueço que o bigodudo cavalheiro, imóvel, de roupa fora de moda e ar vagamente familiar, é falso. Como freqüentemente acontece nos cafés, lanço um olhar abusivo no jornal que ele segura na mão; talvez seja o de hoje, o mesmo que estamos lendo, pode ser que todo dia um garçom lhe enfie um novo entre os dedos.

Nestas mesas vienenses, no início do século, Peter Altenberg — o poeta sem casa, que amava os quartos anônimos de hotel e os cartões-postais — escrevia suas parábolas fulminantes e impalpáveis, suas breves anotações dedicadas aos pequenos detalhes, uma sombra num rosto, a leveza de um passo, a brutalidade ou a desolação de um gesto, nos quais a vida revela sua graça ou seu nada, e a História mostra suas fendas ainda imperceptíveis, os sintomas de um crepúsculo iminente. Meu artificial vizinho dissimulava-se na penumbra daquele crepúsculo, escondia-se no anonimato e no silêncio, recusava — reduzido, no primeiro pós-guerra, à fome — uma oferta de trabalho, dizendo que só podia ocupar-se em levar a cabo sua própria vida. Aqui também se sentava Bronstein, aliás Trotski, tanto que um ministro austríaco, informado pelos serviços secretos dos preparativos revolucionários na Rússia, respondera, segundo a célebre anedota: "E quem haveria de fazer a revolução na Rússia? Talvez aquele sr. Bronstein que passa o dia inteiro sentado no Café Central?".

Aquele fantoche não faz pensar no verdadeiro Altenberg, pois ele próprio, redigindo seus apólogos naquelas mesas como nas tábuas de um naufrágio, sabia como era confusa a fronteira entre a vida verdadeira e a falsa e não teria pensado ser muito mais autêntico de que aquele manequim. A própria existência era um teatro em que se era também espectador, e Altenberg aconselhava a não levá-la mais — nem tampouco menos — a sério do que um drama de Shakespeare, a sentir-se dentro e fora dela, a sair de vez em quando para bater pernas, à noite, para respirar um pouco de ar fresco, misturando as experiências vividas com as não vividas.

No Café Central se está ao mesmo tempo num lugar fechado e ao ar livre, numa ilusão dos dois; das altas vidraças da cúpula, que cobre uma espécie de jardim interno, cai uma luz diurna que faz esquecer as vidraças — mas nunca dali poderia cair chuva. A grande cultura vienense tinha desmascarado a crescente abstração e irrealidade da vida, cada vez mais tragada pelos mecanismos da informação coletiva e transformada na própria encenação. Altenberg, Musil e seus grandes contemporâneos tinham percebido até o âmago como se tornava difícil distinguir a existência, mesmo a própria, da sua imagem reproduzida e multiplicada em cópias inumeráveis; a falsa notícia da crise de um banco, da crise real que a notícia provoca, induzindo todos os clientes a retirar seus depósitos; a tragédia de Mayerling do clichê que a transforma num espetáculo. Agora expõem-se aqueles que tinham denunciado a exposição da vida sem se iludirem de que eram imunes a isso; o verossímil manequim de Altenberg exibe essa ficção ao quadrado e Viena é o lugar dessa representação da representação da existência.

Mas os vadios que rabiscavam nestas mesas defendiam, irônicos e desiludidos, uma margem extrema de irredutível individualidade, os estilhaços de um encanto — algo de irrepetível, que não se deixa achatar completamente na produção em série. A verdade oculta ou inacessível não era, para eles, inexistente e sobretudo eles não anunciavam com satisfação sua morte, como os verbosos teóricos da insignificância. Em Viena a realidade contemporânea idêntica ao espetáculo de si mesma, como aquela genialmente retratada por Altman no seu filme *Nashville*, se sobrepõe ao sentido barroco do mundo como teatro em que se representam, mesmo sem saber, papéis e textos de significação universal. Nosso discreto e rígido vizinho sugere, todavia, que não levemos demasiadamente a sério o que está acontecendo, que nos lembremos de que as coisas vão deste jeito também e sobretudo por acaso, e que poderiam perfeitamente ir também de outra maneira.

2. A CASA DE WITTGENSTEIN

Encontra-se no terceiro distrito e precisamente, como dizem conscienciosamente os guias, na Kundmanngasse, nº 19. É a famosa casa construída em 1926 por Paul Engelmann para Wittgenstein, que colaborou no projeto arquitetônico. À primeira vista parece que a casa, que Wittgenstein mandara construir para a irmã, não existe, pois a numeração da rua passa do nº 13 para o 21, pulando os outros; as ruas estão esburacadas, interrompidas por obras que parecem abandonadas. Com algum custo descobre-se que a casa está do outro lado da rua, e que a entrada é em Parkgasse. O edifício, com suas formas cúbicas encaixadas uma na outra e sua cor amarelo-ocre sujo, parece uma grande caixa vazia. Agora é sede da embaixada da Bulgária, que a ocupou e restaurou nos anos 1970, e de seu Departamento Cultural. São seis horas da tarde, a porta está aberta, uma janela está iluminada, mas não se vê ninguém; uma varanda, uma mesa com quatro cadeiras reviradas. No jardim dominam duas grandes estátuas de bronze de Cirilo e Metódio, os dois santos eslavos, evidentemente não colocadas ali por Wittgenstein.

A racionalidade geométrica daquelas formas arquitetônicas, desejadas pelo filósofo que tão impiedosamente analisou as possibilidades e limites do pensamento, parece agora revelar, numa árida epifania, uma inutilidade que aperta o coração. Aqui a gente se pergunta o que queria Wittgenstein com aquele edifício, se desejava construir uma casa ou a prova da impossibilidade de uma verdadeira casa, daquela que em outros tempos se chamava lar. Quem sabe que limites pretendiam idealmente traçar, na sua mente, essas formas quadradas, que inefáveis espaços e imagens deveriam asceticamente excluir, deixar de fora.

3. SANTO ESTÊVÃO

Na praça, diante da catedral, há um pentágono irregular traçado no chão. Não é nada de especial, tão-somente a indicação do lugar onde, no subsolo, se situam duas capelas. Mas é significativo que um guia indique erroneamente que naquele pentágono deveria surgir um monumento que, após muitos projetos de vários tipos e conteúdos, nunca foi construído. A informação é falsa, mas revela o interesse pelas coisas que não existem, e exprimem, elas também, a Áustria, como a Ação Paralela de Musil, ou os eventos que não acontecem e as iniciativas que não são tomadas. A civilização austríaca, que aspirou à totalidade perfeita, à unidade harmoniosa e completa da vida, pôs em evidência as peças que sempre faltam para fechar o círculo, os espaços vazios entre as coisas, entre os fatos e os sentimentos, as fraturas que cada indivíduo e cada sociedade trazem em si.

Por vezes o espaço vazio pode servir para reorganizar algo que a História já havia posto no depósito de coisas velhas. Como lembra Christian Reder num "guia alternativo" de Viena, o monumento da República, erguido depois da Primeira Guerra Mundial, foi recolocado no *Ring* após 1945. Os fascistas, que mandaram tirá-lo em 1934, tinham-no jogado num armazém. Não se deve jogar nada fora, nunca se sabe. Quase em toda família, os homens — mais sentimentais, cínicos e inseguros — desejariam imitar essa cautela austríaca e adiar sempre o momento de livrar-se das coisas; eles se sentem um tanto quanto preocupados quando as mulheres da casa pretendem fazer limpeza, jogando fora coisas e papeladas velhas, as antiguidades presumivelmente não aproveitáveis.

4. A PEQUENA BARONESA QUE NÃO AMAVA WAGNER

A jovem baronesa Maria Vetsera não amava a música de Wagner e dizia mesmo detestá-la; quando, em 11 de dezembro de 1888, a Ópera de Viena inaugurou com o *Ouro do Reno* um ciclo de representações wagnerianas, aquela sua aversão fortaleceu-lhe o pretexto para não acompanhar a mãe e a irmã ao teatro, e para encontrar-se às escondidas, enquanto elas escutavam o anão Alberico maldizer o amor pela avidez do ouro, com o arquiduque Rodolfo de Habsburgo, príncipe herdeiro do velho Império, que ela conhecera poucas semanas antes. Saía de casa, subia, exatamente nesta esquina da Marokkanergasse, no fiacre que a esperava por ordem do arquiduque, e ia ao *Burg* imperial onde um criado, passando na frente da sentinela, a levava aos aposentos do herdeiro do trono. Às nove horas ela estava de volta em casa, para receber a mãe e a irmã que voltavam do teatro.

A tragédia de Mayerling, a morte misteriosa de Rodolfo de Habsburgo e Maria Vetsera, na casinha de caça, em 30 de janeiro de 1889, é uma fábula triste que durante um século impressionou a fantasia popular, suscitando autêntica pena e alimentando um culto heróico-sentimental pelo suicídio de amor, inspirando novelas em tecnicolor e hipóteses de complôs tenebrosos guiados pela Razão de Estado. Aquela tragédia é a pobre e terna história de um desses equívocos que, por algum enguiço banal e fatal, fazem com que a vida se desgarre de seu percurso cotidiano e a precipitam na ênfase da destruição.

Maria Vetsera, no momento da morte, não tinha ainda dezoito anos; no verão precedente, antes mesmo de conhecer pessoalmente o arquiduque, apaixonara-se por ele de longe, com a exaltação de uma alma sem defesa que precisa criar-se um absoluto a que se submeter e se sacrificar sem reserva, um absoluto que ela precisa adorar para convencer-se de que está vivendo poeticamente, para dar um sentido à sua própria existência ainda informe, que de outro modo pareceria consumir-se numa vazia e indefinida melancolia. O arquiduque acabara de completar trinta anos e era conhecido por suas idéias liberais, suas libertinagens ostentadas com arrogância e por uma imperiosa impulsividade que o impelia a lances de generosidade, a pesadas fanfarronadas, e a uma suspeitosa irascibilidade cujo peso era suportado principalmente por sua esposa, a arquiduquesa Stefânia.

Maria Vetsera — conta sua mãe, a baronesa Helena, no seu livro de memórias *Mayerling* — ia ver o arquiduque nas corridas de cavalo e no Prater, confiava à camareira que Rodolfo a tinha notado ou, pouco depois, que ele a saudara com atenção especial, e jurava que jamais ela amaria um outro. Vivia — naquele breve, feliz e infeliz limiar entre adolescência e juventude — a fase das grandes manobras do coração e dos sentidos, dava os primeiros passos naquela aprendizagem dos sentimentos com o que se busca, tateando, através do jogo e do encanto dos primeiros encontros, o caminho para o amor.

Aqueles olhares trocados nas alamedas do Prater e, pouco depois, aqueles encontros furtivos, aqueles subterfúgios, deveriam ser, para ela também, os acordes iniciais e incertos, os ensaios de orquestra dos sentimentos que se preparam, num burburinho ainda confuso, para a grande e unitária melodia do amor. Poucas semanas mais tarde, porém, tudo tinha acabado naquela morte em Mayerling, no ultraje que o tiro de revólver na têmpora e a rigidez cadavérica infligiram àquele corpo gentil, nos detalhes de perícia médico-legal relatados nos documentos oficiais, com uma precisão protocolar que serve unicamente para confundir o chamado mistério de Mayerling. Se olharmos os retratos da jovem baronesa, aquele rosto delicado e pouco expressivo que mostra tão-somente o encanto impessoal e genérico dos dezoito anos, ele nos faz relembrar as tragédias escolares de jovens vidas quebradas pela primeira nota má, ou pela primeira reprimenda, também elas rompidas por um análogo emaranhado de absoluto e casualidade, arrumadas por um obstáculo que aos demais, aos sobreviventes, parece tão pouco ameaçador, e que para elas, ao invés, foi insuperável.

Também Helena Vetsera registra no seu livro os detalhes mais penosos dessa história e de seu final, ou, ao menos, de sua própria versão do final, destinada a permanecer uma entre muitas, contraditada por outras versões ainda mais improváveis, como as fantasias da imperatriz Zita. O opúsculo, impresso em 1891 e seqüestrado pela polícia austríaca, é um livrinho árido e comovedor, em cuja prosa desleixada fala por certo o amor materno, mas, sobretudo, outra paixão, pelo menos tão forte, a respeitabilidade. A baronesa Vetsera quer inocentar a filha da acusação de ter sido ativamente responsável por aquela tragédia e, sobretudo, quer refutar as vozes que acusavam a ela de ter estado a par daquela relação ilícita e de tê-la favorecido.

O livro é um sofrido e magoado registro daqueles detalhes policiais que decompõem a história de uma paixão proibida e que uma mínima nuance de tom ou de estilo pode transformar uma grande aventura ou jogo malicioso em humilhante mesquinhez: a cigarreira dada pela amante e descoberta por acaso e as complicadas invenções para justificar sua presença, as cartas entregues às escondidas, as pequenas mentiras, a cumplicidade da complacente condessa Larisch. O livro torna-se mais tenso ao contar a sordidez da morte e de sua ocultação, efetuada para encobrir o escândalo: o corpo de Maria abandonado durante 38 horas sem que mão alguma o acomodasse com piedoso decoro, os despojos carregados na carruagem de maneira a esconder que se tratava de um cadáver, as negociações entre as autoridades e a família sobre o destino a dar à embaraçosa defunta, o caixão ordinário, o enterro às pressas, o túmulo que durante meses, até a subseqüente translação, permaneceu anônimo e sem nenhuma indicação.

A preocupação com a respeitabilidade que preside a esse final barroco e a essa alegoria do esfacelamento é também uma paixão — com todo o caráter absoluto e irracional de uma paixão unilateral, que não abrange e resume a totalidade da pessoa e da vida, mas recorta e dilata enfaticamente uma de suas partes. Também a história de Rodolfo e Maria, como se revela neste livro, é a história de uma paixão abstrata e exaltada, que não se pode identificar com o amor, assim como não se pode identificar uma excitação psicológica ou fantástica com a inspiração poética.

Este *amour-passion* é romântico-decadente, e o romantismo, escrevia Broch, é também a substituição de um absoluto, que se sente ter perdido, por um sucedâneo parcial, seja qual for, que deveria substituir todos os valores. Quando se procura esse sucedâneo no amor, o próprio amor se transforma numa sofrida mas pomposa retórica, num redundante *pathos* sentimental. É um devaneio fantástico, no qual o que se ama não é o outro, mas o próprio devaneio; a sedução romântica do amor-morte alude também à esterilidade desse ardor que não cria nem procria, nem na carne nem no espírito.

Também essa paixão pode ser grande, e grande a poesia que a exprime. Flaubert, aliás, demonstrou, de uma vez por todas, como a paixão pode ser ao mesmo tempo falsa e verdadeira: os sonhos insatisfeitos e as evasões de Emma Bovary são o contrário do amor, mas a intensidade com que Emma vive tanto seu destino sem poesia como a falsa poesia com que ela própria procura envolvê-lo é o testemunho autêntico da carência de amor.

O século XVIII mundano e libertino havia decomposto o amor, ao menos na aparência, na análise química das paixões e dos comportamentos amorosos; parecia ter colocado, como diz uma frase famosa, o cérebro no lugar do coração. Na realidade justamente aquela árida matemática permitira sondar, como nas *Ligações perigosas*, os abismos e a totalidade do amor, seus conflitos mas também sua ternura, sua perdição do coração que aparece tanto mais devastadora quanto mais é filtrada nas malhas da demonstração: é o *esprit de géométrie* que permite o *esprit de finesse*. Aquela cultura dessacralizante e cética tinha secularizado ou desmistificado muitos túrgidos arrebatamentos, a cultura sentimental que apareceu mais tarde teve medo daquele rigor e freqüentemente voltou a pregar a virtude e a sinceridade, mas às vezes com a ilusão de encontrar aqueles valores numa inocente e espontânea efusão das palpitações do desejo e confundindo assim o estado de espírito com a verdade, a psicologia individual com a procura moral, a exaltação emotiva com a poesia da vida.

Se os heróis dos romances libertinos são inteligências maquiavélicas e juram amor eterno, mentindo mas sabendo mentir, o herói romantizante mente também a si mesmo e leva à ruína o objeto de seu desejo em nome de seu próprio prazer, despreocupado com a outra pessoa e com suas exigências, mas convencido de estar obedecendo a uma voz sublime. O arquiduque Rodolfo, com seu belo rosto e o olhar ligeiramente turvo do prevaricador que confunde a própria sensualidade com uma missão libertária, faz de Maria a heroína do seu drama, com a prepotência de quem se faz encenador da vida alheia.

As fotografias de Mayerling mostram uma paisagem elegante e serena, um recanto austríaco para férias familiares, mais em harmonia com a imagem paterna de Francisco José vestido de caçador que com aquela tempestuosa tragédia. O imperador recebeu a notícia daquela morte por Catarina Schratt, a amiga em cujo afeto discreto e tranqüilo ele procurava repousar das inquietações da imperatriz Elisabeth. Não é certo que as horas que o imperador passava com a sra. Schratt, que lhe preparava o café, fossem menos intensas do que as paixões do arquiduque. É difícil saber o que acontece numa cabeça ou num coração. Nem os cientistas têm mais a ingenuidade do professor Von Hoffmann, luminar da faculdade de medicina de Viena, que explicava aos estudantes a tragédia de Mayerling com "a prematura sinosteose das suturas do crânio", observada na autópsia de Sua Alteza Imperial e Real, o arquiduque Rodolfo.

5. A ESCADARIA DE STRUDLHOF

A onda que flui das suas espirais e o ritmo envolvente de sua descida inspiraram a Doderer um longo romance, cuja respiração pretendia ser o abandono ao fluxo da vida que passa ao longo daqueles degraus. A escadaria é um pequeno coração de Viena, evoca a redondez e o abraço maternal de suas cúpulas, o espaço que se abre, amplo e acolhedor, nas praças ou ao longo do *Ring*. Descendo aqueles degraus tem-se a impressão de se deixar levar pelo curso de um rio que é a própria vida, a qual nos transporta e nos deposita em algum lugar das suas margens onde nos sentimos em casa.

A Áustria é freqüentemente esse lugar onde a gente se sente em casa, naquela harmonia entre familiaridade e afastamento que agradava a Joseph Roth. Enquanto isso, apareceu nas livrarias o livro de uma ex-amante de Doderer, que enumera as baixezas, as mesquinharias e os egoísmos do escritor, mentiras e remendos que podem tornar uma *liaison* o mais penoso dos desgostos cotidianos. Aquele fluxo vital, que começa tão sedutor no alto da escadaria, pode terminar na espuma da roupa colocada na máquina de lavar. O Danúbio não é azul, como querem os versos de Karl Isidor Beck que sugeriram a Strauss o título sedutor e mentiroso de sua valsa. O Danúbio é louro, "*a szöke Duna*", como dizem os húngaros, mas esse louro é um galanteio magiar ou francês, *Le Beau Danube blond*, como o chamou em 1904 Gaston Lavergnolle. Mais restritivo, Verne pretendia intitular um romance seu *Le Beau Danube Jaune*. Amarelo barrento, água que se turva no fim desta escadaria.

Talvez só o amor completo e duradouro, ou a franca sexualidade animal, que se esgota na satisfação imediata, sem iludir nem iludir-se com algo mais, tenham uma verdade em si, enquanto a variada gama de gradações intermediárias das relações amorosas, típica invenção humana, é freqüentemente uma série de falsidades e violências embelezadas por um kitsch sentimental. Não sei nem me interessa verificar a sinceridade da vingativa amante de Doderer; por certo Viena, como as outras cidades, e talvez mais ainda, por ser uma grande cidade de província, é também o lugar dessas fofocas e desses rancorosos mexericos e indiscrições. É a Viena que Karl Kraus detestava e que com sua vulgaridade de patamar de escadas alimentava a ferocidade satírica do escritor. Os grandes poetas dos encantos de Viena — desde os gênios da comédia popular do século XIX, Raimund ou Nestroy — captaram aquele encanto, opondo-o, em contraluz à agressividade, à brutalidade disfarçada em bonomia, que fizeram de Viena também um baixo-ventre da história, uma "estação meteorológica do fim do mundo", como dizia Kraus.

6. DOROTHEUM

É a casa de penhores, evocada de maneira grotesca e com outro nome por Canetti em *Auto-de-fé*. Quase em frente está o Café Hawelka, com sua lendária fumaceira. Diante da porta do Dorotheum um homem está parado ao lado de um carro, com um pacote — provavelmente um quadro — debaixo do braço. Está imóvel, o rosto rígido e pálido como cera, mais falso do que o falso Altenberg do Café Central.

7. AS MENTIRAS DOS POETAS

Numa de suas obras poéticas, Wolfang Schmeltzl, em meados do século XVI, compara Viena a Babel porque diz ouvir falar ao seu redor hebraico, grego, latim, alemão, francês, turco, espanhol, boêmio, esloveno, italiano, húngaro, holandês, sírio, croata, sérvio, polonês e caldeu. Realmente, um provérbio grego ensina que os poetas contam muita mentira e exageram, mas...

8. OS TURCOS DIANTE DE VIENA

Na praça Carlos, pouco distante da Ópera de Viena, ergue-se a falsa porta de um gigantesco pavilhão que cobre a fachada do *Künstlerhaus*, onde foi organizada a principal entre as numerosas exposições dedicadas, no tricentenário do assédio e da batalha de 1683, aos "Turcos diante de Viena", um dos grandes momentos do choque frontal entre Oriente e Ocidente. O visitante que vai ver a exposição tem por um instante a sensação de entrar no enorme pavilhão de um chefe otomano, naquela tenda que Kara Mustafá, o comandante do exército turco, levantara, com pompa e magnificência, no lugar da atual igreja de Santo Ulrique, naquele que é hoje o sétimo distrito da cidade.

As proporções desmedidas da tenda imaginária evocam, aliás, a figura do Grão-Vizir que encarnara a vocação otomana para o grandioso e o exorbitante; entre as 25 mil tendas do exército turco, que desde os primeiros dias de julho de 1683 cercava Viena, Kara Mustafá tinha alojado também suas 1500 concubinas guardadas por setecentos eunucos negros, entre fontes jorrantes, banhos e aposentos luxuosos, levantados às pressas mas com opulência.

Agora a cabeça do Vizir está guardada no próprio Museu Histórico da cidade de Viena que — ao lado do *Künstlerhaus* — abriga, ele também, uma das exposições: derrotado em 12 de setembro de 1683 pelas tropas imperiais comandadas por Carlos de Lorena e aliadas às polonesas conduzidas por seu rei, João Sobieski, Kara Mustafá foi perseguido e novamente derrotado em Gran. Em Belgrado foi alcançado pelo mensageiro do sultão que lhe trouxe o laço de seda com o qual os grandes da Meia-Lua caídos em desgraça junto a seu soberano, "sombra de Deus na terra", eram estrangulados. O Grão-Vizir ofereceu o pescoço aos algozes, após desenrolar o tapete de oração, aceitando seu destino em nome de Alá. Quando, dezenas de anos mais tarde, os imperiais conquistaram Belgrado, alguém exumou seu corpo e levou a cabeça para Viena, como troféu.

O visitante que entra no simulado pavilhão, tornando-se de repente ele próprio uma figura da exposição, fica em dúvida, não sabe se deve imaginar-se como cativo, um dos muitos prisioneiros levados para a escravidão na tenda do invasor ou, então, como predador, um dos cavaleiros de Sobieski, que por um dia inteiro, após a vitória, saquearam o acampamento e a própria tenda de Kara Mustafá.

A exposição não pretende contrapor vencedores e vencidos e menos ainda civilização e barbárie, mas sim sugerir o sentimento da vaidade e da vitória e da derrota, que se sucedem e trocam de lugar para todos os povos, como a doença e a saúde ou como a juventude e a velhice para todos os indivíduos.

Vagando de sala em sala nesta exposição, o visitante ocidental, mesmo considerando uma sorte aquela vitória de 12 de setembro que salvou Viena e a Europa, não se sente filho e herdeiro unicamente das espadas de Carlos de Lorena e de João Sobieski, ou da cruz brandida pelos grandes pregadores que incitavam a defender a fé, como Abraham a Sancta Clara, segundo o qual o cânone litúrgico devia ceder lugar ao canhão, ou como Marco D'Aviano, o capuchinho friulano. Passeando entre aqueles troféus de vitória, que também são restos de um naufrágio, o visitante sente-se filho e herdeiro de uma história unitária em seus fragmentos, mesmo dispersos como objetos de um acampamento saqueado, de uma história que é feita de cruzes e meias-luas, de cordões de capuchinhos e turbantes.

A mostra quer ser explicitamente diferente das precedentes comemorações daquele 1683; há cinqüenta anos Dollfuss, o chanceler cristão-social, exaltava a libertação de Viena sob a bandeira do seu catolicismo corporativo e autoritário por se contrapor ao nazismo e ao bolchevismo; anos depois, num bronze comemorativo nacional-socialista, a bandeira dos turcos derrotados portava, no lugar da meia-lua, a estrela de Davi: os turcos eram identificados com o inimigo, ou seja, com os judeus, com uma falsificação que hoje, nas atitudes xenófobas para com os trabalhadores temporários estrangeiros, ameaça tornar-se tragicamente verdadeira. Não queremos ser os judeus de amanhã, diz um quadro de Akbar Behkalam, na exposição hospedada no museu do século XX e dedicada, por artistas turcos, a ilustrar a realidade atual de seu país e de seus emigrantes.

A sombra de um novo, ainda que diferente, conflito pesa nas relações entre turcos e europeus, principalmente alemães, e somente a clara consciência do problema poderá evitar sua deflagração ruinosa. Repelidos há trezentos anos, os turcos voltam agora à Europa, não com as armas, mas com o trabalho, com a tenacidade dos *Gastarbeiter*, que, agüentando humilhações e misérias, pouco a pouco criam raízes numa terra que eles conquistam com seu obscuro esforço. Em muitas cidades da Alemanha e de outros países, as classes do primeiro grau se despovoam de crianças alemãs e se enchem de crianças turcas; o Ocidente, que confia à diminuição da natalidade o próprio declínio, reage com ansiosa soberba aos resultados do mecanismo social que ele mesmo desencadeou. É possível que se aproxime o momento em que as diversidades históricas, sociais e culturais mostrarão violentamente as dificuldades da convivência; nosso futuro dependerá também da nossa capacidade de impedir que seja acionada a bomba do ódio e que novas batalhas de Viena transformem os homens em estrangeiros e em inimigos.

A história mostra como é difícil, além de insensato e cruel, definir quem é o estrangeiro: no século XVIII, lembra Alessio Bombaci, os próprios turcos consideravam a palavra "turco" como uma ofensa, e sua história é uma série de lutas seculares entre povos diversos, provindos das estepes da Ásia Central, que só começaram a tomar consciência de sua identidade comum quando o Império Otomano estava próximo do seu fim; o primeiro nome unitário, dado à Turquia pelos vários e quase sempre reciprocamente hostis povos de origem turca, foi o nome de Roma: *mamáliki-i-Rum*, que indicava o reino seljúcida.

Mas cada história e cada identidade formam-se a partir dessas deformidades, dessas pluralidades, dessas trocas e subtrações entre elementos étnicos e culturais diversos, que fazem de cada nação e de cada indivíduo filhos de um regimento. A águia dos Habsburgo, que detém o Grão Turco, cobre com suas asas uma multiplicidade de estirpes e civilizações quase igualmente variada: durante a Primeira Guerra Mundial, quando os impérios habsbúrgico e Otomano eram aliados, impressos e cartazes de propaganda austríacos exaltavam a fraternidade de armas com os antigos inimigos.

O encontro entre a Europa e o Império Otomano é o grande exemplo de dois mundos que, agredindo-se e dilacerando-se, acabam por compenetrar-se de maneira imperceptível e por enriquecer-se reciprocamente. O maior escritor ocidental a contar o encontro daqueles dois mundos, Ivo Andrić, é fascinado, e não por acaso, pela imagem da ponte que volta insistentemente em seus romances e contos, e que simboliza uma difícil e áspera via de comunicação lançada por cima das barreiras de rios selvagens e abismos profundos, por cima de religiões e estirpes; uma via sobre a qual entrecruzam-se as armas, mas que acaba por unir pouco a pouco os inimigos num mundo mesclado porém unitário como um afresco épico, da mesma maneira como entre os desfiladeiros balcânicos os soldados turcos e os heiduques, os guerrilheiros-salteadores que os combatem, acabam assemelhando-se.

Uma das peças principais da exposição é um esplêndido mapa do primeiro assédio de Viena, o de 1529, pertencente a Solimão, o Magnífico, o grande sultão que morreu no assédio de Szigetvár e cuja morte foi ocultada por alguns dias para não desencorajar seu exército, de maneira que os mensageiros eram levados à presença de seu corpo embalsamado, sentado imóvel no trono, que os escutava sem lhes dar resposta, com a majestade da morte dissimulada numa realeza impassível. Aquela planta de Viena é contornada por alguns traços azuis, como se se tratasse do mundo inteiro, cercado, segundo os antigos, pelo Oceano. Para os turcos Viena era "a cidade da maçã de ouro", quase o mítico rosto do reino que se deve conquistar a todo custo; os nômades das estepes asiáticas, os "burros bravios" desdenhosos de todo corruptor assentamento citadino, parecem querer possuir, em Viena, a Cidade por excelência, o restante de si; os sultões que atacam Viena talvez vejam nela a capital daquele império universal "romano-muçulmano" que eles, segundo Jorga, o grande historiador romeno, pretendiam fundar, ainda que Gialālu'-d-Dīn Rūmi, o poeta místico persa, dissesse que aos gregos cabia construir e aos turcos destruir.

Mistura de filme e de romance, a exposição introduz o visitante no interior da cidade assediada, com seus heroísmos, suas crueldades e suas histerias, e no campo da batalha, evocada numa ampla sala com a ajuda de efeitos audiovisuais. O erro estratégico de Kara Mustafá, que deixara desguarnecidas as colinas, foi fatal ao exército otomano, que às cinco horas da tarde, graças sobretudo a uma ação diversiva fulminante de Carlos de Lorena, estava destroçado. O exército cristão compreendia cerca de 65-80 mil homens, o islâmico aproximadamente 170 mil; os mortos foram respectivamente 2 mil (além dos 4 mil entre os sitiados) e 10 mil, inumeráveis os feridos, os prisioneiros, os contagiados por várias doenças, os mortos durante a retirada e perseguição, entre episódios de ferocidade inumana e de cortesia cavalheiresca: Sobieski, que havia ajudado a missa no Kahlenberg, declarara a Carlos de Lorena — como relata um cronista italiano — que no que dizia respeito à sua pessoa, o rei ficara na Polônia e que para o campo viera só o soldado polonês; em 15 de setembro, o encontro de Sobieski com o imperador Leopoldo, já de volta a Viena, comportou porém uma série de embaraços protocolares e acessos de mau humor.

A história é também essa manobra de bastidores do espetáculo, é também a falsa lenda que faz nascer do cerco o primeiro café vienense por obra de um armênio da Galícia, Koltschitzky, empreendedor e trapaceiro. Como toda mostra, também estas vienenses dedicadas aos turcos comunicam uma ligeira sensação de irrealidade, a irrealidade da nossa vida e da nossa história, que estamos vivendo e que, muitas vezes, parecem desenrolar-se como um filme e parecem portanto já acontecidas, como se contivessem, do mesmo modo que um filme, a própria conclusão, que não conhecemos, mas que já está na bobina.

Os organizadores apresentam, como se fosse uma exposição, também o parque e o palácio do Belvedere, a famosa residência do príncipe Eugênio de Savóia, o vencedor dos Turcos, que em Viena, em 1683, ainda muito jovem, fez suas primeiras provas. Naquela mansão a vida se torna um símbolo de si mesma. A simetria do parque, que sobe alegoricamente com suas estátuas, suas fontes e suas decorações — da graça das estações à apoteose da Glória das vitórias sobre a Meia-Lua, é o triunfo de uma civilização que amava o limite sobre o ímpeto de uma outra que, foi dito, pensava em espaços sem fim.

Epígonos, turistas e viajantes, passeamos agora naquelas simetrias ordenadas, entre esses limites e entre essas medidas que amamos, semelhantes aos figurantes de um espetáculo grandioso, como num filme de Abel Gance. Nos quadros e nas fotos acinzentadas e opacas, expostas por artistas turcos modernos no museu do século XX, afloram outros rostos e outros gestos, a dignidade obscura e humilhada dos atuais emigrados de quem não faz parte — não faz ainda ou não faz mais parte — de nenhum grande espetáculo. Nossos antepassados aqui vieram a cavalo, diz a legenda de uma daquelas fotografias, e nós destruímos aquelas estradas. A culpa, acrescenta aquela honesta inscrição que não procura consolação, é nossa, não dos austríacos.

9. AS MANCHAS DE SANGUE

Nem sempre o sangue descolore e se esvai tão depressa, como diz uma página belíssima de Lu-Hsün, o grande escritor chinês. No museu histórico do exército o uniforme de Francisco Ferdinando, o arquiduque morto em Sarajevo, mostra as manchas na túnica azul, o rasgão na manga e no peito, do lado esquerdo. Perto da farda, o chapéu de longas penas verdes, continua, porém, intacto, imponente. A ferida daquele 28 de junho de 1914 está ainda aberta, na Europa inteira. É possível que deva desastrosamente fechá-la uma terceira e definitiva catástrofe, visto que duas guerras mundiais não conseguiram restabelecer o equilíbrio abalado em Sarajevo. O cardápio de Francisco Ferdinando, naquele 28 de junho, compreendia *Consommé en tasse*, *Œufs à la gelée*, *Fruits au beurre*, *Boeuf bouillé aux légumes*, *Poulet à la Villeroy*, *Riz Compote*, *Bombe à la Reine*, *Fromage*, *Fruits & Dessert*.

Aquelas manchas lembram também que nada passa, que as coisas são, que nenhum momento significativo de nossa vida é arquivado. Freqüentemente os amigos caçoam de mim porque para mim nossas antigas colegas de escola são sempre lindas meninas-moças e o tempo não tem poder sobre elas nem sobre meu modo de vê-las. Decerto há uma discriminação injusta também entre as manchas de sangue: as do arquiduque são conservadas sob vidro, as dos 85 manifestantes mortos pela polícia nas imediações do Palácio de Justiça em 15 de julho de 1927 foram apagadas pela chuva e pelos pés dos transeuntes. Mas também essas manchas *são*, existem para sempre.

10. ENTRE OS DEMAIS VIENENSES

Viena é também uma cidade de cemitérios, majestosos e confidenciais como os retratos de Francisco José. O *Zentralfriedhof*, o cemitério central, é uma parada das grandes manobras encenadas para fingir que se consegue estancar o triunfo do tempo. Os túmulos dos grandes vienenses — no setor dedicado às personalidades ilustres, que começa à esquerda da entrada principal, a porta nº 2 — são a primeira linha de uma Guarda que enfrenta a fugacidade, mas, diferentemente da de Napoleão em Waterloo, que se dispõe em quadrado sem hesitar, esta Guarda combate de acordo com uma tática elástica, parece querer subtrair-se ao fogo do inimigo, esboça fintas, dá voltas ao redor da morte, brinca e retarda a ação para eludir o metódico descer da foice. Às cinco horas da manhã este exército de lápides, bustos e monumentos é ainda quase invisível, escondido na noite nublada e chuvosa, numa realidade opaca e sem cor, pontilhada aqui e ali por lâmpadas votivas. O sr. Baumgartner tem a seu lado a espingarda — uma espingarda que possui há trinta anos, como me disse há poucos minutos — e põe a mão em cima dela com a afetuosa e tranqüila familiaridade de uma longa convivência, assim como um músico gosta de sentir na mão o contato de seu violino, que ele ama não somente pelos serviços prestados mas também por sua forma, suas curvas, a superfície e a cor da madeira.

É a primeira vez em que num cemitério me vejo ao lado de alguém que não manuseia flores, pás ou livros de orações, mas espingardas e cartucheiras. Hoje, porém, por algumas horas, antes do dia clarear, o cemitério central de Viena é uma floresta, uma selva, o bosque de Meia de Couro, a estepe de Turguenev, o domínio de Diana ou de santo Uberto, o lugar onde não se enterra nem se abençoa, mas onde se arma emboscada, se dispara, se matam antigos parentes para os quais nenhum rito prevê um *Requiem* ou um *Kaddish*. Esta manhã, no cemitério central, se caça, ainda que o sr. Baumgartner não queira ouvir esta palavra e fale do necessário e autorizado abatimento de cabeças, nocivas por seu número excessivo ou por outras razões. Ele é um dos três caçadores incumbidos pelo município de Viena de manter o justo equilíbrio entre os vivos que moram abusivamente nesta metrópole de defuntos (esta "cidade dos outros vienenses", como dizem os austríacos) e, portanto, impedir que haja aqui demasiados vivos, transformando-os logo em mortos se demonstram estar bem demais neste mundo e prosperar. A morte é inócua, comedida e discreta, não incomoda nem faz mal a ninguém; é a vida que perturba, faz barulho, estraga, agride e deve então ser refreada, para que não seja viva demais. As lebres, por exemplo, têm uma verdadeira paixão, ruinosa e culpável como todas as paixões, pelos amores-perfeitos que os piedosos familiares depositam sobre os túmulos; as lebres os roem, arrancam e despedaçam, não se contentam em saciar o apetite, mas fazem estragos e desperdício, como as fuinhas num galinheiro. No túmulo de honra, onde repousam os presidentes da República, acham-se de fato tufos de amores-perfeitos arrancados e mordiscados.

Essa modesta irreverência justifica a licença de matar? A licença, aliás, é bem restrita e controlada. Os dois canos da espingarda do sr. Baumgartner ameaçam tão-somente faisões machos, lebres e coelhos-do-mato, e mesmo estes segundo regras bem precisas. A Áustria, como se diz na minha terra, era e é um país ordeiro, a licença de caça está sujeita a controles severos, as infrações são punidas severamente e não existem aqueles caçadores do domingo que alvejam, ébrios de um infantil poder de matar, tanto a caça como as pessoas e mereceriam, bem mais de que lebres devoradoras de amores-perfeitos, a intervenção do sr. Baumgartner.

Este último, que a meu lado, espreitando a relva, começa a emergir da escuridão com sua corpulência paternal e maciça, não é um maníaco da caça, não revela o estúpido prazer de matar e de parar a vida que se mexe, não se entrega aos esfarrapados filosofemas sobre a comunhão totêmica entre vítimas e matadores, não demonstra nenhuma banal excitação, mas uma afável tranqüilidade de jardineiro. Tem boa mira e faz o que deve fazer, a

Áustria é um país ordeiro, mas talvez não lhe desagrade demais quando, não por culpa sua, volta para casa de mãos vazias.

No começo não deve tê-lo entusiasmado a idéia de minha companhia, visto que habitualmente ninguém pode estar presente, e na entrada do cemitério ele explicou ao guarda-noturno que eu era um professor, título aqui honrado, e que podia entrar, excepcionalmente, por intervenção do gabinete do burgomestre de Viena. Nesta madrugada úmida, que começa a branquear as nuvens escuras, estou vivendo não uma grande aventura de caça mas talvez o ápice da minha glória e da minha fama, porque meus livros sobre a Mitteleuropa dos Habsburgo, graças aos quais a prefeitura de Viena me concedeu a autorização especial para ficar acocorado a esta hora no relvado do cemitério central, dificilmente conseguirão exercer um peso maior sobre a realidade e forçar seus limites e interdições. É provável que, nesta madrugada, eu tenha tido o meu dia, como diz o rei Lear.

Caminhamos para os fundos do cemitério, passando por entre os túmulos que se tornam lentamente mais perceptíveis. Sobre o túmulo de Castelli, o alegre e fecundíssimo autor de comédias populares, há uma inscrição colocada pela Sociedade Protetora dos Animais; da neblina leve desponta uma cruz simples e alta, sobre a qual uma frase conta laconicamente a vida de Peter Altenberg, toda uma tocata e fuga: "Amou e viu". Um cubo, nu e essencial, é o monumento fúnebre de Loos, ao passo que o de Schönberg, gênio de uma geometria mais inquietante, é também um cubo, mas inclinado.

O sr. Baumgartner olha em redor de si, apura os ouvidos, esquadrinha com os olhos a folhagem imprecisa na meia-luz. Pode atirar onde quiser, inclusive entre as cruzes e as coroas ainda frescas, mas toma muito cuidado para não errar, porque aquele setor do campo-santo, cerca de um terço — os outros são da competência de seus dois colegas —, é de sua responsabilidade e é ele que deve responder pelas balas disparadas e por algum eventual tiro errado que venha a extinguir uma lâmpada perpétua ou desfigurar um anjo pensativo a velar sobre um túmulo; dentro de um par de horas, na abertura do cemitério, os familiares que encontrassem a fotografia do querido extinto esburacada como um sombreiro num filme de western, ou a lápide ensangüentada por um coelho do mato atingido no momento impróprio, saberiam a quem dirigir seus indignados protestos. "Não deve, mas pode acontecer", repete ele várias vezes serenamente.

Estamos quase na última fila de túmulos, emboscados num terreno elevado de onde se goza de boa visão, formado por terra revolvida, detritos, grama e folhas podres recolhidas nas alamedas e ali amontoadas. O solo, naquele setor, é particularmente favorável à rápida decomposição dos cadáveres, como bem sabiam no século XIX as autoridades e os proprietários dos lotes que, durante os estudos para a construção do cemitério, brigavam e pechinchavam em função da maior ou menor funcionalidade do apodrecimento, chegando a trocar panfletos injuriosos, como o fizeram o conselheiro municipal, dr. Mitlacher, e o barão Lasky, em 1869. O setor em que nos encontramos é triste e desolado, uma vasta planície entre as orlas do bosque e um muro que circunda a oficina central da companhia de bondes de Viena. A poucos passos dali uma pedra tumular, sob o nome da família Pabst, diz *auf Wiedersehen*, até a vista. A planície, apesar de extensa, é um trecho de natureza cercado pela sociedade, pela simetria das alamedas e pela indústria funerária de um lado e pela companhia de transportes coletivos do outro, mas este espaço diminuto é como a taiga ou a savana, também cercadas pela civilização, mas regidas pela lei primordial do mundo animal, farejar, rastejar, procurar alimento, acasalar-se, armar e evitar ciladas, lei em vigor também no canteiro do jardim de casa ou no vaso que contém uma planta.

De repente a relva incolor torna-se verde, entre as árvores soa o primeiro ruído de asas e o primeiro trinado, as grandes gralhas migratórias vindas da Rússia levantam vôo, do lado do oriente desponta uma pálida cor de casca de limão, e o inconfundível calor da manhã nos inunda, mesmo naquela mata de subúrbio, de uma alegria toda física, o prazer de um corpo à vontade, o gosto de perceber, tocar, olhar. Às intangíveis fêmeas, que há alguns minutos saltitam no gramado, vem juntar-se, longe ainda, um faisão macho que se aproxima cauteloso, enquanto meu vizinho faz pontaria. Acostumado, no meu monte Nevoso, a desmanchar as armadilhas dos caçadores, sinto-me vagamente como um traidor, como alguém que tivesse passado para o outro lado. É assim que também cada um de nós vai ao encontro do fado, com inútil ainda que aguerrida cautela? Imóvel, pergunto a mim mesmo que constelação de possíveis ameaças atômicas ou microbiológicas, guerra nas estrelas, vírus recidivos, ultrapassagem na curva, manterá sob sua pontaria a minha vida, como a espingarda do meu vizinho mantém o faisão escolhido por uma infinita cadeia de combinações.

Naquela espera absurda e carregada de culpa, lamento que, em 1874, o alto custo (1 milhão de florins) tenha feito malograr o plano de funerais por correio pneumático elaborado por Felbinger e Hudetz, o qual previa que os defuntos da cidade fossem arremessados diretamente, através de uma quilométrica rede de condutos acionados a ar comprimido, no túmulo a eles destinado. O ar, imagino, ribombaria com os golpes secos desses cadáveres em contínua chegada e o faisão levantaria vôo.

Mas o jogo das coincidências e das concatenações que governa o universo decidiu adiar a execução do faisão, assumindo outra forma, ainda que austriacamente burocrática; pouco antes que o alvo se torne definitivamente seguro, na orla do bosque, perto do "até a vista" da família Pabst, aparece um arfante caminhãozinho cheio de folhas podres e de outros refugos, que os jardineiros do campo-santo — madrugadores quase tanto quanto os caçadores — recolheram nas alamedas e vêm descarregar junto a nós. O faisão, espantado, desaparece; o sr. Baumgartner se permite um sonoro "merda!", mas saúda cordialmente os desmancha-prazeres.

Dirigimo-nos à saída, dentro em breve chegarão os visitantes habituais. Tudo considerado, foi um amanhecer coerente com o espírito vienense que zomba da morte, adula-a mas também a ironiza, corteja e, não podendo abandoná-la de vez como se faz com um parceiro sentimental que se tornou enfadonho, procura ao menos fazer-lhe alguma desfeita. Na porta encontramos o colega do sr. Baumgartner. A lebre que ele pegou é a imagem da imperfeição do universo e do pecado original da vida, que se alimenta de morte. Dentro de algumas horas, aquela lebre será um troféu gracioso e, mais tarde, um prato suculento, mas por enquanto é ainda fuga e terror, o sofrimento da criatura que não pediu para viver nem mereceu morrer, o mistério da vida, essa coisa estranha que havia na lebre há pouco e agora não há mais e que nem mesmo os cientistas sabem exatamente o que é se para defini-la recorrem a tautologias do tipo "conjunto de fenômenos que se opõem à morte". Não sei bem dizer de quê, pois — como todos os modestos comparsas no espetáculo do mundo — não tenho papéis importantes nem portanto responsabilidades diretas e precisas, mas, sem dúvida, diante daquela lebre, experimento uma sensação de vergonha.

11. UM TRABALHO FRUTÍFERO

Onde é hoje a câmara dos trabalhadores e empregados, era o escritório de Eichmann, do qual ele dirigia o *iter* burocrático para o cumprimento do programa racial do Terceiro Reich. Durante o processo Eichmann relembrou sua atividade em Viena como "a mais feliz e mais rica de sucesso da minha vida". Aquele trabalho não devia evidentemente causar-lhe embaraços excessivos na cidade que Grillparzer, o poeta nacional austríaco, definira no século XIX como a "Cápua dos espíritos" e que sempre foi mestra na arte da automistificação. No referendo, sem dúvida formal, que houve em 1938, após o *Anschluss*, somente 1953 vienenses — lembra Christian Reder no citado guia alternativo — votaram contra a anexação da Áustria ao Terceiro Reich, embora os suicídios, naquele ano, tenham sido 1358, em contraste com os quatrocentos da costumeira média anual.

12. GENTZGASSE, 7

Por uma dessas janelas, em 16 de março de 1938, jogou-se um daqueles suicidas, Egon Friedell, historiador e crítico conservador da cultura, poeta do efêmero e da breve crônica humorística, na qual a ironia mordaz que redimensiona toda finitude abre uma fresta sobre o infinito, sobre aquilo que eternamente transcende nossa pequenez, tornando-a mais cara para nós. Esse salto pela janela foi seu último *Witz*, o trote passado na Gestapo que vinha prendê-lo. A fachada da casa é lúgubre, o reboco descascado; alguns balcões de ferro batido exibem uma patética pretensão ornamental. Friedell era judeu, o nazismo expulsou-o por aquela janela em nome da pureza racial germânica; os inquilinos daquela casa, como indicam as placas no portão, chamam-se hoje Porkorny, Pekarek, Kriczer, Urbanck. Todo verdadeiro vienense, como diz o velho ditado, é um boêmio.

13. LUKÁCS EM VIENA

No café Landtmann, no *Ring*, perto do *Burgtheater*, Wolfgang Kraus — ensaísta e fundador daquela Sociedade Austríaca de Literatura que foi, durante longos e gélidos anos do segundo pós-guerra, uma autêntica e rara ponte entre o mundo ocidental e países do Leste — me fala de uma conferência dada por Lukács na adega daquele café. Devia ser, diz Kraus, provavelmente 1952; ele recorda o discurso de Lukács como um cinzento comício de propaganda soviética, assistido por poucos presentes, cerca de trinta, mas ao mesmo tempo transmitido pelo rádio em muitos países comunistas.

Aquela conferência, de ressonância modesta e mundial ao mesmo tempo, põe em destaque, até o paradoxo, o *pathos* objetivo de Lukács, capaz de pôr a própria pessoa a serviço de um valor superior e de descer das alturas do estilo grandioso para o nível modesto e rude daqueles microfones, com toda a perigosa cumplicidade mas também com a magnânima autotranscendência que todo serviço comporta.

Lukács está nos antípodas do espírito vienense, pelo qual, aliás, como bom húngaro, não tinha simpatia. Viena — a Viena onde vivera exilado — é a cidade do mal-estar contemporâneo, que ele carimbou em bloco na *Destruição da razão* que parece uma autocaricatura de seu pensamento. Viena é um lugar de náufragos, ainda que mascarados pela ironia, por um ceticismo diante do universal e dos sistemas de valores. Por cima desse ceticismo só pode haver, eventualmente, o reflexo de uma transcendência, a que o pensamento dialético é alheio. Lukács é o pensador moderno por excelência, que raciocina por categorias fortes, enquadra o mundo num sistema e instaura, acima das necessidades, firmes valores. Viena é a cidade do pós-moderno, onde a realidade cede o lugar à própria representação e à aparência, as categorias fortes se enfraquecem, o universal some no transcendente ou se dissolve no efêmero e os mecanismos das necessidades sorvem os valores.

Como disse Augusto del Noce, a *Destruição da razão* é consumida pelo secreto temor de que Nietzsche possa prevalecer sobre Marx. Nas sociedades ocidentais aconteceu e está acontecendo exatamente isto: o jogo das interpretações, a vontade de potência embutida no automatismo dos processos sociais, a organização capilar, tentacular e difusa das necessidades, um indistinto fluxo libidinal coletivo parecem ter suplantado o pensamento que especifica as leis do real para trocá-las e leva a juízo o mundo para mudá-lo. A cultura-espetáculo parece ter derrotado a idéia de revolução.

A *Destruição da razão*, na qual Lukács combate o fantasma de Nietzsche que ele vê renascer vitorioso, é um livro contra a vanguarda, contra as negações e, portanto, também contra Viena — embora Viena signifique também a sátira a toda negação presunçosa, à arrogância pós-moderna travestida de tolerante e festiva fatuidade. Mas Lukács não dava atenção a esses bastidores metafísicos, a essas cambalhotas do teatro do mundo vienense. "Enquanto falava", dizia dele Thomas Mann para sublinhar-lhe a força dialética, "tinha razão." Kafka, com quem as espectrais vicissitudes do mundo constrangeram o velho Lukács a acertar contas, poderia ter-lhe ensinado que às vezes se tem razão quando se fica calado. Mas o silêncio não é dialético, não é hegeliano, é místico ou irônico (ou ambos); não é Marx, mas é Wittgenstein ou Hofmannstahl, é vienense.

14. SÓ UMA PERGUNTA

Entre as muitas fotografias que ilustram a exposição vienense dedicada ao judaísmo oriental, uma retrata um velho consertador de guarda-chuvas, o gorro bem calcado na cabeça, a barba abundante, óculos na ponta do nariz, às voltas com uma vareta e um pedaço de linha. Na foto escura, que engolfa na sombra as roupas escuras do artesão, o rosto e as mãos do velho resplandecem como num quadro de Rembrandt, numa sacralidade densa de respeito, que nenhum ultraje poderá apagar. Talvez também os vidros de sua oficina venham a ser despedaçados num pogrom, como as casas devastadas que outras fotografias ali ao lado põem à mostra; a violência poderá arrancar as barbas ou tirar a vida do consertador de guarda-chuvas, mas nada conseguiria arrancar dele aquela plenitude de significado, aquela resoluta segurança de si expressa em seus gestos tranqüilos, em seu próprio corpo.

Por trás dos óculos enforquilhados no nariz, os olhos fitam pacientemente o relutante furinho da vareta remendada, mas também dançam maliciosos, com a afetuosa ironia de quem sabe que o mundo pode ser destruído entre o entardecer e o amanhecer, mas que não é preciso levar demasiado a sério suas pretensões à grandeza, suas promessas e ameaças, porque a Torá recomenda não fazer um ídolo de nada, nem mesmo da palavra de Deus.

Aquele velho é o judeu "eternamente ileso", como dizia Joseph Roth, imperturbável e régio mendigo, que no seu encardido cafetã ressurge após cada destruição, amedrontando o Faraó, o comandante do Lager, o fidalgo ou o chefe de repartição anti-semita, com sua incoercível vitalidade e a inextinguível força de seus afetos familiares, que alimentam religiosamente aquela vitalidade. Debaixo das janelas da inteligência ocidental, que se dava conta cada vez mais da própria cisão e do próprio dilaceramento interior, o judeu, pobre ou rico, passa por ser o rei dos *Schnorrer*, dos imperturbáveis e tenazes mendigos fila-bóia: errante e insistente, exposto à galhofa e à agressão, mas pronto a encará-las com um dar de ombros, sem pátria mas radicado num livro e numa lei, instalado na vida como um rei e capaz de sentir-se em casa em qualquer lugar, como se para ele o mundo inteiro fosse um bairro familiar, a rua da infância em que se fala o próprio dialeto natal. Uma vez, durante um congresso literário no museu judaico de Eisenstadt, a capital do *Burgenland* a poucos quilômetros de Viena, um rabino vienense que participava da nossa discussão me perguntou, em tom vagamente cauteloso: "Mas o senhor não é judeu, é?". Nem bem acabara de responder-lhe que de fato não o era e já o rabino se apressava a esclarecer, com as mãos estendidas para a frente como para dissipar um eventual equívoco ou afastar alguma preocupação minha: "Era só uma pergunta...".

15. O DE SEMPRE, SENHOR?

Viva e deixe viver, eis a sabedoria vienense, tolerância liberal que pode desandar facilmente em cínica indiferença no "morra e deixe morrer", como dizia Alfred Polgar. O cemitério *biedermeier* de Sankt Mark está em pleno abandono. Sobre os túmulos carcomidos pela ferrugem, os ornamentos de ferro caem aos pedaços, as inscrições se apagam, o adjetivo "inesquecível" que acompanha tais nomes dissolve-se no esquecimento. É uma selva de anjos sem cabeça, vegetação que se emaranha e cobre as sepulturas, esteias no meio da mata; um anjo com a tocha emborcada e a mão levada à testa num gesto pensativo indica o túmulo em que tinha sido enterrado Mozart: os crisântemos sobre esse modesto cenotáfio estão ainda frescos.

Numerosas são as tumbas macedônias, gregas, polonesas, romenas. *Ici est déposé Kloucerou Constantin Lénsch fils du Chevalier Philippe Lensch Grand Logothet de Droit*. Como os Arlequins ou os Hans Wursts de tantas comédias populares vienenses, o visitante destas alamedas outonais, onde o esquecimento parece em pleno viço, é levado pelo pensamento da morte a pensar no amor. Não na *perditio*, ou na *affectio*, mas na *appetitio*, no leito e em algum momento amável e eufórico. Aquela exuberância da caducidade convida à fidelidade, à recordação, a uma guerrilha contra o tempo. Dá vontade de correr para a primeira cabine e telefonar, com um punhado de xelins, para as companheiras de jogos de outros tempos que voltam imperiosamente à memória. Felizmente existe DDD.

Também os quartos da Hospedaria do Cemitério dos Anônimos fazem pensar numa parada agradável, na estrada, em quartinhos de hóspede. A pousada pertence agora a Leopoldine Piwonka; o *Sturm*, o vinhozinho novo, é borbulhante e leve, a *Stube* tem a acolhedora intimidade austríaca. No Cemitério dos Anônimos são enterrados os corpos retirados do Danúbio; não são muitos, as flores em sua homenagem estão frescas e alguns deles, apesar da denominação do campo-santo, têm um nome. Aqui a morte é elementar, essencial, quase fraterna no anonimato que nos iguala, a todos nós, pecadores e filhos de Eva. Somente a igualdade, a renúncia e o despojamento de tudo, e em primeiro lugar da presunçosa identidade, fazem justiça à morte e portanto à verdade da vida. Quem repousa aqui pode dizer, como Dom Quixote, "sei quem sou".

Diante dessas pequenas cruzes, a capela redonda, em estilo austrofascista, construída nos tempos de Dollfuss, é opaca e insignificante, um grande tambor abandonado, indigno da religiosa e irreverente familiaridade vienense com a morte. Meu amigo Kunz, que encarna aquela civilização melhor do que Joseph Roth, divide eqüitativamente suas despesas de representação entre Vênus venais e esplêndidas coroas mortuárias, que envia aos funerais de cada um de seus conhecidos, mesmo afastados, com uma generosidade que às vezes se torna embaraçosa para os familiares mais próximos do defunto. Parece que o florista, quando o vê entrar na loja, vai logo perguntando: "O de sempre, senhor?".

16. JOSEPHINUM

É o instituto — e museu — de história da medicina, a antiga academia fundada por José II para seus cirurgiões militares, da qual saiu a grande escola clínica vienense. O imperador mandou fazer modelos anatômicos de cera de tamanho natural, ou mesmo maior, que mostram ao visitante, por meio de cortes horizontais ou verticais, o viscoso e perfeito funcionamento dos órgãos internos, os feixes de nervos e suas ramificações que partem dos centros cerebrais, o labirinto dos nervos e dos tendões, dos músculos, das veias e artérias. Uma cabeça de mulher cujo crânio é seccionado horizontalmente exibe olhos suavemente semicerrados, e uma boca amável, para quem a olha de frente, ao passo que as circunvoluções cerebrais são visíveis para quem a observa do alto. Numa seção sagital mediana, um perfil masculino belíssimo e incolor, com a pura indiferença de uma estátua neoclássica e os lábios arqueados num sorriso arcaico, põe a nu a substância cinzenta e a branca de um dos hemisférios cerebrais, com a "árvore da vida" do cerebelo; uma mulher deitada de costas, cujas paredes abdominais foram retiradas para exibir os órgãos genitais, descansa serena, os falsos cabelos louros esparramados pelos ombros e um colar de pérolas em volta do pescoço.

Aquela perfeita e precária topografia do nosso corpo, aquela rede de terminais nervosos e aqueles invólucros viscosos que protegem os nossos órgãos nos permitem meditar, compor ou modificar um soneto, encantar-nos com um rosto, imaginar um Deus. Este museu de cera não é um museu dos horrores, porque a verdade nos liberta e o conhecimento da matéria, que nós somos, torna-a digna de amor. Todo verdadeiro verbo se faz carne e aqueles manequins seccionados mostram a natureza dos corpos que, nos momentos de graça, aparecem em todo o seu esplendor. Até mesmo os modelos dos fetos disformes, de gêmeos siameses fundidos um no outro, lembram-nos que *de nostra re agitur*. Entretanto, é tempo de eleições na universidade: numa parede um manifesto do grupo "Jes", que prega a obrigação da gravata e a proibição dos movimentos de esquerda, anuncia para o 1º de junho, no quadro de um ciclo sobre a "sexualidade conservadora", a conferência de um tal dr. Knax sob o título "Masturbação: homicídio de massa?".

17. UM CABARÉ DA REALIDADE

Christa Janata me leva a visitar o antigo cemitério judeu, no nº 9 da Seegasse. Christa, nos anos 1950, era a mascote da *Wiener Gruppe*, a lendária e hoje canonizada vanguarda vienense. Era amiga de Artmann, de Bayer, de Rühm, que lhe deram o apelido de Maaike, e olhava com encantado espanto as extravagâncias deles, que de tudo zombavam, salvo de si mesmos. Tinha, provavelmente, mais poesia do que todos eles, com exceção, talvez, de Bayer; é certo que hoje ela tem muito mais. É linda e desencantada, sabe perfeitamente como acabam as coisas mas conhece o respeito e o afeto pelos outros, ao contrário dos funambulescos e áridos truques dos literatos, que, de tanto enrolar os burgueses, acabam por enrolar a si mesmos.

É domingo, as ruas estão desertas. Entramos para tomar um café na *Gasthaus Fuchs*, em Rogergasse. Viena — a Viena de Canetti — é também um baixo-ventre do mundo, familiar até na degradação. Os três ou quatro freqüentadores representam os vários estágios do alcoolismo. Um velho croata fala sozinho, nem percebe quando lhe põem um copo na mão. Numa outra mesa, três fregueses jogam baralho; um tem um rosto completamente embrutecido e animalesco como uma figura de Brueghel, o corpo de outro vai se arredondando graças à cerveja, numa informe obesidade feminina; a única mulher tem o rosto deformado como num quadro expressionista. A certa altura entra um demente, com um martelo e pregos, que se põe a cravar por toda parte, nas mesas, nos bancos. É uma cena de verdadeiro *Kabarett* vienense — mas um *Kabarett* da vida, tosca e nua, inatingível pela literatura, que se torna falsa e acadêmica quando tenta imitar esta realidade elementar. A patroa é desenvolta e bondosa, mas talvez dentro de alguns anos esteja embrutecida como seus clientes de hoje. "Você aparenta cinqüenta anos", lhe diz, galante, um bêbado. Christa olha para mim, como a perguntar se seus cinqüenta anos, que ela acaba de completar, são tão diferentes assim.

18. REMBRANDTSTRASSE, 35

Aqui morava Joseph Roth em 1913, recém-chegado da Galícia e inscrito nos registros da Universidade de Viena com seu nome completo, Moses Joseph Roth. A casa é cinzenta, numa paisagem desolada de periferia; as escadas são escuras, e no quintal opaco uma árvore retorcida cresce toda enviesada. Morando nessa casa não era difícil tornar-se um especialista em melancolia, a nota dominante de Viena e da Mitteleuropa; uma tristeza de internato e de quartel, a tristeza da simetria, da fugacidade e da desilusão. Em Viena tem-se a impressão de que se vive, e sempre se viveu, no passado, cujas dobras escondem e protegem também a alegria. É o *Lied*, a modinha, do "lieber Augustin", bêbado e vadio, que vive sempre o último dos seus dias, que vive num epílogo prolongado, no intervalo entre o crepúsculo e o fim, no adeus prolongado e adiado. Essa pausa é o instante roubado à fuga e gozado a fundo, a arte de viver à beira do nada, fazendo de conta que tudo está em ordem.

19. À BEIRA DO REAL

Até a alta economia pode tornar-se, em Viena, uma arte do nada. Entre os papéis de Schumpeter, mestre dessa ciência incompreensível, havia também anotações para um romance, que, como nos conta Arthur Smithies em seu necrológio, teria como título *Navios na bruma*. Como indicam os esboços desse romance nunca escrito, o sutil e indeciso protagonista, Henry — filho de uma inglesa e de um triestino de nacionalidade indefinível — deveria partir para a América, onde se dedicaria aos negócios, atraído não pela possibilidade de ganhar dinheiro, mas pela complexidade intelectual da atividade econômica, por aquela mistura de matemática e paixão na qual as leis gerais da economia cruzam-se com a irregularidade casual da vida.

Nesse fragmentário e furtivo auto-retrato, Schumpeter desenhava um típico personagem habsbúrgico, herdeiro e órfão daquele crisol plurinacional, cujo desaparecimento deixara-lhe a sensação profunda de não pertencer a nenhum mundo preciso, mas também a convicção de que aquela sua identidade fugidia — feita de misturas, de subtrações e de elisões — não era somente o destino dos epígonos danubianos, mas sim uma condição histórica geral, a existência de todo e qualquer indivíduo.

Contemporâneo de Hofmannstahl e de Musil, criado na época das ciências que põem a nu, com a matemática, a precariedade de seus fundamentos, Schumpeter pertence, como Wittgenstein, àquele estilo de vida e de pensamento que se reconhece no binômio musiliano de alma e exatidão: uma inteligência que pretende sondar as ambíguas profundezas da alma com o rigor analítico da ciência, e um recato pudico que se proíbe todo *pathos* fácil e se impõe permanecer, por coerência e honestidade, no âmbito daquilo que se pode verificar racionalmente, mas sabendo que além dos limites daquele território cognoscível surgem as grandes perguntas da existência, as interrogações sobre os valores e sobre o significado da vida. Os estudos geniais de Schumpeter sobre as leis do desenvolvimento econômico são o exemplo dessa matemática do pensamento que olha com apaixonada nostalgia, como nos romances de Broch, para os sentimentos e os fenômenos que escapam ao seu domínio.

No romance, Henry devia criar-se, como o próprio autor, cercado pelo carinho da mãe e inserido num puro jogo de altas e refinadas relações sociais. Talvez através de sua própria história Schumpeter desejasse pintar o retrato do burguês liberal da Viena *fin de siècle*, que procurava mimetizar a própria ascensão econômica, segundo a tese de Schorske, nas formas da cultura estética da aristocracia. A vida de Henry acabava por esgotar-se no jogo dessas formas sociais e por ofuscar-se numa elegante ausência, numa confusão ambígua entre verdadeiro e falso, numa elusão contínua de toda verdade. Henry ia descobrir-se estranho a toda pátria, a toda classe social e a toda comunidade humana: a impossibilidade de apegar-se a uma família, a um amigo, a uma mulher amada. O indivíduo acabava tendo tão-somente o seu trabalho, mas este era só o resto de um naufrágio: "Trabalhar de maneira eficiente, sem objetivos, sem esperança".

Smithies recorda a ironia com que Schumpeter fornecia aos interlocutores argumentos para refutar suas teorias e com que observava os mal-entendidos que acompanhavam a difusão de sua obra, unindo o absoluto rigor da clareza científica a uma inclinação secreta pelo declínio. Essa afinidade vadia com as fendas da história, unida a uma lucidez racional que não se deixa perturbar, é, também ela, herança da velha Áustria. A existência de Schumpeter é marcada por extravios e equívocos: a distância temporal entre suas intuições e o momento em que elas eram percebidas, as catástrofes mundiais que retardavam o sucesso de alguns de seus livros, entre os maiores textos de economia do século XX, seu fracasso como ministro das finanças e como presidente de um banco, apesar de ter sido ele um dos pouquíssimos a compreender a situação e indicar os meios corretos de enfrentá-la.

Como Henry, Schumpeter barrava o caminho, em seu coração, a todo complexo reativo e a todo desprezo; não atribuía ao mundo as suas desilusões e não culpava os outros pelo absurdo das coisas. A civilização austríaca ensinara-lhe o sorriso discreto que desmascara toda certeza, mas dissimula a apreensão e aprecia no seu justo valor aquele tanto de imbecilidade cotidiana de que a inteligência precisa para sobreviver. O gênio da economia, que teorizava o dinamismo empresarial e a livre iniciativa, pensava, como Musil, que a razão calculadora é um velho banqueiro e que a capacidade de dominar aqueles cálculos é necessária, mas não suficiente para viver. A história, diz uma de suas anotações, poderia ser escrita em termos de ocasiões perdidas; o filho da velha Cacânia sabia que, se as coisas vão desse jeito, poderiam também ir de outra maneira.

20. WIENER GRUPPE E STRIPTEASE

Na breve *Passage* que leva da Kärtntnerstrasse à praça onde está a Cripta dos Capuchinhos, ao lado do famoso bar construído por Loos, havia o *Art-club*, um local também chamado *Strohkoffer*, baú de palha. Era a sede principal da *Wiener Gruppe*. Na estagnante atmosfera conservadora das décadas de 1950 e 1960, aquele grupo redescobria uma tradição ao mesmo tempo surrealista, dadaísta e popular, tentava opor-se à progressiva alienação que desapropriava o indivíduo da sua experiência sensível imediata e procurava a poesia na experimentação desenfreada, na montagem e no jogo verbal, nos funambulismos fonéticos e nos *happenings*, na mistura de publicidade e *nonsense*, na provocação zombeteira, nos projetos de dirigir um coral de pássaros, construir uma casa com dez quilômetros de comprimento e de imprimir falsos jornais para uma só pessoa.

Esses prestidigitadores infundiam nova vida no entorpecido clima cultural austríaco e entre eles havia um autêntico poeta, Konrad Bayer, que morreria em 1964. Mas em seus ostensivos "atos poéticos", que pretendiam transformar a vida, havia a petulante ingenuidade de quem acredita transgredir a lei do Pai tirando as calças em público, a patética presunção de programar a espontaneidade a pedido e a arrogância de imaginar-se anunciador de um novo evangelho clownesco-orgiástico-cibernético, que nada tinha de muito novo.

Agora austeros volumes acadêmicos celebram esse "acionismo" poético e exibem com solenidade ideológica as fotografias de escritores que se apresentavam ao público nus, fazendo xixi, mergulhando seu passarinho em canecos espumejantes de cerveja e amontoando-se em poses que queriam ser obscenas, ou seja, originais e inocentes. A tudo isso falta penosamente a invenção, o autêntico *nonsense*, a fantasia imprevisível, a ironia; aqueles nus e aqueles gestos provocatórios são esperáveis como os uniformes de cadetes num colégio militar. Agora aqueles iconoclastas tomaram juízo, como os estudantes universitários que se tornam notários, dão conferências na universidade e criticam o 1968.

Exatamente naquele local, me diz Christa, que naqueles tempos freqüentava o grupo, há agora um, momentaneamente fechado, em que se oferece o normal striptease, talvez não muito diferente daqueles espetáculos pretensiosos: uma coerente parábola do striptease ao striptease, que teria agradado a Joseph Roth.

21. KARL-MARX-HOF

O famoso e imenso conjunto de moradias operárias construídas pela "Viena Vermelha", a prefeitura socialista, depois da Primeira Guerra Mundial, nasceu da vontade de reformar, da fé no progresso, da intenção de construir uma sociedade diferente, aberta a novas classes e destinada a ser liderada por elas. É fácil hoje sorrir deste uniforme tom cinzento de quartel. Mas os pátios e os canteiros têm sua melancólica alegria, falam das brincadeiras de crianças que, antes de morar aqui, moravam em casebres ou taperas sem nome e do orgulho das famílias que nestas casas, pela primeira vez, tiveram a possibilidade de viver com dignidade, como seres humanos.

Este monumento do Moderno encarna muitas ilusões progressistas do período entre guerras, ilusões que se desfizeram, mas testemunha também a realidade de um grande progresso, que só uma ignorância presunçosa pode subestimar. Estas casas, em 1934, foram o centro da grande insurreição operária de Viena, que Dollfuss, o chanceler austrofascista, reprimiu com violência sangrenta. A direita é patriótica, mas atira com maior freqüência e maior gosto nos seus compatriotas que nos invasores da pátria.

Hoje nos sentimos órfãos daquele moderno e de suas promessas; Viena, nos anos de exílio entre as duas guerras, foi também o teatro do mundo em cujo palco desabaram, como alegorias barrocas, muitas certezas ideológicas e grandes esperanças revolucionárias.

O que então, na época de Hitler e de Stálin, desabava no coração e no pensamento de muitos, era principalmente a fé no comunismo. O trânsfuga do Partido, diz-se num romance de Manès Sperber ambientado também em Viena, é um órfão da totalidade: quando o militante comunista clandestino, que dedicou sua vida à revolução e trabalha em países dominados por ditaduras fascistas, descobre a perversão stalinista da revolução, passa a se ver numa terra de ninguém, estranho a toda sociedade e exilado da própria vida.

Aquelas testemunhas e acusadores do "deus que falhou", que no período entre guerras percorriam freqüentemente as ruas e cafés de Viena como um território do exílio, viveram a militância revolucionária como uma visão global do mundo, na qual as escolhas políticas implicavam as perguntas sobre o fim último das coisas. Aqueles trânsfugas do comunismo stalinista deixaram uma grande lição, porque do marxismo conservaram a imagem unitária e clássica do homem, uma fé no universal-humano que um dia foi expressa, com ingenuidade, nas formas narrativas do passado. Mas aquela sua humanidade, que das derrotas momentâneas dos próprios sonhos não extrai a autorização para irresponsáveis licenças intelectuais, é bem diversa do coquetismo dos órfãos atuais do marxismo que, desiludidos porque este não se revelou como o "abre-te Sésamo" da história, se entregam a estridentes piadas sobre aquilo que até ontem lhes parecia sagrado e infalível.

A sofrida e seca firmeza dos exilados de ontem pode ajudar a viver de maneira adequada a condição de hoje. Tornar-se órfão das ideologias é tão natural como ficar órfão dos pais; é um momento doloroso que não implica, contudo, a profanação do pai perdido, porque não significa afastar-se do seu ensinamento. Uma militância política não é uma igreja mística em que tudo se equilibra, mas um trabalho cotidiano, que não redime a terra de uma vez por todas e está sujeito a erros mas está pronto a corrigi-los. Também para o marxismo chegou a hora liberal dessa laicidade, que não admite idólatras nem órfãos do Vietnã, mas forma personalidades maduras, capazes de enfrentar contínuas desilusões. É chegada a hora em que deixar o partido comunista não representa mais a perda da totalidade e esta poderia ser uma razão para não deixá-lo. Mas em sua terra de ninguém aqueles nômades de ontem enfrentaram o vazio com um senso dos valores sem o qual a laicidade não é mais libertação do dogma e sim indiferente e passiva sujeição aos mecanismos sociais. Aqueles nômades eram — como dizia Sperber — extraterritoriais em relação à história, viviam na recordação do passado e no sonho do futuro e nunca no presente. Esse destino era também um destino austríaco: nos cafés e nos decadentes hotéis do exílio, acrescentava Sperber, morria mais uma vez, e definitivamente, a velha Áustria.

Mas essa morte e esse exílio eram também resistência ao extenuado desmantelamento pós-moderno, assim como o *Karl-Marx-Hof* foi uma resistência aos canhões de Dollfuss e também à tentação de crer que a própria resistência fosse insensata. A pobre, cinzenta e maciça modernidade daquele falanstério se impõe por sua compacidade. Diversa é a atitude de quem, sessenta anos depois, a redescobre e celebra com gosto retrô, afetadamente progressista, e até tenta, como aconteceu em Trieste com resultados desastrosos, repropor o falanstério como modelo de habitação e de coabitação. Esse capricho de restaurar formas desprovidas da necessidade histórica que em seu tempo as tinha produzido é pós-moderno, é o prazer kitsch do falso e do vistoso, é o gosto da ideologia esvaziada das idéias; uma cultura sem fundamento, que nada tem em comum com os robustos e pesados alicerces do *Karl-Marx-Hof*.

22. TIO OTTONE

Mariahilfestrasse. Naqueles aposentos morava meu tio Ottone, um tio-avô por parte de mãe. As ondas da história, por dezenas de anos, o sacudiam de um lado para o outro, mas acabavam sempre colocando-o, por acaso, em lugar seguro e no alto. Durante a Primeira Guerra Mundial, em Trieste, foi encarregado, na qualidade de funcionário austríaco, do abastecimento da cidade, serviço que executou com justiça e que lhe permitiu não passar muito mal naqueles anos de sofrimento. Em 1918, tendo Trieste passado à administração italiana, foi convocado pelo General Petitti di Roreto e chegou ao encontro marcado com um ligeiro atraso, no momento em que uma pequena multidão, na rua, já havia maltratado seu ex-colega no mesmo cargo, gritando "abaixo o esfomeador austríaco", e tinha assim já dado vazão demais à própria agressividade para se voltar também contra ele. O general, impressionado com a ordem de seus registros, pediu-lhe que se ocupasse do problema dos víveres naquele difícil período de transição e levou-o consigo para seu camarote no teatro, onde se festejava a redenção de Trieste e onde as ovações e os gritos de "Viva a Itália" choveram, automaticamente, também sobre meu tio-avô.

Com a chegada do fascismo ele se transferiu para Viena, onde sua experiência lhe proporcionou, nos anos da grande crise econômica, análogo encargo. Ele me contou que, às vezes, na véspera de alguma manifestação, alguns socialistas iam a seu escritório, diziam-lhe que no dia seguinte iriam exigir que lhes entregasse por exemplo cem quintais de farinha. Ele devia declarar-se disposto a ceder-lhes cinqüenta e no fim todos concordariam com 75. Pediam-lhe que indicasse quais eram as salas de menor serventia de seu escritório para o caso de se tornar realmente necessário quebrar alguma janela a pedradas. Aposentado do serviço público, protegeu durante o nazismo alguns socialistas e comunistas perseguidos; talvez por isso, em 1945, durante a ocupação russa, os soviéticos lhe pediram que tomasse conta do abastecimento e da distribuição de gêneros alimentícios. Nomeado, já velho, cavaleiro de Malta, recusou por instinto um alto cargo, logo depois alvo de penosas polêmicas; promovido depois a Grão-Mestre, passava metade do ano em Roma, no palácio da Ordem, com um velhíssimo camareiro que ele, ultra-octogenário, ajudava a locomover-se e a comer. Venha, Giovanni, vamos para as montanhas, dizia-lhe, e os dois sorviam grandes tragos de um balão de oxigênio. Deslizara entre os acontecimentos, como um bom dançarino que não esbarra nos outros pares na sala cheia.

23. NO MUSEU DO CRIME

O amável funcionário da polícia que me serve de cicerone no Museu do Crime está orgulhoso dos crimes e dos delinqüentes que me apresenta, como o diretor dos Uffizi pode sê-lo de seus Raphael e de seus Botticelli. Mesmo sendo um fiel defensor da lei, ele também não esconde certa simpatia indulgente pelo rei dos arrombadores, Breitwieser, tão amado pelos vienenses que lhe tributaram em massa a última homenagem em 1919, quando foi enterrado no cemitério de Meidling.

Neste museu há duas fotografias inesquecíveis: duas mulheres, vítima e algoz. A assassina é uma senhora abastada, Josefine Luner, dura, gorda e cheia de si, com a queixada quadrada e moralista da dona de casa respeitável que deixa entrever a megera oculta. A vítima é Anna Augustin, catorze anos, tranças escuras, olhos luminosos e tímidos, uma menina mais que uma moça, indefesa e assustada. Anna Augustin vinha da província e trabalhava como criada em Viena na casa dos Luner. A sra. Luner começou a atormentá-la, censurando-lhe inexistentes desregramentos e, ameaçando denunciá-la a seus familiares, passou às bofetadas, aos pontapés e às cacetadas; depois trancou-a, deixou-a sem comida, infligiu-lhe horríveis sevícias, torturando-a da maneira mais atroz. Anna morreu ao cabo de um ano de tormentos; Josefine Luner, descoberta, foi condenada à morte, mas a pena lhe foi comutada em prisão perpétua — como acontecia sempre na Áustria com as mulheres até 1938, quando o nazismo aboliu esse privilégio feminino. O marido, que estava a par da situação mas não participara das torturas, foi condenado a poucos meses de prisão.

A infância de Anna, aqueles seus olhos infantis, ternos e inermes, clamam por vingança. O que aconteceu com essa criatura, e acontece sob várias formas com tantas outras pessoas, nega a história do mundo. Todas as obras mais altas do homem, postas na balança, não bastam para compensar esse horror, não apagam da criação essa mancha indelével. Como Alexei Karamazov diante do general que mandara despedaçar por seus cães um rapazinho, percebemos, nesse caso também, que Deus não é todo-poderoso, que não pode perdoar Josefine Luner, que é inconcebível uma harmonia final na qual a troncuda carcereira seja acolhida no círculo dos bem-aventurados.

Essa violência é, também, violência social. Anna nunca ousou rebelar-se, nem fugir quando ainda podia, quando a patroa, depois de torturá-la, mandava-a fazer compras e ela obedecia. Ninguém lhe ensinara a considerar-se igual em direitos a qualquer um; a autoridade social da patroa infundia-lhe temerosa sujeição, que abria o caminho para a ferocidade da outra. Josefine Luner, por sua parte, nunca seviciaria a filha de um conselheiro de Estado; isso nem lhe passaria pela cabeça. Aliás, nunca torturara ninguém antes, nem sofrera por essa abstinência. Quando se viu diante de uma menina totalmente indefesa e por certo nem viva nem desembaraçada, aquela falta de resistência e a facilidade do crime despertaram nela o desejo de cometê-lo.

Os fracos têm que aprender a fazer medo aos fortes, ou seja, a perceber que — se querem, se se libertam do medo — poderão ser fortes também e devolver às senhoras Luner golpe por golpe. Quem se dobra para servir o faz porque, como o elefante de Kipling, esqueceu sua própria força. Quando se lembrar disso e estiver pronto a aplicar um bom golpe de tromba no primeiro que se atrever a cutucá-lo, talvez haja paz no zoológico.

24. VIVEU CONTENTE, MORREU FELIZ

Para Grillparzer, o Augarten, o grande parque entre a Brigittenau e Leopoldstadt, era um lugar da felicidade e do prazer, ao menos durante a festa popular que ele descreve no "Pobre músico", seu conto de 1848. Hoje o Augarten, com suas alamedas retas e quase nuas, sugere a solidão que existe em toda geometria, um jardim para os passeios de aposentados com seus cães, sob as três rachadas e sujas *Flaktürme*, três torres da artilharia antiaérea agora abandonadas, que se destacam como toscas ruínas bárbaras.

Como o conto de Grillparzer, um adeus hipocondríaco e pungente a uma familiaridade coral que está desaparecendo, a velha Viena é a paisagem de um adeus à felicidade. Amedeo está fazendo um cotejo analítico entre o *Most* e o *Sturm*, duas gradações vienenses do vinho novo, Gigi faz rir as senhoras com as histórias de seu tio, que jurara à mãe, no leito de morte, que casaria com uma certa senhorita e naturalmente nunca teria infringido aquele sagrado juramento, mas antes do casamento há sempre o noivado e depois há sempre tantas coisas a fazer que ele continuara noivo até os 83 anos, obviamente com o firme propósito de casar logo que possível, propósito truncado por sua morte súbita. Francesca levanta levemente a cabeça, com um gesto que lhe é habitual e põe em justa evidência seu pescoço, alvo no crepúsculo. Os anos não levaram a cabo seu retrato, não deixam entrever o que será daquele rosto, que atravessou em silêncio as ondas deixando a água escorrer das faces e dos cabelos, bonito e discreto, procurando ancoradouros comuns e afastados que escapassem à atenção, transparência incolor cuja profundidade só uma dolorosa oceanografia pode revelar.

Mas esta ociosidade vai acabar, porque, embora passemos por *flâneurs* e boas-vidas, somos todos bons e honestos profissionais, laboriosos e confiáveis; a engrenagem da retórica nos mantém na corrente e nos chamará à ordem, dará um puxão e devolverá cada um a seu canil, para ladrar conforme a música predisposta pela seriedade da vida.

Nos troncos e na folhagem dessas árvores reverbera, com uma luminosidade não prevista pelo céu cinzento nem pelo serviço de meteorologia, o esplendor da festa descrita por Grillparzer, a luz de suas páginas que há 130 anos evocaram as árvores e a folhagem do Augarten. O pobre músico é um homem que não teve nem quis ter nada, um mendigo que ama religiosamente a música mas arranha muito mal o seu violino, que organizou com meticulosa e tortuosa candura o próprio fracasso, achando na sua decadência existencial e social a humilde e oculta harmonia com o fluir da vida, o contentamento de cada instante, a persuasão. Kafka — que via no pobre músico aquele que renunciou a tudo e pode gozar a fundo a vida porque aquela renúncia o libertou de todo projeto constrangedor — comparava-o a Flaubert, à ausência e ao vazio da *Educação sentimental*. O personagem de Grillparzer vive "*dans le vrai*" como dizia Flaubert, mas a simplicidade e a verdade, para ele, coincidem com a arte, com sua dedicação à música, ao passo que para Flaubert e para Kafka a imperiosa vocação para a arte afasta daquela verdade humana. A arte do pobre músico, aliás, embora ele a venere como harmonia, é um miserável chiado. Sua existência frustrada é, todavia, o que o salva; ela o subtrai aos papéis da história e da sociedade, permite-lhe dedicar-se a ninharias insignificantes, perder e jogar fora seu tempo, gozar de coisas mínimas e absurdas, aproximar-se, na sua envergonhada inabilidade, de uma leveza mozartiana.

A austricidade é arte da fuga, vagabundagem, amor pela pausa à espera de uma pátria que, como diz o viajante de Schubert, é sempre procurada, pressentida e nunca encontrada. Essa pátria desconhecida, na qual se vive sacando de uma conta a descoberto, é a Áustria, mas é também a vida, amena e — à beira do nada — alegre. Um amável poeta, beberrão e vadio, da época de Grillparzer, Ferdinand Sauter, que passou a vida nos botequins vienenses, escreveu no epitáfio ditado para sua própria tumba: "*Viel empfunden, nichts erworben,/ froh gelebt und leicht gestorben*" — muito ter sentido, não ter conseguido nada/ ter vivido contente e morrido feliz, com leveza e facilidade.

25. BERGGASSE, 19

Quando ele estava lá ia pouca gente, agora todo mundo vai, me diz o motorista do táxi que me leva à casa e ao consultório de Freud. Aqueles aposentos são famosos, eu mesmo lá estive muitas vezes, mas a cada vez a impressão é profunda, percebe-se nesta atmosfera o respeito e a paterna melancolia com que aquele senhor oitocentista desceu no Aqueronte. Na entrada estão o chapéu e a bengala como se Freud tivesse acabado de voltar; há a maleta de médico, uma mala de viagem e uma garrafinha com um forro de couro, o cantil que ele levava consigo nos passeios pelos bosques, que amava fazer com a regularidade meticulosa do pai de família.

As fotos e os documentos que entulham o gabinete propriamente dito, retratos de Freud e de outros fundadores da nova ciência, ou edições dos textos famosos, são banalmente ilustrativos; este não é mais o gabinete do dr. Freud, é um museu didático da psicanálise, quase já reduzida àquela fórmula estereotipada que é agora obrigatória em toda conversa.

Mas na pequena sala de espera há alguns livros da verdadeira biblioteca de Freud: Heine, Schiller, Ibsen, os clássicos que lhe ensinaram a discrição, o rigor e a *humanitas* indispensáveis para descer aos infernos. Aquela bengala e aquele cantil contam toda a grandeza de Freud, seu senso da medida e seu amor à ordem, sua simplicidade de homem resoluto e livre de desvarios, que — penetrando nos torvelinhos das ambivalências humanas — aprende e ensina a amar ainda mais, mais livremente, aqueles passeios familiares pela montanha.

De tudo isso pouco sobrou nos congressos de psicanálise, nos quais, freqüentemente, confusas fanfarronadas irrefletidas, desconhecedoras da sintaxe, rebaixam a psicanálise à sua involuntária paródia, aplicando o complexo de Édipo aos problemas da limpeza urbana ou da serpente monetária. Os herdeiros de Freud não são os nebulosos ideólogos que usam de modo espetacular a psicanálise como se se tratasse de goma de mascar, mas os terapeutas que, com paciência, ajudam alguém a viver um pouco melhor. Aquela maleta de couro, modesta e tranqüilizadora, me faz pensar em todos aqueles a quem devo o pouco de segurança que possuo, aquela mínima e necessária capacidade de conviver com minhas obscuridades.

No fim da Himmelstrasse, um belo ponto panorâmico no bosque vienense, um monumento erguido em 1977 no lugar chamado Bellevue, declara, com alguma ênfase: "Aqui, em 24 de julho de 1895, o segredo do sonho revelou-se ao dr. Sigm. Freud". É ridículo pensar naquele senhor Segredo, que, como um impostor numa comédia, no fim tira a máscara. É preferível pensar nesta paisagem e em Freud que a contemplava, lendo nos perfis curvilíneos da cidade distante um mapa dos meandros interiores, nunca completamente explorados. Naquele letreiro retórico o que comove é o "dr.", aquele "Doktor" ressoante de dignidade acadêmica, de estudos severos e realizados não sem orgulho.

26. ODISSÉIA NO ESPAÇO

O enorme edifício ao longo do canal do Danúbio, no nº 95 da Obere Donaustrasse, é a central da IBM. Uma placa, colocada junto da entrada principal, lembra que naquele lugar, nas salas do balneário Diana que não existe mais, Johann Strauss executou pela primeira vez, em 15 de fevereiro de 1867, *No belo Danúbio azul*. O balneário Diana era certamente mais atraente que este enorme caixão, mas as calculadoras e os cérebros eletrônicos agora instalados naquele antigo templo da caducidade, onde a civilização da época pedia à leveza a escamoteação da tragédia, não perturbam o voltear daquela valsa que, como viu genialmente Kubrick na *Odisséia no espaço*, exprime o uníssono com o ritmo e com a respiração dos mundos. Se os japoneses anunciam um computador logo capaz de ter a complexidade do homem, este poderia, quem sabe, compor um dia o ritmo circular daquela valsa, alegria que sempre foge para voltar sempre, mas mais tênue e longínqua, nostálgica mas cética de sua capacidade de vencer a caducidade.

Também as calculadoras e os cérebros eletrônicos, como a astronave que eles fazem funcionar, estão inseridos naquela música sideral em que transita a espaçonave. No eterno retorno da valsa há algo eterno, não só o eco do passado — da época de Francisco José, encerrada, de acordo com um velho ditado, com a morte de Strauss — mas a projeção contínua daquele passado no futuro, como as imagens de acontecimentos remotos que viajam pelo espaço e são já, para alguém que as receberá não se sabe onde nem quando, o futuro.

Aquela central da IBM é, também, um coração do mundo dos negócios, mas o próprio Strauss, autêntico artista a quem Brahms admirava, era uma indústria que fornecia febrilmente bens facilmente consumíveis, os quais, todavia, chegavam milagrosamente perto da poesia. A placa naquele edifício nos faz sentir como Hal, o cérebro eletrônico que, na *Odisséia no espaço*, se humaniza a ponto de cometer erros, de experimentar paixões e medos. Quem ama a valsa não se escandaliza com o fato de que, em 1982, um computador tenha sido proclamado homem do ano.

27. O OLHAR PARA TRÁS

Como diz a placa, no lugar do atual edifício no nº 15 da Schwarzspanierstrasse, agora vigiado por uma zeladora intratável, que logo me põe para fora com palavras grosseiras, havia, até 1904, a casa na qual morreu Beethoven. Naquela mesma casa, na noite de 3 para 4 de outubro de 1903, Weininger deu um tiro no coração. Poucas semanas antes ele descrevera a sensação de extravio que se experimenta quando, na rua, vira-se a cabeça e se vê o caminho percorrido, a rua indiferente, cuja fuga retilínea testemunha a irreversibilidade do tempo. No fim só resta isso, o olhar para trás que se dá conta do nada.

28. PALAVRAS, PALAVRAS, PALAVRAS

A Hermesvilla, no parque povoado de gamos e javalis, na periferia de Viena, era, com suas ambigüidades *liberty*, preferida pela imperatriz Elisabeth, a infeliz e mítica — e dificilmente suportável — esposa de Francisco José, a retraída e fugidia Sissi, cara à imaginação popular. No seu quarto de dormir, Hans Makart, decorador e ilustrador oficial da Viena da época (a construção da *villa* data de 1882-6), fora encarregado de pintar cenas inspiradas em *Sonho de uma noite de verão* de Shakespeare e de fato esboçou o projeto, realizado pelos seus continuadores.

As cores são sombrias e suaves, o leito da imperatriz é um autêntico leito fúnebre vigiado por uma alegoria da melancolia, as cenas shakespearianas são de uma insinuante e gélida lascívia, que se repete nas figuras mitológicas pintadas na sala de ginástica, onde Elisabeth submetia seu corpo andrógino a exercícios físicos praticados como um verdadeiro culto, como se se tratasse de exercícios espirituais. A *villa* é uma moradia adequada à extenuada e frígida ternura da imperatriz, que a tornava insensível à sexualidade concreta e sedenta de grandezas e doçuras imateriais, a ponto de cultivar com narcisismo ascético a elegância e magreza de seu corpo, de comprazer-se com o desejo masculino sem sentir necessidade de corresponder, de enfatuar-se castamente com a beleza feminina, chegando a pedir aos embaixadores dos Habsburgo que lhe fornecessem retratos das mulheres mais lindas de suas sedes diplomáticas. Há em Sissi uma pureza hermafrodita que detesta o lado físico do sexo e é capaz de amor somente na sublimação e na ausência.

Como freqüentemente acontece, também no caso de Sissi a insatisfação tenta transfigurar-se em poesia, viver a impaciente esterilidade como um sinal de eleição. A imperatriz escrevia poemas líricos e não estava completamente errada quando pensava confiar a eles, cuidadosamente escondidos, a essência e o previsível segredo de sua alma. No velho Império habsbúrgico, até mesmo para um estudante de liceu escrever poemas era inconveniente, tanto que Hofmannstahl, por exemplo, foi obrigado a publicar suas geniais poesias juvenis sob pseudônimo; também uma soberana que mal suportava o protocolo como Elisabeth tinha a obrigação de guardar para si e para poucos íntimos suas poesias, e de fato a imperatriz as confiou, com cuidadosas disposições, a um cofrinho para os pósteros.

As poesias de Elisabeth constituem, como diz seu título geral, um diário poético, ou seja, o registro não de acontecimentos cotidianos, mas de seu sentido mais secreto, daquela luz que deveria iluminá-los mas que a opacidade do dia-a-dia apaga ou, ao menos, esconde. Os poemas de Sissi são poemas do afastamento, da insatisfação, daquilo que a vida não é e desejaria ser;

são uma poesia contraposta à existência concretamente vivida. Aquela existência é bem conhecida: a jovem princesa bávara, prima de Ludwig da Baviera, que desposa Francisco José; o casamento, feliz no começo e depois cada vez mais pesado, num ambiente familiar e cortesão cada vez mais sufocante; o desgosto crescente com o próprio papel de imperatriz, o afastamento interior do marido e dos filhos, a melancolia, a inquietude, as viagens e as ausências sempre mais freqüentes; o estranhamento de tudo, até de si mesma, a morte absurda em Genebra, pela mão do anarquista italiano Luccheni.

As poesias testemunham o desejo de vida pessoal, e a rebelião contra a vida da corte, que chega a uma verdadeira crítica do sistema habsbúrgico e a profissões de fé republicana. Mas contam sobretudo a insatisfação, uma nostalgia que não pode e não quer definir-se e abandona-se a esse afastamento, à ausência de algo que não se sabe precisar e cuja ausência é o verdadeiro, constante conteúdo da vida de Sissi, que se envolve e se enraíza nesse temeroso vazio. O grande pano de fundo desses poemas é o mar, sua indizível infinidade, o murmúrio de suas ondas, contínuo e intraduzível como o da alma; Sissi é a gaivota, a ave marinha sem paz e sem rumo, assim como Ludwig da Baviera, o primo tão semelhante a ela, é a águia, majestosa, mas inadequada e estranha à terra. Na Hermesvilla há também o retrato de Ludwig pintado por Gräfle: o soberano amante da beleza, cisne e águia, aparece gorducho e crespo, oprimido por uma vulgaridade levantina.

Na sua exaltação, a imperatriz imaginava que seus versos, banais e freqüentemente claudicantes, lhe fossem ditados do além, por intermédio de um contato mediúnico, pelo próprio Heine. Elisabeth escreve, realmente, "à Heine", seguindo a melodia e o repertório lírico heiniano que, no século XIX, tinham encontrado numerosos imitadores e repetidores, a ponto de formar uma verdadeira linguagem poética estereotipada.

A música genérica não apaga a sofrida individualidade da voz que a entoa, como a uniformidade da vida não ofusca a intensidade com que o indivíduo a vive. À melodia impessoal daquela linguagem, que se lhe apresenta como uma música sem palavras, como uma estrutura vazia preenchível à vontade, Elisabeth entrega seu autêntico e sofrido drama, suas paixões. Também aquelas paixões, como seu culto kitsch e maníaco de Aquiles, eram historicamente datadas, faziam parte do clima da época, mas Elisabeth, como Ludwig, as viveu diretamente na sua existência estéril e dolorosa, na sua melancolia nos limites do desequilíbrio. Excêntrica até a indiferença não isenta de crueldade, que Francisco José soube tolerar com grande afeto e muito estilo, Elisabeth sabia também mostrar-se magnânima, como quando foi ao encontro do imperador, que voltava das humilhantes derrotas infligidas pelos prussianos, na estação de Viena, e beijou-lhe a mão na frente de todos.

Apesar dos quatro filhos, não era feita para outros beijos. Sua personalidade inquieta é desprovida de persuasão, ignorante de valores, e de resoluta sexualidade, incapaz de habitar na vida, no instante e no presente. Por isso Elisabeth confia a seus versos sua natureza mais verdadeira de ave migratória, sempre errante. Aqueles versos, ora melodiosos, ora insípidos, qualquer um poderia tê-los escrito, eram uma espécie de rimário público, ao qual tantos podiam ter acesso e tinham de fato, e no qual o dilaceramento pessoal afundava como num mar. Poesias não muito diferentes as escrevera também outro nobre e malsucedido soberano, nascido mais para o mar que para o trono, ainda que, por outro lado, capaz de enfrentar com austero sentimento do dever o seu destino, Maximiliano do México. A poesia de Sissi não reside na mais que medíocre obra escrita, mas na tensão entre uma dor solitária e o caráter genérico de sua expressão. Aquelas poesias da imperatriz são um diário poético de todos e de ninguém; mas esse destino, que liga a soberana a tantos literatos, embora afortunados, faz dela um personagem pequeno mas real na história da literatura, no diálogo sem fim entre a voz do coração e as "palavras, palavras, palavras".

29. ECKARTSAU

Neste pequeno castelo de caça, entre esses abetos azuis, encerrou-se a história secular dos Habsburgo; aqui abdicou o último imperador, Carlos. Os triestinos chamavam-no de Carlos Piria (isto é, *funil*), por causa de seu amor ao vinho, e a imagem corrente apresenta-o como um bonachão limitado, mas ele não era somente bonachão, era também realmente bom, e a bondade, na existência, é uma virtude imperial. Quando foi visitar o front do Isonzo e viu o espantoso e insensato massacre, declarou que pararia aquilo, a qualquer preço. A coragem de pôr fim a uma guerra, de perceber sua estupidez abissal, não é certamente inferior à de empreendê-la, é uma coragem digna de um verdadeiro imperador.

O pequeno castelo tem o ar de pacífica moradia familiar; no telhado há um tranqüilizante ninho de cegonha. Esta amável e discreta familiaridade é uma moldura condigna para o fim dos Habsburgo, de uma dinastia rica em figuras maternas e paternas, a começar pela grande Maria Teresa, e cujo último imperador simbólico, Francisco José, tinha o carisma de um avô benévolo, sábio e um tanto gagá. No parque, uma árvore imensa cria, com seus ramos, uma verdadeira sala, mais esplêndida do que as do palácio real. Essa árvore não conhece a abdicação. Nos campos em volta alguns letreiros indicam o cultivo de *Sieglinde*: o nome wagneriano indica uma variedade de batatas.

30. CARNUNTUM

Entre estas ruínas da cidade romana, quando ela estava bem longe da ruína, Marco Aurélio escreveu o segundo livro de suas *Meditações*. "Minha cidade e minha pátria é Roma, como um Antonino que sou. Como homem, é o universo." Marco Aurélio soube ser imperador romano, aceitando sem alarde as vicissitudes e a responsabilidade que lhe eram confiadas, e cidadão do mundo, semelhante a qualquer outro homem da terra, ou a um simples ser vivo do universo, participante do perene fluir e transmutar-se de todas as coisas e pronto a aceitar a própria parábola sem assumir um ar carrancudo. Estava "cônscio de sua inclinação natural para a política, romano, imperador, já pronto para seu cargo" e sabia, como um soldado, partir para o assalto de um muro, sem se envergonhar de pedir ajuda se não conseguia escalar o muro sozinho; mas reconhecia, também, a igualdade e paridade de todos os homens em virtude da qual um vencedor dos sármatas era também um assassino, como todos os que matam.

O imperador romano é um grande escritor e um grande mestre. Tinha piedade, respeito e cordialidade pela vida, mas nenhuma idolatria, pois sabia que ela é só "opinião". Combatia os quados e os marcomanos, apresentava-se com suas legiões na Porta Hungárica, naquele território entre os rios March e Leitha, além do qual pressionavam as multidões de invasores bárbaros, que se difundiriam nos séculos seguintes. Defendia o Império, mas não se deixava dominar pelo seu *pathos*, não se permitia — segundo suas próprias palavras — cesarizar, porque sabia que aquilo era apenas seu dever e não um valor absoluto. "A Ásia, a Europa", escrevia, "pequenos fragmentos do universo."

Cultivava as coisas últimas e essenciais, ciente de que a pessoa é constituída pelos valores em que acredita, e que imprimem no seu rosto o cunho de sua nobreza ou de sua vulgaridade; a alma assume a cor das imagens que nela se formam, anotava, e o valor de cada um é estritamente relacionado com o valor das coisas a que deu importância. É talvez a intuição mais fulgurante da essência de um homem, a chave para ler sua história e sua natureza: somos aquilo em que acreditamos, os deuses que abrigamos em nossa mente, e essa religião, elevada ou supersticiosa, nos marca de maneira indelével, imprime-se em nossas feições e em nossos gestos, torna-se nossa maneira de ser.

Convencido da unidade do universo, em todas as suas incessantes transformações, Marco Aurélio não permitia todavia que a atividade da mente se confundisse com o princípio vital, como se fosse mera secreção fisiológica do cérebro, e exigia que ela se pusesse à altura de julgar o próprio universo do qual era uma parte provisória, ainda que lhe faltasse certamente a grandiosa familiaridade intelectual com a matéria de que são feitas a vida e a conjunção animal que a produz, "atrito de membranas e emissão de muco acompanhada de um certo frêmito".

O imperador tranqüilo, que se alegrava por não ter dado prova de sua virilidade antes do tempo, mas na hora certa, não receava — diferentemente de seus futuros sucessores habsbúrgicos à coroa imperial, ainda denominada romana — as mudanças, pois sem mudanças nada pode acontecer. O soberano filósofo, lembrado do grande contraste platônico entre retórica e filosofia, agradecia a seu mestre Rústico ter-lhe transmitido a aversão à retórica e à poesia, à fala polida. Marco Aurélio procura a verdade e, para ele, a poesia é mentira. Para nós, leitores de Saba, é fácil contradizê-lo e mostrar-lhe a verdade que a poesia pode alcançar e que elude não somente a literatura, a retórica, mas também a filosofia.

Marco Aurélio, provavelmente, não sabia que era um grande poeta, mesmo quando agradecia aos deuses por "não ter tido a ambição de tornar-se escritor". Sua poesia é a do eu moral e se opõe a uma outra poesia, à dissolução fantástica de todos os vínculos, lógicos e éticos, operada por quem é invadido pelo divino furor das musas; ela se opõe à poesia que escuta o canto das sereias e tem nostalgia do esquecimento dos Lotófagos. Nesse sentido o imperador, que se movimenta até a longínqua Panônia e morre tão longe de Roma, em Vindobona, é um sedentário — diria Gadda — que com paciente coerência modela sua personalidade; os poetas nômades, *les vrais voyageurs* de Baudelaire, erram sem meta, provam de toda e qualquer experiência desperdiçando de propósito sua identidade pessoal específica, se perdem e se dissolvem no nada.

A viagem intrépida de Marco Aurélio, voltada para a construção do próprio eu, não contradiz a de Rimbaud, que almeja a desagregação e a abolição de si mesmo. Mas talvez o imperador quisesse dizer, simplesmente, que à filosofia bastam o pensamento e o mundo, ao passo que para a arte do dizer são necessários manuais de poética, tratados, bibliotecas, coisas que não é fácil levar consigo. E exatamente em Carnuntum ele escrevia, quase para aconselhar os futuros viajantes danubianos, tão abarrotados de tomos e bibliografias, que ostentam como jaculatórias, em apoio à sua vacuidade: "Manda embora aquela sede de livros, se não queres chegar à morte murmurando...".

31. UMA MINORIA DESEJOSA DE ASSIMILAÇÃO

Eisenstadt está já do outro lado do Leitha, que marcava a fronteira com o reino da Hungria, do qual fazia parte. Aqui começa o torpor panônico, as casas baixas na planície como pálpebras sonolentas, os ninhos de cegonhas nos telhados de Illmitz e os juncos e caniços do lago Neusiedel, coberturas de palha e de barro, a cor ocre-amarelo do palácio dos Esterházy, presente em todas as terras da coroa húngara. No *Burgenland* — do qual Eisenstadt é a capital — não governam agora senhores feudais, mas o *Landeshauptmann*, o chefe da Região, Theodor Kery, chamado "Landesfürst", príncipe da Região, por causa do estilo de magnata magiar com que governa o *Land*, concedendo menos audiências do que os nobres de outros tempos, interrompendo debates com a afirmação "eu nunca me engano" e sendo homenageado, em suas festas de aniversário, como um senhor feudal.

Kery, que deixa circular de bom grado as notícias sobre seu hipotético sangue azul e que em determinado momento despertou o interesse da procuradoria do Estado por causa de uma estrada que leva ao seu palacete, construída com dinheiro público, é um socialista, muito chegado, dizem, ao chanceler Sinowatz. Também Sinowatz provém do *Burgenland* e é de origem croata; ele parece reassumir e ilustrar o destino do seu povo, a minoria croata, e de sua galopante assimilação. Os croatas vivem na região há 450 anos e estão rapidamente se extinguindo; no próximo recenseamento, calcula Martin Pollack, serão presumivelmente 10 mil.

Enquanto na Europa se assiste quase em toda parte ao despertar das pequenas nacionalidades e à afirmação tenaz, e freqüentemente agressiva, da própria identidade por parte das minorias nacionais — bascos, corsos, os albaneses do Kossovo —, os croatas do *Burgenland* solicitam sua assimilação. Quanto mais os eslovenos da Caríntia são combativos em suas reivindicações étnicas, mais os croatas parecem cooperar, como constatou em sua sondagem Martin Pollack, para a própria extinção.

Os topônimos croatas desaparecem gradualmente e são conservados sobretudo nas igrejas, como no quadro que indica o horário das missas na paróquia de Hornstein-Vorištan; Joseph Vlasits, professor de Ginásio em Eisenstadt e membro da comissão para a nomenclatura, sublinha o escasso entusiasmo da minoria croata pela própria língua, e Fritz Robak, ex-burgomestre da comuna mista Steinbrunn-Štikapron e membro da Conferência dos Burgomestres e Vice-burgomestres das comunas Croatas e das comunas Bilíngües, afirma ser possível mudar de língua como se muda de partido ou de religião e contou a Pollack que em meados da década de 1970 tentou inutilmente convencer Tito de que a minoria croata não estava sofrendo nenhuma assimilação forçada, mas que, pelo contrário, ela própria a desejava.

Robak é socialista e talvez se regozije com esse processo porque os camponeses croatas, germanizando-se, abandonam seu catolicismo tradicional. Eis aí, disse ele a Pollack com ar satisfeito, mostrando-lhe um ponto no mapa: aqui, esta aldeia, Tschantschendorf, estava uma vez cheia de croatas, agora não há mais nenhum...

Alguns jovens procuram reagir, voltar — com o típico retorno da terceira geração, que também caracterizava a redescoberta do judaísmo por parte dos jovens judeus na Praga de Kafka — ao croata de seus avós. Seus pais, ao contrário, desejavam que nas escolas fosse suprimido o ensino do croata, para as crianças aprenderem melhor o alemão e conseguirem integrar-se mais completamente na sociedade austríaca. O croata devia permanecer, quando muito, como um dialeto doméstico. Triste? O professor Josef Breu, com seu *pathos* hegeliano e goethiano da mutação, acha que não. "O mundo está em contínuo movimento", diz ele, "e se tudo tivesse que permanecer sempre igual, hoje nós deveríamos ainda estar falando celta..."

32. ONDE HAYDN ESTÁ NÃO PODE ACONTECER NADA

Eisenstadt é o lugar de Haydn, da sua casa natal e da sua tumba, de um museu dedicado à sua vida e a suas relíquias. O *Wienerisches Diarium* de 18 de outubro de 1766 definia sua música como uma água pura e límpida, embora a comparasse — acreditando homenageá-la com o mais alto louvor — à poesia de Gellert, hoje conhecida quase tão-somente pelos professores de germanística. Haydn é talvez uma das últimas — ou das raras *tout court*? — expressões de uma totalidade intacta e harmoniosa, de uma criação sem sombras. Um de seus quartetos vocais, intitulado *O velho*, e exposto no museu, é, ele também — como a canção do *lieber Augustin* ou o epitáfio de Sauter e a serenidade do pobre músico —, a evocação de um adeus sereno e cristalino. "*Hin ist alle mein Kraft,/ Alt und schwach bin ich...* [...] *Der Tod klopft an meine Thür/ unerschreckt mach'ich ihm auf,/ Himmel, habe Dank!/ Ein harmonischer Gesang/ war mein Lebenslauf.*" (Minhas forças se foram, estou velho e fraco... a morte bate à minha porta, abro-lhe sem temor. Céu, te dou graças! Um canto harmonioso foi a minha vida.) Essa segurança permitia a Haydn não temer as bombas francesas durante o sítio de Viena e tranqüilizar com infantil candura os demais: onde Haydn está não pode acontecer nada, dizia com a segurança do homem totalmente livre e em paz consigo mesmo, o qual, escreve Freud, sabe — no fundo do seu inconsciente — que nada pode ameaçá-lo.

33. MAIS SOMBRIO E MAIS GLORIOSO

Mais uma parada em Viena. Solidão e, ao mesmo tempo, familiaridade. "Lembre-se da sensação de infinita distância, no hotel, incógnito", escrevia D'Annunzio em Viena, em 10 de abril de 1900, por ocasião da estréia austríaca da *Gioconda*, interpretada por Eleonora Duse. Essa sensação de intimidade solitária é a impressão de uma volta para casa, para uma casa que anos de ausência transformaram completamente.

Uma identidade é feita também de lugares, das ruas em que vivemos e onde deixamos parte de nós mesmos. O mapa do monte Nevoso, com os nomes de suas clareiras e de seus atalhos, é por certo também um retrato meu, a imagem daquilo que vivi e daquilo que eu sou. Às vezes os lugares podem ser atávicos, nascer de anamneses platônicas da alma que neles se reconhece. Viena é um desses lugares nos quais reencontro o conhecido e o familiar, o encanto das coisas que, como na amizade e no amor, tornam-se com o tempo sempre mais novas. Essa familiaridade de Viena reside talvez em sua natureza de encruzilhada, lugar de partidas e retornos, de pessoas, famosas e obscuras, que a história recolhe para depois novamente dispersar, numa provisoriedade erradia que é nosso destino.

Assim a cidade é um grande café, o lugar dos hábitos metódicos e do casual ir e vir. Ela também faz pensar na morte, na saída definitiva pela porta do café, e nos conduz a todos, como aquele personagem de Roth, à Cripta dos Capuchinhos, a fim de tentarmos compreender o que significa a morte. Nem lá se encontra a resposta. Enquanto olho para os túmulos dos imperadores, me vem à memória o trecho de um manuscrito inédito, que li recentemente. Nele a autora conta como, quando menina, ficara muda quando o padre, na aula de catecismo, lhe perguntou o que era a morte e, diante de seu silêncio, a definira como a "separação da alma do corpo". A menina ficara desapontada porque pensava, sem poder precisar melhor, "em algo mais sombrio e mais glorioso". Ela pensava sem dúvida numa outra glória, não na destes sepulcros majestosos, nem tampouco naquela que um funcionário da dinastia dos Habsburgo tinha prometido a um escritor que se lamentava por ser desconhecido: "Espere morrer e logo verá que se tornará certamente famoso!".

V.
CASTELOS E DREVENICE

1. O CAMARÃO VERMELHO

Bratislava. Na antiga farmácia O Camarão Vermelho, à rua Michalská, um afresco, no teto do vestíbulo, representa o deus do tempo. As poções e as misturas que o rodeiam nesse átrio, como um tranqüilo desafio, e o douto livro escancarado diante dele prometem exorcizar seu poder e refrear seu avanço. Aquela botica do século XVIII — hoje transformada num Museu Farmacêutico — parece um ordenado e simétrico desfile militar, a exposição de uma discreta mas tenaz arte de guerra contra Cronos. Os vasos azul-cobalto, verde-esmeralda ou azul-celeste, enfeitados de desenhos de flores e versículos bíblicos e alinhados sobre as prateleiras, assemelham-se às filas de soldadinhos de chumbo nas maquetes que reproduzem a formação de batalhas famosas; as tinturas, os bálsamos, as melissas, os alopáticos, os depurativos, os eméticos estão cada um no seu lugar, prontos a intervir de acordo com as exigências estratégicas ou os assaltos inimigos. Até as etiquetas, com as suas abreviações, lembram siglas militares: Syr., Tinct., Extr., Bals., Fol., Pulv., Rad.

A arte do boticário quer derrotar a deterioração dos anos, restaurar o corpo e o rosto como se restaura a fachada de um edifício. No pequeno museu se está bem, há silêncio e frescor, neste tórrido verão, como numa igreja ou debaixo da pérgula de uma taberna; desfruta-se de uma discreta e agradável intimidade burguesa enquanto se olham os alambiques de um laboratório de alquimia, o busto de Paracelso que lembra a sua atividade em Bratislava, os vasos de acônito e cinamomo, os documentos da farmacopéia renascentista e iluminista, a estátua de madeira de santa Elisabete, protetora dos boticários barrocos.

Este museu dos lenitivos contra as afrontas do tempo é um museu da história, que do tempo é simultaneamente o braço secular — o instrumento do devir e das suas devastações — e o remédio, a memória e a salvação do que está condenado à consumação e ao esquecimento. Junto à revista austríaca da união dos farmacêuticos, em alemão, encontra-se nas prateleiras o manual de *Pharmacopea Hungariae*, um tomo enorme, *Taxa Pharmaceutica Posoniensis* de Ján Justus Torkos, publicado em 1745 em quatro línguas, latim, eslovaco, húngaro e alemão. Bratislava, a capital da Eslováquia, é um coração dessa Mitteleuropa que é uma estratificação dos séculos que permanecem sempre presentes, de lacerações e conflitos não resolvidos, de feridas não cicatrizadas e de contradições não conciliadas. A memória, a seu modo uma arte médica, conserva sob o vidro tudo isso, os lábios das feridas e as paixões que se infligiram.

Na Mitteleuropa ignora-se a ciência do esquecer, de transcrever os acontecimentos nas atas e arquivá-los; esse manual farmacêutico em quatro línguas e esse adjetivo, "Posoniensis", me fazem lembrar que no ginásio, com alguns amigos, discutíamos sobre as preferências de cada um por um ou pelo outro dos nomes da cidade: Bratislava, o nome eslovaco, Pressburg, o alemão, ou Poszony, o húngaro, derivado de Posonium, o antigo posto avançado dos romanos no Danúbio. O fascínio desses três nomes irradiava a sugestão de uma história compósita e plurinacional e na preferência por um ou por outro se exprimiam, infantilmente, atitudes básicas com respeito ao Espírito do Mundo: a instintiva celebração das grandes e poderosas civilizações que, como a alemã, fazem a grande história, a admiração romântica pelas proezas dos povos rebeldes, cavalheirescos e aventureiros como os magiares ou a simpatia por aquilo que é menor e oculto, pelos pequenos povos que, como os eslovacos, continuam por muito tempo a ser um substrato paciente e ignorado, uma terra humilde e fecunda que espera durante séculos o momento do seu florescer.

Em Bratislava, cidade célebre no passado pelos seus valentes artesãos e colecionadores de relógios, hoje reunidos no museu da rua Zidovská (judia), percebe-se a imperiosa presença de épocas entrelaçadas de conflitos. A capital de um dos mais antigos povos eslavos foi, por dois séculos, a capital do reino da Hungria quando esta, depois da batalha de Mohács de 1526, fora ocupada quase totalmente pelos turcos; em Bratislava os Habsburgo vinham cingir a coroa de santo Estêvão e a jovem Maria Teresa veio pedir ajuda, depois da morte do pai, o imperador Carlos VI, à nobreza húngara, apresentando-se com seu filho José, recém-nascido, nos braços. Na cidade, nessa época, contava somente o elemento dominante húngaro ou, no máximo, o austro-alemão; ao substrato camponês eslovaco não era reconhecida dignidade nem relevância.

Antes de 1918 os vienenses consideravam Bratislava quase como um agradável subúrbio, no qual se podia chegar em menos de uma hora para saborear os seus vinhos brancos, cuja tradição florescia já nos tempos do reino eslavo da Grande Morávia, no século IX, e sobre os quais vela santo Urbano, patrono dos vinicultores. Passeando pela cidade, entre encantadoras praças barrocas e recantos abandonados, tem-se a impressão de que a história, ao passar, esqueceu aqui e ali muitas coisas, ainda cheias de vida, que ressurgem. Ladislav Novomeský, o maior poeta eslovaco do século XX, fala, numa de suas poesias, de um ano esquecido no café como um velho guarda-chuva. Mas as coisas reaparecem, e um dia ou outro acabamos por reencontrar nas mãos os guarda-chuvas da nossa vida, abandonados aqui e ali.

2. ONDE ESTÃO OS NOSSOS CASTELOS

É o título de um ensaio do escritor Vladimir Mináč, escrito em 1968. O *Hrad*, o castelo, ergue-se sobre Bratislava com os seus torrões potentes e a sua robusta simetria, uma fortaleza maciça que une uma áspera e inabalável fidelidade de sentinela a um afastamento de contos de fada. A Eslováquia é toda povoada de castelos, torres, residências nobres; com as inalcançáveis mansões no cimo das montanhas e das colinas, com suas garatujas de torres à maneira de Disneylândia, ainda que autênticas, alternam-se residências senhoriais e construções pesadas, quase sempre de cor ocre, que se convertem aos poucos na mais familiar dimensão de grandes casas de campo.

Mas estes castelos, parece dizer Mináč, estão em outro lugar, em uma outra história, que não é feita pelos eslovacos. A maioria dos senhores que moravam nestas residências eram húngaros. Para os camponeses eslovacos havia as *drevenice*, as cabanas ou pequenas casas de vigas de madeira cimentadas com palha e esterco seco. No castelo em Oravský Podzámok, no vale do Orava, um quadro mostra a tez branca e as mãos gorduchas do Celsissimus Princeps Nicolaus Eszterházy, enquanto as mãos das camponesas da aldeia situada mais abaixo têm ainda hoje a cor da terra, são ressequidas e nodosas como as raízes das árvores que abrem caminho entre as pedras. A diversidade daquelas mãos é um símbolo das vicissitudes desses povos; durante séculos os eslovacos foram um povo ignorado, o obscuro substrato e tecido do seu país, semelhante àquela palha e àquele esterco seco que mantêm unidas as *drevenice*. Nós não temos história, escreve Mináč, se esta é feita somente de reis, imperadores, duques, príncipes, vitórias, conquistas, violências, rapinas. Em um poema de Petöfi, o poeta nacional húngaro, o eslovaco aparece, embora de maneira indulgente, como um consertador de panelas de nariz vermelho e com a capa desbotada.

Mas aquelas que a concepção oitocentista chamava "nações sem história", como se se tratasse de míticas comunidades que a natureza tivesse destinado a uma perene condição agrária e subalterna, eram nações decapitadas — por alguma derrota política e militar — de sua classe dirigente. Mináč reivindica polemicamente o papel dos eslovacos nesta obscura e paciente obra de construção, que não conheceu a violência destrutiva contra os outros, mas foi, por longo tempo, uma história de perdedores. Em 1848, quando as esperanças revolucionárias inflamavam a Europa, os eslovacos encaminham aos seus dominadores húngaros, em revolta contra os Habsburgo, as chamadas reivindicações de Liptovský Mikuláš, um pedido de elementares direitos nacionais, ao qual as autoridades magiares respondem com prisões e duras medidas repressivas; por outro lado os austríacos, uma vez derrotada a revolução de 1848, procuram reconciliar-se com os húngaros e deixam os eslovacos à sua mercê. O destino destes últimos — especialmente depois de 1867, na Dúplice Monarquia — é uma pesada opressão; considerados, sobretudo com a lei húngara de 1868, mero grupo quase folclórico no seio da nação magiar, os eslovacos vêem negada a sua identidade e a sua língua, impedidas as suas escolas, truncadas mesmo sanguinariamente as suas reivindicações, bloqueada a sua ascensão social, boicotada a sua representação parlamentar. Os números citados por L'udovít Holotík num de seus estudos documentam a esmagadora preponderância socioeconômica húngara, que confinava os eslovacos a uma forma de vida rural, tornava-lhes extremamente difíceis a formação cultural e as atividades financeiras, ou seja, o crescimento de uma classe burguesa e os obrigava a uma difusa imigração, sobretudo para a América. Era principalmente a igreja — católica e evangélica — que tutelava a nação, fundava escolas e defendia a obscura e desprezada língua eslovaca.

A questão da língua criava difíceis problemas mesmo no seio da irmandade eslava e da sua emancipação. Alguns tchecos de fato — os que estavam à frente do austro-eslavismo — defendiam o uso do tcheco como língua escrita, também na Eslováquia, para conferir unidade e eficiência ao movimento, relegando assim o eslovaco a um papel dialetal e doméstico, nitidamente subalterno. Até Ján Kollár, o grande intelectual eslovaco assimilado aos tchecos, defendia essas posições, contestadas pelos seus compatriotas que viam nelas o fim da sua identidade e reivindicavam a autonomia da sua língua, discutindo seus modos e variantes.

Essas tensões, ainda hoje vivas na rivalidade entre tchecos e eslovacos, minavam a unidade do ressurgimento eslavo e sobretudo do austro-eslavismo. De um lado de fato os eslovacos se consideravam, mesmo enquanto nação que ficou isolada e não corrompida na sua fisionomia originária, um berço primitivo e autêntico da Eslávia, da sua antiga civilização unitária, sentindo-se por essa razão particularmente afins às outras nações eslavas campesinas, como os rutenos e os eslovenos. Já no século XVIII Jan Baltazár Magin, na sua *Apologia* que refutava — em latim — as difamações de Michal Bencsik, professor da Universidade de Trnava, celebrava essa pureza íntegra e originária. Ján Kollár, que se voltou para a língua tcheca e escreveu em tcheco embora fosse eslovaco, expressou essa exaltada eslavofilia com o seu poema "A filha de eslava", em 1824. É na Eslováquia que se afirma, antes e mais vigorosamente que entre os tchecos, um messianismo pró-eslavo.

Esses fermentos eram suscetíveis de desenvolver-se de maneiras diferentes e mesmo opostas. Uma saída podia ser o pan-eslavismo filo-russo, uma outra o austro-eslavismo, propugnado, por exemplo, por um líder combativo como Milan Hodža, próximo das idéias e dos projetos trialísticos de Francisco Ferdinando. Mas se o austro-eslavismo professado pelos tchecos podia fazer vislumbrar aos olhos destes últimos a esperança de uma posição relevante na futura e almejada ordem imperial, nesse projeto os eslovacos — submetidos à magiarização e bastante afastados dos tchecos — dificilmente poderiam entrever uma possibilidade de saída de sua menoridade: Štur, o poeta e patriota revolucionário de 1848, escreve, ao final da sua vida, o livro *A Eslávia e o mundo do futuro*, publicado postumamente em russo em 1869, no qual profetiza a dissolução do Império dos Habsburgo.

A literatura eslovaca, me diz Stanislav Šmatlák, ensaísta e sócio da Academia das Ciências, foi a acusadora no tribunal da história universal, um teste do seu "tremendo espírito de aniquilamento", como o chamava Nietzsche. Num ensaio seu, escrito por ocasião do congresso sobre a paz realizado em Praga, Šmatlák relembrou essas tradições pacíficas e sofridas como o fio vermelho que, a seu ver, percorre toda a literatura do seu país, desde as *Gentis Slavonicae lacrimae, suspiria et vota* de Jakub Jacobeus, de 1645, ou o *Desiderium aureae pacis* de Michal Institoris, de 1633 — duas composições em latim que lamentam e acusam as tragédias da guerra — até os *Sonetos sangrentos*, no fatídico 1914, de Hviezdoslav, um dos pais da poesia nacional, cuja estátua ergue-se na praça de quase todas as cidades ou cidadezinhas.

Também na literatura recente aparecem esses temas: Mihálik dedica uma poesia aos sonhos das criadas, os versos de Válek falam de uma velha avó cuja vida ressoa como estalos de chicote e da planície marcada pelas caleças dos senhores, em cujos sulcos estão fundidos suor e sangue. František Švantner, narrador vigoroso e fecundo, representa num esplêndido conto, "O padre", o opaco e incerto despertar de uma consciência ético-política (durante a insurreição nacional antifascista de 1944) que emerge lentamente de uma vida campesina imutável ao longo dos séculos e resumida toda nas estações, na terra, no ciclo agrário. Uma trilogia narrativa de Vincent Šikula revive as vicissitudes nacionais partindo de baixo, do ponto de vista das classes obscuras e oprimidas, e também *A abelha milenar*, o romance de Peter Jaroš que ficou famoso graças ao filme apresentado no Festival de Veneza de 1983, é a saga de uma família de pedreiros da região do Liptov.

A história desta gente não foi fácil; em um brasão conservado no museu da cidade de Bratislava a imagem da águia bicéfala dos Habsburgo é acompanhada das palavras "*sub umbra alarum tuarum*", mas os eslovacos não estavam submetidos à tolerante e correta administração austríaca, freqüentemente mitificada pelos povos eslavos, mas sim à húngara, fortemente nacionalista. A ideologia pan-eslava ou a reivindicação de uma arcaicidade própria, originária, se explicam pela necessidade de defender-se, celebrando miticamente uma essência própria e indestrutível, contra a potência e contra uma cultura fascinada pela potência, que nega dignidade e futuro a quem até aquele momento permaneceu na sombra.

Os filósofos que no século XIX traçavam as leis necessárias do devir histórico quase nunca eram ternos ou otimistas para com as nações menores, como eram muitas das eslavas. Quem é demasiado fascinado pelo "grande mundo" da política é levado muitas vezes a esquecer que também o grande foi pequeno, que para cada um vem a hora da ascensão e da queda, e que também para o menor vem o momento de reerguer a cabeça.

Mas o pequeno povo, que deve libertar-se do desprezo ou da indiferença dos grandes — daqueles talvez já destinados a não sê-lo por muito tempo —, deve libertar-se também do próprio complexo de ser pequeno, do sentimento de dever continuamente retificar ou cancelar essa impressão ou trocar-lhe o sinal, vangloriando-se dela como de um distintivo escolhido. Quem foi por longo tempo confinado ao papel de menor e teve que dedicar todos os seus esforços à determinação e à defesa da própria identidade, tende a prolongar essa atitude mesmo quando ela não é mais necessária. Voltado para si mesmo, absorvido na afirmação da própria identidade e preocupado em conseguir que os outros lhe rendam o devido reconhecimento, ele arrisca dedicar todas as suas energias a essa defesa e empobrecer o horizonte da sua experiência, não ter autonomia em suas relações com o mundo.

Kafka, embora tão fascinado pela vida do gueto judeu e por sua literatura, proclamou dura e dolorosamente que um poeta deve distanciar-se de toda literatura de um pequeno povo, o qual, obrigado a defender-se das influências externas e completamente absorvido por esta luta pela sobrevivência, não tolera um grande escritor. Kafka, escreve Giuliano Baioni, torna-se conscientemente aquele grande escritor que uma literatura menor e oprimida, empenhada em defender a própria identidade nacional e cultural e desejosa de vozes positivas e consoladoras, recusa porque ele gera o vácuo ao seu redor, cria lacerações, põe em perigo a compacidade da pequena comunidade.

O escritor não é um pai de família mas um filho, que deve sair de casa e seguir o seu caminho; ele é fiel à sua pequena pátria oprimida se testemunha a sua verdade, ou seja, se suporta até o fundo a sua opressão assumindo-a sobre si, e se ao mesmo tempo a transcende, com a dura distância necessária a toda arte e a toda experiência libertadora. Ainda hoje a relação entre tchecos e eslovacos deve libertar-se de uma espiral recíproca de suspeita e de desconfiança, das sombras de velhos preconceitos de superioridade por parte de uns, mas também da insistente represália por parte dos outros.

A mais viva cultura eslovaca mostra essa liberdade e, precisamente porque está enamorada de sua dulcíssima terra, sabe expor também suas carências e suas limitações. Em 1924, o ensaísta Štefan Krčméry lamentava como era difícil escrever um romance social eslovaco, pela restrição das condições políticas e a conseqüente limitação de perspectiva e de experiência. Hoje, apesar do plúmbeo regime policialesco, tem-se a impressão de um país no qual o povo se reapropriou da própria história ou está se reapropriando. É como se o estilo dos edifícios estatais e senhoriais, o estilo austríaco e húngaro que domina a planície eslava das baixas casas campesinas de um só pavimento, se confundisse lentamente com estas e não mais as esmagasse com a sua altura e a sua *grandeur*. O castelo de Pezinok, a antiga e livre cidadezinha régia rodeada de vinhedos, estende-se descuidadamente pelo bastião onde há uma *vinarna* de aldeia, uma pousada com quartos um tanto sujos, mas que oferece um bom peixe e bom vinho branco. Talvez a Justiça — que numa estátua colocada no telhado de um edifício público em Oravský Podzámok, tem na mão, junto à balança, não uma espada mas uma mais ameaçadora cimitarra — tenha cortado resolutamente alguns iníquos nós górdios e tenha levado aquele peixe e aquele vinho, em outros tempos privilégio de magnatas, a mesas mais acessíveis.

A Eslováquia, que também ofereceu figuras de destaque à primavera de 68, foi paradoxalmente poupada ou quase favorecida pela brutal reação soviética e pró-soviética de agosto de 1968, que, ao contrário, sufocou e apagou a cultura tcheca. Enquanto Praga era decapitada, a restauração totalitária de 68 certamente se encarniçou também na Eslováquia contra as liberdades civis e os direitos individuais, acentuando, todavia — por cálculo político ou por confiança na tradição pan-eslava e portanto filorussa do país — o peso político do elemento local. Assim hoje a Eslováquia se encontra sob um tacão e numa fase de ascensão histórica, de despertar e expansão do seu papel. Na esplêndida Praga percebe-se, depois de 68, a fascinação do abandono e da morte; Bratislava, apesar de tudo, é sangüínea e alegre, um mundo vital e em expansão, voltado não para a melancolia do passado, mas para o crescimento e o futuro.

3. AQUELE OBSCURO OBJETO DO DESEJO

Embora estejamos na Eslováquia, que se orgulha da sua produção vinícola, o desejo de uma cerveja (a Tchecoslováquia produz algumas entre as melhores do mundo) pareceria legítimo. Mas é quase irrealizável, como as tentativas de fazer amor ou de comer num célebre filme de Buñuel. Amedeo, embora sedento, se resigna, mas Gigi, que se irrita facilmente, começa a honrar sua temível fama. Nos locais mais famosos, como nos *Vel'ki Františkani*, ou nos cafés normais, o pedido parece bizarro ao garçom. Se numa pousada pedimos inutilmente *pivo*, em outro lugar nos dizem que deveríamos pedir diretamente Pilsen ou Budweis, duas marcas particularmente famosas. No hotel Kyjev — um daqueles típicos grandes hotéis dos países do Leste, onde o luxo se une ao sórdido e ao ambíguo — os estrangeiros podem encontrar de tudo, das mais apreciadas bebidas alcoólicas à companhia feminina disponível, com a qual alguns árabes do Kuwait passam noites embaraçosamente rumorosas para seus comedidos vizinhos de quarto. Mas também no Kyjev a cerveja é uma quimera; uma noite o porteiro, furtivamente, nos arranja por baixo do pano uma garrafa, bem morninha.

Através de vales e rios, povoados e colinas, dos baixos aos altos Tatra, a busca se faz nervosa e desordenada, enquanto os guias que consultamos continuam, página após página, a elogiar as várias cervejas dos diversos lugares, a sua graduação alcoólica, a diferente pressão nos barris, os matizes de cor, as sutis diferenças no espumejar. Um de nós atribui o insucesso a um repentino defeito no mecanismo de distribuição e começa a refletir sobre as suas convicções socialistas, outros descobrem uma fronda nacional eslovaca contra a típica bebida tcheca. Nas mesas de uma taberna de Podbiel, um pequeno povoado dos Tatra, há, quando entramos, alguns canecos espumejantes, mas quando chega a nossa vez, o barril está esgotado. Em Trenčin, debaixo do grande castelo, chega finalmente a camareira com algumas cervejas, mas a poucos passos da nossa mesa tropeça, os copos caem pelo chão, quebrando-se, e longos e metódicos trabalhos — recolher os cacos, varrer, lavar o assoalho, enxugá-lo, guardar os panos de chão — retardam ainda, quem sabe até que outra etapa, a satisfação do nosso desejo.

4. A CADA UM A SUA HORA

Em Gondola Ulica há a faculdade de filosofia da Universidade de Bratislava, dedicada a Comênio, o filósofo e pedagogo cujo *Orbis Pictus* encontra-se, em antigas edições em quatro línguas, nas bibliotecas das velhas cidades eslovacas. A dignidade destes edifícios me lembra uma singular figura a quem devo, desde os bancos escolares, o primeiro interesse pela civilização alemã e a descoberta do mundo danubiano. Era um professor de ginásio, que na juventude havia sido leitor de italiano nestas universidades da Europa Central e lhes relembrava a atmosfera com grandiloqüente mas genial intensidade. Eu o chamarei Trani: assemelhava-se um pouco a um Napoleão já gordo e um pouco a um Shylock, seu rosto marcado e nunca bem barbeado e enxaguado era a máscara impenetrável de um grande ator, de um personagem que teria sido destinado a representar papéis de primeiro plano no vasto teatro do mundo, se fosse um grande homem, e que o acaso tinha levado a ensinar alemão a alguns rapazes.

Estudantes e pais tinham muitas e justificadas razões para se queixar dele: sua personalidade ávida, teatral e reticente não era isenta de sombras e sua despreocupação podia ser tudo menos elogiável, mas ao seu gênio devemos algumas intuições essenciais. Não nos considerava uma platéia indigna dos seus dotes, que poderiam ou deveriam exibir-se em um lugar muito mais adequado, mas estudava para nós os lances teatrais de sua atuação como se fôssemos o público da *Comédie Française* ou a Academia da Suécia, que confere glória imortal.

Falava conosco somente em alemão ou em triestino; lia-nos os versos de Dante sobre a sereia que no meio do mar extravia os marinheiros, para fazer-nos entender o que era a poesia, ao passo que quando queria fazer-nos entender o que a poesia, a seu ver, não era, nos lia os versos de Carducci sobre a Titti que não tem plumas para sua roupa e come pouca coisa mais que bagas de cipreste. Só o mau gosto de um professor italiano, dizia, podia jogar na cara da filha aqueles quatro tostões que devia gastar para mantê-la. Existem algumas convenções, acrescentava, que devem ser respeitadas: não é possível que alguém, junto à placa da porta do prof. Carducci, toque a campainha e que lhe venha abrir a porta a filha nua. Bem que podias pensar antes, dizia, porque não é obrigatório ter filhos, mas já que a fizeste, agora deves criá-la, amá-la, mantê-la. Mas se enfurecia sobretudo lendo a nostálgica invocação do poeta logo corrigida pelas prudentes razões de oportunidade: "Oh! com que prazer ficaria convosco... oh, com que prazer! Mas, ciprestezinhos meus, deixai-me ir...". Verdadeiramente escandaloso, comentava, "Seria como se eu dissesse: — Magris, vou a Paris, queres que eu cumprimente a tua avó? — Oh, sim, obrigada, pobre velhinha, como ficará contente. — Ih, mas sabes, ficarei só dois dias, tenho muitas coisas para fazer e ela mora na periferia, é preciso tomar três metrôs e um ônibus... — Vá para o inferno. Ninguém te pediu nada!".

Queria nos ensinar a desprezar o xarope do coração, aquela falsa bondade que por alguns instantes, de boa-fé, oferece e promete com desenvoltura mundos e fundos, convencida do próprio impulso generoso, para depois voltar atrás, com uma série de ótimos e válidos motivos, quando chega a hora H. À sua maneira, ele nos amava e queria preparar-nos para a dureza da vida. "Para amanhã devem decorar trezentos versos", dizia, "e quem não souber, tirará um insuficiente. Sei que é injusto, porque é impossível aprender trezentos versos num dia, mas a vida não é justa e exige coisas impossíveis, e eu os preparo para suportá-las e para não ser repentinamente dominados por elas. Assim, amanhã, estejam preparados."

Àquele homem, a respeito do qual os pais de alunos, encontrando-se nas horas de atendimento, tinham tanto o que dizer, devo não só a descoberta da civilização centro-européia, mas também uma das mais insólitas e fortes lições de moral. Se é verdade que fazia comércio de aulas particulares, não era capaz de praticar ele próprio a justiça, por outro lado nos ensinou o sentido do justo e o desprezo pelo mal. Também na nossa classe havia, como em muitas, a vítima, um rapaz gordo e muito tímido que corava e suava facilmente, que não sabia reagir às ofensas e era objeto daquela crueldade inconsciente mas nem por isso menos culpada que existe em cada um de nós e que, se não é contida pelas precisas normas de uma lei exterior ou interior, se exerce, sem mesmo se dar conta disso, sobre quem naquele momento é débil.

Nenhum de nós era inocente a seu respeito e nenhum de nós se apercebia de ser culpado. Um dia, enquanto Trani com gestos teatrais ensinava a conjugação dos verbos fortes, o vizinho de carteira do rapaz, um certo Sandrin, tomou-lhe repentinamente a caneta e partiu-a em duas. Vejo ainda o rosto da vítima tornar-se vermelho e suado, os olhos encherem-se de lágrimas, pela humilhação e pela consciência de não ser capaz de reagir. Interrogado pelo professor sobre o motivo do seu gesto, Sandrin respondeu: "Estava nervoso... e quando estou nervoso, não consigo me controlar... sabe, sou assim, é o meu caráter". Com espanto de nossa parte — e com alegria do agressor e renovada humilhação do agredido — Trani replicou: "Compreendo, você não podia fazer outra coisa, você é assim, é o seu caráter, não se pode colocar a culpa em você, é a vida", e retomou a aula. Depois de quinze minutos começou a queixar-se de calor, a afrouxar a gravata e a desabotoar o colete, a abrir e fechar com estrondo as janelas, a dizer que estava com os nervos à flor da pele, até que, simulando um acesso de ira, começou a pegar as canetas, os lápis e os cadernos de Sandrin, rasgando-os, quebrando-os, arremessando-os para o alto e para o chão. No final, fingindo acalmar-se, dirigiu-se a Sandrin: "Desculpe-me, meu caro, tive um ataque de nervos, eu sou assim, é o meu caráter, não posso fazer nada, é a vida..." e continuou com os verbos fortes.

Desde então compreendi que a força, a inteligência, a estupidez, a beleza, a covardia, a fraqueza são situações e papéis pelos quais, cedo ou tarde, todos nós passamos. Quem prevarica apelando para a fatalidade da vida ou do próprio caráter, uma hora ou um ano mais tarde será golpeado em nome das mesmas inefáveis razões. O mesmo acontece com os povos, com suas virtudes, com suas quedas e seus apogeus. Dificilmente um funcionário do Terceiro Reich encarregado da solução final teria imaginado que, dali a poucos anos, os judeus criariam um Estado de enorme capacidade e eficiência militar. Bratislava, capital vital de um pequeno povo longamente subjugado, faz vir à mente também estas lembranças e pensamentos e mesmo aquela longínqua lição de justiça.

5. UM DOMINGO DANUBIANO E PROLETÁRIO

Nedel'a (Domingo) é o título de um dos mais célebres livros de Novomeský, publicado em 1927. Ladislav Novomeský desde o início se pôs a questão da identidade da sua nação — desde quando, ainda jovem, ouvia negar a sua existência. Poeta de vanguarda e militante comunista, entrelaçou na sua obra e na sua atividade política a batalha pela cultura nacional e a perspectiva internacionalista, a "melancolia do Leste", que — diz uma poesia sua — corre no seu sangue, e a revolução marxista. Na luta revolucionária por esta última ele via o resgate de todos os oprimidos e portanto também do seu povo, quase uma nação proletária; a precariedade das fronteiras da Eslováquia, que a tornou freqüentemente presa de domínios estrangeiros, torna-se na sua lírica o símbolo de um mundo sem fronteiras.

Mas a "melancólica procissão danubiana" que o crítico Štefan Krčméry observa em *Domingo*, não é só a fila dos destinos humildes e sofridos cantados por Novomeský; é a melancolia de uma contradição que acomete toda a sua poesia, constituindo sua grandeza e fazendo dela um nó central da cultura e da política eslovaca. A arte de Novomeský é, no início, poesia rebelde, maldita, simbiose de poesia da revolução e revolução da poesia; é aquela negação do existente que permeia a vanguarda européia e que, nos poetas socialmente engajados, tende ao reviramento da realidade e à criação utópica de uma realidade nova e de um homem novo, livre das cadeias da alienação.

Mas se no início a melancolia da poesia é a sua inutilidade num mundo alienado, mais tarde — com o advento do socialismo real — é o sentimento de ser inútil num mundo que necessita da prosa do trabalho e não da poesia da espera revolucionária, que o novo sistema, segundo o modo como é considerado, realizou ou desmentiu. E seria mais triste ter que repetir, uma vez realizada a revolução, um verso escrito muito antes, num momento de desconforto durante a espera da revolução: "Aquela poesia menina/ a face do mundo não mudava".

Novomeský nunca foi propenso a essa desilusão, nem mesmo quando foi preso em 1951 e condenado como "nacionalista burguês", ficando na prisão até 1956. Na simpática mesa da taberna Klastorna, entre os tonéis dos quais se extraem vinhos suaves e perfumados, Šmatlák me fala por longo tempo de Novomeský, que não representa somente a sua poesia, mas uma parábola exemplar de toda a recente história eslovaca. Aqui não é o 68, a lembrança da primavera de Praga, que dói, mas sim o 51, os processos stalinistas dos anos 1950, que ceifaram a fina flor do comunismo. No Ocidente os comunistas começaram a descobrir o totalitarismo soviético em 1956; os processos e as execuções do início da década de 1950, mais graves ainda porque mais perversos e sem motivo, perturbaram, na época, poucos militantes.

Reabilitado com todas as honras em 1963, Novomeský (morto em 1976) não tomou parte na primavera de Praga. Exaltá-lo hoje significa também exaltar uma figura que resume uma suposta continuidade do comunismo, violada por aquelas que são consideradas oficialmente as sangrentas distorções stalinistas, não bem violada, e sim — conforme a rígida ideologia oficial — restabelecida pela intervenção soviética de 1968. Novomeský é assim o símbolo de uma poesia radicada no húmus eslovaco e internacionalista, anti-stalinista mas alheia aos fermentos de 1968; seu dramático destino fornece, paradoxalmente, um álibi ao conformismo e ao autoritarismo do regime.

Tem-se a impressão — não mais do que uma impressão, dada a reticência que em geral acompanha este argumento — que em Bratislava as pessoas se reconciliaram mais facilmente com a restauração promovida pelos soviéticos em 1968. Nas vésperas daquela primavera, Bratislava, escrevia na época Enzo Bettiza, tinha assumido o papel de uma hábil dissidência, unindo um forte impulso para uma democratização interna e uma vizinhança sentimental e espiritual com a Rússia. As mudanças, formais e reais, introduzidas após 68 aumentaram a importância da Eslováquia no interior do Estado e lhe deram alguns motivos de satisfação e de compensação, com relação ao deserto criado entre os tchecos e a literatura tcheca.

Se a literatura tcheca foi oficialmente dissolvida e sobrevive agora entre os exilados, enquanto quem permaneceu deve escolher entre se fazer de larva, de parasita ou de animal kafkiano que cava galerias debaixo da terra, a literatura eslovaca tem hoje uma organicidade efetiva mesmo quando reivindica a exigência de uma nova épica e de uma nova positividade, uma função de colaboração em vez de oposição político-social. Existe sem dúvida oportunismo nas críticas dirigidas a Mňačko, o escritor que se transferiu para Israel, cujas *Reportagens em atraso* foram, na década de 1960, uma popularíssima acusação do terror stalinista, mas o conto "Febre", no qual Jozef Kot apresenta sob luz crítica a primavera de 68, não pode ser comparado aos elogios servis com que, nos anos 1950, alguns intelectuais, na Tchecoslováquia, deram seu assentimento à eliminação de colegas e companheiros de partido.

O caráter épico positivo, agora freqüentemente afirmado pela literatura eslovaca, é inaceitável pela consciência poética ocidental, mas talvez corresponda a uma nação que, embora sob o peso de uma vexatória *elite* burocrática, sente-se todavia, mais que no passado, protagonista da própria história e portanto numa fase inicial, não epigonal. O mundo mudou, embora provavelmente não graças à poesia de Novomeský.

6. CEMITÉRIOS AO LONGO DA ESTRADA

Há uma poesia de Novomeský dedicada a um cemitério eslovaco. Em muitas aldeias, entre as montanhas, os cemitérios não têm muro ou têm um que quase não se nota; são abertos e se estendem na relva do prado, correm ao longo da estrada, como em Matiašovce, em direção à fronteira com a Polônia, ou se encontram no começo da aldeia, como um jardim em frente à porta da casa. Esta familiaridade épica com a morte — que se pode ver, por exemplo, nos túmulos muçulmanos em Bósnia, tranqüilamente colocados no quintal de casa, e que o nosso mundo tende, pelo contrário, cada vez mais neuroticamente a remover — tem a medida da justiça, é o sentido da relação entre o indivíduo e as gerações, a terra, a natureza, os elementos que a compõem e a lei que preside ao seu combinar-se e desagregar-se.

Nas *drevenice* junto destes cemitérios assomam rostos largos e suaves, semelhantes à boa madeira das suas casas. Esses cemitérios isentos de tristeza dizem quanto é ilusório e supersticioso o medo da morte. Talvez, assim como esses cemitérios estão situados diante ou ao lado do cotidiano, e não numa área apartada e remota, fosse preciso aprender a olhar a morte pelo outro lado. Diz um poema de Milan Rúfus: "Só de frente a morte causa medo./ Por trás/ de repente é tudo belo e inocente./ Máscara de carnaval, na qual,/ depois da meia-noite, recolhes água/ para beber ou, suado, lavar-te".

7. SOBRE OS TATRA

No violeta de um crepúsculo indescritível, os Altos Tatra perfilam-se já negros, com o mistério profundo das grandes montanhas. Amedeo e Gigi comentam os jogos de luz, os efeitos da refração, a relação entre aquelas coisas lá embaixo e a percepção que temos delas. Neste momento estamos todos convencidos de que aquele entardecer azul e violeta deve de algum modo existir, em algum lugar, para sempre, no mundo hiperurânio ou na mente de Deus, como a idéia platônica — perene e incorruptível — do ocaso. Parece-nos que aqueles perfis, aquela luz, aquele fulgor contêm materialmente, em si mesmos, estes dias que estamos passando, o seu segredo, como aqueles objetos mágicos das fábulas, que basta esfregar para fazer sair deles um gênio escondido.

Viajando pela floresta já escura, os faróis do carro iluminam de repente uma flecha que indica, a dois quilômetros, Matliary. No sanatório de Matliary, Kafka passara alguns meses entre dezembro de 1920 e agosto de 1921; no instante em que os faróis fazem emergir da escuridão o letreiro, lembro-me de uma fotografia que retrata Kafka num grupo de pessoas, contra o fundo destas árvores de Matliary, com um sorriso tímido e quase feliz. A fotografia, com aquela escura folhagem tão cheia de mistério, e este mesmo bosque que estamos atravessando agora são paredes fragílimas já sopradas para longe; aquela vida, que a foto fixou na imagem de um instante, desapareceu para sempre. Nem mesmo a obra de Kafka nos dá inteiramente o segredo dela, porque também é papel, embora muito mais sólido e verdadeiro, mas sempre inferior à existência que se extingue, e também à sombra daquele bosque em que agora nos encontramos.

Os lugares de veraneio nos Tatra, como Tatranska Lomnica, têm um *décor* de turismo de luxo *belle époque*; agora são freqüentados não só pelos tchecoslovacos mas principalmente pelos alemães do Leste. Sua elegância não está isenta de uma ponta daquela irrealidade pretensiosa que caracteriza os lugares onde só existe a temporada de veraneio ou onde esta, de qualquer modo, subjugou e apagou a existência e os ritmos originários do lugar. A vulgaridade triunfa, vistosa e sofisticada, quando nos dirigimos a um lugar, não só e não tanto para buscar tranqüilos ou proibidos prazeres, mas também para ali celebrar um rito que se considera necessário à própria categoria social. O libertino que se abandona às suas inclinações certamente não é trivial; é vulgar o libertino que, abandonando-se a elas, pensa não somente colher o seu prazer, mas cumprir, assim fazendo, um gesto social e culturalmente significativo, que faz dele uma criatura superior.

Uma elite específica, que se apega à sua função histórico-política — uma aristocracia ainda no comando, uma casta militar no poder —, pode ser também odiosa ou criminosa, mas não é grosseira nem esnobe, porque desenvolve uma tarefa real e impessoal, que transcende cada um dos seus componentes. Os turistas célebres que fizeram o mito de Capri freqüentemente têm os estigmas da vulgaridade, enquanto constituem uma cinzenta multidão de excêntricos, desprovidos de representatividade real e persuadidos de representar alguma coisa graças às suas extravagâncias previsíveis e à ostentação de refinamento. Não abandonamos, portanto, com excessivo desagrado o restaurante de um grande hotel nos Tatra, visto que o jantar é discreto e finalmente — graças ao ambiente internacional — pode-se beber uma boa cerveja.

8. UM SEBO, A VIDA E A LEI

No pós-guerra os sebos na Tchecoslováquia eram uma mina de ouro para quem se interessava por coisas alemãs. As famílias originárias da Alemanha mas residentes aqui há séculos eram expulsas, com uma estúpida injustiça que acreditava responder à infâmia do nazismo, e no entanto empobrecia o próprio país de um componente essencial. Partiam e se desfaziam de suas bibliotecas: nos sebos se podia tocar com a mão a liquidação da cultura alemã na Tchecoslováquia. Agora passaram-se muitos anos, as marcas daquele trágico êxodo estão quase apagadas e daqueles livros encontram-se poucos. Caem-nos nas mãos, pelo contrário, alguns volumes encadernados da *Lecture Illustrée*, saborosa revista francesa do fim do século XIX e dois tomos, em latim, da *Ethica Catholica* (*Generalis* e *Specialis*) do dr. Josepho Kachník, professor da faculdade teológica de Olmütz, na Morávia, publicados em Olomucii (Olmütz) em 1910.

Num volume da *Lecture Illustrée* um estudioso de fisiognomonia descreve a boca de Cléo de Mérode, a grande atriz e grande amante: "*J'ai vu la bouche de M. de Mérode à quinze ans — bouche large, avide, curieuse — et je la vois aujourd'hui. Ce n' est plus la même. Elle s'est resserrée, fermée, contractée, comme celle d'une personne blasée, satisfaite, à qui l'on n'aurait plus rien à apprendre. Il y a de la fatigue et un commencement de lassitude dans cette bouche voluptueuse et jolie. De la tristesse aussi*". O manual do dr. Kachník é um tratado que abrange, sem pretensões de originalidade, mas só com o intento de expor a doutrina da Igreja, todos os atos humanos, os casos que eles levantam e as normas a que devem aterse; estuda e classifica a liberdade e a necessidade do agir, a ordem e a natureza das leis humanas e religiosas, as obrigações e as exceções, as derrogações e os costumes, as circunstâncias e as paixões, as distinções entre os vários pecados e as várias virtudes, a casuística do adultério e a fenomenologia da embriaguez, os valores morais e sociais, os impedimentos, as atenuantes e as agravantes, os fantasmas que levam alucinação à consciência e os capciosos auto-enganos com os quais a consciência procura confundir a si mesma.

Um capítulo, de extraordinária agudeza psicológica e sabedoria retórica, é dedicado à consciência exigente e escrupulosa, à enfermidade neurótica e transviada de quem é obcecado pelo pecado e o vê em toda parte, se confessa com insistência maníaca a vários confessores sem se deixar convencer por nenhum nem se curar das próprias ilusões, se perde, comprazendo-se tormentosamente na própria angústia e na própria soberba, em ninharias moralistas e sofisma sobre o lícito e o ilícito, mudando de opinião continuamente.

O lógico doutor, não isento de cômicas pedanterias e de ingênuas limitações clericais, compreende argutamente que essas obsessões da consciência exigente, que a Igreja considera um mal e um pecado, são uma doença, uma "*dispositio menus*", que provém "*e corporis constitutione*" de índole melancólica e disfunções orgânicas. A depressão propensa aos remorsos é a conseqüência de alguma "*nervorum atque cerebri mala affectio*", que ataca a integridade psicofísica do indivíduo. A consciência escrupulosa não tem nada a ver com a moral, mas com um misto de pertinaz soberba, relutante em se deixar convencer de não ter pecado, e de ansiedade neurótica. O escrupuloso "teme sem nenhum motivo, seja antes ou depois de ter agido, pecar, vê o pecado mesmo lá onde ele não subsiste de modo nenhum, atormenta-se inutilmente pelas causas mais irrelevantes e, mesmo quando lhe é assegurado que uma coisa é lícita, obstina-se em pensar que pode ser ilícita".

Os *pueri* e as *puellae* timoratas, observa o doutor, podem ser perturbados, por ignorância, por escrúpulos relativos à matéria do sexto mandamento, mas uma adequada instrução pode facilmente libertá-los. Ele exorta os confessores a serem pacientes com os escrupulosos, mas a não tolerar-lhes as fobias, se bem que deva dar-lhes aquela firmeza de que necessitam, impedindo-os de entreter-se com seus obsessivos e complacentes complexos de culpa e de expor difusamente, durante a confissão, todas as veleidades, as manias e os supostos pecados, principalmente "*si de turpibus agitur*". Aos escrupulosos recomenda, entre os vários remédios, evitar distrair-se com outros neuróticos (nenhuma "*conversatio cum scrupolantibus*"), mas sobretudo vencer aquele horror da companhia e aquele amor da solidão que são um falso sinal de profundidade e de eleição espiritual; exorta-os à conversação e à sociabilidade humana, que, como bem sabia também o Mefistófeles goethiano, são a condição em que cada um encontra realmente a si mesmo.

O francês do fisiognomonista e o solene latim do teólogo parecem contrapor-se, ambos cheios de fascínio e de sabedoria, como dois modos de entender e atravessar a vida. A história que o fisiognomonista lê na boca da belíssima atriz é uma história que se pode intuir mas não explicar, uma vida que se encaminhou sem querer e sem saber àquela melancolia, obedecendo a um demônio que a guiava imperiosamente nos gestos imperceptíveis, nos sorrisos e nos abandonos, naquela sucessão de passos pequenos e leves, cada um dos quais parece mínimo, mas cuja soma revela-se no final como a trajetória inexorável do destino. É uma vida da obscura profundidade e da fugidia superfície, que vem como vem e que se tem a impressão de não poder escolher nem explicar. O teólogo moral por sua vez não se deixa fascinar nem assustar pelo indistinto fluir da existência, pela sombra vaga e pelo murmúrio contraditório do estado de espírito; quer introduzir clareza, estabelecer leis, fixar a universalidade do conceito.

É mais sugestivo ser partidário da vida que da lei, da criatividade móvel e espontânea que da simetria de um código. Mas a poesia habita mais nos tercetos dantescos que numa imprecisão desprovida de formas. A criatividade moral é a capacidade de procurar e instaurar livremente uma lei; somente a força de introduzir ordem no flutuar das contradições vitais faz justiça àquelas contradições que são enfaticamente falseadas quando se vê nelas, na sua oscilante indeterminação, a suprema verdade do existir e se tomam essas contradições, contra a advertência de Marco Aurélio, por atividade da mente.

Quando se confunde e se põe no mesmo plano qualquer gesto e qualquer ação, em nome daquela filosofia do "assim é a vida" que o professor Trani não havia tolerado no meu companheiro Sandrin, turva-se o julgamento e estiola-se a própria vitalidade, presa no falso. O sentido e o rigor da lei não sufocam a paixão, mas lhe conferem força e realidade. Quem sabe se Cléo de Mérode tivesse estudado latim e o tratado do dr. Kachník, talvez sobre sua belíssima boca não tivesse descido aquela sombra de tristeza, porque o doutor de Olmütz ensinava sobretudo a não deixar-se vencer pelos sofismas e pelos desmoronamentos da "*Indoles melancholica...*".

VI. PANÔNIA

1. ÀS PORTAS DA ÁSIA?

O amarelo dos girassóis e do milho esparrama-se pelos campos como se o verão tivesse armado suas fendas entre estas colinas; a Hungria — da qual o chanceler dos Habsburgo Hörnigk, partidário da economia mercantilista, pretendia fazer, no século XVIII, o celeiro do Império — é também essa cor cálida e vital, que continua no ocre-alaranjado dos palácios e das casas.

Se não a viagem, pelo menos a pretensão de falar dela começa a ser um pouco temerária porque a diligente — e diligentemente consultada — bibliografia não supre um conhecimento imperfeito e não se pode fingir passear num país onde se fala uma língua aglutinante com a desenvoltura com que se passeia pelas ruas e entre os habitantes de Viena. O viajante sente-se um pouco mais supérfluo que de costume, personagem de um daqueles "romances à la *easy-rider*" preferidos, na década de 1970, por uma geração de escritores húngaros que, criados num clima de distensão política interna e de bem-estar liberal, se impacientavam com os progressos da sociedade húngara, que julgavam demasiado lentos e cautelosos, e caíam numa sensação de impotência e vacuidade, percebendo a própria existência como uma entidade vagante e descontínua, como o caminhar sem destino de seus protagonistas, que se entregam à viagem de carona.

Pode ser então que o diário danubiano, para este trecho do rio, acabe por se parecer com a "prosa em jeans" — como foi chamada — daqueles autores, com suas digressões improvisadas e *casuais*. Aliás, nem roupas bem mais decorosas impedem julgamentos apressados. A cortina de ferro, que na fronteira entre Áustria e Hungria separa os dois hemisférios de influência das duas superpotências mundiais, convida ao *pathos* das grandes e fáceis definições metapolíticas, a formulações lapidares de história universal como a do príncipe de Metternich, segundo o qual logo do outro lado do Rennweg, a estrada que atravessa Viena, começavam os Bálcãs, a Ásia.

Esta paisagem magiar, forte e ao mesmo tempo indolente, seria já Oriente, lembrança ainda viva das estepes da Ásia, de hunos e petchenegues ou da Meia-Lua; Cioran celebra a bacia danubiana como amálgama de povos cheios de vida e obscuros, ignorantes de história, ou seja, das periodizações ideológicas inventadas pela historiografia ocidental, seio e seiva de civilização ainda não desvitalizada, a seu ver, pelo racionalismo ou pelo progresso.

Esse *pathos* visceral, que se proclama imune à ideologia, é um artifício ideológico. Uma parada numa confeitaria ou numa livraria de Budapeste desmente quem pensa que, a leste da Áustria, começa um indistinto regaço asiático. Entrando na vasta planície húngara penetra-se sem dúvida numa Europa que é em parte outra, num cadinho composto de elementos diferentes daqueles que mesclam a argamassa ocidental. A poesia de Endre Ady, o grande poeta húngaro do século XX, é sombriamente oprimida pelo ônus secular que, como já foi dito, pesa sobre os magiares, isto é, pela necessária e quase sempre impossível escolha entre Oriente e Ocidente. Freqüentemente, na história da Hungria, a escolha foi na realidade uma imposição, desde a conquista turca à união dos Habsburgo e ao bloco soviético, ou uma decisão coativa: "O Ocidente nos repeliu, nós nos voltamos para o Oriente", disse o líder socialdemocrata Garbai em 1919, durante a breve república dos Conselhos. No século XIX, o romancista Zsigmond Kemény afirmava que a função da Hungria era defender a plurinacionalidade do Império habsbúrgico, dividindo germanismo e eslavismo e impedindo a superação de um e do outro.

A paixão nacional magiar, que percorre com furor heróico e feroz a história húngara, nasce de uma terra em que se estratificaram, misturaram e depositaram ondas de invasões e de estirpes diversas: hunos e ávaros, eslavos e magiares, tártaros e cumanos, jáziges e petchenegues, turcos e alemães. As migrações dos povos devastam, mas também civilizam — como os turcos que trazem não somente espoliações mas também a cultura islâmica — e produzem promiscuidade e miscigenação, as matrizes secretas de todo nacionalismo e das suas obsessões de pureza étnica, como a lenda da origem huna dos húngaros; Janus Pannonius, o humanista e poeta do século XV, é de origem croata, como a aristocrática família dos Zrínyi, da qual saíram heróis e cantores da epopéia húngara; a mãe de Petöfi, o poeta nacional magiar, não sabia húngaro, e o conde Széchenyi, grande patriota e pai da consciência cultural da nação, aprendeu-o aos 34 anos; o símbolo do protesto irredentista contra os Habsburgo, a tulipa presa na lapela dos seguidores de Kossuth, é a flor levada pelos dominadores otomanos e celebrada em sua poesia como o emblema da civilização turca. A paixão nacional é a imperiosa exigência não só de ser, mas, como no romance *Fascínio magiar* de Mór Jókai, de meados do século XIX, de tornar-se ardente patriota húngaro.

A Hungria, escreve Evans, era uma gama de culturas diferentes, um mosaico no qual vigoravam e às vezes se entrecruzavam soberanias diversas: os territórios da dinastia dos Habsburgo, os *vilayet* ou distritos turcos, o principado da Transilvânia. No fim do século XVIII, com a progressiva retirada da potência otomana, o domínio austríaco afirma-se sobre o país inteiro. O marechal Montecuccoli, chefe do partido militar, escreve em seu livro *A Hungria no ano de 1677*, que os húngaros são "orgulhosos, irrequietos, volúveis, incontentáveis. Retêm eles a natureza dos citas e dos tártaros, dos quais se originam. Aspiram a um desenfreado desregramento... outros tantos Proteus, que ora amam, ora desamam, prontamente se exaltam e prontamente se deprimem, querem e não querem mais...".

O enérgico marechal não pretendia exprimir preconceitos raciais; seu programa contra-reformista e germanizante via no particularismo magiar um caos constante e sangrento, uma ausência de leis claras e distintas, uma pluralidade centrífuga e rixenta que devia ser domada pela força planejadora e unitária do

Estado imperial e reconduzida a uma ordenada uniformidade, "regida com mão de ferro e refreada com vigor". Ressalvadas as diferenças entre fenômenos históricos distanciados pelos séculos, a política absolutista adotada pelos Habsburgo entre 1849 e 1860 irá inspirar-se num análogo nivelamento.

Mas essa modernização centralizante e uniformizadora constitui uma exceção na secular política habsbúrgica, que se entrega de preferência a uma sabedoria elástica, a uma vigilante indiferença. A soberania dos Habsburgo não é o despotismo centralista e nivelador de Luís XIV, Frederico II ou Napoleão, mas administra melhor a resistência que o universalismo e o particularismo medieval opõem ao Estado moderno. A arte de seu governo não sufoca as dissidências, nem supera as contradições, mas as recobre e compõe num equilíbrio, sempre provisório, deixando-as subsistir em sua substância e jogando-as, quando necessário, umas contra as outras. O regente do Império é, por definição, também um Proteu, que troca de máscara e de política com dúctil mobilidade e não deseja, por isso mesmo, transformar os Proteus seus súditos em cidadãos de caráter, preferindo deixar que passem do amor à rebelião e vice-versa, da depressão à euforia, num jogo sem fim e sem progresso, que não quer impor uma rígida unidade aos vários povos, mas deixá-los subsistir e conviver em sua heterogeneidade.

Em lugar de invadir e absorver a sociedade — ou melhor, as sociedades —, o Estado procura mexer nelas o mínimo possível. A burocracia dos Habsburgo é escrupulosa e previdente, mas parece limitar-se a publicar mapas bonitos e bem traçados, como os danubianos preparados pela competente repartição encarregada da representação cartográfica do Danúbio entre 1816 e 1820, e elaborados principalmente pelo engenheiro-chefe Otto Hieronymi e pelo inspetor de navegação Paul Vásárhelyi. Por detrás e por baixo dos mapas continua tranqüila a vida do rio, com os barcos e as linhas de pesca que não precisam da cartografia.

Parece que o Estado quer fazer esquecer a política ou pelo menos atenuar-lhe a ingerência, amortecer e tornar mais lentas as transformações, convencer seus súditos de que as mudanças se processam a longo prazo — e são, pois, perceptíveis mais pelas gerações que pelos indivíduos — e deixar que as coisas fiquem o maior tempo possível como estão, os sentimentos, as paixões, as recordações. Numa poesia de János Arany, o grande amigo de Petöfi, um velho tange desordenadamente a cítara e tira dela antigos sons magiares, o epos nacional sepultado e conservado na memória do povo, acentos de crônicas do tempo antigo, ecos do tropel dos cavalos hunos. O Compromisso de 1867, o *Ausgleich* que cria a dupla monarquia austro-húngara, é a maior tentativa dos Habsburgo de transformar uma ferida — o separatismo húngaro — num remédio, de amortecer a periculosidade daquela cítara e de suas canções, dando-lhes um lugar debaixo da própria coroa, de sobreviver deixando subsistir e mesmo reforçando o poderio rebelde e o papel da Hungria.

Os historiadores discutem até hoje se o Compromisso de 1867 foi uma vitória política e econômica dos austríacos sobre os húngaros ou vice-versa. Que o sinal distintivo da monarquia austro-húngara não era a harmonia, mas a tensão entre seus componentes, é coisa notória e basta escolher entre os episódios e as anedotas. O conde Károlyi conta que seu bisavô tinha mandado construir uma capela votiva para agradecer a Deus a derrota sofrida pelo exército habsbúrgico em Königgrätz e que sua mãe, quando tinha que ir a Viena, atravessava a cidade de carruagem com os olhos fechados para não vê-la. Tisza, o líder político húngaro, qualificava em 1903 o primeiro-ministro austríaco Koerber de ilustre estrangeiro e para Bánffy, ex-primeiro-ministro magiar, os húngaros prejudicados economicamente pelas tarifas aduaneiras da Cisleitânia deviam ser considerados como soldados mortos na guerra e suas famílias tratadas adequadamente.

Talvez uma solidariedade austro-húngara exista só agora, por efeito do fim do Império e da existência do bloco oriental, que faz renascer a nostalgia pela Mitteleuropa e inspira projetos como a revisão paralela dos textos escolares austríacos e húngaros e a correção das perspectivas nacionalistas de ambas as partes, a fundação de uma "universidade danubiana" plurinacional e um conhecimento da cultura comum que preludia a formação de uma consciência cultural comum. Há vários anos, um programa da rádio húngara chamado "An der Donau" ilustra aspectos e problemas da *koiné* danubiana. O *Rennweg* não leva para a Ásia.

2. O REI DISFARÇADO

A melancólica e simétrica dignidade dos edifícios habsbúrgicos em Sopron fornece uma moldura de decoro e estabilidade à leve incerteza de caroneiros metidos em seus jeans. No nº 11 de Templom Utca entro num pátio atravessando o portão enfeitado com uma coroa de ferro e subo alguns lances de escada. Há pouca luz e o corrimão está enferrujado, mas na sombra, em cada andar, aparecem estátuas majestosas e banais, com o mistério que cerca a arte mais convencionalmente mimética e realista, aquela que cria figuras semelhantes à obviedade incolor das pessoas em poses oficiais. Os arabescos da Alhambra ou os Prisioneiros de Michelangelo estão na sua eternidade, ao passo que as melancólicas e imponentes estátuas dessa escadaria, insignificantes como nós, envelhecem como nós, enferrujam nesta penumbra em meio à compreensível incúria geral; exibem inutilidade e solidão, a incompreensibilidade da velhice.

A cidade é pouco vistosa, mas sólida e impenetrável, como se escondesse alguma coisa por trás de sua dignidade um pouco fragmentada. Perto do Museu Liszt, por uma janela do andar térreo, vê-se um homem em camisolão de dormir. É jovem, tem os cabelos negros, lisos e lustrosos, um rosto de cigano deformado por uma expressão estúpida e gentil. É gravemente deficiente, o corpo tende a cair como um saco vazio, e seu torpor é interrompido só de vez em quando por uma convulsão. Quando passamos diante dele, ele se curva para fora da janela e balbucia com esforço alguns sons arrastados, palavras ou pedaços de palavras húngaras. Gigi pára, escuta, tenta compreendê-lo e responder com gestos, irritando-se consigo mesmo porque não consegue e dizendo o que pensa do criador deste discutível universo.

Se tivéssemos entendido o que aquele desconhecido pretendia nos dizer, talvez tivéssemos entendido tudo. Por certo não se pode atribuir àquele jovem emaciado, incapaz de reter a saliva, um propósito claro e deliberado; mas no impulso que o moveu em nossa direção havia, nos modos e nas formas próprias à sua pessoa e às suas possibilidades, a urgência de dizer algo e, portanto, algo a dizer, naquele momento, a nós.

Da pedra recusada pelos homens, está escrito, fiz a pedra angular de minha casa. Talvez o desconhecido que deixamos no meio de sua sujeira fosse a pedra real, o rei disfarçado de mendigo, o príncipe prisioneiro. Mas talvez seja ele o nosso libertador, pois seria suficiente reconhecê-lo como irmão para libertar-nos de nosso medo, de nosso asco histérico, de nossa impotência. Pode acontecer que ele seja um dos 36 justos, desconhecidos pelo mundo e inconscientes de o serem, graças aos quais, segundo a lenda judaica, o mundo continua a existir.

As ficções da civilização danubiana, suas irônicas dissimulações, ajudam a eludir o escândalo intolerável da dor, a seguir em frente. Precisamos ser gratos a elas, mesmo que este seja o limite de suas possibilidades. Para parar diante daquela janela com a expressão que se lia no rosto de Gigi, é necessário ter escutado outras vozes, outros gritos. Musil nunca poderia ter escrito o Evangelho, Dostoiévski quase o escreveu. A partir desta manhã em Sopron o imperador kafkiano, com sua mensagem que nunca chega mas está a caminho, será aquele jovem cor de azeitona.

3. KOCSIS

Em Sopron juntou-se a nós, ou melhor, nos aguardava, como estava previsto, um colega, que chamarei Kocsis. É um ensaísta de valor, um grão-senhor da cultura que fala muitas línguas e cujos livros são muito apreciados, como se diz, na comunidade internacional dos estudiosos. É um homem vigoroso, apesar da idade, com um largo rosto panônico e uma ponta de insondabilidade nos olhos escuros, afugentada por um sorriso franco e sedutor. Está freqüentemente com um cigarro na mão e, antes de acendê-lo, bate-o ritmicamente na borda da mesa ou da cadeira, aponta-o no espaço em volta de si como um xamã que traça círculos mágicos no ar, como se quisesse retardar por alguns minutos algo de iminente, a fumaça que dissipa o cigarro e o consome para sempre.

Kocsis é uma pequena autoridade no partido e por isso é um acompanhante precioso. Com o cigarro apagado indica, como um guia experiente, objetos e figuras, balcões de ferro batido e fontes adormecidas, velhos livros na vitrina dos sebos, ou algum rosto na multidão que lhe parece antropologicamente interessante. Talvez seja este hoje um papel adequado ao intelectual inserido nas fileiras do mundo e consciente de sua função de epifenômeno de recapitulação; entre os acontecimentos da história ele se move não como o artista que cria obras nem como o diretor do museu que as escolhe e as dispõe, mas como o cicerone que as mostra e as comenta.

No partido Kocsis é uma pequena autoridade destronada, que não pode dar ordens mas que goza de prestígio e de favores, como o ex-presidente de uma sociedade por ações, que foi afastado do comando mas ainda tem à sua disposição o carro com chofer. Seu itinerário político é uma parábola exemplar. Afastado, quando jovem, da carreira universitária por não aprovar as infames acusações feitas a Rajk — o líder comunista acusado de titoísmo, falsamente incriminado de traição e executado —, volta à tona na década de 1950 como stalinista, nunca envolvido pessoalmente na máquina tirânica de Rákosi, mas partidário incondicional do primado absoluto do partido.

Demasiado culto e sutil para acreditar no paraíso soviético, deve ter pensado, naquela época de guerra fria, que o mundo se achava às vésperas de um conflito imenso e definitivo, que iria decidir para sempre da vitória ou da derrota global da revolução. O Ocidente era o puro mecanismo da sociedade, a vontade de potência dos processos econômicos entregues ao jogo do mais forte, as coisas assim como são, a vida fascinante mas selvagem e brutal; o Oriente comunista devia ser a correção da realidade em nome das coisas como deveriam ser, a instauração da justiça e da igualdade, a imposição do significado ao fervilhamento do acontecer.

Justamente na Hungria Lukács reafirmara a classicidade do marxismo, para o qual a espontaneidade imediata é inautêntica e somente adquire significado através da disciplina de uma forma. O ritual stalinista aparecia como forma, ordem, afirmação dos princípios sobre a nietzschiana "anarquia dos átomos"; o liberalismo ocidental aparecia como espontaneidade informe, vitalidade amoral, egoísmo *casual*, simples processo de necessidades que prescinde de todo critério ético. De um lado havia o Estado, do outro a sociedade. Ainda em 1971 Tibor Déry, escritor engajado e dissidente, exprimia num de seus romances o desgosto pela inocência ameboide, promíscua e indistinta da juventude pop americana, por uma sociedade anulada num fluxo libidinal.

Na véspera da batalha de Gog e Magog, a Kocsis parecia compreensível que o Estado tomasse a seu cargo todo o peso e o controle da sociedade, com a limitação ou a supressão das liberdades que têm lugar numa economia e numa disciplina de guerra. Ainda em 1956, e também nos brevíssimos dias em que tal posição parecia derrotada e perigosa para quem a professava, Kocsis era filo-soviético, hostil à decisão do governo Nagy de sair do pacto de Varsóvia e partidário, com risco pessoal de vida, da integridade do bloco oriental. Agora vive como que em estado de dissidência com a política de Kádár, cujo liberalismo — que fez da Hungria o país mais democrático, mais rico, mais ocidental da Europa comunista — lhe parece demasiado cauteloso e autoritário.

Kocsis é um dos inúmeros exemplos do transformismo que caracteriza a política húngara das últimas décadas e que tem bem pouco a ver com oportunismo. András Hegedüs, expoente stalinista e braço direito de Rákosi, subtraído à ira da multidão na revolução de 1956 por um blindado soviético que o levou para o outro lado da fronteira, tornou-se nos anos 1960 um intelectual liberal, símbolo de independência crítica e revisionismo, cuja revista *Valóság* iniciou um desabusado debate sociopolítico sobre a condução do país e a própria teoria marxista, fazendo recair sobre Hegedüs a suspeita de heresia. Outros seguiram um itinerário inverso, da revolta de 1956 a uma nova ortodoxia marxista.

É a própria história húngara que produz esses transformismos, com as mutações que a caracterizam; os proscritos de 1956 que reformam e às vezes voltam a ocupar cargos importantes; a alternância de viradas democráticas e brecadas autoritárias, o tratamento quase preferencial — ao menos aos olhos de muitos velhos militantes — que o governo reserva aos sem-partido. O próprio Kádár é um exemplo macroscópico dessas transformações, realizadas, no seu caso, em nome da dedicação a uma missão superior: militante comunista desde sempre, infatigável na militância clandestina durante o período fascista, torturado pela polícia secreta stalinista que lhe arrancou as unhas, homem da repressão soviética em 1956 e homem de Estado que levou seu país ao máximo grau possível de independência em relação à Rússia, de liberdade e de bem-estar.

A vida é um compromisso, declarou uma vez Kádár enquanto festejavam seu aniversário, e o verdadeiro atalho pode ser às vezes a via aparentemente mais longa. Agora Kocsis, com seu cigarro apagado na mão, talvez esteja palmilhando esse atalho, tratando, quem sabe, de parar de vez em quando, de sentar num banco e admirar a paisagem. Justamente aquela economia de guerra da revolução, na qual ele acreditou, foi o ponto fraco do socialismo real. Quando o poder arca diretamente com todo o peso da sociedade e de seus problemas, assumindo o ônus de cada detalhe e do controle de cada detalhe, seu totalitarismo, observa Massimo Salvadori, se volta contra ele e o corrói por dentro, como acontece a um organismo que se submete a um esforço desmedido e prolongado. A revolução de 1956 foi também a apoplexia desse poder pletórico, o colapso do esforço titânico, por parte do Estado-partido, de invadir e supervisionar toda a vida social. O compromisso de Kádár inverte completamente, com sua fórmula elástica e elusiva "quem não está contra nós está conosco", aquele totalitarismo, deixando espaço para uma variedade de componentes e atitudes não mais duramente adaptados a um modelo único ("conosco"), mas unicamente limitados por via negativa, segundo o esquema liberal (basta não estar "contra nós"). O compromisso e o longo atalho de Kádár são uma estratégia dos Habsburgo; das fendas do sistema forjado segundo o modelo soviético renasce não só a nostalgia pela Mitteleuropa, mas também a forma mitteleuropéia, seu estilo ético-político.

Também Kocsis reencontrou uma alusiva Mitteleuropa pessoal, um atalho seu. Está escrevendo, me diz, uma monografia sobre Babits. A escolha, a seu modo, é significativa, porque é uma escolha secundária, mas não em demasia. A ideologia do regime privilegia os escritores marxistas, ou — e mais ainda — os grandes clássicos nacionais, como Petöfi ou Vörösmarty, de quem o comunismo se proclama o autêntico herdeiro, ou ainda os dilacerados intérpretes — e desmascaradores — da crise e da decadência burguesa, como Endre Ady. Os poetas revolucionários como Attila József já são mais suspeitos, por seu radicalismo, que os coloca facilmente em dissídio com a linha do partido, embora a monografia monumental de Miklós Szabolcsi sobre o próprio Attila József evidencie as aberturas culturais da Hungria de hoje.

Mihály Babits é um caso à parte, um poeta a quem, tanto nos manuais de literatura como no debate cultural, são tributados a homenagem correta que se deve a um clássico talvez marginal e um respeitoso esquecimento. Babits, que viveu entre 1883 e 1941, é um humanista fascinado pela tradição mas conhecedor das rupturas da lírica contemporânea, que ele tenta mediar e conter numa forma ainda clara, como se fosse uma bóia salva-vidas lançada aos restos dos grandes naufrágios da poesia moderna, que se despedaça nos recifes do nada. Babits protesta contra os entusiasmos e os horrores bélicos, aceita a cátedra de literatura da república comunista de Béla Kun, mas se declara antimarxista, recolhendo-se contudo mais tarde, diante do regime fascista de Horthy, numa discreta oposição; hostiliza os irracionalismos e imprime à torneada ourivesaria de versos um dolorido sopro humano, sensível às lágrimas das coisas mas sobretudo às misérias dos indivíduos e das classes pisoteadas.

Não canta nunca os vencedores, e decerto isso deve agradar a Kocsis. Talvez este se reconheça naqueles versos em que o poeta diz querer encerrar o Todo em seus sonetos, mas não conseguir projetar-se além de si mesmo e de seus pequenos *impasses*. A poesia morre, diz um poema de Babits, e é inútil — escreve ele em outro lugar — traçar versos com os dedos, como signos na areia; morrem os deuses e o homem continua a viver. Talvez os deuses de Kocsis estejam mortos; certamente ele continua a viver, amável e disponível, e se distrai seguindo em surdina este poeta que, também com discrição, guiava o vago errar das letras e das palavras ao longo de seu labirinto de papel, contemporizando com seu esgotamento e escutando os rumores dos barcos e dos motores que subiam abafados do Danúbio, na esperança de que um deus qualquer oferecesse um leito ao rio de palavras que lhe subiam erradias aos lábios, a fim de que pudessem correr ordenadamente para o mar e desaparecer.

A poesia de Babits não pode tornar-se hoje uma bandeira no debate ideológico e no conflito subterrâneo entre direita e esquerda, entre os conservadores e os progressistas da cultura e da política húngara. É uma voz clara mas humilde, uma arcádia como aquela que o próprio poeta encontrava na paisagem que via em torno de si, na infância, entre os vinhedos de Szekszárd. Uma arcádia panônica e, portanto, ciente daquela violência que Babits se obriga às vezes a escamotear.

4. ESTEIRAS DE BLINDADOS NA NEVE

Deixamos há pouco Fertöd, a Versalhes dos Esterházy, os senhores feudais a quem pertencia, no século XVIII, mais de 1 milhão de jugadas e que formavam, com os outros nobres, a totalidade da *natio hungarica* reconhecida como tal.

Nosso vaivém ao longo destes poucos quilômetros torna-se irregular e dispersivo como o dos viajantes de carona ou como o da famosa carruagem carmesim de Gyula Krúdy que vagueia pelas velhas estradas do campo movendo-se em ziguezague. Mas é uma intenção precisa que nos conduz, desarrumando a linearidade do percurso, a Mosonmagyaróvár. Aqui, na noite de 2 de novembro de 1956, Alberto Cavallari, enviado pelo *Corriere della Sera* para acompanhar os acontecimentos da revolução húngara, virou por sua vez manchete porque se espalhara o boato de que ele fora aprisionado pelos russos. Na realidade ele passara a noite num refúgio dos rebeldes, após tentar sem sucesso chegar a Viena para informar — com um dia de antecedência — que a revolução não tinha vencido, como se acreditava, mas estava acabando e que começava a repressão soviética. Com seu estilo lacônico e certeiro, Cavallari conta, na sua reportagem, aquela noite confusa no meio da neve, o carro que afunda e não consegue prosseguir, as estradas que se perdem na lama e na escuridão, os tiros e os feridos, as barreiras improvisadas pelos patriotas, os blindados russos com que ele se defronta quase por acaso nas trevas, enquanto eles vão se distribuindo como as malhas de uma gigantesca rede entre Viena e Budapeste e cercando a Hungria.

Repetindo seu percurso entre Viena e Budapeste, parece-nos estar seguindo as suas pegadas e por certo seus artigos daquelas semanas entre outubro e dezembro de 1956, que captam o essencial de uma virada histórica nos rostos desconhecidos que desaparecem nos charcos ou entre as barricadas, são um breviário desta viagem pela Hungria. Um breviário trágico para uma viagem inócua, que apesar de tudo se leva na mão como Bérard levava consigo a *Odisséia* ao viajar pelo Mediterrâneo, para reconhecer os lugares e seu segredo, graças àquele *baedeker* que os contêm. Mas trinta anos derreteram aquelas neves e apagaram os vestígios das esteiras dos tanques, ainda que seguramente não a sua lembrança. O julgamento, naqueles dias, era claro: Kádár era cúmplice da traição e do massacre, peão dos soviéticos que parecia manobrado por eles e já usado e prestes a ser jogado fora. Trinta anos depois, é justo reconhecer que ele se pôs a serviço de seu país, que enveredou pelo único caminho realmente possível e o percorreu com habilidade e retidão para o bem da Hungria.

Tudo isso não modifica o julgamento daqueles dias, mas lhe acrescenta outros julgamentos diversos que não o negam porém lhe criam um contraponto, como se à imagem do indivíduo se somasse aquela que o retrata décadas antes ou décadas depois. A avaliação positiva que hoje se pode fazer de Kádár não implica que a negativa daqueles dias estivesse errada, que naqueles dias não fosse necessário dizer-lhe não.

Existe um futuro do passado, um seu devir que o transforma. Como a realidade, também o eu que a vive e a observa se descobre plural. Atravessando os lugares assinalados naquelas épicas crônicas de trinta anos atrás, tem-se a impressão de romper finas paredes invisíveis, camadas de realidades diversas, ainda presentes apesar de não perceptíveis a olho nu, raios infravermelhos ou ultravioletas da história, imagens e instantes que não podem agora impressionar uma película mas que estão aí, existem como os elétrons inalcançáveis pela experiência sensível.

Não sei se algum escritor de ficção científica já teria inventado uma máquina fotográfica espaço-temporal capaz de reproduzir, até mesmo em ampliações sucessivas, tudo aquilo que nos séculos e milênios existiu na porção de espaço enquadrada na objetiva. Como as ruínas de Tróia, como as camadas das nove cidades ou uma formação calcária, cada pedaço de realidade exige o arqueólogo ou geólogo que a decifre e talvez a literatura outra coisa não seja que esta arqueologia da vida. Por certo, um pobre viajante tridimensional qualquer se perturba diante das brincadeiras da quarta dimensão — mesmo sendo a viagem quadri-(ou pluri)-dimensional por excelência — e tem dificuldade de se orientar no meio de tantas afirmações contrárias e não contraditórias. Acaba se sentindo um pouco como o cardeal Mindszenthy recém-libertado e confuso, depois de anos de prisão, na nova realidade desconhecida; tem-se necessidade de retomar o fôlego e olhar em redor e, antes de responder a qualquer pergunta, dá vontade de responder o que o primaz da Hungria respondeu, ao ser libertado pelos insurretos, a Cavallari que lhe pedia uma declaração: “Vou lhe responder na sexta-feira, quando tiver entendido como é feito o mundo”.

5. NO BARRO PANÔNICO

A televisão húngara transmite *Os Glembaj*, o célebre e virulento drama de Miroslav Krleža, sob a direção de János Dömölky. Poucos escritores húngaros conseguiram representar o mundo panônico, o mosaico de povos e culturas entre Zagreb e Budapeste, com a força e violência de Krleža, o grande patriarca da literatura croata. Em suas páginas sempre retorna, sombria e obsessiva, uma imagem insistente: o barro da Panônia, a planície croato-magiar empastada de poeira, de pântanos, de folhas murchas, das pegadas sangrentas deixadas ao longo dos séculos, pelas migrações e pelas lutas de civilizações diversas, que naquela planície e naquele barro se misturaram e se sobrepuseram como os cascos de cavalos bárbaros.

Nascido em Zagreb em 1893 e morto em 1981, Krleža, traduzido nos mais diversos países e nas línguas mais variadas, é um escritor poderoso e excessivo, transbordante de vitalidade elementar e de uma vastíssima cultura plurilíngüe e supranacional. É o poeta do encontro e do embate entre croatas, húngaros, alemães e outros povos do mundo danubiano; é um escritor sobrecarregado de cultura e de furor, um intelectual e poeta expressionista que prefere a discussão ensaísta mas aprecia também os saltos e as fraturas, os lances agressivos e a invectiva sarcástica. O tema central de sua obra poliédrica e desmedida é a dissolução da civilização do século XIX, percebida sobretudo no esfacelamento do plurissecular Império Austro-Húngaro, com o desencadeamento das forças irracionais e patológicas provenientes da agonia de uma ordem social. Na denúncia dessa decadência orgiástica e niilista — representada principalmente em *Os Glembaj*, quadro fosco e cruel do crepúsculo dos Habsburgo — Krleža vai buscar a seiva para sua feroz análise e acusação do totalitarismo, que ele vê nascer daquela podridão e alastrar-se como um câncer na Europa dos anos 1930.

Militante do movimento operário iugoslavo e preso pelas autoridades da Ustacha, Krleža não abandonou o comunismo, mas sua precoce e radical posição anti-stalinista — na época de Stálin e da própria luta antifascista — trouxe-lhe gravíssimas dificuldades com o partido. Entre os acusadores que naquele tempo pediam sua cabeça figurava, sectário e absoluto, Djilas, que se tornaria mais tarde o porta-estandarte dos dissidentes. Foi Tito quem sempre defendeu Krleža, quem compreendeu — com maior acuidade do que o intelectual Djilas — que Krleža e sua independência constituíam um valor insubstituível para a nova Iugoslávia revolucionária, da qual, de fato, o escritor foi um pai e um patriarca, um grande velho como o Marechal.

Nacionalista croata antes da Primeira Guerra Mundial, em seguida patriota da Iugoslávia dominada pelos sérvios, mas logo desgostoso do regime monárquico reacionário, Krleža voltou a suas raízes croatas e à *koiné* danubiana, traduzida no internacionalismo marxista de que foi um militante empenhado e corajoso. Sua Panônia é um cadinho de povos e de culturas, nos quais o indivíduo descobre a pluralidade, a incerteza, mas também a complexidade da própria identidade. No barro panônico afunda vergonhosamente a *gentry* austro-húngara encarnada na família Glembaj; no barro panônico é absorvido o herói de seu livro mais notável, *A volta de Filip Latinovicz*, publicado em 1932, que agradava muito — talvez demais — a Sartre, que nele via uma parábola da crise de identidade individual, um retrato memorável da alienação do indivíduo que se dissolve e se perde no nada ao tomar consciência da desagregação da própria classe e do esfacelamento do próprio eu.

Krleža escreveu muito, demais: poemas, romances, dramas, ensaios, de valor desigual. Sua força reside na complexidade ensaísta, na capacidade de perceber o nexo entre a realidade social cotidiana, os processos históricos e as leis da natureza; no olhar que descobre, nos gestos habituais, a erosão da morte, a necessidade do universo, a agregação e desagregação dos átomos, os obscuros ritos biológicos ocultos no movimento das idéias. Seu grave limite é a exuberância lodosa, a ênfase no truculento e no abjeto, a ostentação da podridão que às vezes o fazem cair na repetição do excessivo, ou num fatigante intelectualismo.

A crítica anti-habsbúrgica de Krleža é sem dúvida facciosa e unilateral — como o são, em sentido contrário, tantas idealizações saudosistas do Império —, mas a verdade poética e moral necessita às vezes dessa passionalidade sectária para atingir, além da exasperada deformação, um momento essencial da vida e da história, um valor humano absoluto que a objetiva precisão realista não está em condições de perceber, como bem sabem os grandes poetas satíricos, tendenciosos mas chamados a iluminar, graças à sua obsessão visionária, algum instante eterno da vida. Viena não era infame como a representava Karl Kraus, e provavelmente nem a antiga Roma era como a descreve Juvenal, mas sem a exasperação furiosa de Kraus ou de Juvenal não seriam reveladas, como através do violento rasgão de um véu, algumas expressões extremas, alguns esgares extravagantes que o rosto do homem pode assumir.

A obra de Krleža, e sobretudo seu romance tardio *Bandeiras* que dela pretende ser uma *summa*, é uma enciclopédia da Panônia e um afresco monumental não somente da vida croata mas também e principalmente de Budapeste e da Hungria nos primeiros anos do século. Krleža é extremamente duro e polêmico para com o Império danubiano; mas também o seu protesto é permeado da cultura daquele mundo, como revela seu ensaio sobre Karl Kraus, a voz da civilização habsbúrgica que contesta a si própria.

Num tardio livro de memórias, que relembra com alguma ternura o mosaico habsbúrgico, Krleža se definiu como "alguém de Agram", chamando sua cidade natal, Zagreb, pelo nome alemão; o vasto ecúmeno imperial-régio ensinara a ele também, como a tantos outros — até mesmo ao seu antigo acusador, Djilas, hoje saudoso da Mitteleuropa — a amá-lo ou, ao menos, a compreendê-lo através da rebelião.

6. TRISTEMENTE MAGIAR

O Danúbio enfia as cidades como pérolas. Györ, que em 1956 era o centro das reivindicações mais radicais e impunha ultimatos à mais moderada Budapeste e ao próprio governo Nagy, considerado demasiado pró-comunista, é linda e tranqüila, as ruas antigas levam, como um passeio dominical, às margens do rio, com seus *quais* e a água verde do Raba que conflui neste afluente do Danúbio. No nº 5 da Dr. Kovacs Utca, nobres e orgulhosos bigodes magiares enfeitam, num medalhão, o rosto de Petöfi; na igreja dos jesuítas as folhas verdes e douradas pelo sol emolduram as janelas e os rostos, que por um instante se desenham contra sua luz, com uma beleza mais comovedora que a dos vitrais góticos. Na Alkotmány Utca morou Napoleão: os pequenos balcões exibem uma tranqüila e discreta distinção, cariátides e leões que seguram sabres.

Komárom-Komárno (ou Komorn), que se situa em grande parte na outra margem do Danúbio, na Tchecoslováquia, é um pequeno compêndio dos símbolos da índole magiar. A estátua de Klapka, o general revolucionário, resume o espírito rebelde magiar; a placa comemorativa do nascimento de Mór Jókai alude àquele ilusionismo nacional, tão cultivado sobretudo depois do Compromisso, com o qual a classe política húngara criava para si uma máscara de vitalidade e de esplendor, transformando a magiaridade no clichê dela mesma. Criado na atmosfera otimista do liberalismo, Jókai traça um retrato brilhante daquela aristocracia húngara que o barão József Eötvös, romancista ele próprio e autor, em 1868, de uma esclarecida lei sobre as nacionalidades freqüentemente não aplicada, descreve, entretanto, como opressiva e parasita.

A grande literatura húngara não é a que celebra o esplendor de uma Hungria heróica, mas a que denuncia a miséria e a escuridão do destino húngaro. Até mesmo Petöfi, o cantor da pátria e do Deus dos magiares, fustiga o inerte egoísmo dos nobres e a nação preguiçosa. Endre Ady canta a "tétrica terra magiar", declara-se "tristemente magiar", e proclama que "os Messias magiares são mil vezes Messias" porque no seu país as lágrimas são mais salgadas e eles morrem sem nada ter redimido. Quem nasce na Hungria paga um tributo à vida, porque ela — diz uma outra poesia — é um fétido lago de morte; os arrumados húngaros são "os palhaços do mundo" e o poeta leva dentro de si, dolorosamente, a melancólica planície.

A literatura magiar é uma compacta antologia dessas feridas, dessa sensação de abandono e solidão que induz os húngaros a sentir-se, como diz um poema de Attila József, "sentados na beira do universo". László Németh, o líder dos escritores popularizantes, falou de uma condição de "permanente agonia" da literatura húngara. Uma pergunta reaparece, como um refrão, na Hungria, desde a batalha de Mohács até a revolução de 1956: Seremos então sempre derrotados? Quando finalmente caberá aos húngaros vencer? É uma pergunta que os estudantes fazem ao professor de história quando ele narra-lhes a revolta de Rákóczi esmagada pelos Habsburgo e que é discutida pelo jornal oficial do partido, uma pergunta retórica formulada também por Tibor Déry e até por Kádár, para quem, todavia, esse destino de perdedores pertence ao passado e não se refere mais ao presente.

Ao ilusionismo nacional, cultivado por Jókai e por tantos outros autores, contrapõe-se assim uma exacerbada desilusão, vozes que falam de dentro da escuridão. Não é dito que a autoacusação e a autocomiseração são mais verdadeiras do que a autocelebração: encurralada entre os mundos alemão, eslavo e latino, a Hungria viveu ameaçada, mas não certamente submetida à vontade dos vizinhos. Apesar da dominação turca e do malogro de tantas revoluções, a Hungria foi também uma nação de dominadores, que se impôs a seus eslavos ou romenos. Não foi uma província esquecida da história universal, mas sim uma nação que fez a história.

Não é ilegítima, mas uma parcial reabilitação do colorido otimismo de Jókai. Aliás, em seu romance *Um homem de ouro*, de 1872, também Jókai exibe uma tristeza diferente da estereotipada e folclórica melancolia da *puszta*: a pequena ilha do Danúbio, escondida e ignorada, torna-se o não-lugar em que Mihály Timár, o barqueiro enriquecido e desiludido de sua equívoca ascensão burguesa, encontra refúgio e felicidade. Nesse romance, um pequeno *Robinson Crusoé* do Danúbio, Jókai escreveu a história de um homem que reconstrói do nada sua existência demolida pela sociedade e que, diferentemente de Robinson, não deseja voltar ao mundo. Sua ilha se torna um paraíso, o Éden, Taiti, o atol dos Mares do Sul, mesmo que o protetor dessa inocência melancolicamente reencontrada não seja o Oceano, mas somente um braço do Danúbio.

Em Komorn outra placa, bilíngüe, informa que naquela casa nasceu Franz Lehár, mestre de um ilusionismo elevado ao quadrado e de uma música de consumo na qual a nostalgia das valsas de Strauss se corrompe, apesar de sua encantadora maestria, numa desenvolta vulgaridade. O ilusionismo da opereta, que resolve a vida na frase "garçom, champanhe!", não esconde todavia que é uma brilhante ficção, a máscara e a simulação do brio. Sua indústria do cinismo galante e sentimental é um cenário de papelão que, sem se dar ares de importância, distrai da seriedade da vida.

7. UM BUSTO IMPERIAL NO VÃO DA ESCADA

Esztergom. Aqui Géza, príncipe dos húngaros vindos um século antes, das estepes russas sob o comando de Arpád, instalou sua residência e sua corte em 973 e aqui nasceu seu filho, Estêvão, o Santo, primeiro rei da Hungria. Com o primeiro rei cristão e cristianizador da Hungria, vencedor dos petchenegues pagãos, acabava o domínio dos xamãs e dos deuses nômades da estepe; agora a cidade é a sede oficial do Primaz da Hungria. A enorme catedral neoclássica que sobranceia o Danúbio tem a fria e morta monumentalidade de um cenotáfio e irradia um gélido poder ou prepotência temporal.

Em Esztergom muito se combateu: invasões mongólicas, assédios e conquistas turcas. Combatendo contra os otomanos, aqui foi morto em 1594 Bálint Balassi, um dos primeiros poetas da literatura húngara. O museu a ele dedicado está fechado, a moça que abre a porta não está a par de nada e o portão está cheio de caliça. Num vão da escada do vestíbulo jaz, abandonado e revirado, um busto de Sissi, a imperatriz que tanto amava a Hungria. O sorriso do rosto esculpido por uma mão perfeitamente convencional mostra uma irrealidade que não destoa da imperatriz impossível, com seu sonho de ser uma gaivota. Até a história universal é feita de deslocamentos, freqüentemente interrompidos e deixados pela metade. Cetros, coroas, mantos acabam num bricabraque; na liquidação do Império habsbúrgico Sissi acabou, quem sabe graças a que extravios, debaixo daquela escada. Talvez para evitar a eventual decepção de outro museu fechado e desconjuntado, Kocsis evita levar-nos àquele dedicado ao seu Mihály Babits.

8. OS TABERNEIROS DE VÁC

A cidadezinha, rica também de recordações sangrentas, é lindíssima, com seus palácios renascentistas e barrocos. Viajando pelo Danúbio — antes mesmo do Antiquarius — de Viena até a Criméia tártara, o nobre Nicolaus Ernst Kleemann queixava-se dos taberneiros húngaros em geral e dos de Vác em particular, entre os quais achava-se “a quintessência da vilania dos taberneiros” e comia-se e bebia-se mal, em pratos imundos e a preços extorsivos. Mas em Vác aconteceu algo pior. No *Theresianum*, a antiga academia para os nobres, construída por Maria Teresa e transformada mais tarde numa prisão, o regime de Horthy prendia e eliminava os militantes da oposição operária.

9. SZENTENDRE

Szentendre é uma Montmartre do Danúbio: as cores das casas e dos quadros expostos nas ruas transferem-se para as do rio, uma alegria líquida e suave envolve o *flâneur* e o arrasta de leve ao longo dos becos pitorescos que descem para as margens, num doce fluir. A cidadezinha tem uma característica sérvia que vai desaparecendo aos poucos. No fim do século XVII, durante a reconquista otomana que se seguiu ao avanço do exército imperial, Szentendre acolheu muitos refugiados dos Bálcãs, que fugiam na frente dos turcos: albaneses, gregos, bósnios, dálmatas, e principalmente sérvios, chefiados pelo patriarca Arsenije Crnojević. Os sérvios, comerciantes empreendedores, deram à cidadezinha — junto com os gregos — prosperidade e opulenta elegância, igrejas barrocas, rococós e classicizantes, casas comerciais patrícias, harmonia de praças tranqüilas e de respeitáveis insígnias comerciais.

Das oitocentas famílias que chegaram com o patriarca, agora só restam sessenta ou setenta. Uma viagem é sempre também uma expedição de salvamento, a documentação e coleta de algo em extinção que brevemente vai desaparecer, a última arribada a uma ilha que as águas estão submergindo. Cuvier distinguia *voyageurs-naturalistes*, *-géographes* e *-botanistes*. Para o botânico as coisas são mais fáceis; ele pode colher delicadamente o último exemplar de uma planta e guardá-lo em seu herbário ou até transplantá-lo num vaso e levá-lo consigo, se as condições climáticas e térmicas o permitirem. A geografia humana complica um pouco as coisas, pois é mais difícil embalar uma paisagem que está desaparecendo sob a especulação imobiliária, uma minoria que definha, suas ruas, seus hábitos, as pessoas que gesticulam no mercado. Mas o declínio da presença sérvia em Szentendre não é nada melancólico, pois aqui não se vêem poucos e patéticos sobreviventes isolados como os últimos moicanos, mas um grupo tranqüilamente integrado na realidade húngara.

Um *voyageur-botaniste* teria certamente muitas coisas para recolher, com a delicadeza necessária, e colocar num herbário que pudesse protegê-las, ainda que sempre tarde demais, contra a roda das coisas. Mas a dor está lá e nenhum relicário consegue mantê-la afastada; está presente também nas esplêndidas cerâmicas de Margit Kovács, em exposição permanente na casa setecentista conhecida como casa do comerciante sérvio Dimšić Vazul. Nas figuras de Margit Kovács o sofrimento é mudo, inexplicável, a dor de uma grande maternidade, que cria vida e pena. Mas naquele silêncio há uma dignidade indestrutível e ainda mais misteriosa que a dor, o enigma da existência e até mesmo da felicidade apesar da tragédia.

Poucos passos ainda, antes de reembarcar no carro para Budapeste. Num pequeno sebo, um volume contendo algumas cartas de Ninon de Lanclos lembra a Gigi que o maestro Eulambio, de Gradisca, que por trinta anos ensinou música em Leipzig, compusera uma ópera intitulada *Ninon de Lanclos*, representada em Trieste no teatro Verdi. Ópera decorosa e inútil, diz Gigi, que mostra a tragédia do hábil epígono, cuja indubitável habilidade artística não tem mais nada de novo a dizer. Os honestos epígonos de Verdi, que logo se apresentam como o que são e consomem sua vida num trabalho evidentemente superado embora digno, são figuras trágicas; os astuciosos epígonos de Schönberg ou de Pound, igualmente habilidosos e inúteis, conseguem disfarçar seu atraso, passar por originais e evitar, graças a seu filisteísmo, a tragédia. Sua Majestade, o Esquecimento, a quem Lichtenberg dedicava suas obras, promulga de imediato um decreto a respeito do maestro Eulambio, ao passo que brinca um pouquinho, depois do almoço, com alguns de seus colegas *à la page*.

10. UM SORVETE EM BUDAPESTE

Budapeste é a mais bela cidade do Danúbio; uma sábia autoencenação, como Viena, mas com uma robusta substância e uma vitalidade desconhecidas pela rival austríaca. Budapeste dá a sensação física da capital, com uma senhorilidade e uma imponência próprias de cidade protagonista da História, apesar do lamento de Ady pela vida magiar "cinzenta, cor do pó". Certamente a Budapeste moderna é uma criação recente bem diversa da cidade do século XIX que, como escrevia Mikszáth, na década de 1840 bebia vermute sérvio e falava alemão. A magnificência metropolitana de Budapeste, que se baseia na sólida realidade de um crescimento político-econômico, apresenta também a face de um ilusionismo sedutor, que a arte fotográfica de György Klösz colheu com mágica lucidez. Se a Viena moderna imita a Paris do barão Haussmann, com seus grandes bulevares, Budapeste imita, por sua vez, esse urbanismo vienense de empréstimo, é a mimese de uma mimese; talvez também por isso se assemelhe à poesia na acepção platônica, sua paisagem sugira, mais que a arte, o sentimento da arte.

Não por acaso, nos inícios do século XX, Budapeste foi o berço de uma extraordinária cultura que se perguntava, com o jovem Lukács, mas não só com ele, que relação havia entre a alma e as formas, se por trás do inessencial múltiplo havia uma essência da vida e que relação subsistia entre o jogo das coisas assim como são e a autenticidade do dever ser. Aquele cenário de ficções — levado ao extremo na espetacularização monumental e historicizante dos festejos do milênio húngaro em 1896 — favorecia o senso do artifício e da experimentação, da pesquisa e construção de novas linguagens, como demonstra a grande vanguarda artística e musical húngara; favorecia a propensão ao ensaísmo, porque o ensaísmo é a peripécia, tormentosa e também irônica, da inteligência que percebe a inautenticidade da imediatez e a divergência entre a vida e seu significado e todavia aponta, ainda que obliquamente, para aquela transcendência do significado que permanece inatingível na realidade, mas que cintila na consciência de sua ausência e na sua nostalgia.

O jovem Lukács morava não longe do castelo de Vajdahunyad, construído entre 1896 e 1908 no parque de Városliget que começa atrás da praça dos Heróis, e podia ver o efeito Potemkin da cultura oficial na Hungria do milênio. A fortaleza, que imita a homônima de János Hunyadi construída na Transilvânia no século XV, é um concentrado de kitsch, uma pluralidade heterogênea de estilos encaixados um no outro: um portal gótico, alguns blocos românicos, elementos renascentistas, fachadas barrocas, a torre que reproduz a da encantadora Sighişoara (Segesvár, Schässburg) hoje na Romênia. Os amigos que em 1915 se reuniam na casa de Béla Balázs, no chamado "círculo do domingo" (entre eles Lukács, Hauser, Mannheim), indagavam as "possibilidades da vida adequada", ou seja, permeada de significado. Eles estavam conscientes de viver numa época de "esgotamento da realidade", como dizia Lukács, numa quadra histórica de instabilidade e de crise, e abriam novos caminhos para a estética ou a sociologia analisando as possibilidades individuais de afirmar o valor num mundo objetivo que o nega, a tragédia de quem recusa uma realidade vazia e o ensaísmo irônico e tolerante de quem, apesar de tudo, não pretende negar-se tragicamente a essa realidade, ou seja, morrer. O kitsch sedutor de Budapeste era o cenário que impelia à busca da vida verdadeira e à indagação da verdade ou da falsidade da forma.

O esplendor de Budapeste é em parte a contrapartida de uma cidade que perde seu caráter, uma mistura de gigantismo e exuberância flamboyant, que corresponde à híbrida aliança entre o capital húngaro e a águia habsbúrgica e se traduz também no ecletismo historicista da arquitetura, por exemplo, no velho Parlamento ou no Teatro da Ópera construídos por Miklós Ybl em estilo renascentista e no novo Parlamento gótico-barroco de Imre Steidl. A nova burguesia empreendedora, foi dito, queria construir para si um passado heráldico; pretendia disfarçar a febril metamorfose e a tumultuosa expansão industrial da cidade que induzia a dar o nome de "Chicago" ao sétimo distrito, sob uma aparência de leveza espumejante e queria ostentar, quanto mais o desenvolvimento capitalista a desenraizava da sua tradição, um espírito magiar a todo custo. Em 1907 Géza Lengyel denuncia as fachadas vazias e teatrais, o "potemkinismo de gesso" de Budapeste que esconde uma realidade diversa, como Broch denuncia o não-estilo da Ringstrasse vienense que oculta o vazio de valores. Lechner constrói em 1900 a Caixa Econômica do Correio; a arte de Miksa Róth, que conquista o mundo inteiro com seu vidro opalescente, serve também para exibir através das vidraças — como no palácio da Companhia de Seguros Gresham projetado por Zsigmond Quittner — "o poder econômico da sociedade", mas deve sobretudo enobrecer e embelezar a brutalidade desse poder.

Esta "América em escala reduzida", que é a Budapeste de 1867 a 1914, se recobre de alegria e despreocupada efervescência; Mór Jókai canta a velha Budapeste do lendário magnata Moritz Sándor com suas façanhas audaciosas, os vendedores de melões, melancias e copos de água na margem do Danúbio e o famoso baile anual dos juristas. Como um século e meio antes o nobre Kleemann, ele também dedica uma atenção particular às vilanias e institui até mesmo uma classificação dos malcriados, colocando no primeiro lugar o cocheiro do fiacre nº 37 e no segundo o caixa do teatro.

Até o gigantismo metropolitano se reveste desta graça do bom tempo antigo, que parece permitir uma familiaridade provinciana e se oferece como moldura da alegria de viver, com suas avenidas à margem do rio e os extensos bulevares, nos quais a vida parece correr alegre e gloriosa, com o pulsar de uma sólida e despreocupada saúde. Balcões, fachadas, frisos e cariátides dissimulam aquela tragédia do moderno que o jovem Lukács e os outros amigos do círculo do domingo investigam com genial e participante acuidade; só as bombas de 1944-5 irão revelar, por trás dos palácios destroçados, das majestosas estátuas esmigalhadas, quarto de fundos da miséria e da escuridão que a *belle époque* conseguiu esconder e que somente o fascismo, a doença violenta e extrema do moderno, exaspera e paradoxalmente desmascara.

Ainda hoje o *flâneur* penetra nesta arqueologia do esplendor e da ocultação, nesta mistura de robustez e ilusão, atormentada poesia e pomposa poetização da prosa do mundo. Na praça Roosevelt, entre as figuras que rodeiam a estátua de Széchenyi, Netuno simboliza corretamente a navegação e Ceres a agricultura, Vulcano é chamado a representar a indústria, mas Minerva, a deusa da inteligência e do pensamento, é a alegoria do comércio. Na praça Petöfi ergue-se, naturalmente, a estátua do bardo nacional, de quem o guia das Edições Corvina de 1984 diz, com um entusiasmo temperado pela sábia prudência de quem nunca está seguro da estabilidade das cotações da bolsa, que "é até hoje o maior poeta lírico húngaro". De resto, no monumento erguido em 1896 para o Milênio da Hungria na praça dos Heróis, *Hösök Tere*, ao lado das estátuas do mítico Árpád e de outros heróis da história húngara como János Hunyadi ou Kossuth, campeiam também as do Trabalho e do Bem-Estar, da

Honra e da Glória, exibindo o espírito burguês do travestimento mítico-heróico e do ecletismo monumental.

O Danúbio corre amplo, e o vento da tarde passa sobre os cafés ao ar livre como o sopro de uma velha Europa que talvez esteja agora às margens do mundo, não mais produzindo mas só consumindo história, como Francesca está agora sugando com sua linda boca um sorvete, sentada na confeitaria Gerbeaud da praça Vörösmarty, e vê deslizar a sua vida, semicerrando os olhos sob suas famosas sobrancelhas, talvez imperceptivelmente franzidas pelo farfalhar do tempo. A Europa é também este café, onde não mais se sentam os Administradores Delegados do Espírito do Mundo, mas, quando muito, os funcionários de alguma filial subalterna, que não tomam e apenas executam decisões, e alguma dama atraente que se faz notar.

Nas vitrines de alguns fotógrafos, rostos de turmas estudantis, formandas do liceu em vésperas de exame final, rapazes com seus primeiros cigarros, moças vestidas à marinheira e com gravatinha, olham para o futuro que se precipita ao seu encontro a uma velocidade de que talvez mal se dêem conta naquele instante, na porta da sala de aula, como que bombardeados pelas partículas aceleradas artificialmente num síncrotron. Szendy Marianna tem cabelos pretos, olhos escuros e irrequietos e um nariz imperioso que promete ao menos dar muito trabalho à grande moenda que a espera e cair na rede do velho pescador não sem lhe ter desarrumado, ainda que só por um instante, seus grandes números. Kis Zoltán é o indefectível gordo da classe, corre o risco de acabar um pouco antes na frigideira, assim como talvez, na hora da ginástica, derrubava o bastão no salto em altura, mas seu rosto — na foto dos formandos, cada um com seu letreiro indicando nome e sobrenome — é o rosto de alguém que sabe rir quando o diretor distribui os boletins com a gravidade satisfeita de quem anuncia uma reprovação. Talvez possa rir também na cara de outros mensageiros de desgraças que estão à espreita.

O Danúbio corre verboso debaixo das pontes titânicas, como escrevia Ady, invocando a fuga e até a morte no Sena, naquela Paris que Budapeste reflete como um espelho estilo império.

Pode ser que a Europa esteja acabada, província negligenciável de uma história que se decide em outro lugar, nas salas dos botões de outros impérios. O espírito europeu alimenta-se de livros, como os demônios nos contos de Singer, mordisca os volumes de historiografia nas bibliotecas, ou rói, como as traças, chapéus de senhores, xales e outras galantes peças de vestuário.

Não é certo que à Europa esteja reservado, como destino irreparável, esse papel secundário de dama de companhia; aliás a familiaridade com o *cast* da Mitteleuropa e seus ensaios gerais induz a não acreditar em destinos irreparáveis, mas antes no princípio de indeterminação. Certamente em Budapeste se pode experimentar essa sensação de uma Europa depois do espetáculo, mas ela não é, como Viena, unicamente um palco da lembrança de glórias passadas, mas também uma cidade robusta e sangüínea, que sugere a força que poderia e deveria ter a Europa se soubesse entesourar sua dispersiva multiplicidade de energias e as unificasse em vez de esgotá-las numa elisão perpétua, num impasse permanente. Em Budapeste pensa-se intensamente no crepúsculo ou no temido e decretado crepúsculo da Europa, exatamente porque a Europa ainda está lá, seu sol ainda está alto no horizonte e aquece, mas é ao mesmo tempo encoberto por nuvens e cortinas, que evocam imperiosamente sua fase minguante. Assim a grande vanguarda cultural húngara do começo do século XX foi uma mistura de crepúsculo e de futuro, as novas ordens da música de Bartók e o autodestrutivo triângulo de Endre Ady, Ödön Diósy e sua *Leda*, *femme fatale* e vítima como muitas mulheres fatais, com seus cabelos pintados de azul e as narinas tingidas de vermelho como as valvas de uma concha, protagonista de uma história de amor *fin de siècle* e retrô, mas da qual a poesia de Ady trouxe à luz e cantou um núcleo de lancinante verdade.

O não-estilo dos edifícios ecléticos e historicizantes de Budapeste, deselegantes e freqüentemente adornados de decorações pesadas, parece, às vezes, um extravagante rosto do futuro, aquela paisagem historicizante e ao mesmo tempo futurista das metrópoles prefiguradas pelos filmes de ficção científica como

Blade Runner: um futuro pós-histórico e sem estilo, povoado por multidões babélicas e compósitas, nacional e etnicamente indistinguíveis, levantinos malaio-pele vermelha que vivem entre malocas e arranha-céus, computadores da décima segunda geração e enferrujadas bicicletas repescadas do passado, escombros da quarta guerra mundial e robôs super-humanos. A paisagem arquitetônica desse futuro metropolitano é arcaico-futurista, arranha-céus quilométricos e templos *kolossal* como a estação de Milão. O ecletismo de Budapeste, sua mistura de estilos, evoca, como toda Babel moderna, um eventual futuro fervilhante de sobreviventes de alguma catástrofe. Cada herdeiro dos Habsburgo é um verdadeiro homem do futuro porque aprendeu, antes de tantos outros, a viver sem um futuro, na interrupção de toda continuidade histórica, isto é, não a viver mas a sobreviver. Contudo, ao longo desses esplêndidos bulevares e num mundo tão vital e senhoril, que não exibe a melancolia dos países do Leste, mesmo a sobrevivência é amável e sedutora, magnânima e talvez, em certos momentos, quase feliz.

11. O TÚMULO ENTRE AS ROSAS

O túmulo de Gül Baba, o santo muçulmano do século XVI sepultado na colina das rosas, envolto na paz e vigiado pelo roseiral, olha Budapeste do alto, não certamente com o olhar soberbo do antigo dominador, mas com a serena distância de quem repousa em Alá. Diante desta cúpula e desta tranqüilidade a morte não dá medo algum, é um repouso, um oásis alcançado após a travessia de um deserto.

12. A ÉPICA, O ROMANCE E AS MULHERES

Num sebo compro um manual de poética em latim, *Institutiones Poeticae in usum Gymnasiorum Regni Hungariae et adnexarum provinciarum*, publicado em Buda em 1831. Como diz o título, trata-se de um livro de texto para os ginásios. Em 1831, portanto, os ginasianos da selvagem Panônia estudavam e faziam seus deveres em latim.

O manual introduz, classifica, subdivide, avança com aquela geometria da mente que é a primeira garantia de *esprit de finesse*. Os capítulos se sucedem, límpidos e inexoráveis: *Definitio Poeseos*, *De Materia*, *De Forma*, *De Peripetia*, *De Machina*, *Definitio Epopoeiae*, *De Materia Epopoeiae*, *Divisio in Fabulam*, *Mores*, *Sententiam*, *Dictionem*, *Melodiam et Apparatum*... Um parágrafo é dedicado a uma pergunta pouco galante: *Potestne esse femina, quae dicitur heroina, materia Epopoeiae?* Poderá a totalidade do epos, que cerca o mundo em unidade e harmonia e se eleva acima de toda particularidade, admitir como protagonista uma mulher, o ser casual e acidental da misoginia metafísica, a matéria sem forma, a mera passividade sensível, incapaz de transcender a si mesma?

Quem sabe o que terão respondido, em seus exercícios, os estudantes que soletravam aquele manual? Mais ou menos na mesma época, ou poucos anos depois, János Arany se fazia, a respeito da épica, perguntas mais sérias: perguntava-se se seria possível, na sua época "industrial" que exigia e reproduzia arte "consumível", a totalidade do epos, que pressupõe uma vida permeada pelo significado, o sopro do todo que abarca na unidade as particularidades. A sociedade de seu tempo não permitia nenhuma ingenuidade épica, nenhuma *Ilíada* e nenhum *Canto dos Nibelungos*; era a época de Ossian, não de Homero, a época da lamentação elegíaca pela totalidade perdida. Para Arany a Idade Moderna é uma idade virgiliana, que não permite uma nova criatividade, mas somente recapitulações culturais. O mundo, diz um poema seu, é um velho dólmã usado. O romance, insiste naqueles anos Zsigmond Kemény, narrador e ensaísta transilvano, tem a missão de desiludir.

O grande debate sobre epos e romance — que nasce na Alemanha na época de Goethe e Hegel e culmina um século mais tarde na obra do jovem Lukács, abordando não somente questões literárias mas a essência da vida e da história, a possibilidade da existência autêntica e da plenitude individual na Idade

Moderna — encontra em Arany um interlocutor perspicaz. Como Puchkin, também sabe que a época "é indulgente com a prosa séria"; autor ele mesmo de poemas épicos, diz que seus versos evocam os antigos cavaleiros hunos, mas se embaralham e tropeçam ao tentarem acompanhar seu galope. O poeta moderno, acrescenta ele, todavia, talvez também para seu conforto pessoal, não pode ser Homero, mas pode ser Tasso, conciliar ingenuidade épica e aburguesamento, graças à consciência sentimental da própria distância da vida e à nostalgia intelectual que contorna obliquamente aquela distância.

Assim Arany espera que sua obra possa ser um epos, não mais originado da experiência, mas reconstruído com a cultura, e cita a *Saga de Frithjof*, o *Jovem Haroldo* e o *Eugênio Oneguin*. O verdadeiro poeta popular, diz ele, é hoje culto, imita as canções antigas, mas assim fazendo compõe cantos que recuperam o espírito antigo e se difundem realmente no meio do povo, tornando-se patrimônio de todos. O verdadeiro epos, para o poeta e patriota magiar, é a nação, com sua ininterrupta continuidade de passado e presente que se perpetuam no futuro. A tradição objetiva, mais que matriz de poesia, é poesia.

13. MITTELEUROPA E ANTIPOLÍTICA

O livro de György Konrád, que *agrada* ao público mas não a Gigi, não pôde ser publicado na Hungria por causa da censura, e saiu na Alemanha, em tradução. Konrád é um escritor húngaro, seu romance *A visita* tornou-o conhecido também na Itália. Seu livro proibido chama-se *Antipolítica* e tem o subtítulo de *Meditações mitteleuropéias*. A Mitteleuropa torna-se a palavra-chave de uma recusa da política, ou melhor, daquela entendida como pan-politização totalitária, com invasão do Estado e da razão de Estado em toda e qualquer esfera da existência. A divisão da Europa entre as duas superpotências, decidida em Yalta, parece a Konrád um típico e trágico efeito dessa política falsamente grande e falsamente mundial, ou seja, tiranicamente prevaricadora.

À ideologia dos dois blocos rivais, Konrád opõe uma estratégia intelectual flexível, liberal e tolerante, inspirada pelo sentido da moderação e pelo realismo empírico; sensibilidade mitteleuropéia significa, também para ele, defesa do indivíduo contra todo programa totalizante e autoritário. Mitteleuropa é o nome dado por Konrád à sua concepção, ou esperança, de uma Europa unida e autônoma frente aos dois blocos, na convicção de que as contendas atuais entre russos e americanos, que hoje parecem o pivô da história universal, um dia parecerão insensatas e irresponsáveis como as contendas entre franceses e alemães de algumas décadas atrás. Em Budapeste, portanto, a Europa não existe somente nos cafés ao longo do rio, mas também nos espíritos. Contudo talvez Gigi não esteja de todo errado: como para Kundera, também para Konrád "Mitteleuropa" torna-se uma palavra nobre mas vaga e genérica, um ilusório *passe-partout* metapolítico para toda aspiração política. O próprio Konrád observa que a unidade entre intelectuais e povo, por ele esperada, só se realiza quando o poder entra em colapso, isto é, em situações excepcionais e trágicas, que ele está bem longe de desejar.

14. DOIS TELEGRAMAS

15 de maio de 1919: telegrama do barão Szilassy, diplomata em missão, passado no Hotel Salines de Bex, na Suíça, ao Comissário do Povo Béla Kun em Budapeste: "Proponho pedir o Protetorado da América sobre a Hungria e quando possível declarar a Hungria Estado da União Americana *stop*". Lacônica resposta de Béla Kun dois dias depois: "*Nous avons reçu votre dépêche*". A política parece imitar o cabaré. A história danubiana é rica em projetos — nunca realizados — de federações plurinacionais, desde a confederação germano-magiar-eslavo-latina ou a república federal danubiana aberta a todas as nacionalidades, concebidas pelo barão Miklos Wesselényi respectivamente, em 1842 e 1849, até o programa multinacional de István Széchenyi de 1849, desde o tardio arrependimento de Kossuth (que em seus

anos ardentes de luta afirmava não conseguir achar a Croácia no mapa), até o grandioso projeto do romeno Aurel Popovici de 1906, intitulado *Os Estados Unidos da Grande Áustria*. Nenhum desses projetos se realizou. O telegrama do barão Szilassy parece uma brincadeira — ou talvez nem tanto, se pensarmos naquilo que aconteceu mais tarde em Yalta. De qualquer modo, a idéia de uma Hungria que tenha fronteiras comuns com o Texas ou com o Wyoming revela o grotesco que nasce, objetivamente, da ação concreta e calculada dos políticos. Com seus dois telegramas, o barão e o comissário do povo parecem Vladimir e Estragão que conversam aguardando o Godot da história universal.

15. ILUMINISMO CURVILÍNEO

Perto da chamada porta de Viena, *Bécsi Kaput*, na colina do Vár, do castelo, uma estátua recorda metaforicamente o iluminista Ferenc Kazinczy. A figura feminina segura na mão uma lanterna, símbolo das luzes da razão; suas formas são esbeltas, curvas doces e leves. Este iluminismo em trajes femininos amacia a *ratio*, parece tirar-lhe um pouco da aridez intelectualista e da prepotência progressista e conferir-lhe uma dúctil, amorosa compreensão, que poderia arrancá-la daquela dialética de progresso e violência que, segundo a análise famosa de Adorno e Horkheimer, impele a nossa civilização para uma espiral funesta.

O dia, pródigo de linhas onduladas e prazeres sensuais, oferece ainda os seios acolhedores da deusa Fortuna, esculpida por um não muito célebre Ferenc Medgyessy em 1921, no nº 9 de Fortuna Utca, ternas cópias da curvatura terrestre. *Fortuna* era também o nome da hospedaria que, no nº 4 da rua homônima, funcionava onde está agora instalado o Museu húngaro do Comércio e da Hotelaria. Evidentemente inspirado por esse nome, Amedeo, que como Monsieur Teste passa a vida classificando, põe-se a expor uma teoria sobre o nexo entre erótica e arte de viajar, subdividida em várias seções: eros e diligências, eros e pousadas de diligências, aventuras no trem, cruzeiros licenciosos, costumes dos portos e das cidades continentais, diferenças entre capitais e cidades de província, avião e inatividade sexual (imputada sobretudo, mas não unicamente, à brevidade e às insistentes interrupções e conexões das viagens aéreas).

O Musée de l'Hôtellerie, para falar a verdade, lisonjeia a gula, não a luxúria, exibe anúncios de confeitarias históricas como a de Joseph Naisz que prometia marasquino de Zara, Curaçao, Anisetta, Tamarindo: expõe tortas majestosas e torreantes como templos, reproduz doces de ilustre memória, figuras que foram de nata e chocolate, *Gateau d'ananas à la Zichy*, *Fruits entiers à la duchesse Gisèle*. A gula guia o olhar para outros prazeres no *Pain de framboises à la Léda*, uma pirâmide de tentações, um prato que sustenta uma mulher nua que parece oferecer-se, numa concha, a um cisne, também ele evidentemente comestível, que estica o pescoço em direção a ela. Aquelas guloseimas acabam provocando náusea, como toda preciosidade. Mas o puxador das gavetas, na antiga e reconstruída confeitaria, é o que se usava ainda em Fiume e em Trieste há quarenta anos: brasão diminuto de uma Mitteleuropa doméstica, tesouros misteriosos da infância, longínquo ar de casa.

Descemos à Ilha Margarida onde, de acordo com um ditado, o amor nasce e morre. Também o *pathos* dessa caducidade do coração e dos sentidos lembra muito o romance húngaro dos anos 1930, aquela indústria de livros que se intitulavam *A mais linda mulher de Budapeste*, ou *Encontro na Ilha Margarida*, e pareciam corresponder à aura carinhosa e estereotipada desses canteiros floridos, parques, hotéis, pavilhões *belle époque*, chafarizes entre as roseiras. Mas essa sedução também toca de leve a alma, como uma velha valsa um pouco lenta é, também ela, uma pequena *promesse de bonheur* e induz à melancolia de toda meditação sobre a felicidade. E que o amor possa terminar é sempre um pensamento que aperta o coração, mesmo quando expresso no refrão banal de uma cançoneta ou de uma frase standard. À noite, no Matthias, um violinista cigano toca a *Pacsirta*, a cotovia. Tudo isso é ainda décor dos primeiros anos do século XX, no estilo da *gentry* decaída que se comprazia na música magiar e cigana, a qual não era verdadeiramente magiar nem cigana. Mas a *Pacsirta* é uma linda canção, o violinista toca-a com maestria e, pelo menos esta noite, o amor ainda não acabou. Mesmo numa noite qualquer pode acontecer que haja vida verdadeira na falsa.

16. A BIBLIOTECA SOBRE O DANÚBIO

Uma das últimas fotografias mostra Lukács, aos 86 anos, de pé junto da escrivaninha coberta de livros e papéis, tendo ao fundo sua grande biblioteca, na casa sobre o Danúbio no quinto andar do nº 2 da Belgrád Rakpart de Budapeste. Os ombros estão um poucos curvos, a mão direita segura, parcialmente escondida pelo lado do corpo, o famoso charuto, um charuto que pode acompanhar e confortar uma longa vida, comprometida como protagonista nos acontecimentos capitais do século XX, mais fielmente que o Espírito do Mundo ou o fio vermelho da história universal.

As fotografias tiradas até poucas semanas antes mostram um velho cheio de vida e batalhador, para o qual os papéis que enchem sua mesa, a conferência que está preparando ou a discussão com seus interlocutores parecem gestos plenos de significado, expressões concretas de algo de essencial, em que ele acredita. É ainda o homem que em 1971, exatamente aos 86 anos de idade, doente de câncer e sofrendo de uma esclerose que lhe tolhia progressivamente a capacidade de concentração intelectual, declarava "não ser mais competente para julgar a *Ontologia do ser social*", a obra filosófica a cuja redação e revisão dedicara seus últimos anos e que esperava conseguir levar a cabo em plena lucidez, batendo em velocidade o avanço da doença. Tomando consciência serenamente da própria decadência física, e de não estar mais em condições de dominar e avaliar seu trabalho, ele o confiava aos próprios alunos com a humilde e ao mesmo tempo orgulhosa certeza de confiá-lo à história, que — estava certo disso — nunca poderia negligenciar aquele livro, deixá-lo cair no nada ou desaparecer na poeira das coisas.

Lukács registrava o próprio declínio biológico e retirava-se de cena com um gesto semelhante à decisão do esquimó que, sentindo-se perto do fim e inútil para a comunidade, sai do iglu, para morrer. Aquele gesto simbólico, com que Lukács resignava-se à demissão da lucidez e da vitalidade, era também uma vitória sobre a própria inaptidão, a extrema inteligência de quem é capaz de reconhecer que sua clareza lógica às vezes se obscurece. Os últimos meses de Lukács não foram meses de inércia, mas de atividade, isenta de todo *pathos* sentimental e de toda melancolia de quem vê a vida escapar.

Naquela última imagem, todavia, o rosto parece mudado. O olhar é cansado e irônico, ultrapassa os limites daquela ordem da qual o filósofo fizera o princípio de sua existência e de sua atividade; benévolo e surpreso. Lukács olha para um território que não é mais o seu e que ele não mais consegue dominar, quase para a cena de uma comédia insensata, como que surpreso com essa revelação e zombeteiro com a ingenuidade da própria surpresa. É um olhar de adeus, de quem descobre o mistério, a dor e o ridículo mal-entendido de todo adeus, que escarnece de nosso desejo de eternidade. Naquele olhar extremo do velho Lukács, o filósofo que perseguiu a unidade entre a realidade e a razão, parece ressurgir a nostalgia do jovem Lukács, que em seus ensaios juvenis — desde *A alma e as formas* até a *Teoria do romance* — evocara de maneira genial a divergência entre a existência e seu significado, entre a alma e a palavra, entre a essência e os fenômenos.

Mas o olhar enigmático e irônico que Lukács, enquanto posava para aquela fotografia, dirigia ao fotógrafo via, na parede em frente à biblioteca, não a imagem de Irma Seidler, a mulher para quem escrevera os ensaios juvenis, mas os três retratos de Gertrud, a esposa tão amada com quem vivera, em rara harmonia e felicidade, por mais de quarenta anos. Irma fora a aspiração à vida, a figura simbólica da inconciliabilidade entre a existência e a obra de arte, entre a vida verdadeira e a banalidade cotidiana; fora sobretudo a figura simbólica do egoísmo masculino que não ama tanto a mulher quanto sua própria admiração pela mulher e sacrifica esta última ao fantasma literário, que permite criar a obra de arte. No rascunho de uma carta nunca enviada e reencontrada muitos anos depois, Lukács anunciava a Irma o propósito de suicidar-se; foi Irma depois do rompimento com ele e de um casamento infeliz, quem se suicidou em 1911, e ele lhe sobreviveu, em ótima saúde, sessenta anos.

Aqueles livros do jovem Lukács são sua obra-prima e nos falam mais do que seus ortodoxos e arredondados *Ensaios sobre o realismo* ou outros livros rigidamente didáticos, que mostram o signo dos compromissos com o stalinismo. Mas Lukács é grande não só porque na juventude se perguntou se existe uma melodia que compõe a vida de um indivíduo numa unidade iluminada por um significado, mas também porque procurou a resposta a essa pergunta e aceitou o limite que comporta toda resposta dada a uma nostalgia vaga e indefinível, toda concreta realidade histórico-social, sem a qual a vida é uma retórica vazia.

Na parede, à frente da biblioteca, estavam diante dos olhos de Lukács — e estão ainda hoje diante dos olhos do visitante — os três retratos de Gertrud. Depois da paixão lírico-egocêntrica por Irma e depois do curto e malogrado casamento com Jelena Grabenko (uma revolucionária anarquista, próxima das posições messiânico-dostoievskianas do jovem Lukács), ele se casou com Gertrud Bortstrieber, com quem iria viver 43 anos, até a morte dela em 1963.

Gertrud representou o amor e o casamento em sua forma épica, a mulher por quem Lukács tinha absoluta necessidade de ser aprovado e com quem não podia suportar sentir-se em desacordo. Também com ela, disse, houve obviamente momentos de estranhamento, mas ao contrário das precedentes relações sentimentais, agora, "eram para mim insuportáveis". Seguro até demais da própria hegeliana sintonia com o Espírito do Mundo e prontamente inclinado a desdizer, em nome da estratégia deste último, as próprias intuições mais originais, mas talvez por isso mesmo incerto quanto à sua substância espiritual mais íntima, Lukács declarou que sua mais alta auto-afirmação fora constatar como, também para Gertrud, a vida passada com ele tinha sido rica e formativa.

Gertrud, com seu silencioso rigor, foi provavelmente o elemento decisivo que levou Lukács ao comunismo. A partir daquele momento, sua biografia se funde com a do comunismo: torna-se uma lição de história, rica de dados e lucidamente inspirada pela severa dedicação a uma causa objetiva. Isso comporta às vezes uma identificação arrogante com a necessidade dos acontecimentos; lembrado de sua juvenil e depois silenciada paixão dostoievskiana, Lukács aceita — como grande místico pecador, observa Strada — sacrificar a própria alma à Causa, manchando-se das culpas que ela implica. Também a autobiografia, para Lukács, assume um valor objetivo e suprapessoal, é o testemunho das conexões entre a história do indivíduo e os processos gerais do mundo e da sociedade.

Lukács preocupa-se principalmente em sublinhar a unidade e a coerência de sua biografia, a formação ordenada e orgânica de sua personalidade. "Em mim cada coisa é a continuação de alguma coisa. Creio que na minha evolução não há elementos inorgânicos", declara ele, com a ingênua peremptoriedade que se perdoa aos anciãos que resumem em si grandes processos históricos. Lukács é o grande exemplo de um esforço obstinado de dar sentido à vida e aos acontecimentos, com uma ativa confiança em ser capaz disso: "Eu interpretei 1956 como um grande movimento espontâneo. Esse movimento precisava de uma certa ideologia. Eu tentei, em algumas conferências públicas, assumir essa tarefa". Seu pensamento é uma grandiosa tentativa de reconduzir a caótica multiplicidade do mundo à unidade e às leis racionais, ainda que o esforço e o custo dessa operação, marcada pelo stalinismo, sejam por demais aparentes.

Gertrud, para Lukács, era a vida, e seu mistério não é menor do que o do não declarado desejo de vida. Daqueles três retratos, dois mostram uma velha e um outro uma moça muito jovem e luminosa, com um rosto claro e encantadoramente puro sob a onda dos cabelos na fronte. A história, o tempo que fluiu entre os três retratos, não é menos tormentosa do que aquela que marcou a infelicidade de Irma. Contudo, entre aquelas paredes, entre aqueles retratos, algo deve ter-se perdido. Também

Bloch, rememorando a história de sua amizade e de seu desentendimento com Lukács, disse que algo, na história deles, devia ter-se perdido.

A grandeza do Lukács maduro consiste na força com que ele combateu este perder-se da vida no nada indistinto, arrancando-lhe com dura disciplina aqueles momentos significativos — como a famosa hora reservada todo dia depois do almoço, a todo custo, à intimidade com Gertrud — que, de outro modo, deixados à imediatez espontânea, se dissolvem no assalto dispersivo das preocupações.

Naquela sala Lukács viveu, dedicando-se à reflexão e sabendo que ela não arruína a vida. Diante de sua escrivaninha de madeira escura e pesada, um busto de Endre Ady, o poeta *maudit* húngaro, lembrava-lhe seu juvenil e renegado amor pela vanguarda. Da janela podia ver o grande Danúbio, mas provavelmente pouco o apreciava, insensível como era diante da natureza, que a seus olhos tinha o defeito de não ter lido Kant ou Hegel. Bloch lhe reprovava a incompreensão da natureza, das lágrimas das coisas; certamente para extrair conforto das páginas de Lukács é preciso ter boa saúde e não sofrer demais, ao passo que em Bloch há lugar também para a escuridão, para os momentos em que nos sentimos náufragos e rechaçados do mundo.

Atrás do velho cansado e evasivo que se oferece, talvez pela última vez, à objetiva do fotógrafo, há a biblioteca da grande *Kultur* alemã, que não somente descreveu o mundo como o levou a juízo para lhe dar um significado. Entre aqueles livros apanho o *Tractatus* de Wittgenstein; algumas proposições estão assinaladas na margem por Lukács. Quem sabe se aquele olhar, que ia pousar no mundo ainda por pouco tempo, não se perguntava se os mais profundos problemas filosóficos, como diz a proposição 4003 que ele havia sublinhado, seriam de fato insensatos e não poderiam ter como resposta senão o simples reconhecimento de sua insensatez.

17. UM PEDAÇO DE STÁLIN

Csepel, a ilha no Danúbio ao sul de Budapeste, é um dos principais centros industriais e políticos da Hungria, um bairro operário de siderúrgicas e fábricas. Em 1949 e nos anos seguintes ali chegavam, entusiastas e numerosos, jovens comunistas que queriam edificar, com trabalho stakhanovista, a nova sociedade revolucionária. Em 1956 Csepel tornou-se a Stalingrado da revolução antibolchevique, o centro dos Soviets anticomunistas: os conselhos operários de suas fábricas, formados naquelas semanas, opuseram a mais encarniçada resistência armada aos tanques soviéticos. Quando em outros lugares os insurretos cediam, a URSS continuava assediando um baluarte formado pelo proletariado industrial. Assim escrevia Cavallari, em 9-10 de novembro de 1956. O proletariado fazia uma revolução liberal — aquela revolução liberal de que os burgueses, há muito tempo, não são mais capazes. Na atualidade, a épica, a visão total que permite até enfrentar a morte com coragem e simplicidade, é sobretudo uma característica da classe operária — é dela, ali onde ela ainda existe, de sua descarnada dureza, que podem sair os personagens de uma *Ilíada* de nossos tempos.

No outono de 1956, rompia-se e despedaçava-se a ordem européia de Yalta; o esforço imenso do poder para mantê-la coesa mostrava de repente seu custo exagerado, as veias do levantador de pesos prestes a arrebentar. Naqueles dias em Budapeste era feita em pedaços a grande estátua de Stálin. O jovem cronista daqueles momentos é um Tácito diante da ruína de um império. "O monumento a Stálin", escrevia Cavallari, "já estava arrebentado, mas em cima do pedestal havia ainda os restos de suas botas, e o povo subia uma longa escada com pedras, martelos, até serrotes de ferro, despedaçando lentamente também os enormes pés do ditador. Lembro que nós também subimos aquela longa escada para ver melhor, e pegamos 'um pedaço de Stálin' como lembrança, e que depois o perdemos de repente, ao fugir do carrossel dos blindados, enquanto eles, os húngaros, continuavam, no meio das balas, a subir a escada, a golpear, despedaçar, triturar. Lembro-me de que não desceram nem mesmo com a chegada dos tanques, e que dois operários serravam pacientemente uma bota enquanto o estrondo das esteiras se aproximava."

Aquela ordem abalada e sacudida foi restabelecida, embora de formas diversas; a estátua de Stálin não foi remendada e colada de novo, nem posta outra vez em pé, mas seus fragmentos ainda não se tornaram suvenires, são ainda objetos de uso, se bem que destinados a outras funções. Também a revolução húngara de 1956, apesar da virada radical que marcou, parece obedecer em parte àquela direção oculta que move a história universal, preocupada sobretudo em neutralizar ou amortecer as conseqüências dos grandes eventos, em fazer como se eles, tão logo terminados, nunca tivessem acontecido.

18. KALOCSA

Acima da cancela do palácio do arcebispo pousa, plácido e protetor, um chapéu episcopal. O fim do verão é tórrido, as moitas de buxo estão cobertas de teias de aranha, renda finíssima e precária cuja fabricação parece desproporcionada, como quase todos os investimentos da natureza ou do indivíduo isolado, com a modéstia dos resultados. Um vento quente vagueia pelas ruas como um nômade, as alamedas oferecem uma sombra densa e profunda. Na praça, na parte inferior da inevitável Coluna da Trindade, um friso reproduz inteira a mesma coluna, e portanto a si próprio com o desenho que a reproduz e assim ao infinito, Sherazade que conta *As mil e uma noites*, as quais contêm também a história de Sherazade que as conta. Mas todo conto é um paradoxo, um jogo de espelhos sem fim. Quem narra uma história conta o mundo, que contém também ele próprio; o arrojado narrador que retrata dois olhos escuros, um olhar profundo e imperceptivelmente atônito, encontra naquelas águas sombrias tudo o que se reflete naquele espelho, inclusive seu rosto ansioso que as perscruta.

Kalocsa é famosa por suas blusas de artesanato popular, com bordados vermelhos que guarnecem o decote como a espuma da ressaca guarnece a enseada de uma praia. A aquisição de uma ou duas dessas blusas não é em si um evento metafísico, mas um generoso decote, encontrado no momento justo, é a maçã de Newton, o pedacinho de cera de Descartes, a descoberta da realidade irrefutável e magnânima. Em Kalocsa, porém, a arte não cultiva somente a vaidade feminina, mas também a funerária. Estátuas entalhadas na madeira e pintadas em cores intensas como o dia do juízo, figuras estilizadas e arcaicas, épicas como a terra e a morte. Sobre um túmulo ergue-se, em cor negra, uma enorme cabeça de mulher que poderia vir da Ilha de Páscoa e de tempos remotos e recorda, no entanto, Kakony Lászloné, morta em 1969. A lápide de Apostol Pálné, que morreu em 1980, é por sua vez vermelha, de um vermelho cor de tijolo, quente e sombrio. Uma cor plantada na terra, como uma flor do campo, áspera e indiferente.

19. EPÍLOGO EM BAJA

A luz ocre deste meio-dia e o fundo verde-dourado do rio são — como a ampla e senhoril Béke Tér com seus edifícios amarelos — uma digna moldura para o epílogo, ou melhor, o pós-escrito da história dos Habsburgo, que se desenvolveu nestas margens do Danúbio. Carlos, o último imperador, tentara, em 1921, repor na cabeça a coroa de santo Estêvão; malograda a tentativa, que provocara uma pequena batalha mas não tinha perturbado uma famosa partida de futebol em Budapeste, uma canhoneira britânica transportou-o, junto com a imperatriz Zita, de Baja para a Madeira, lugar do exílio. O núncio apostólico lhe deu nestas ribanceiras a bênção. Assim o último Habsburgo desceu o Danúbio, o rio de sua coroa, rumo ao mar Negro, ao Mediterrâneo, às Colunas de Hércules, ao exílio.

O rio corre embaixo. Mas Hölderlin, o maior poeta do Danúbio, celebrava seu curso não somente como a mítica viagem dos antepassados alemães, sobre suas águas, em direção aos dias do verão, às margens do mar Negro e aos filhos do sol, mas também como a viagem de Héracles da Grécia ao país dos Hiperbóreos. Para Hölderlin, que pede à poesia a cura da cisão moderna e se dilacera nessa ardente conciliação, o Danúbio é a viagem-encontro de Oriente e Ocidente, síntese do Cáucaso e da Alemanha, primavera helênica que deveria reflorir em terra alemã e trazer de volta os deuses. O poeta tem nostalgia da viagem à Hélade e ao Cáucaso, o berço originário, e o Danúbio é a via desse itinerário redentor, mas no hino *O Istro* o rio parece refluir, chega do Oriente e traz a Grécia para a Alemanha e a Europa, a manhã e o renascimento para o país do entardecer.

O rio conduz então à nascente, e os estreitos no mar Negro, de nomes altissonantes, serão talvez a fonte e não o fim, serão o ingresso na vida? Talvez toda e qualquer viagem se dirija à origem, à procura do próprio rosto e do *fiat* que o extraiu do nada. O viajante foge às constrições da realidade, que o engaiola na repetição, e busca a liberdade e o futuro, ou melhor, as possibilidades de um futuro ainda em aberto e ainda por escolher e portanto a infância, a casa natal, onde a vida está ainda à frente.

Talvez espere que lá embaixo, onde corre o Danúbio, desapareça do rosto o cansaço que o encobriu e que os olhos, em vez de olharem reticentes e ávidos como quem perdeu pelo caminho os próprios deuses, se abram encantados como os do menino que uma foto mostra a observar feliz um gato no pátio. Doces enganos, velhos e tenazes, ilusão de poder voltar para casa e chegar à fonte, de ter novamente a poesia do coração ao alcance da mão. Virgílio é poeta porque, ainda que tarde demais, compreendeu que precisava queimar a *Eneida*, proclamar sua impossibilidade; o viajante que sonha com a *Odisséia*, a plenitude e o retorno, deve saber parar a tempo, para não representar um papel involuntariamente cômico, sentar-se à beira do Danúbio e começar a pescar. Talvez desse modo encontre uma honesta salvação perto daquelas águas, embora “aquilo que faz o rio”, diz Hölderlin no *Istro*, “ninguém saiba”.

Para Attila József, as águas do Danúbio, "turvo, sábio e grande", contavam, com seu monótono fluir, a velhice e a co-presença dos séculos, a confluência de vencidos e vencedores, o choque dos povos mais tarde confundidos e misturados no tempo e na água, como o sangue cumano de sua mãe e o romeno de seu pai transilvano em suas veias; seu Danúbio é "passado, presente e futuro". József era um grande poeta, sabia fundir no seu canto a liberdade anárquica da poesia e a racional, amorosa solidariedade humana e social; o desespero pessoal e político levou-o em 1937 a atirar-se sob as rodas de um trem. Na sua lírica danubiana ele recorda com ternura o pai; este, por sua parte — conta Miklós Szabolcsi —, abandonou a família e não soube nunca que seu filho era um poeta. Alguns anos depois da morte deste último, espantou-se quando lhe foram dizer que ele era o pai de um escritor famoso na Hungria e na Europa.

Escrever sobre o Danúbio não é fácil, porque o rio — dizia há poucos anos Franz Tumler em suas *Proposições sobre o Danúbio* — flui contínuo e indistinto, ignorando as proposições e a linguagem, que articula e fragmenta a unidade do vivido. O profundo cala, escreve József na sua poesia. Se nos obstinamos em fazê-lo falar, corremos o risco de lhe pôr na boca uma ênfase eloqüente e estilizada, como acontece no *Carmen Saeculare* de dois poetas romenos, Dimítrie Anghel e Stefán Octavián, no qual o Danúbio conversa nobre e inutilmente com a Doina, personificação alegórica da poesia popular.

20. O VINHO DE PÉCS

Dem Deutschen Bécs, dem Ungarn Pécs, os alemães têm Viena e os húngaros Pécs, diz o ditado. Tranqüila e absorta, a cidade — que em alemão se chama *Fünfkirchen*, Cincoigrejas — não desmerece a hiperbólica comparação com Viena nem o catálogo de louvores que a enaltecem desde a Idade Média, glorificando seu clima (invernos brandos, verões frescos, outonos doces e prolongados), suas tradições culturais ricas de antiguidades romanas e de contatos com Chartres, seus cronistas e seus sábios, sua universidade fundada em 1367, primeira na Hungria e quarta na Mitteleuropa, a biblioteca de seu bispo Georg Klimó. Os panegíricos voltam-se também para seus vinhos, os de Mecsek prediletos outrora dos alemães, o Siklós preferido pelos eslovenos, o Alsó-Baranyer para o qual tinham um pendor unânime os sérvios de Bačka.

A encomiástica enológica da Baranya, a região de Pécs, se divide na verdade, desde muito tempo, entre a facção que concede o primado ao vinho local de Pécs, a capital, e a outra, mais combativa, que exalta o vinho de Villány. O juízo de Paris cabe a Gigi, ou pelo menos, cabe-lhe a presidência do júri reunido, *motu proprio*, no restaurante Rózsakert. *Nolite judicare*, foi dito, mas ser jurado pode ser uma ocupação agradável quando não estão em jogo ações humanas ou anos de prisão, mas sim livros ou vinhos da safra. Os júris dos prêmios literários reúnem-se, discutem, avaliam, proclamam, premiam, banqueteiam-se; nesse meio-tempo a vida opaca, felizmente, passa despercebida e abafada, e o vago sentimento de importância de quem entrega o prêmio, inclinando-se ligeiramente diante do premiado que sobe ao pódio, ajuda a esquecer a própria vacuidade e o aproximar-se do epílogo final. Esta noite, no Rózsakert, não há autores, mas só obras, garrafas de adega, e não há muito que discutir. O vinho branco de Pécs é ótimo, leve e adocicado, o tinto de Villány é ácido. Assim, numa noite qualquer, desmorona a fama tenaz deste último.

A Baranya, que Alexander Baksay comparava a um tapete entretecido por dois rios, é um território de fronteira, compósito e estratificado. À parte os magiares e a minoria alemã, havia os Rascianos, como eram chamados no século XVIII os sérvios de fé grega, e os Schokatzi, eslavos católicos dos Bálcãs que faziam o sinal-da-cruz com a palma da mão aberta e entre os quais em geral só as mulheres sabiam ler e escrever — talvez para poupar aos homens também esse esforço e tornar assim completa a exploração feminina. Conta-se que em Ormánság, na Baranya, quando a comissão perguntou a um candidato aspirante a um cargo de juiz, se sabia ler e escrever, este respondeu: "Não, mas sei cantar".

Particularmente intensa era a presença alemã; o condado de Baranya era chamado "a Turquia sueva". Se Adam Müller-Guttenbrunn, defensor da integridade alemã contra a magiarização, representava há oitenta anos os suevos do Banato e os saxões da Transilvânia fiéis à Áustria, em 1848, e inimigos da revolução húngara, a literatura dos alemães da Hungria, cultivada sobretudo em Pécs e em Bonyhád, exalta hoje o vínculo entre suecos e húngaros daquelas terras, sempre em 1848, em função anti-habsbúrgica e antiaustríaca. Wilhelm Knabel, morto em 1972, teorizou explicitamente, numa carta aberta de 17 de novembro de 1967, a função atual do escritor alemão da Hungria. Seus versos, escritos em alemão e em dialeto suevo, são poeminhas honestos e epigonais, como as prosas dos autores reunidos por Erika Áts em sua antologia *Raízes profundas* que documentam uma ingênua produção local; os críticos mais encorajadores, como Béla Szende, falam de sua "simplicidade que toca o coração de cada um". Depois do total silêncio sobre a comunidade alemã da Hungria — ameaçada pela marginalização da época habsbúrgica, reduzida ulteriormente depois de 1918, comprometida por um chauvinismo germânico no tempo do nazismo e por conseguinte aviltada e ignorada depois de 1945 — procura-se agora restituir-lhe, ainda que artificialmente, vigor e significado. Reivindica-se uma função sua de mediação entre culturas diversas (slogan-chave de toda a Mitteleuropa), semelhante àquela desenvolvida no século XIX, quando, por exemplo, o judeu alemão-magiar Dóczy Lájos ou Ludwig von Dóczi, traduzia o *Fausto* de Goethe para o húngaro e a *Tragédia do homem* de Madách para o alemão.

O persistente patriotismo magiar desses autores alemães tenta apagar a lembrança do áspero litígio húngaro-germânico da época do Dualismo e, mais ainda, as tensões durante o Terceiro Reich. A situação, neste último período, era extremamente complexa; o movimento alemão-nacional do grupo germânico da Hungria, chefiado por Jakob Bleyer, não se identificava, apesar da sua ideologia do *Volkstum*, com o nazismo e, por outro lado, Hitler, embora tutelando a minoria alemã, não pretendia anexar os territórios onde ela vivia. Por sua vez Horty, chefe do regime fascista ou parafascista magiar aliado de Hitler, praticava uma política nacionalista opressiva para todas as minorias existentes na Hungria, e portanto também para a alemã.

Nos anos imediatamente seguintes à Segunda Guerra Mundial o governo húngaro reprimiu ou expulsou a minoria germânica, identificando-a com o nazismo. Agora os escritores húngaros de língua alemã, encorajados e tutelados por Budapeste, professam lealdade à nação magiar e ao socialismo. Certamente o *Bund*, a organização nazista, encontrou, no seu tempo, os aderentes mais numerosos na Baranya e principalmente em Bonyhád. A menos que esta seja também uma difamação judaica, responsável, sabe-se, por todos os males inclusive o nazismo, porque o próprio Hitler, segundo os anti-semitas, devia ser judeu, pois só um judeu seria capaz de seus delitos. Segundo Bleyer, o *leader* alemão-nacional, nos tempos de Hitler o correspondente para a Hungria do *Völkischer Beobachter*, o diário nacional-socialista, era de origem judia e escrevia com pseudônimo artigos antialemães nos jornais magiares, para acirrar os ânimos...

21. O FALSO CZAR

Como o capitão Speke ao longo do Nilo, permitimo-nos de vez em quando continuar o itinerário em ziguezague, abandonar o rio para alguma incursão em outras direções e reencontrá-lo mais tarde, a poucos quilômetros do ponto em que o tínhamos deixado. Amedeo propõe um desvio até Szeged, porque uma vez ele conheceu uma certa Klára, que era de Szeged e usava meias listradas.

A *puszta* poeirenta é a sombria terra magiar de Ady, sua vida húngara, dizia ele, cinzenta como a poeira. A estrada corre ao longo da orla meridional da baixa planície ilimitada como o mar, escrevia Petöfi, cantor da pequena Cumânia, de suas cegonhas e de suas miragens de fada Morgana no extremo horizonte. Nessa paisagem vazia e indiferente a vida corre com despreocupação, como uma manada de animais para distâncias indefinidas; o único acontecimento é o tempo que passa. Os anos, diz um poema de Petöfi, voam como uma revoada de pássaros depois de um tiro.

Transpor o Tibisco, o preguiçoso Nilo magiar, como o chama Mikszáth, na noite escura e insossa, é ligeiramente desagradável, como deixar um território em que nos sentimos em casa e entrar num país estrangeiro. Obediente à autoridade do livro, eu queria procurar, na ilhota Amarela, na confluência do Tibisco e do Maros, a taberna onde, segundo Kálmán Mikszáth, "comia-se a sopa de peixe mais saborosa do mundo", mas a literatura, evidentemente, não pertence às ciências falsificáveis, ou seja, às verdadeiras ciências. É questionável portanto que, como diz o Antiquarius, o Tibisco se componha de dois terços de água e um terço de peixes, lúcios e carpas, tão numerosos que custam apenas um ducado o milheiro.

No retrato da cidade escrito para a monumental obra patrocinada pelo arquiduque Rodolfo, *A monarquia austro-húngara descrita e ilustrada*, Mikszáth, o amável narrador, diz que "como entre quase todos os povos moradores das planícies, também em Szeged há menos poesia que nas montanhas". Também no amor, o habitante de Szeged se mostraria pouco impetuoso, estaria inclinado a escolher sua namorada entre as moças dotadas de um bom patrimônio ou, ao menos, capazes de carregar grandes sacos nas costas.

A cidade, negligenciada, parece uma praça diante da estação. Sua história, escreve seu sisudo rapsodo, "fervilha de catástrofes de toda espécie", históricas e naturais. Pode ser que tantas calamidades sejam uma punição para o espírito rebelde dos cidadãos, para a sua arraigada tradição democrática. Até os burgueses abastados simpatizaram com Dózsa, o grande chefe da revolta camponesa, tanto que os nobres, depois de vencido, capturado e martirizado Dózsa, cortaram-lhe a cabeça e a enviaram, em sinal de advertência, ao primeiro magistrado de Szeged, Blasius Pálfy. Por estas plagas a violência parece sentir-se em casa. Pelas janelas do nobre palácio de Ladislaus Szilágy, em 1527, uma rajada de balas feriu o falso czar Ivan ou Iova, "o terrível homem negro", que aterrorizara com seus bandidos o território entre o Temes e o Tibisco. Ivan — seu verdadeiro nome era Franz Fekete — é um desses falsos czares de que é rica a história eslava; um desses usurpadores-bandidos que, impelidos inicialmente pela sede de rapina, se elevam sem querer, graças à sua capacidade, a um verdadeiro papel político e são por fim devolvidos à sua realidade originária de bandoleiros e extirpados como erva daninha.

Tendo-se proclamado, arbitrariamente, descendente da família dos déspotas da Sérvia, Franz Fekete reuniu um exército de 5 — alguns dizem 10 — mil homens, em sua maioria camponeses, com os quais pôs o país a saque. Um batalhão de seiscentos soldados formava sua guarda pessoal, seus "janízaros", como ele os chamava, provavelmente num delírio de grandeza, para equiparar-se ao sultão de Constantinopla, Solimão, o Magnífico, que havia conquistado, com a batalha de Mohács, a Hungria.

A coroa da Hungria, naquele período, era disputada, depois da catástrofe de Mohács, pelo imperador Ferdinando de Habsburgo, que residia em Viena, e pelo voivoda da Transilvânia, João Zápolya, que contava em certos momentos com o apoio dos turcos, donos do país. A rivalidade entre as duas potências introduziu o falso czar, o salteador de estrada aliado ora de um ora do outro, no jogo do "grande mundo", no maquiavelismo da alta política.

Ninguém sabe se o terrível homem negro se deu conta do que lhe estava acontecendo, do papel que a História o chamava a representar, ou se pensou, até o fim, unicamente no saque e na depredação. Sem saber ou sem querer, ele se encaminhava talvez para tornar-se um personagem duplo, uma dessas figuras transformadas, pouco a pouco, pela máscara que usam. O douto Stojacskovics registra-o como o sétimo Déspota da Sérvia, ao passo que Schwicker, o velho historiador do Banato, contesta essa qualificação e o inclui entre os bandidos. Derrotado e ferido em Szeged, ele fugiu para as matas, onde foi alcançado e definitivamente aniquilado com seus últimos seguidores. Sua cabeça foi enviada a Zápolya, que residia em Ofen, a antiga Buda.

A morte, evidentemente, condiz com Szeged. Na praça da Catedral, Dom Tér, um panteão de mármore exibe, nos três lados, os bustos e as imagens de homens ilustres. O enciclopedista Apáczai Csere János é representado por uma caveira, que usa casaco e colarinho mas exibe na boca a falta de dois dentes e sustenta, com dedos esqueléticos, um livro, a *Magyar Encyclopaedia MDCLIII*. O saber, portanto, assemelha-se à morte, é o enrijecimento letal da existência e de seu fluir? Na igreja sérvia, não longe da catedral, nem mesmo a Virgem concede liberação, a intercessão feminina e materna que dissolve a aridez do coração. A fronte daquela Madona balcânica é coroada, mas a coroa traspassa-lhe a carne, ensangüenta-a, e o sangue cai sobre a cabeça do Menino ao seio, lhe emporcalha os lábios. Essa divindade sombria e dolorosa não evoca as ladainhas de Maio, a invocação à estrela-d'alva.

22. UM VIOLINO EM MOHÁCS

Findo o desvio, estamos em Mohács. O antigo campo de batalha, no qual em 1526 o reino da Hungria, arrasado pelos turcos, foi cancelado do mapa durante séculos, é uma falange de espigas de milho e girassóis. O dia é sufocante e opressivo, os tufos esparsos de flores azuis de agérato e vermelhas de sálvia lembram, inutilmente, que a vida não é só uma guerra. Mohács é, à sua maneira, um museu — um museu angustiante, não o ato de pôr à mostra alguma coisa mas a própria vida, sua fugacidade e sua eternidade. Alguém depositou, ao lado da data, flores frescas; a antiga derrota queima ainda e os mortos são recentes.

Algumas esculturas de madeira, plantadas no chão como chuços ou como estacas de tendas arrasadas, sugerem a batalha, sua ordem e sua desordem, sua confusa simetria, o instante da poeira que se dispersa e a indelével fixidez da violência e da morte. Aquelas esculturas temerárias e geniais aludem a cabeças humanas e eqüinas, crinas de cavalos moribundos, enormes turbantes, maças que se abatem mortíferas, rostos contraídos pela agonia ou pela ferocidade, cruzes e meias-luas, escravos ajoujados, cabeças que rolam aos pés de Solimão, o Magnífico. Tudo é abstrato, essencial, indício breve e alusivo de uma incisão esboçada na madeira e mimetizada no flutuar das espigas.

O vento faz tilintar os penduricalhos metálicos que adornam com fausto bárbaro a cabeça de Solimão, o Magnífico, e aquele rumor abafado, no qual se fundem outras lâminas que tremem, é o eco do estrondo longínquo, onda sonora que viaja através dos séculos, enganosamente doce como todo som de dor que vem do passado e do qual se colhe a magia musical e não o sofrimento.

Aquela selva é um tabuleiro de xadrez em desordem, as espigas ao vento ondulam como as insígnias dos pelotões. A disposição das figuras é circular, mas bandeirolas de fugitivos e de perseguidores caem afanosamente fora do círculo, dispersas ou perdidas na poeira das coisas. A vida parece eterna e eterno cada gesto da batalha que esculpe para sempre, perante Deus e o vazio, a violência, o soluço, o grito, a respiração, a fuga, o enevoar-se do mundo nos olhos de quem morre, a queda, o fim. Um grande escultor coletivo levantou, nestes campos tórridos, um monumento ao eterno presente de cada morte e à geometria da batalha, à ordem meticulosa com que ela persegue o caos, a desagregação e a decomposição das fileiras, dos corpos e das moléculas debaixo do sol.

Mohács, como Kossovo, é um momento memorável, uma batalha que sela durante séculos o destino de um povo — no dia de Mohács, diz a tradição, a oliveira plantada em Pécs dois séculos antes por Luís, o Grande, secou repentinamente. As páginas que narram aquele 29 de agosto de 1526, como *De conflictu hungarorum cum turcis ad Mohatz verissima descriptio* de István Brodarics (1527), constituem um parágrafo na história da literatura húngara. Ao aproximar-se do imponente exército de Solimão, o Magnífico, o rei da Hungria, Luís II, enviou de casa em casa, segundo o antigo costume, um sabre ensangüentado, para que todos respondessem ao apelo e corressem armados a alistar-se sob suas bandeiras. A nobreza húngara, mais desejosa de enfraquecer o poderio régio que de afastar a ameaça otomana, permaneceu como que surda ao chamado do soberano ou mergulhada em seus conflitos internos. Com um exército reduzido, Luís tentou adiar o choque e esperar reforços, mas no conselho de guerra os nobres presentes, instigados pelo arcebispo Tomori, impuseram, em tumulto, a decisão de travar combate.

O rei, escreve o Antiquarius, deu de ombros e, com esse gesto de indiferença, foi ao encontro de seu destino, do qual estava consciente, após recomendar que lavassem seus cães de caça duas vezes por semana. No campo de batalha, diz o cronista, quando o escudeiro lhe cingiu o elmo, ele empalideceu e depois se lançou na peleja. Algumas horas mais tarde, em meio à derrota, estava morto, esmagado por seu cavalo que lhe caíra sobre o corpo no pântano de um pequeno riacho, o Csele. Um *Lied* da Baranya, cantado ainda no século XIX, celebra as amoras silvestres que cobrem o rei. A pilhagem feita pelos turcos, anotada escrupulosamente pelo Antiquarius, é um exemplo daquela poesia de catálogo de que é rica a literatura barroca, ávida de nomear o mundo.

A grande porta de József Pölöskei, a fonte de Gyula Illyés, as esculturas de Király, Kiss, Szabó Júnior e Pál Kö — estátuas da Oceania ou africanas, transplantadas para terra húngara como árvores em que se enxertam flores de uma arte ornamental local ou transilvana — parecem um único monumento, unitário e vário como a natureza, épico e coral como a guerra. Tudo está imobilizado, mas aquela fixidez colheu o ímpeto breve e desesperado da batalha, o instante absoluto da morte. Faz calor e resolvemos repousar à sombra de um grupo de árvores. Amedeo saca o violino que o acompanha nas viagens, arma um atril e se põe a tocar enquanto, ao fundo, os penduricalhos continuam a tilintar. Não toca, desta vez, peças clássicas, mas canções ciganas, *Lieder* galhofeiros de pátios e botequins, como um daqueles músicos ambulantes da literatura iídiche. Aquela música é a resposta à batalha, ao tilintar das lâminas. Jossele Solovej, Jossele o rouxinol, canta com seu violino, num romance de Sholem Aleichem, aquilo que falta ao coração. Solovej, Solovej, o solo que canta uma dor — num de seus poemas, Israel Bercovici joga com esta encantadora palavra iídiche, *solovej*, rouxinol, dividindo-a em suas sílabas e imaginando que rouxinol é um canto solitário que fala do *vej*, da melancolia.

Os olhos míopes de Amedeo olham para longe, para além das lentes oitocentistas, naquela planície de cavalos e cavaleiros agonizantes. Seu violino diz que algo se perdeu e se perderá. Mas a inquietação deixada pela poesia do coração que se extingue é como a pirueta indomável do músico ambulante judeu, nostalgia que segura pela cauda o amor fugidio. O violino contesta o campo de batalha, o grande mundo, o fulgor sanguinolento dos eventos que marcam época. Debaixo destas árvores estamos em casa; talvez empalideçamos um pouco, como o desventurado soberano, mas depois damos de ombro, agradecemos ao público imaginário a moeda que por certo jogaria no chapéu do músico, saudamo-nos e vamos embora, cada um para seu lado.

VII.
VOVÓ ANKA

1. PENSAR “EM VÁRIOS POVOS”

A história me foi contada por Miklós Szabolcsi, na sua casa de campo em Göd, sobre o Danúbio, nos arredores de Budapeste. O rio corria tranqüilo, na noite, em direção à sua foz longínqua, e se falava de velhas histórias de Temesvár, Timişoara, Temeschburg, a cidade (húngara? romena? alemã?) protagonista de tão importante parte da história da Europa Oriental, desde os tempos dos tártaros aos dos turcos e do príncipe Eugênio ou aos de Francisco José. Há alguns anos Szabolcsi tentara recordar, numa série de transmissões televisivas, o férvido ambiente cultural húngaro das primeiras décadas do século XX, a grande época do jovem Lukács, Endre Ady e Béla Bartók, fazendo reviver todas as suas figuras maiores e menores, e reconstituindo os acontecimentos mesmo após o fim daquele período genial e apaixonado, fechado, nos anos 1920, pela instauração do regime fascistizante de Horthy.

Após várias pesquisas, o mosaico reunido por Szabolcsi estava quase completo, mas faltava-lhe uma pequena peça; havia perdido os rastros de um certo Robert Reiter, aliás Reiter Róbert, poeta húngaro de vanguarda que fizera parte dos mais combativos grupos experimentais. Um autêntico crítico literário é um *detective*, e talvez o fascínio dessa discutível atividade não consista nas interpretações sofisticadas, mas sim no faro de cão de caça que conduz a uma gaveta, a uma biblioteca, ao segredo de uma vida. Assim Szabolcsi chegou ao seu homem, ou seja, soube que Reiter Róbert estava vivo, que morava em Timişoara, na Romênia, e que agora se chamava Franz Liebhard e escrevia versos bastante tradicionais em alemão, sonetos e rimas alternadas. Havia mudado de nacionalidade, nome, língua e estilo literário; hoje é honrado como patriarca dos escritores de língua alemã no Banato, ou seja, da minoria alemã que vive na Romênia, e em agosto de 1984 foi festejado o seu 85º aniversário.

Presente na antologia da lírica experimental húngara, publicada pela Academia das Ciências de Budapeste, e celebrado como poeta alemão na Romênia, autor também de versos em dialeto suevo, ou seja, no dialeto dos colonos que chegaram ao Banato no início do século XVIII, Reiter Róbert, ou melhor, Franz Liebhard declarou, numa entrevista, "ter aprendido a pensar com a mentalidade de vários povos". A sua identidade é ainda mais complexa do que indica o seu duplo sobrenome. Em primeiro lugar, este não é duplo, mas triplo; "Liebhard" se chamava um seu amigo, um mineiro morto num acidente, de quem o poeta assumiu o nome, em sinal de fidelidade, no início dos anos 1940. Assim Reiter Róbert tornou-se primeiro Róbert Reiter, autor de páginas que levam essa assinatura, e depois Franz Liebhard. Mas esse nome alemão revela por outro lado a personalidade do escritor, um suevo do Banato que, com a sua *Crônica sueva* publicada em alemão em 1952, deu voz à sua gente, os alemães do Banato, antes submetidos a Viena, depois a Budapeste e agora uma minoria precária na Romênia.

Por que Reiter Róbert se calou repentinamente, que itinerário o reconduziu do húngaro à sua língua materna alemã? Um crítico, poucos anos atrás, o comparou a Rimbaud — certamente mais pelo mistério daquele silêncio e daquela metamorfose do que por sua poesia. Seu primeiro poema, publicado em novembro de 1917 na famosa revista de vanguarda húngara *Ma* (Hoje), intitulava-se "Bosque", mas seus torneios lingüísticos não falavam muito do bosque, da sua sombra e do seu verde. Aquele "hoje", que dava título à revista, tornou-se ontem ou anteontem. Agora o velho Reiter-Liebhard descreve, em versos rimados e em imagens que não têm nada de atrevido, bons bosques familiares, sua fragrância amiga e repousante.

2. UM CAVALO VERDE

A história de Reiter-Liebhard é um passo à frente ou atrás, o retorno épico de Ulisses ou do contestador que fugiu e volta para casa com o rabo entre as pernas e de cabeça baixa? Aquele pensar "em vários povos" é uma síntese unitária ou um amontoado heterogêneo, uma soma ou uma subtração, um modo de ser mais rico ou de ser Ninguém? Talvez também para encontrar uma resposta a essa pergunta me encontre agora no Banato com vovó Anka, que constitui ela mesma, com seus oitenta anos, uma resposta. O ponto de partida das nossas andanças é Bela Crkva (Igreja Branca), sua cidade natal. O antigo horário ferroviário geral do Império habsbúrgico, em 1914, denominava-a Fehértemplom, de acordo com o critério de usar a denominação predominante no lugar; a cidade, agora iugoslava, fazia parte do reino da Hungria. Hoje os textos oficiais trilíngües falam de Bela Crkva, Fehértemplom, Biserica Alba — ou seja, os nomes sérvio, húngaro e romeno; o alemão, Weisskirchen, quase desapareceu. Existem igrejas católicas, protestantes, ortodoxas de rito russo, grego e romeno; algumas, como a dos eslovacos, estão em ruína.

O irregular desvio do correto e linear percurso danubiano, neste caso, tem uma justificação histórica — além naturalmente da psicológica, ou seja, a pronta decisão de vovó Anka, que simplesmente quis assim, em lugar de passar antes por Apatin, Novi Sad, Zemun e Pančevo, segundo as exigências da ordem espaço-temporal, que determina que o antes preceda o depois e que o quatro esteja entre o três e o cinco. Mas aqui estou eu com vovó Anka, que decide o que vem antes e o que vem depois, com a tranqüila certeza de quem vive seguro de si e não tem necessidade alguma de ordens sistemáticas.

É de Bela Crkva, portanto, que nos moveremos — em forma de leque, com contínuas idas e vindas — em direção a outros locais danubianos do Banato e arredores. Por outro lado também o Antiquarius, que habitualmente segue o rio metro por metro, com pedantismo exasperante, ao chegar a esta zona se permite excursões e desvios, abandona até o Danúbio e pára, por exemplo, em Temesvár, distante uma centena de quilômetros. Mas ele — e com ele vovó Anka — não está enganado porque toda esta região é ainda Danúbio, que é seu nervo vital, a própria história, como observava Schwicker, o erudito cronista do Banato. Sem o rio "histórico-universal", insistia Müller-Guttenbrunn, e sem a história mundial que ele levou sobre suas ondas, nestas terras só existiriam pântanos e baixadas. Os muros de Temesvár são margens danubianas, e as igrejas de Bela Crkva são choupos ou salgueiros destas margens.

Vovó Anka me mostra sua casa natal, a casa do abastado comerciante, administrador e provedor Milan Vuković, que por magiarofilia escrevia seu sobrenome Vukovics, à maneira húngara. Diante desta casa parava, depois da Primeira Guerra Mundial, a caleça do dr. Jon Gian, deputado da minoria romena em Belgrado, um dos numerosos pretendentes de vovó Anka e um dos poucos que não conseguiu tornar-se seu marido, visto que entre todos ela desposou, serviu com imparcial solicitude e levou ao túmulo, até agora, quatro; filhos, nunca os teve.

Bela Crkva é uma pequena cidade a pouco mais de cem quilômetros de Belgrado, na margem esquerda do Danúbio, no Banato, um dos centros vitais da Panônia e do antigo Império habsbúrgico. O Banato, hoje, é uma das três zonas que compõem a região autônoma da Vojvodina, que faz parte da Sérvia; ele constitui a parte norte-oriental da Vojvodina, e faz fronteira por um longo trecho com a Romênia; os outros dois componentes da Vojvodina são o Srem, Syrmium para os antigos romanos, ao sul do Danúbio, e a Bačka, a noroeste. Mas uma vasta parte do velho Banato histórico, que não sem razão tinha o nome de Banato de Temesvár, acha-se hoje na Romênia e sua capital é de fato Temesvár, ou Timişoara. Francesco Griselini, o iluminista veneziano que viajou por aquelas terras entre 1774 e 1776, deixando delas em suas *Lettere odeporiche* um retrato ainda hoje precioso, traçava suas fronteiras escrevendo que o território estava compreendido entre o Danúbio, o Tibisco, o Maros e os Alpes transilvanos. O Banato é um mosaico de povos, uma superposição e estratificação de povos, de soberanias, de jurisdições; uma terra na qual se encontraram e se enfrentaram o Império Otomano, a autoridade habsbúrgica, a obstinada vontade de independência — e depois de domínio — húngara, o renascimento sérvio e o romeno.

Um documentário televisivo sobre a Vojvodina fala de 24 grupos étnicos. Mais modestamente, Griselini falava de dez nações diferentes, que descrevia minuciosamente: valáquios, ou seja, romenos, rascianos, isto é, sérvios, gregos, búlgaros, húngaros, colonos ("colonistas") alemães, franceses, espanhóis, italianos, judeus. De fato, depois da reconquista de Temesvár, que o príncipe Eugênio arrebatou aos turcos em 1716, o general Mercy, governador sábio e empreendedor, havia saneado pântanos, repovoado planícies desertas e chamado imigrantes dos mais diversos países; em 1734 a cidadezinha de Becskerek estava cheia de espanhóis, que ali haviam fundado uma Nova Barcelona.

A grande colonização foi a alemã, chamada no século XVIII por Maria Teresa e por José II; chegavam sobretudo da Suábia, do Palatinado ou da Renânia, descendo ao longo do Danúbio nas barcaças de Ulm, camponeses tenazes e trabalhadores, que transformavam insalubres pântanos em terras férteis. A Suábia, um dos centros da velha Alemanha, se transplantava assim para o Banato e ainda hoje, na parte romena, ouve-se falar, em algumas aldeias, o dialeto suevo ou o alemânico, como se se estivesse em Württemberg ou na Floresta Negra.

Os alemães não eram por certo os únicos a chegar. Havia os eslovacos, em grande parte protestantes, os sérvios vindos em ondas sucessivas através dos séculos, diante da pressão dos turcos, e muitos outros. Os povos emergem e o mundo treme diante do seu poderio, mas eles também pagam cedo seu tributo à fugacidade terrena, escrevia o douto Schwicker. Todos tremem diante de todos, os turcos diante dos imperiais que tomam Belgrado e os imperiais diante dos turcos que a recuperam. Com os anos, os decênios e os séculos mudam os estatutos das cidades e o número das nacionalidades e das religiões; o crisol não cessa de ferver, amalgamar, fundir, queimar, consumir.

No final do século XIX, em Pančevo, havia aldeias székely; Becskerek não se lembra de ter sido uma cidade espanhola. Até a metade do século XIX, não se pode falar de nacionalismo ou de nacionalismos; o governador Mercy, chamando colonos alemães, não pretendia germanizar aquelas terras, mas sim povoálas de hábeis camponeses e artesãos, que ali promovessem o progresso iluminista. Esses colonos alemães podiam de fato ser também romenos ou eslavos, observa Josef Kallbrunner, desde que tivessem aprendido e portanto difundissem a industriosidade e a diligência alemãs.

Hoje os cinco grupos principais que coexistem na iugoslava Vojvodina, em pacífica convivência sancionada pela Constituição de 1974, são sérvios, húngaros, eslovacos, romenos e rutenos, mas existem nacionalidades numericamente menores, alemães, búlgaros, ciganos; e ainda alguns Bunjewatzi e Schokatzi, chegados há séculos da Dalmácia Meridional e da Bósnia ou da Herzegovina e reivindicados, na qualidade de sérvios estranhamente católicos, tanto pelos sérvios quanto pelos croatas, enquanto tendiam a considerar-se um grupo à parte. Quem sabe se neste idílio — real, ainda que sublinhado com grandiloqüência propagandística — vigora ainda o ditado romeno que se pergunta: "Quem já viu um cavalo verde e um sérvio inteligente?". Vovó Anka, que me fala dele sem ressentimento, é de antiga família sérvia. Sabe-se lá o que pensam, respectivamente, Reiter Róbert dos alemães e Franz Liebhard dos húngaros.

3. O SÁBIO ASSESSOR TIPOWEILER

Nas fraternas e apaziguadoras declarações oficiais, todos os vários grupos étnicos se elogiam reciprocamente, reconhecendo-se as melhores qualidades. Em vovó Anka, que fala todas as suas línguas, as nacionalidades, ao contrário, se sobrepõem e se chocam. Para chegar a Bela Crkva, atravessamos a aldeia romena de Straža, o que lhe dá ocasião, esquecendo-se de sua amada avó romena, de definir os romenos como ladrões e maltrapilhos sem pantufas, entre os quais seu pai passava, de carruagem, levando na mão uma tocha e uma pistola. Denegrindo os romenos, louva os alemães laboriosos e ordenados, mas pouco depois, lembrando com devoção a "senhorilidade romena" do presidente Popescu, em sua época o supremo magistrado do tribunal de Bela Crkva, diz que as boas maneiras dos alemães ocultavam freqüentemente teimosia e desonesta avidez e os chama "gentalha de ciganos, pior do que os zíngaros que hoje passeiam de Mercedes" e relembra, ela que é uma fervorosa anticomunista, a feroz ocupação nazista e o epos guerrilheiro na neve.

O germanófilo mais inflamado de Bela Crkva, que tinha o nome pouco alemão de Ben Mates, berrava certa vez na taberna querer jogar bocha com a cabeça dos sérvios, mas a mãe de vovó Anka que passava por lá lhe replicou tranqüilamente: "De acordo, Mates, hoje vocês fazem conosco, amanhã nós fazemos com vocês". De fato, o revide não demorou. Entre fins de 1944 e início de 1945 houve o êxodo forçado dos alemães do Banato e da Bačka, sua deportação indiscriminada para os campos de trabalho e de concentração que se tornaram também campos de morte, em nome de uma responsabilidade coletiva atribuída genericamente a todos e transformada em represália e perseguição racial. Kardelj, o *leader* comunista esloveno prematuramente falecido, foi um dos pouquíssimos a levantar objeções a esses procedimentos de vingança e a deplorar a expulsão de grupos social e economicamente produtivos.

Vovó Anka detesta Tito e o comunismo, ainda que relembre com imperturbável imparcialidade a injustiça e a opressão social que reinavam na sua infância, mas seu amor pela ordem e seu sentimento eslavo a fazem amar a União Soviética, razão pela qual olha com desprezo para a América e Reagan, "um mau ator que, quando fala na TV, parece sempre preocupado em escutar o que lhe sopram da caixa do ponto os judeus". No concentrado de preconceitos e ressentimentos históricos que vovó Anka encarna há naturalmente, como um círculo no tronco de uma árvore, também anti-semitismo, que repentinamente, porém, desaparece quando ela fala do advogado Loewinger, o qual se torna, no seu relato, a personificação da sabedoria e da milenar majestade hebraica. Nesses absurdos preconceitos há talvez uma pitada de verdade, porque nenhum povo, nenhuma cultura — como nenhum indivíduo — está isento de culpas históricas; dar-se conta impiedosamente dos defeitos e das obscuridades de todos, e de si mesmo, pode ser uma profícua premissa de convivência civil e tolerante, talvez mais do que os otimistas atestados de elogios distribuídos por toda declaração política oficial.

Os conflitos, em vovó Anka, são de fato absolutamente impessoais, cada preconceito reconhece o direito, ou melhor, a necessidade do preconceito alheio. Também em Bela Crkva se vêem aquelas casas baixas, de um só andar, avermelhadas e amarelo-ocre, que se encontram em toda a Hungria e conferem à Mitteleuropa Oriental aquele rosto achatado de que falava Musil. Na rua Partizanka havia as casas dos alemães, mais cuidadas, ornamentadas com frisos e cabeças femininas de gesso nas janelas, recobertas de azulejos com vivas cores romenas e abertas no interior para os jardins. Os suevos do Banato, diz a tradição, eram tão ricos que usavam os ducados de ouro como botões para as roupas. Depois do êxodo dos alemães — em Bela Crkva resta apenas um, muito velho — ali moram os macedônios e os bósnios, chamados com desprezo "colonistas" pela gente do lugar e também pelos bósnios e macedônios que chegaram algumas décadas antes. Weisskirchen, a Bela Crkva alemã, vive hoje na comunidade de exilados estabelecida em Salizburgo, que publica volumes e volumes de testemunhos do passado — eruditos, angustiantes e rancorosos. O recente tomo de 666 densíssimas páginas, *O livro pátrio da cidade de Weisskirchen no Banato*, foi publicado sob a orientação de Alfred Kuhn — "conheço-o bem, aquele raio de alemão", diz vovó Anka.

Em uma destas casas morava o velho Tipoweiler, vereador e hóspede assíduo da casa de vovó Anka — um verdadeiro cavalheiro, diz ela. Mal explodiu a guerra com a Sérvia, em 1914, alguns próceres alemães de Bela Crkva se reuniram uma noite para discutir a oportunidade de eliminar os sérvios mais eminentes, aqueles que mantinham pendurada sobre o portão a coroinha de flores amarelas e de cravos de santo Ivan. A proposta estava quase sendo aprovada pela maioria, depois de pacata discussão, quando o velho Tipoweiler, pessoa de bom senso, observou que sim, de acordo, a idéia podia ser boa, mas Bela Crkva estava perto da fronteira com a Sérvia e se o exército sérvio, numa investida, a ocupasse, seriam eliminados, por vingança, os alemães da cidade, e então? Assim a reunião noturna dissolveu-se pacificamente.

O episódio daquela noite não eliminou, para vovó Anka, a respeitabilidade do sr. Tipoweiler, em cuja lista havia também talvez o nome de seu pai. De resto vovó Anka, que chama "gedža" e "servianos" os sérvios da margem direita do Danúbio, que permaneceram durante séculos sob o jugo turco, me diz que nunca teria casado com um sérvio, nem mesmo da margem esquerda. "Mas você, o que é?", pergunto-lhe. "Sérvia", responde com orgulho, "a nossa é uma das famílias sérvias mais antigas."

4. UM PAPAGAIO POLIGLOTA

Também havia, em Bela Crkva, enredos nacionais mais amáveis, como no caso do papagaio de Schescherko. Este era um homem riquíssimo e sua *villa* — junto a cujas ruínas há hoje uma poeirenta estação de ônibus — se encontrava perto da praça principal, onde estavam o palácio do presidente Popescu, com seu imponente torreão, o pavilhão do general húngaro que comandava a guarnição, o círculo de oficiais e o "Realgymnasium", um dos melhores do reino da Hungria, diz vovó Anka. Na *villa*, numa gaiola grande como uma sala, havia um papagaio que sabia cantar. Quando os meninos lhe pediam, em alemão, para que se exibisse, em primeiro lugar ele se protegia, falando também em alemão com sotaque suevo, mas depois condescendia e cantava, em húngaro, um trecho da *Princesa da Czarda*. Quando lhe pediam um bis, hesitava, em alemão obviamente, mas depois repetia o mesmo trecho húngaro. Mas se solicitado uma terceira vez, perdia a paciência e respondia, em alemão, com aquela frase conhecida na Alemanha, com bem-educada perífrase, como a "citação do *Götz*", sendo que o *Götz von Berlichingen* de Goethe é o primeiro texto ilustre no qual a expressão "lambam-me o cu" alcançou dignidade literária.

5. SOB O BUSTO DE LENAU

Num poema de Vasko Popa, voz destas terras e poeta da Iugoslávia atual, trocam-se beijos num banco de jardim público de Vršac, sob o busto de Lenau. Vršac é a capital do Banato iugoslavo, a poucos quilômetros de Bela Crkva e da fronteira romena. Às mulheres de Vršac, sua cidade natal, Ferenc Herczeg — o brilhante e superficial narrador húngaro que celebrara, com a aprovação de um vasto público europeu, paixões enfeitadas de elegância mundana, o ilusionismo espumejante da *gentry* — dedicou em 1902 seu romance *Os pagãos*, afresco da luta entre povos e religiões, entre magiares e petchenegues, entre a cruz e o sagrado carvalho dos ávaros, nos primórdios da história húngara. Sua narrativa enfática e matizada evoca a horda de ouro dos nômades petchenegues, o vento da *puszta* que impede a alma de subir aos céus e a arrasta pela planície, as migrações bárbaras absorvidas e desaparecidas nas neblinas panônico-balcânicas.

Com força bem maior, também a poesia de Vasko Popa — que inicialmente escrevia em romeno, mas há muitos anos escreve em servo-croata — evoca invernos bárbaros e lobos antigos. A literatura já escrita é um espelho côncavo, apoiado sobre a terra como uma cúpula, como a proteger a nossa incapacidade de dizer diretamente as coisas e os sentimentos. Um apurado gosto literário e um cauto pudor impedem a um epígono de falar da solidão e do vento da grande planície, das marcas de migrações selvagens na sua terra lamacenta. Mas se um romancista comum, ou mesmo um poeta rigoroso, evoca aquele vento ou aquela aspereza antiga, uma correta citação pode permitir nomeá-los, através das palavras alheias, sem temer o folclore sentimental.

Assim a literatura pousa sobre o mundo como um hemisfério apoiado sobre um outro, dois espelhos que se refletem reciprocamente como na barbearia e devolvem um ao outro a inapreensibilidade da vida ou a nossa incapacidade de apreendê-la.

O busto de Lenau enfeitava o jardim público e agora se encontra no museu de Vršac, mas sua casa natal está hoje em território romeno, nos arredores de Timişoara, na qual o liceu alemão leva o seu nome. Grande poeta austríaco de origens também húngaras e eslavas, Lenau, que morreu louco em 1850, foi um extraordinário poeta da solidão e da laceração, de uma natureza sedutora e corroída pelo nada, de uma dor cósmica vivida com todas as fibras de uma sensibilidade musicalíssima, neurótica e autodestrutiva. Seu *Fausto*, negativo e desesperado, é um dos grandes *Faustos* escritos depois de Goethe, quando à classicidade goethiana, confiante — apesar de tudo — em que a história humana tivesse um sentido, sucedera na cultura européia uma crise profunda, a persuasão da insensatez e do nada.

Seu *Fausto*, que se mata porque sente ser só um vago sonho sonhado por um Deus, ou melhor, por um Todo indistinto e malvado, é uma obra de alta poesia, na qual a errante plurinacionalidade de Lenau se transcende numa universalidade que ignora qualquer cor danubiana. Hoje, em nome de uma unidade cultural mitteleuropéia, uma sociedade literária internacional leva o nome de Lenau; em 1911 Adam Müller-Guttenbrunn, defensor da cultura alemã no Banato, contestava as tentativas magiares de apropriar-se do poeta e a ereção de um monumento na sua cidade natal, que é hoje romena, a "Lenau Miklós, um húngaro que escreveu em alemão". Herczeg, que era de língua materna alemã, revela — em seu nacionalismo magiar, próximo das posições chauvinistas de István Tisza — tons asperamente antialemães, presentes também nos *Pagãos*, embora em todo o caso expresse uma certa simpatia pelos Bunjewatzi. Mas ele mesmo, em seu romance *Os sete suevos*, de 1916, ambientado na época da revolução de 1848, faz seu protagonista dizer que sente o dever de unir-se aos húngaros rebeldes justamente em nome da "fidelidade alemã", porque viveu lado a lado com os magiares e agora, como alemão, ou seja, como homem leal, não pode abandoná-los no momento do perigo, mesmo que eles se insurjam contra a Viena austro-alemã.

A planície ao redor de Vršac está envolta na melancolia. Milo Dor, um escritor austríaco contemporâneo nascido em Budapeste de pais sérvios e agora residente em Viena, descreveu no seu romance *Nada mais que a lembrança*, história da decadência de uma abastada família sérvia do Banato, esse melancólico torpor, que empurra para a garrafa de *sliwowitz* e a transforma, quando já vazia e jogada fora, numa garrafa abandonada no mar panônico, mas sem nenhuma mensagem. Essa melancolia, como o niilismo de Lenau, é um sentimento de vazio, que todavia ainda reconduz à nostalgia e à exigência de valores e de significados. Em uma de suas poesias, Vasko Popa dirige-se aos "nossos filhos desmemoriados, sem pecado original"; com o entusiasmo freqüentemente demasiado fácil do poeta de vanguarda, ele canta a liberdade desta nova geração, mas aquela ausência de memória e de consciência do conflito moral faz aqueles filhos assemelharem-se a uma multidão aquém do bem e do mal, amorfa e incolor, sem pecado e sem felicidade, inocente e vazia.

6. VITALIDADE VERDE

Que grande cavalheiro, diz a magiarófila vovó Anka diante do túmulo de Adam, fuzilado pelos húngaros em 1914 como suposto espião sérvio. É uma das suas expressões preferidas. Vovó Anka é aquilo que o Fausto de Lenau inutilmente desejava ser: vitalidade pura, demoníaca porque tranqüilamente inalterável, épica como a natureza. Tem oitenta anos, com a energia e a disposição de uma pessoa jovem. Contempla a vida do alto, com olhos redondos de ave de rapina, como pode olhá-la somente quem se arraigou na terra possuída e vê, observando a partir de sua propriedade, não já pequenas misérias pessoais ou nervosos matizes de estados de espírito, mas campos e bosques, o passar das estações.

Pouco importa que agora viva, muito modestamente, num pequeno apartamento em Trieste. A segurança e o conforto daquele olhar do alto ela os leva consigo, na sua pessoa. Vovó Anka faz pensar nas últimas páginas de Benedetto Croce, que ante o assombro dos fiéis crocianos descobria, fascinado e perturbado, um momento puramente vital irredutível a toda dimensão moral e espiritual, uma indomável "vitalidade verde" ignara de valores e de reflexão. Croce qualifica também de "econômico" este momento, esta afirmação e expansão de energia; para vovó Anka, embora muito generosa com os outros em relação a dinheiro e de exigências pessoais bastante modestas, a vida é conta de dever e haver, juventude, matrimônio e velhice se confundem com propriedades aumentadas ou perdidas, bosques cortados ou campos adquiridos, assim como nas veias dos personagens de Balzac o sangue parece correr semelhante ao fluxo do dinheiro. Na casa amarelo-alaranjada que me mostra, morava Lazar Lungu, o maior mercador de porcos do Sub-banato, que queria casar com ela. "Quer viver entre os porcos, Anka?" — lhe disse seu pai. "O dinheiro é muito, muitíssimo, mas não é tudo. Escolha um jovem que lhe agrade e eu o compro para você."

O épico agrário imprime um estilo suprapessoal, que exclui toda vaidosa subjetividade. Vovó Anka teve quatro maridos. Dois — o segundo, com o qual viveu vinte anos, e o último, que conheceu já em idade avançada — os amou muito, e dois ela os suportou com paciência. Amor e tédio, todavia, não influíram nem um pouco em sua dedicação exemplar, porque o matrimônio era para ela uma realidade objetiva, que a incerteza dos sentimentos não podia arranhar.

Em sua vida não existe o lamento, a queixa das desventuras, nem por si, nem pelos outros. Não se compadece nem de si mesma nem de ninguém, não lhe passa pela cabeça temer a morte nem perturbar-se com a alheia, ainda que sempre esteja pronta para ajudar a quem precisa dela, ignorando o cansaço e a própria idéia de sacrifício; no seu mundo as coisas simplesmente acontecem. Mostra-me uma casa, onde mora uma amiga sua, devastada pela doença e reduzida a uma vida quase vegetal, alterada somente por alguns vislumbres de medo e de ternura. Quando está em Bela Crkva, vovó Anka passa as noites em pé junto a ela, obviamente sem se cansar, fala-lhe durante horas, acaricia-a, enxuga-lhe a saliva do queixo, leva-a até a sacada para mostrar-lhe as pessoas que passam, todo aquele bando de barulhentos, como os define; não lhe passa pela cabeça fazer, como se costuma dizer, uma boa ação, conceito que para ela não existe, faz assim e basta.

Junto à vovó Anka, a gente sente que não lhe pode acontecer nada, que nunca poderia sentir-se confusa e perdida. Ela se identifica com os séculos da Panônia. Aos oitenta anos, seu corpo formoso e imperioso é firme e seguro; para amar seu mundo de ontem não tem necessidade de idealizá-lo e me conta minuciosamente as roubalheiras dos juízes de então. Naquela casa, relembra, morava o advogado Zimmer, e sua esposa, acrescenta contando pensativamente com os dedos, era amante do dr. Pútnik, do advogado Raikow, do farmacêutico Schlosser, do coronel Németh... A poucos metros de distância, uma outra casa conta uma história não do tempo dos Habsburgo mas do segundo pós-guerra. Era a casa de Maierosch, dono de moinhos, e foi confiscada pelo governo titoísta. A filha recusou-se a sair dali, e quando os guardas jogaram os seus móveis no pátio, ela permaneceu por dois anos dormindo na entrada, enrolada num cobertor, até que as autoridades iugoslavas lhe restituíram uma parte do apartamento. Os trabalhos para restaurar a casa estão ainda em andamento. Nos países do Leste há sempre e por toda parte trabalhos em andamento, incessantes e nunca terminados; retorna-se a um lugar depois de um ano e se reencontram os tijolos, as ferramentas, os escombros, as vigas, a desordem do provisório. O tempo passa mais lentamente e isso torna aqueles países mais tranqüilizadores e familiares para o visitante, lhe dão o conforto do conhecido.

Vovó Anka ama os inúmeros cemitérios das várias comunidades e me leva ao mausoléu orientalizante do presidente Popescu, ao suntuoso sepulcro do riquíssimo Boboroni assassinado com 23 facadas, à capela a que o farmacêutico Schmitz se dirigia todas as noites para contar o seu dia à mulher ali sepultada e pedir-lhe conselhos. Ama os cemitérios, porque o túmulo é a posse da terra, assinala o limite de uma propriedade, e de fato dirige-se freqüentemente à Bela Crkva sobretudo para brigar com a prefeitura e com os vizinhos a respeito de túmulos. Lembra-me a mãe de um amigo meu, orgulhosíssima porque o túmulo da família dominava o dos invejosos conhecidos, mas um pouco triste porque a pompa fúnebre tem necessidade também de luto, de modo que dizia, com amargura: "Imaginem só, um túmulo tão bonito e quase completamente vazio".

7. TIMIŞOARA

O Antiquarius diz que esta cidade, Temesvár, a capital do antigo Banato, "esteve sujeita, através dos séculos, a muitas fatalidades". Bonita e não isenta de melancolia, apesar do seu verde, Timişoara conta, em cada pedra, uma história plurissecular e emaranhada. Griselini a descrevia rica de tabernas e de febres, que subiam com os miasmas dos pântanos cheios de gralhas, e registrava o elevado consumo de eméticos. O simétrico estilo teresiano se alterna com um pesado ecletismo húngaro e a mais vistosa ornamentação das cores romenas; na esplêndida Piaţa Unirii, vasta e silenciosa, ergue-se, como em todas as praças da Mitteleuropa, a Coluna da Trindade. Às portas da cidade, em 1514, a nobreza derrotou o grande chefe da revolta camponesa, György Dózsa, que foi posto nu em um trono de ferro incandescente, enquanto lhe arrancavam as carnes com tenazes.

As pedras evocam João Hunyadi, o campeão da luta contra os turcos, a dominação muçulmana, Aly paxá, o assédio austríaco de 1848; numa pequena e arruinada casa ocre-avermelhada, com gerânios nas janelas, uma placa diz que ali, em 13 de outubro de 1716, entrou em Timişoara o príncipe Eugênio, libertando-a dos turcos. O paxá que a defendia, convidado a render-se, respondera que se dava conta de não poder vencer, mas que se sentia no dever de contribuir para a fama do príncipe

Eugênio, tornando-lhe a vitória mais árdua e gloriosa. Os *dépliants* turísticos da cidade preferem sublinhar que ela teve o primeiro bonde elétrico e que foi o berço de Tarzã, isto é, Johnny Weissmüller.

Povoada também por minorias húngaras e sérvias, Timişoara é um dos centros dos alemães da Romênia, que totalizam aproximadamente 300 mil, número que vem diminuindo vertiginosamente ano após ano; o outro é na Transilvânia, nos Siebenbürgen, onde vive, há oito séculos, o grupo saxão. A cidade é uma capital, uma metrópole épica das infinitas histórias contadas pelo velho Danúbio. Havia os cafés literários, mas o cenáculo mais eminente, no início do século, era a barbearia na Lonovichgasse, cujo proprietário, Anton Dénes, era não somente o Fígaro mas também o Eckermann de uma glória literária local, o poeta e romancista Franz Xaver Kappus, célebre não tanto pelo que escrevia ou já escrevera, mas por ser o destinatário das *Cartas a um jovem poeta* de Rilke. Na poltrona daquela barbearia Kappus sentava como Nasrudin, o faceto sábio turco que, também numa barbearia, fizera calar com uma frase espirituosa o terrível Tamerlão, feroz conquistador do mundo.

As historietas de Kappus são anedotas engraçadas, piadas, chistes e fofocas cotidianas; é difícil distinguir as páginas escritas por ele daquelas que a vida, a pequena tradição épica da Lonovichgasse que confluía na barbearia, contava a seu respeito. Essas anedotas são um detrito secular, migalhas de uma História antiga, sedimentos de idílios e conflitos étnicos que o vento, por um instante, levanta como poeira e joga na barbearia. Pouco depois o barbeiro, com a vassoura, varre o chão e os repõe na rua, junto com os cabelos do cliente, que acabou de sair.

Temesvár era a capital do Banato e, conseqüentemente, também dos suevos, dos alemães do Banato pouco propensos, ao contrário dos saxões da Transilvânia, a defender impetuosamente sua consciência nacional. No imediato pós-guerra os alemães do Banato foram duramente tratados: expropriações, deportações coletivas para a Rússia, discriminação. Em seu romance *O problemático relatório de Jakob Bühlmann*, publicado em 1968,

Arnold Hauser, escritor alemão que ocupa uma posição eminente na vida político-cultural romena, narrou e analisou essa odisséia do seu povo e esses erros do seu partido; em 1972 o próprio Ceausescu condenou oficialmente as transferências forçadas dos sérvios e alemães, decididas anos antes pelo governo romeno, e a expropriação das suas terras.

Hoje o Estado romeno incrementa e encoraja a produção das minorias lingüísticas; editoras especializadas publicam revistas e um alto número de volumes em húngaro, alemão, sérvio, eslovaco, ucraniano, iídiche e em outras línguas. Essa solicitude se acompanha de um opressivo e sufocante controle político: quem pediu o visto para a expatriação, como muitos alemães, não pode publicar; a exagerada e obsequiosa homenagem ao presidente é obrigatória.

Nasce assim uma vida literária difícil e fervorosa marcada por uma mistura de franqueza e reticência, e acossada pela angústia da perseguição. Os centros dessa literatura — à parte Bucareste, onde estão sediadas as editoras e revistas mais importantes — são o Banato, ao redor de Timişoara, e os Siebenbürgen, ou seja, a Transilvânia, com as três cidades de Brasov (Kronstadt), Sibiu (Hermannstadt) e Cluj (Klausenburg). Um núcleo florescente de cultura alemã era a Bucovina dos Habsburgo — a pátria de Rezzori, de Margul Sperber, do grande e extremo Paul Celan — mas agora Czernowitz, a capital da Bucovina, pertence à União Soviética.

Se na Vojvodina os alemães estão reduzidos a 4 ou 5 mil, na Romênia, ou seja, no Banato e nos Siebenbürgen, sua cultura continua muito viva. Entre 1944 e 1984 foram publicadas mais de cem obras literárias, e ganhou novo vigor também a poesia dialetal. Nikolaus Berwanger — já *leader* cultural alemão-romeno até demasiadamente empreendedor, há pouco transferido para a Alemanha Ocidental — afirmava há poucos anos a necessidade de escrever num "esperantosamizdat": a poesia autêntica deve ser secreta e clandestina, oculta como uma proibida voz de dissensão, e ao mesmo tempo falar a todos. Sua função de *leader* o levou, fatalmente, para a generalidade do esperanto; os contos de Herta Müller, *Planícies*, simples e difíceis como o correr dos anos, têm, ao contrário, a verdade existencial do *samizdat*, da palavra poética que é sempre não oficial. Herta Müller fala da aldeia, como tanta precedente literatura do Banato, mas sua aldeia é o lugar da ausência, no qual as coisas opacas, alinhadas sem sentido nas suas frases desprovidas de predicado, falam da opressiva estranheza do mundo e também do indivíduo a si mesmo.

Devedora da nova literatura de aldeia que, sob o signo do estranhamento, floresceu na Áustria com Bernhard, Handke ou Innerhofer, Herta Müller dá prosseguimento de maneira original à sensível e sombria radicalidade deles; quando teoriza, cai às vezes, como de resto também os seus modelos, em uma estereotipia não isenta de arrogância. Na dura repressão política que se abateu sobre os alemães da Romênia, também Herta Müller foi coagida ao silêncio.

O escritor romeno-alemão, ameaçado de perto, vive os desenraizamentos, as duplicidades e as crises de identidade que estimulam a poesia. Privado de um mundo alemão, ele representa a realidade romena com uma linguagem que lhe é estranha; por outro lado, se emigra para a Alemanha, ou seja, se escolhe o êxodo, vem a encontrar-se num país (o alemão-ocidental) bem diverso do seu — em certo sentido menos "alemão" — e continua a escrever sobre a pátria que deixou e que nesse meio-tempo, no passar dos anos, se transforma e se lhe torna estrangeira. Algumas vezes o peso desse drama torna-se insustentável; Rolf Bossert, o jovem poeta que conheci em Bucareste quando ele aguardava a permissão de se expatriar, conseguiu ir embora e escapar da capa de chumbo e alguns meses mais tarde, na Alemanha Ocidental onde havia encontrado liberdade e também sucesso, suicidou-se.

O panorama da literatura romeno-alemã testemunha uma variedade de situações que se torna pluralidade de tempos, porque viver em condições e com sentimentos diversos significa viver em tempos diversos. A associação cultural dos alemães do Banato, integrada na República Romena e na ideologia socialista, leva o nome de Adam Müller-Guttenbrunn, escritor oitocentista que defendera a integridade alemã do Banato contra a magiarização, com tons também decididamente nacionalistas. Em 1848 os suevos do Banato, como também os saxões da Transilvânia, não sabiam o que fazer, não sabiam o que eram. Tendencialmente leais aos Habsburgo e circundados pelos magiares, estavam objetivamente ameaçados — como se veria claramente depois do Compromisso — pelos húngaros, e eram, portanto, seus adversários. Mas em Bela Crkva, por exemplo, o confuso tumulto de 1848 levou a um autêntico choque militar entre os alemães e os sérvios, os quais sitiaram e no final tomaram a cidade; combatendo contra os sérvios, os "suevos do Danúbio" apoiavam os húngaros rebeldes contra a Áustria, porque os sérvios estavam em conflito com os magiares e eram, portanto, aliados de Viena.

Em Temesvár, a capital do Banato, havia, em 1902, doze jornais alemães, doze húngaros e um romeno; a magiarização corroía, aliás profundamente, a presença alemã. Adam Müller-Guttenbrunn descreve esta crescente desnacionalização, a diminuição das escolas alemãs, a magiarização dos nomes e dos sobrenomes, o progressivo desaparecimento, das paredes das casas suevas, dos retratos de Francisco José. Enquanto os saxões da Transilvânia defendiam tenazmente sua identidade nacional, os suevos do Banato deixavam-se assimilar de bom grado, davam nomes húngaros a seus filhos ou magiarizavam o próprio. Em uma divertida polêmica de 1916, o burgomestre de Temesvár contestava Müller-Guttenbrunn e suas reivindicações de tutela sobre a minoria alemã, mas esse burgomestre defensor da magiarização era suevo.

O ano de 1848 conservou o significado de confusão e tumulto por antonomásia. Quando menino, Müller-Guttenbrunn brincava com as pedras de um monumento derrubado, cabeças de animais escarnecedores que em seu tempo, quando o monumento fora erguido para glorificar a defesa de Temesvár atacada pelos rebeldes húngaros, simbolizavam os demônios da revolução nacional, vencidos pelas virtudes do Império cosmopolita.

O monumento fora depois demolido pelos húngaros, mas aqueles demônios espalhados pelo chão estavam, para o menino, ainda vivos e ameaçadores. Mesmo hoje quando vovó Anka, mostrando um edifício de Bela Crkva, diz "aqui, antes da revolução, havia...", pretende dizer antes de 1848.

8. UM DESTINO ALEMÃO

Estamos novamente em Bela Crkva. No nº 35 da Ulica 1º de Outubro morava Vogter, um rico industrial e proprietário de terras alemão que permanecera no Banato mesmo depois da Primeira Guerra Mundial. Durante a Segunda — conta-me vovó Anka — ele hospedava, no tempo da ocupação alemã, um tenente da *Wehrmacht* e lhe oferecia banquetes suntuosos. A *Wehrmacht* entrara em Bela Crkva em 1941 e o grupo alemão, guiado pelo dr. Josef Janko, pregava o "Banato autônomo", do qual a divisão "Prinz Eugen" devia ser uma força militar destinada unicamente à defesa do próprio Banato, tanto que Janko — desejoso de distinguir o *Deutschtum* local do nazismo — protestou quando se quis destiná-la a outras tarefas e a outras zonas.

O exército alemão era forte e temido, o Reich era ainda poderoso e o rico Vogter vivia opulento e seguro. Seus camponeses, durante o verão, dirigiam-se aos campos às duas da manhã e trabalhavam até as dez da noite, hora em que voltavam para casa e consumiam, numa cabana atrás da casa do patrão, sua única refeição, comendo todos juntos de um caldeirão cheio de caldo com alguns pedaços de pão e de toucinho. Uma noite o tenente, que não sabia de nada, entrou na cabana e perguntou-lhes por que àquela hora estavam comendo aquela porcaria. Pondo-se de pé, com o chapéu na mão, os camponeses lhe responderam, amedrontados, que estavam jantando. O tenente derrubou o caldeirão com um chute, chamou Vogter, e gritou-lhe que era um patife e que desonrava o nome alemão, e disse aos camponeses que, dali em diante, comeriam todos os dias na taberna, por sua conta. Pergunto a vovó Anka como acabou aquele tenente. "Sei lá!", responde, "quem sabe, provavelmente na confusão foi morto pelo pessoal do bosque, pelos guerrilheiros, talvez por um daqueles que havia mandado comer na taberna."

9. O TÚMULO DE OCTAVIÁN

Vovó Anka, repentinamente, diz que gostaria de ir até os Siebenbürgen, em Sighişoara, onde está o túmulo de Octavián. Pergunto-lhe quem é este Octavián — a gramática, visto que ela aludiu ao túmulo, mandaria que lhe perguntasse quem era, mas me parece estranho falar de uma pessoa, de qualquer pessoa, no passado. O rosto autoritário e ainda bonito de vovó Anka torna-se pensativo, quase embaraçado, se bem que seja difícil imaginar que ela conheça o embaraço. "Ah, um rapazinho, um oficial, um que me fazia a corte, eu tinha dezessete anos, enfim me agradava, éramos um pouco noivos. Depois, sabe como é, não sei por que, por um capricho, assim, não me lembro bem, eu dei um fora nele." "E ele?" "Ele se matou com um tiro." Pergunto-lhe se o fato a entristecera. "Não", responde categórica, "daquela vez não, de jeito nenhum, nem pensei mais nisso. Mas de alguns anos para cá me veio à mente ir visitá-lo, ir ver seu túmulo."

Um antigo e tardio débito alheio leva-me portanto à Transilvânia, a um mosaico plurinacional romeno-alemão-magiar, no qual há oito séculos residem os saxões, os colonos alemães chamados pelo rei húngaro Geza II, aos quais depois, em 1224, o rei André II concedeu uma carta-patente de liberdades e privilégios especiais. Agora sua presença plurissecular nestas terras está no ocaso. A cultura alemã, e com ela a judia, foi um coeficiente de unidade e de civilização na Europa Centro-Oriental; as praças de Sibiu-Hermannstadt e de Braşov-Kronstadt, imagens de uma tradição alemã que na Alemanha talvez não existia mais, são, como os aquedutos ou os arcos romanos, o selo de uma civilização unitária que deu uma fisionomia à Europa Central.

Os saxões, ainda que chamados globalmente desse modo, provinham originariamente de diversas regiões alemãs, como escreveu também o historiador Friedrich Teutsch, "o Heródoto dos saxões", contestando com desprazer a tese monista sustentada por seu pai Georg Daniel Teutsch, ele também ilustre erudito. Durante séculos os saxões gozaram de uma orgulhosa autonomia; junto com os húngaros e os székely — estirpe magiar que se dizia descendente dos hunos de Átila e cujos componentes gozavam todos de privilégios nobiliárquicos — eram uma das três nações reconhecidas, contra ou junto às quais, principalmente no século XIX, os romenos deviam lutar para conquistar sua dignidade nacional. Livres agricultores e honestos e orgulhosos burgueses, os saxões pouco conheciam os senhores feudais e a servidão da gleba. Isolados e afastados da pátria de origem, sempre foram uma "nação cultural", propensa não à integração territorial com a Alemanha mas à conservação da própria identidade na cultura.

A vovó Anka interessa o túmulo que se encontra em Sighişoara, mas isso não a induz a desdenhar outras digressões e paradas transilvanas. Em Sibiu a livraria Eminescu é o testemunho de quanto é rica e viva ainda hoje a literatura alemã da Romênia. Como me diz em Braşov Horst Schuller, redator da *Karpathen-Rundschau*, ela é muito diferenciada. Certamente existem também poetas locais como Peter Barth, morto há pouco, que era farmacêutico em Blumenthal e escrevia dez poemas vernáculos por dia, mas há também a *Neue Literatur* de Bucareste, uma excelente e atualizada revista, que não teme o confronto com revistas européias dotadas de maiores recursos e mais livres de obstáculos. Nos anos 1970-5 existiu um grupo de vanguarda político-literária, o *Aktionsgruppe*, crítico da esquerda nos confrontos com o regime, de considerável influência. Os estudos de Peter Motzan e de Stefan Sienerth, para citar só alguns, e sobretudo de Gerhardt Csejka, um jovem crítico e ensaísta que mora em Bucareste, documentam uma vivacidade de iniciativas fora do comum, o crescimento espiritual de uma comunidade em declínio. Se Erwin Wittstock, poucos decênios atrás, retratava de maneira saborosa a província saxônia, hoje a poesia de seu filho Joachim chama "a atenção para aquilo que amarelece". A literatura e sobretudo a crítica dos alemães da Romênia não são uma periferia afastada, mas o centro vital, intelectualmente variado e muito diferenciado, de um corpo que vai se extinguindo.

Também entre os emigrados existem grandes diferenças, entre quem deixou sua pátria há quarenta anos, como, por exemplo, Heinrich Zillich, e continua a descrever uma terra que não existe mais, e as levas sucessivas, nas quais cada um carregou consigo um outro pedaço de pátria e um outro tempo. Há poucos anos foi-se também Alfred Kittner, ensaísta e poeta, velho grande patriarca e protetor de várias gerações de escritores, amigo de Paul Celan. O lendário Kittner acredita na eternidade da poesia; cada *nouvelle vague* de jovens experimentalistas que ele ajudou sorriu dele, considerando-o um superado, mas dez anos mais tarde, muitos desses filhos ingratos já tinham saído de cena e o velho pai ainda estava e ainda está lá.

Talvez Kittner tenha errado indo embora, talvez sua função fosse, até o fim, a tutela do seu mundo. Quando tiverem ido embora mais quatro ou cinco autores significativos, me diz Csejka, escreverei as minhas críticas e os meus ensaios para ninguém. Mas para a literatura pode ser também uma vantagem escrever para ninguém, agora que em toda parte a organização cultural pretende, falsamente, representar todo o mundo.

10. UM JÚPITER AMBÍGUO

No Museu Bruckenthal de Sibiu há um quadro de Carlo Cignani dedicado a Júpiter e Flora. Samuel von Brukenthal era o governador teresiano do Gran Principado dos Siebenbürgen, um habilíssimo homem político que sabia conciliar a fidelidade ao iluminado despotismo central e a atenção às peculiaridades locais; a ele se deve a coleção de arte que hoje traz o seu nome.

O Júpiter de Cignani, que seduz uma previsível e desejável mocinha, é uma espécie de hermafrodita, inquietante e repugnante: o corpo é musculoso e forte, o rosto emoldurado por uma basta cabeleira branca é o de um velho que poderia ser antes uma velha, lasciva e ambígua. Lembra os personagens ambivalentes do *Satyricon* de Fellini, que trocam entre si os papéis sexuais, ou o Frederico II do drama de Heiner Müller, personificado por uma anciã imperiosa e sinistra. Cignani era bolonhês e carracciano, mas seu Júpiter parece pertencer ao mundo helenístico-bizantino do Ponto Eusino para o qual conduzem as águas do Danúbio, um mundo do indistinto e das pulsões indiferenciadas, um levantino bazar da alma.

11. A CIDADE NO LESTE

A Igreja Negra de Kronstadt (hoje Braşov), cujas velhas paredes parecem o salmo luterano "Uma sólida rocha é o nosso Deus", é uma fortaleza alemã da fé e da clareza, oposta, como um baluarte, àquele fervilhar e àquela mistura dos quais o Júpiter de Cignani é o deus polimorfo. Na igreja, uma lápide fúnebre de 1647 diz: "Eu sei e creio"; a estátua do guerreiro, com couraça, elmo, gorjal e grandes bigodes no rosto, lembra o Cavaleiro de Dürer, que segue em linha reta o seu caminho sem ceder nem ao medo da Morte nem às lisonjas gelatinosas do Diabo.

Como o Ginásio Honterus que defronta com a igreja e o monumento ao próprio Honterus, este *ethos* alemão é profundamente protestante, tem a sobriedade, a retidão e a robustez da Reforma. Graças a essas virtudes agudas e tenazes os alemães foram os romanos da Mitteleuropa, imprimiram uma civilização unitária a um caldeirão de estirpes diversas. Os esplêndidos tapetes turcos na igreja negra, que testemunham a presença otomana na Transilvânia, falam de uma outra fé, também ela antitética a toda mórbida ambivalência, o abandono a Alá, o único vencedor.

A poesia destas cidades saxônias é uma poesia burguês-artesã, sólida e melancólica como o rigor que Adolf Meschendörfer, cantor de Kronstadt — "a cidade no Leste", ou seja, a Civitas nas fronteiras orientais da Europa —, admirava em seu pai e em seu avô, mestre-escola. A tradição saxônia celebra estatutos e antigos direitos, dissídios entre corporações, coureiros contra seleiros, zelosa independência de todo poder, o que leva os sapateiros de Kronstadt a declarar guerra, em 1688, ao imperador alemão e a resistir, durante o dualismo, à magiarização. Nos seus romances históricos sobre os Siebenbürgen, também o húngaro Zsigmond Móricz lembra os estatutos que impediam a qualquer exército, do imperador ou do Voivoda, entrar nos muros de Klausenburg (Cluj) e presta homenagem à valentia com que o alcaide defende os privilégios da cidade.

Essa poesia citadina é uma melancólica poesia da ordem e da repetição, uma paixão metódica de hábitos e lugares que procura arrancar da vida que foge e da história que devora uma garantia e uma ilusão de duração, de estabilidade. O *ethos* burguês-artesão, alemão, é amor à casa, à família, à amizade e ao ritmo que marca o seu universal-humano: nascer, casar-se e morrer; o almoço, a loja, a cervejaria, o cigarro, o jogo de baralho, o ofício religioso, o sono. Num conto de Heinrich Zillich, o velho Bretz toda noite, à mesma hora, atravessa a praça do mercado, vira na ruela "ao canal de Suez", abre as pernas, desabotoa a calça e mija serenamente, respondendo na escuridão ao cumprimento dos passantes, do vereador ou do mestre-escola, e esse rigoroso hábito vespertino é uma firme certeza que de algum modo se opõe ao cruel fugir da vida e ao irrefletido amor pelas novidades.

A alegre serenidade de noitadas no café transforma-se logo em melancolia, à medida que o tempo passa e apaga pouco a pouco a vida dos indivíduos e da própria comunidade alemã; já em 1931, ao protagonista do romance de Meschendörfer, *A cidade no Leste*, apaixonado pela sua Kronstadt, não resta no final senão dedicar-se, na sua solidão, a escrever a crônica e as recordações da sua amada cidade e a procurar nessa amorosa pedanteria erudita, voltada para o passado, o conforto para o deserto da sua existência presente. Sempre é possível subtrair-se à horrível vida verdadeira, como o ancião de Svevo, colocando-a no papel e mantendo-a a distância. Certamente vovó Anka não escreve nem tem necessidade de escrever.

12. TRANSSILVANISMUS

A pedanteria ora plácida, ora melancólica dessa burguesia alemã desafia às vezes o ridículo. Em 1848 os saxões da Transilvânia estavam indecisos se deveriam aceitar ou recusar a união com a Hungria; Kronstadt era favorável, Hermannstadt contrária — tão contrária que nas portas da cidade os guardas perguntavam aos forasteiros desejosos de entrar de que lado estavam, com o imperador ou com os rebeldes. Se o interrogado respondia "com os rebeldes", não o deixavam entrar; parece que não contemplavam a eventualidade de que alguém pudesse mentir. O ano de 1848 foi caótico também entre os saxões, como em todo lugar, e fervilhante de contradições, de demandas liberais e revolucionárias que se negavam reciprocamente, como no caso dos húngaros rebeldes aos Habsburgo e inimigos da rebelião romena de Iancu. Toda a história da Transilvânia é um mosaico extremamente complexo de contrastes, cruzamentos, choques, alianças e inversões de alianças nacionais; os romances de Móricz ou de Miklós Jósika, por exemplo, mostram como os príncipes transilvanos, na época da presença otomana, ficaram em cima do muro entre os Habsburgo e os turcos.

Esse crisol de povos e de litígios favorecia também, como ocorre às vezes nos territórios mistos de fronteira, a consciência de uma pertença comum, de uma identidade particular, tecida de contrastes mas inconfundível nessa sua conflituosa peculiaridade, própria de cada um dos elementos em conflito. A Transilvânia é um berço da cultura húngara, desde a autobiografia setecentista de Miklós Bethlen ou das *Confissões* e das *Recordações*, também setecentistas do príncipe Ferenc Rakóczi II, o grande chefe da revolta dos *Kuruzzen* contra os Habsburgo, mas é também o berço da consciência nacional romena, da escola literária que entre o século XVIII e o XIX afirma a continuidade do elemento latino da Dácia e a unidade lingüístico-nacional dos romenos.

Lucian Blaga, poeta e tradutor romeno do *Fausto*, dedicou um vasto estudo à cultura da Transilvânia no século XVIII, mas sua Transilvânia poética vive sobretudo na aldeia cantada por sua prosa. Uma aldeia amada sem nenhuma regressão ancestral camponesa e sem nenhum rancor anticitadino, antes como modelo mítico e fantástico, como ideal "espaço miorítico", ou seja, paisagem da alma romena: a Mioriţa, no canto popular romeno, é o cordeirinho, símbolo de um sacrifício aceito com suavidade por amor aos outros, a fim de que a própria morte não provoque desforras e vinganças.

Sombrio e dramático é, ao contrário, *A aldeia dispersa* (1919) do transilvano húngaro Dezsö Szabó, uma curiosa e dilacerada figura de intelectual vitalista. Nutrido de leituras nietzschianas e obcecado por uma magiaridade pura e absoluta, Szabó pregou o culto da terra e da raça, abandonando-se a um chauvinismo fascistizante e anticitadino, do qual a incorrupta aldeia transilvana era para ele a face ideal. Com o triunfo da contra-revolução de Horthy ele se apercebeu, todavia, como autêntico nietzschiano, de que não só a democracia, mas também e sobretudo o fascismo corrompia e alterava, numa artificiosa e falseadora modernização, a pureza originária da tradição, e então declarou guerra a todos, à burguesia "alemã-judaica-eslava", ao fascismo e depois ao nazismo, estranguladores da autêntica magiaridade.

O "Transsilvanismus" alude a uma pluralidade de povos, unidos por este sentimento de pertencer a uma região mista e compósita. Por certo os saxões tinham se ressentido fortemente com o fim da sua autonomia, sancionada pelo governo húngaro em 1876 com a abolição do *Comes*, do "*Sachsengraf*", ou seja, do conde que representava a sua "*Nationsuniversität*", o seu unitário complexo nacional. Romances e contos descrevem, ora com bom humor, ora com ressentimento, a assimilação e a resistência a ela, as lutas a pedradas entre meninos húngaros e alemães.

Os saxões desenvolveram, todavia, através dos séculos, um tal sentimento da própria autonomia que em 1908 seu líder Rudolf Schuller chegou a declarar que eles não queriam ser "simplesmente alemães, e sim alemães dos Siebenbürgen" e que tinham intenção de defender unicamente sua existência e peculiaridade de saxões, sem sacrificar-se pelos suevos ameaçados pela magiarização e até mesmo aceitando que "os outros alemães" da Hungria fossem destinados a desaparecer.

Os escritores alemães procuravam conciliar a fidelidade à autonomia transilvana com o germanismo e com a coroa habsbúrgica, com a devoção a Francisco José como imperador da Áustria e não como rei da Hungria. Adolf Meschendörfer, embora não imune ao nacionalismo alemão, celebra o germanismo como universalismo, idéia sacro-imperial-romana que abrange todos os povos, germanos e celtas, eslavos e galileus; ele escarnece dos racistas teutômanos que inventam "o homem gótico", porque a idéia universal — da qual os alemães são portadores — não pode ser ligada, no seu entender, a uma raça ou a um estilo, mas deve estender-se a toda a Europa, mesmo a latina e a eslava. Mas o imperador alemão — diz no seu livro o pároco de Kronstadt — é um traidor, porque abandona os alemães do Leste, os verdadeiros alferes e postos avançados da idéia germânica, à ruína. Também no romance *Entre fronteiras e épocas* (1937) de Heinrich Zillich os saxões, que sempre têm "feito concessões" aos seus povos limítrofes, sentem-se abandonados pela corte de Viena.

Nessa sua obra, embora não isenta de ressentimento chauvinista e anti-semita, Zillich relembra o cadinho plurinacional transilvano e seus litígios, não sem simpatia por seus vários componentes étnicos; o grupo de amigos do protagonista, Lutz, compreende diversas nacionalidades e se no início Lutz descobre com surpresa que um pastor é romeno ou custa a imaginar que além dos montes do seu país exista um outro Estado, a Romênia, no fim um dos amigos, Nicolas, que se tornou tenente romeno, simboliza — na nova Romênia, que, depois da Primeira Guerra Mundial, anexou a Transilvânia — não uma ruptura com a tradição, mas, pelo contrário, uma esperança de continuidade.

Também para Zillich, que escarnece do mesquinho e enfático culto aos germanos, o povo alemão é grande porque, ele escreve, não quer afirmar somente a si mesmo, como as pequenas estirpes que não vêem além do seu próprio círculo restrito, mas sim idéias e valores universais, "aquilo que é grande" e "aquilo que é justo para todos". Portanto ele é protagonista de uma "história mundial"; é o elemento que unifica e liga os povos da Europa Central e Oriental, de outra forma divididos e desconhecidos uns dos outros, assim como o alemão é, como foi o latim no mundo antigo, a língua comum e portanto universal, ao lado da qual devem florescer todas as línguas individuais dos outros povos, das quais todavia nenhuma atravessa os limites da própria estirpe. Essa perspectiva *gesamtdeutsch*, total-alemã, é uma faca de dois gumes: pode opor-se, nos anos do nacional-socialismo, ao bárbaro imperialismo racista deste em nome da universalidade, mas pode também fornecer-lhe instrumentos ideológicos e paixões que contribuem para o seu domínio.

Também Zillich oscila entre tons nacionalistas e acentos fraternamente supranacionais; no final do seu romance, Lutz, o saxão da Transilvânia, não emigra para a Alemanha mas fica no seu país e na nova pátria romena, porque — diz ele — a tarefa dos saxões é agora a de dar à Romênia aquilo que em outros tempos deram à Áustria e à Hungria. Esse é o seu ofício e o seu modo de ser alemães — uma tarefa árdua, porque é "difícil, infinitamente difícil ser um alemão no Leste".

Tão difícil que nem Viena nem Berlim o compreendem; os Habsburgo e os Hohenzollern traíram as suas sentinelas mais generosas. A relação da periferia com o centro é sempre difícil; quem vive numa fronteira, geográfica ou cultural, sente-se o autêntico depositário e intérprete da sua nação e sente-se incompreendido pelo resto dela, que lhe parece indigna desse nome. Se num conto de Erwin Wittstock a família Vogt, em Hermannstadt, conserva religiosamente em casa um retrato de Bismarck, no romance de Zillich, ao contrário, Bismarck é condenado como aquele que, para não se indispor com os húngaros, cinicamente abandonou os alemães do Leste. Vovó Anka, a quem menciono o assunto, livra-se dele simplesmente dizendo que aquele Bismarck devia ser por certo um judeu.

13. NA TORRE DO RELÓGIO

O túmulo de Octavián está em Sighişoara, a cidade que fascinava Enea Silvio Piccolomini, a pérola dos Siebenbürgen, a imponente e impenetrável "Nuremberg da Transilvânia". Com suas casas góticas e suas torres dedicadas às corporações — torre dos ferreiros, dos sapateiros, dos alfaiates, dos coureiros, dos artesãos de cobre — e com o silêncio das suas ruas encantadoras que sobem em direção à cidadela, Sighişoara — para os saxões Schässburg e para os húngaros Segesvár — relembra Praga, o mistério das suas pedras e das suas portas que se abrem para algum outro e secreto espaço, para um lado insuspeito das coisas. As esbeltas e agudas bandeirolas de ferro no alto das torres destacam-se firmes e intrépidas no céu e no vento, cavaleiros que esperam sem medo, na arena do torneio, um destino desconhecido. A cidade é toda paz e silêncio, mas se alguém levanta os olhos para aquelas bandeirolas espera um toque de clarins, o início de uma imprecisa e inelutável batalha.

A chacina e o horror não pouparam esta graça heráldica. Em 31 de março de 1785 o patrício Andreas Metz escrevia de Alba Julia a seu irmão Mihai, membro do senado de Sighişoara, comunicando-lhe com satisfação a notícia da execução de Horea e Cloşca, chefes da grande revolta camponesa de 1784, que apelava, na sua luta contra a escravidão, ao próprio imperador, o grande José II, e às suas promessas, e que o imperador teve que mandar sufocar tragicamente, embora os aliados das suas reformas fossem aqueles camponeses e não os nobres contra os quais eles se insurgiam. Com edificação de Johannes Andreas Metz, Cloşca morreu na roda, enquanto Horea, por intercessão do duque Jankovics, teve o privilégio de ser trespassado com dois golpes de sabre, antes de ser içado na roda. Os corpos foram depois esquartejados, os crânios colocados diante da porta de suas casas e os outros pedaços expostos nas ruas, "a fim de que servissem de advertência aos demais rebeldes valáquios".

Não acompanho vovó Anka ao cemitério, são coisas que devem ser resolvidas a dois, sem um terceiro incômodo; é ela que precisa entender-se com o seu tenente. Enquanto ela está com Octavián, subo a Torre do Relógio, que é do século XIV. Lá em cima, no quarto andar, está a engrenagem do relógio, com as figuras dos dias da semana, de cerca de um metro de altura e pintadas de várias cores, que à meia-noite se deslocam, ocupando cada uma o lugar que lhe corresponde e aparecendo segundo o seu turno. Estão atrás, ou melhor, dentro do mecanismo do relógio, roldanas e guinchos que movem os segundos, as ingênuas figuras de madeira vistosamente coloridas e todo o resto, mesmo os anos passados desde a última vez que vovó Anka viu Octavián. Como diz o capitão no *Woyzeck* de Büchner? "Meu Deus, se penso que num dia o mundo dá uma volta completa, num dia, compreendes, é uma coisa que te dá arrepios — todo este tempo que é perdido, jogado fora, com tanto desperdício... quando vejo o meu casaco pendurado na parede me dá vontade de chorar e o casaco está lá, pendurado..."

Do alto deste observatório, a vida inteira parece uma perda de tempo, uma máquina perecível. Como o relógio que a escande, a realidade é uma engrenagem, uma organização do estilicídio, cadeia de montagem que aponta sempre e somente para a fase sucessiva. Quem ama a vida deve talvez amar o seu jogo de encaixes, entusiasmar-se não só pela viagem para as ilhas longínquas, mas também pelos trâmites burocráticos relativos à renovação do passaporte. A persuasão, relutante à mobilização geral cotidiana, é amor por alguma outra coisa, que é mais que a vida e reluz somente na pausa, na interrupção, quando os mecanismos estão suspensos, o governo e o mundo estão em vacância no sentido forte de *vacare*, vazio, falta, ausência, e existe somente a alta e imóvel luz do verão. O mundo, como diz Borges, é real, mas por que precisa também encher tanto o saco? O que se queria, no fundo, é uma pretensão modesta, só poder matar de vez em quando as aulas, embora conservando o respeito para com os professores.

A figura da lua (segunda-feira) me dá as costas, mas domingo, *Sonntag*, o dia do sol (e do ouro, da riqueza, sugere o guia), mostra um largo rosto obtuso e rubicundo. Da janela, olho para baixo; vovó Anka, que voltou de sua visita, me faz laconicamente um sinal para descer. A cervejaria, que um passante nos sugeriu em dialeto alemão, é abastecida, apesar da crise alimentar romena, de apreciáveis salsichas.

14. NA BORDA DO SILÊNCIO

Bistriţa deve sua fama ao conde Drácula — não ao verdadeiro, Vlad, o empalador, de quem é mostrada a casa em Sighişoara, mas ao falso, ao vampiro do romance de Stoker, no qual a cidade, aliás, é mencionada com o nome alemão, Bistritz. Todavia estou mais protegido que Jonathan Harker, o protagonista de Stoker, porque vovó Anka é refratária a qualquer monstro da noite e em geral a qualquer um que queira incutir-lhe medo.

A relojoaria literária do romance de Stoker é perfeita e revela a sedução dos mecanismos. Além disso, coisa que suscita a curiosidade do viajante danubiano, o conde Drácula, no capítulo III, celebra os székely, sua estirpe huna de cavaleiros nômades da fronteira, postos durante séculos como guardas das fronteiras contra as invasões de magiares, longobardos, ávaros, búlgaros e turcos, todos nobres porque todos eram iguais no lombo de seus cavalos e ávidos de liberdade. Os székely, pelo menos desde tempos imemoriais, mal se distinguem dos magiares; em anos recentes o escritor húngaro György Kovács e a escritora romena Lúcia Demetrius os representaram nos seus romances. Uma coletânea das suas poesias populares, de 1863, intitula-se *Rosas selváticas*. Diante do vermelho daquelas rosas, o sangue esparramado tão freqüentemente nos filmes e nos livros sobre Drácula é água colorida.

O castelo de Drácula, como diz o romance de Stoker, é próximo da fronteira com a Bucovina, que hoje é território soviético. Em 1865 Ferdinand Kürnberger, mestre do *Feuilleton* vienense, esperava que dessas remotas e intactas províncias orientais do Império dos Habsburgo surgisse uma nova e vigorosa literatura, de língua alemã, porém nutrida de todas as civilizações daquele crisol austro-romeno-judaico-russo-ruteno. Os vinhedos virgens do Pruth deviam substituir, nas veias austríacas, o cansado e enojado vinho do Reno. Tal auspício se tornou realidade quando o Império, que suas terras orientais deviam renovar, não existia mais; Czernowitz, a capital da Bucovina, tornou-se um vital e plurinacional centro literário — com Izik Manger, Rezzori, Alfred Margul-Sperber, Rose Ausländer e muitos outros — depois de 1918. No *Arminho em Cernopol* Gregor von Rezzori, "apátrida" e "poliglota *homme à tout faire*" como os seus personagens, expressou com evasiva e melancólica poesia a fecunda ambigüidade daquela Babel, seu jogo irônico e inquietante do verdadeiro e do falso que trocam entre si os papéis.

Aquele mundo desapareceu e sua voz maior, Paul Celan, expressou a verdade absoluta daquele desaparecimento, da morte e do emudecer. A lírica de Celan é uma extrema poesia órfica, um canto que desce na noite e no reino dos mortos, que se dissolve no indistinto murmúrio vital e infringe todas as formas, lingüísticas e sociais, para encontrar a palavra mágica e secreta que abra a prisão da história. Na mais alta parábola da poesia moderna, o poeta quer ser um redentor, assumir sobre si o mal da existência e reencontrar os verdadeiros nomes das coisas, apagados pela falsa linguagem da comunicação. Na inextricável rede de mediações que envolvem o indivíduo, o poeta é uma criatura anômala que se recusa a construir para si uma cova nas dobras daquela rede e debate-se para rasgá-la e alcançar o fundo do ser, que ela esconde. Freqüentemente, como no caso de Hölderlin ou Rimbaud, a aventura é mortal, porque além da rede não há nada, e o poeta se precipita nesse nada.

Também Celan procurou este "fundo-não-fundo" da vida, como diz uma das suas últimas poesias, traduzidas para o italiano por Giuseppe Bevilacqua. Celan, que nasceu em 1920 em Czernowitz e que se suicidou em Paris em 1970, vive o holocausto judeu, no qual pereceram seus pais, como uma noite absoluta, que aniquila toda possibilidade de história e de vida verdadeira, e experimenta mais tarde a impossibilidade de radicar-se na civilização ocidental. Ele resume em si mesmo, como já foi dito, um século de poesia européia, nascida daquela laceração entre o indivíduo e a realidade, exprimindo também o naufrágio daqueles sonhos de resgatar o mundo e destruindo-se nessa representação do próprio martírio.

Sua poesia se debruça sobre a borda do silêncio, é uma palavra arrancada do mutismo e florescida do mutismo, da recusa e da impossibilidade da comunicação falsa e alienada; seus árduos versos são todos tecidos, nas mais ousadas formulações lexicais e sintáticas, com essas negações, com essas recusas em que se exprime a única possibilidade autêntica do sentimento.

Celan viveu sua laceração e o extermínio como um mal absoluto. Este último, certamente, não existe e Eric Weil prevenia com razão contra suas seduções de Medusa; mesmo a ação mais atroz é ligada por nexos históricos — isto é, relativos — à realidade global. Mas no instante em que é vivido, o mal é sentido como uma violência absoluta e também a reflexão, que procura compreender-lhe as causas e os motivos, não pode esquecer o instante em que se sofre com sofrimento total, se não quer desnaturar-se numa conciliação filistéia, que amortece a dor e impede a autêntica compreensão da tragédia.

Celan se coloca, com proximidade ardente e sem nenhuma tranqüilizadora mediação conceitual, do lado dos vencidos. Provavelmente ele é o último poeta órfico, um reformador religioso — como o define Bevilacqua — da poesia órfica, que a restitui a uma deslumbrante pureza originária, antes que ela se apague. Por um século, aquelas radicais negações lingüísticas e existenciais constituíram uma real resistência à alienação social. Agora elas não causam mais verdadeiramente escândalo, mas são procuradas como preciosos objetos de escândalo; quem hoje percorresse novamente aquele caminho, mesmo que com autenticidade pessoal, iria provavelmente, observa Tito Perlini, ao encontro de um destino patético e seria absorvido com facilidade pela engrenagem da comunicação alienada. Em Celan percebe-se também essa renúncia radical, o gesto de quem fecha uma tradição e a apaga juntamente consigo mesmo.

A condenação platônica da poesia é inaceitável, mas é necessário refazer sempre as contas com ela. A poesia que pede só a si mesma a própria salvação corre o risco de imitar, satisfeita, as contradições, as misérias e talvez as banalidades do estado de espírito pessoal, que segundo Platão excluem a procura do justo e do verdadeiro. Obviamente, ninguém pode hoje viver o problema como o vivia Platão, mas uma poesia que se nutre só de si mesma pode pecar contra a poesia; como as quadras e as cópias rimadas, também os farrapos de palavras tateantes na escuridão podem repetir-se e regenerar-se ao infinito pelo próprio tormento, tornando-se uma retórica, mesmo que dilacerada. O sacrifício de Celan é também o exorcismo desse perigo. A impossível persuasão o impeliu a calar e a desaparecer, após ter deixado, a eventuais contemporâneos ou pósteros, seu "manuscrito numa garrafa". Celan desapareceu na noite, nas águas do Sena em que procurou a morte. Um de seus versos diz: "Eu faço luz atrás de mim mesmo"; a poesia é esse resplendor que indica onde ele, com seus versos, desapareceu.

15. HIPÓTESES SOBRE UM SUICÍDIO

Uma pequena desilusão intelectual provocada por uma tentação de *art d'après l'art*. Em Bucovina viveu Robert Flinker, psiquiatra e escritor de inspiração kafkiana, autor — em alemão — de romances e contos sobre enigmáticos processos, culpas obscuras e tribunais misteriosos; apesar da evidente dívida para com Kafka, um narrador inquietante e pessoal. Flinker, judeu, vivera escondido, durante a ocupação hitleriana; suicidou-se em 1945, depois da libertação. Eu estava fascinado por este destino: imaginava um homem que resiste à ameaça da morte iminente, mas se encontra já inadaptado à liberdade ao fim do pesadelo, ou um homem que pôde suportar o nazismo como Mal, mas não o stalinismo como face da Libertação e, perturbado pela idéia de que a alternativa a Hitler seja Stálin, se mata.

Wolfgang Kraus me contou, no entanto, que Flinker se suicidou por amor, por uma paixão e uma desilusão sentimental vividas como um colegial. Desvanece-se assim o romance potencial sobre o romancista. Mas se, ao contrário, tivesse sido a mesma coisa? Quando se está cansado da vida, escolhe-se, para se libertar dela, também meios inconscientes e indiretos, o infarte, o câncer. E por que não uma infelicidade amorosa? Incapaz de passar rapidamente às conclusões e de suicidar-se tão logo identifica a liberdade com Stálin, Flinker teve talvez necessidade de um intermediário e assim encontrou uma moça qualquer, capaz de lhe dar aquele empurrãozinho que ainda lhe faltava.

16. SUBOTICA OU A POESIA DO FALSO

Regressamos a Bela Crkva dando uma longa volta que nos devolve à Hungria e de lá à Iugoslávia, a Subotica, porque vovó Anka decidiu que, se quero ter uma idéia dessas regiões, devo vê-la. Imprevisível e improvável, parece uma cidade de fascinantes falsificações e infrações. No início do século XIV, Gabriel Szemléni, escrivão secreto do rei Segismundo, entregou-lhe uma patente de franquia com tantos sinetes reais que foi mais tarde declarada falsa junto com outros documentos análogos, de maneira que o escrivão acabou na fogueira. Pouco antes de cair nas mãos dos turcos, no século XVI, Subotica foi por um breve período residência e domínio do pretenso czar Iova, o Aventureiro.

Declarada cidade livre por Maria Teresa, conserva a marca fazendária-melancólica do estilo teresiano, ao qual se sobrepôs, nos inícios do século XX, um desenfreado *liberty*. As casas berram com cores amarelas e azuis, tornam-se valvas de conchas, são atravessadas por decorações e ornamentos extravagantes, coroas que se parecem com abacaxis, anjinhos com enormes seios femininos, cariátides gigantescas e barbadas que na parte inferior transformam-se em leões, que por sua vez se dissolvem num ondular informe.

Uma sinagoga abandonada parece saída de uma Disneylândia, com suas grandes cúpulas transbordantes, as cores vistosas, falsas pontezinhas suspensas entre as janelas quebradas, degraus invadidos pela grama. A prefeitura é uma orgia de vitrais e de escadarias, de frisos heterogêneos; aqui o *liberty* abriu à vontade as suas torneiras. É uma concentração e uma superposição de elementos incompatíveis, como se cada um dos conselheiros municipais, após ter estado em Viena, em Veneza ou em Paris, tivesse copiado um pedaço do que tinha visto e como se a prefeitura fosse a soma desses pedaços. Broch, que denunciava no ecletismo estetizante da Viena do fim do século uma ausência de valores mascarada por lantejoulas, ou seja, o kitsch, acharia aqui um exemplo clamoroso desse kitsch. O falso parece ser a poesia de Subotica; na fantasia de Danilo Kĭs, seu fascinante narrador, o falso torna-se tanto a enorme falsificação da vida realizada pelo stalinismo quanto o desdobramento clandestino dos revolucionários que, para fugir ao poder, trocam, multiplicam, camuflam, perdem a sua identidade. Os personagens de *Um monumento fúnebre para Boris Davidović*, um dos mais significativos livros da atual literatura sérvia, são figuras de uma história universal que é toda uma galeria de falsários, vítimas e verdugos.

Não se sabe por que este kitsch se desencadeou justamente em Subotica. Na vizinha Sombor, o palácio do Comitê resume uma ordem composta e geométrica, a solidez de uma cidade em que todos se dedicavam ao estudo e ao projeto dos canais que ligavam o Danúbio a outros rios. Perto de Sombor, moravam os Schokatzi; em Subotica havia, por sua vez, os Bunjewatzi, que chegaram nos séculos precedentes da Herzegovina e dos quais um livro do fim do século diz que eles, ao contrário dos magiares que gostavam de mulheres redondinhas e rubicundas, preferiam as belezas pálidas e esbeltas. Próxima à divisa com a Hungria, Subotica é uma cidade de fronteira, vivaz e plurilíngüe; às vezes, por um momento, não se consegue lembrar, se se está na Iugoslávia ou na Hungria. Em Kidriceva Ulica, num tapume de metal erguido para obras de trânsito, um aproximativo e apaixonado poliglota escreveu: "Jai t'ame".

17. NOVI SAD E ARREDORES

De novo no próprio e verdadeiro Danúbio. Novi Sad era a "Atenas sérvia", um berço do ressurgimento cultural e político da Sérvia. Hoje é a capital da Vojvodina; as línguas oficialmente reconhecidas nas repartições públicas e no parlamento são cinco (sérvio, húngaro, eslovaco, romeno e ruteno), embora seja indubitável a supremacia sérvia, total no exército. A paisagem é lindíssima, o forte de Petrovaradin domina com suas memórias austríacas e otomanas o Danúbio, entre os bosques vizinhos da Fruška-Gora escondem-se os mosteiros ortodoxos, com seus ícones e sua paz antiga.

No mercado de Novi Sad também se vêem camponeses com o traje nacional eslovaco. Como Novi Sad, toda a Vojvodina exibe o seu caráter plurinacional, quase um concentrado dessa unidade-multiplicidade que em geral constitui a Iugoslávia e que as crises econômicas e os impulsos centrífugos das várias repúblicas de vez em quando parecem ameaçar. Nas entrevistas do citado programa televisivo, Jon Petrović, romeno que preside o departamento para a autogestão cultural de Zitište, afirma que quando vai à Romênia se sente em um país estrangeiro. Bački Petrovac é um centro dos eslovacos, que têm florescentes tradições culturais; depois do cisma de Tito em 1948, alguns desses eslovacos tiveram graves aborrecimentos porque eram suspeitos de nutrirem simpatia pela Tchecoslováquia stalinista; outros, que se haviam transferido para a Eslováquia, foram maltratados por suspeita de titoísmo. Na televisão, seu bispo Joraj Struharik mostra o nariz vermelho e verrugoso de quem aprecia saudavelmente a cerveja e as salsichas. Os rutenos ou russianos distinguem-se obstinadamente de eslovacos e de ucranianos, procurando na cultura — como diz o seu expoente Julijan Rac — a sua identidade.

Igualmente e mais do que os eslovacos, os húngaros têm jornais, revistas, editoras, uma vivaz literatura autóctone. Há poucos anos morreu Erwin Sinkó, grande figura de Novi Sad, que, exilado em Moscou depois de ter participado da república de

Béla Kun, relembrou nas suas memórias, *Romance de um romance*, a dificuldade de publicar, na Moscou dos expurgos stalinistas, seu romance *Os otimistas*, um afresco de 1200 páginas dedicado à revolução húngara de 1919, e relembrou sobretudo os terríveis anos stalinistas. O *Romance de um romance* é um testemunho notável, é a história de um escritor que acredita não ter escrito para ninguém, pois tanto seu livro quanto seu diário parecem condenados a permanecer sempre inéditos e o autor vive o drama de uma obra sem destinatário, o fantasma de uma escritura que parece absorver a vida mas sem objetivo nem saída.

Na Moscou stalinista Sinkó vive, além disso — à sombra dos processos, dos expurgos e das perseguições —, a própria condição de "oportunista objetivo", porque ele não é de modo algum propenso à cumplicidade por egoísmo pessoal, embora, vendo a infâmia da tirania, aceita objetivamente a sua chantagem, está convencido de que na luta antifascista não é possível naquele momento opor-se ao regime stalinista e enfraquecê-lo, se bem que compreenda que nessa convicção se baseia a lei do silêncio que sustenta o terror.

Numa esplêndida página, a 18 de março de 1936, ele anota uma conversa entre Gorki e Malraux, em visita à URSS. É um instantâneo fulminante da obtusidade, da qual ninguém está a salvo. O discurso entre os dois versa sobre Dostoiévski; Gorki liquida-o como um teólogo pregador, enquanto Malraux, embora dizendo que o Dostoiévski das grandes perguntas sobre o mundo envelheceu, observa, bondade sua, que existe um Dostoiévski válido, voltado para a solidariedade e o futuro.

Nenhum dos leitores mais simples e ingênuos, que em todo o mundo liam Dostoiévski em péssimas traduções e em edições descuidadas, já disse bobagens semelhantes. *Spiritus inflat ubi vult*; naquele momento Gorki e Malraux, dois escritores de primeira linha, detêm um primado negativo: não há ninguém que entenda menos de literatura do que eles. Nenhuma ameaça os coagia ou justificava; Stálin não os teria mandado para a Sibéria se não tivessem falado de Dostoiévski. A movê-los havia talvez uma baixeza maior, um obscuro desejo de conivência, de sobressair, de dar o *lá* e o tom ao debate cultural. Podem dizer que alcançaram seu objetivo, um invejável recorde.

Em Vojvodina não faltam os zíngaros, os "Romi", que não são só violinistas, mas também filólogos, como Trifun Dimić autor de um vocabulário zíngaro — em Sibiu, na Romênia, têm, aliás, ainda um chefe que dirime, pelo menos em primeira instância, as suas contendas segundo o antigo direito tribal. Nos questionários oficiais da Vojvodina aumenta o número daqueles que se declaram, quanto à nacionalidade, simplesmente "iugoslavos". Um italiano que vive em Novi Sad diz, porém, sentir-se como o tenente Drogo no *Deserto dos tártaros*, afundado na entorpecedora espera de algo que não vem.

18. HOMENS DA FRONTEIRA

Vovó Anka não fala com prazer dos *Grenzer*, dos lendários e irregulares soldados da Fronteira Militar; esta foi dissolvida por Francisco José cerca de vinte anos antes de ela nascer, mas parece que, pouco antes, sua avó tinha tido um caso com um tschaikista e tinha provocado, no pequeno mundo de Bela Crkva em que certamente não era fácil esconder segredos e escândalos, uma embaraçosa desonra. Os tschaikistas — assim chamados por causa de suas pequenas e rápidas embarcações que, armadas e imprevisíveis, percorriam o Danúbio, as *tschaikas* — eram pilotos e soldados do rio, na maioria sérvios. Suas flotilhas, destinadas à guerra contra os turcos, haviam sido integradas na Fronteira Militar, instituída regularmente também no Banato, com suas *Tschardakas* ou postos de guarda, no século XVIII. A Fronteira Militar, essa longa faixa autônoma que se estendia por mil quilômetros, em defesa do Império, desde Carniola aos Bálcãs, era a alma da união danubiana, um *limes* sólido como o romano e nômade como as populações migratórias que, em ondas, nela confluíam, fugindo dos turcos e dos senhores feudais. Nascida na Estíria e em Carniola no século XVI, a Fronteira se desenrolara a leste e no sul como uma serpente, móvel muralha que se alongava com o crescer das armas imperiais.

A Fronteira tinha um status autônomo, compreendia numa única comunidade os soldados e suas famílias, obedientes a seu Knez ou Voivoda e ao imperador distante e invisível, mas não sujeitos a nenhum magnata e a nenhum senhor feudal. Ao longo dos seus mil quilômetros, ela compreendia povos diversos, vênedos, alemães, ilírios, valáquios, mas sua nacionalidade era compósita e indefinida. Os *Grenzer* eram em grande parte, sobretudo inicialmente, croatas, mas esse termo por sua vez abarcava as mais variadas estirpes; um componente muito relevante era constituído pelos sérvios, que viviam na *Zadruga*, a indivisa comunidade familiar de bens e de sangue, a unidade indistinta de vínculos, afetos e propriedades. Os *Grenzer* defendiam o Império das incursões e dos assaltos turcos, mas para as suas fileiras acorriam aventureiros errantes pouco diferentes dos bandoleiros, heiduques e uscocos, e acorriam sobretudo camponeses, que se subtraíam à escravidão feudal.

Os grandes magnatas odiavam esses livres soldados independentes do seu poder e se queixavam mais da sua autonomia que das incursões turcas, mas os *Grenzer* não se deixavam intimidar por eles, como não temiam a Meia-Lua. Em um conto de Heinrich Zillich narra-se como os *Grenzer* surram até sangrar um arrogante barão húngaro, cuja propriedade confina com seu território, e como eles, para evitar aborrecimentos jurídicos — já que a disputa se desenvolve justamente na linha de demarcação e é difícil saber que direito deve prevalecer, se o feudal ou a lei autônoma do seu território —, deitam o barão num banco atravessado sobre a linha de demarcação pagando-lhe o tributo nas mãos que se acham na sua propriedade e açoitando-o no traseiro que se acha na Fronteira.

A história da Fronteira, que era também cordão sanitário contra a peste, é, ao longo dos séculos, história de desordem mas também de disciplina, do férreo liame que unia esses povos, cuja pátria era uma terra de ninguém entre as pátrias alheias; é uma história de ferocidade, de castigos bárbaros e cruéis, de fidelidade, de coragem, de duríssimo esforço, de selvagem vitalidade, de fanfarronadas guerreiras, como a história dos dois Panduros enviados para escoltar um batalhão imperial de quinhentos soldados, a fim de que ninguém o seqüestrasse. É sobretudo uma história de orgulhosa autonomia, de ciumenta tutela da própria independência contra toda autoridade externa. Quando, em 1871 e definitivamente em 1881, um decreto imperial dissolveu a plurissecular Fronteira Militar, colocando-a sob a administração húngara, os *Grenzer* sentiram-se traídos. Svetozar Miletić, o rei sem coroa dos sérvios da Hungria, denunciou publicamente Francisco José e Mihajlo Pupin lembrava como seu pai, velho *Grenzer* sérvio, lhe dizia: "Você nunca será um soldado do exército do imperador. O imperador faltou com a palavra, ele é um traidor para os homens da Fronteira".

O atrevimento do tschaikista que deixou uma inconveniente recordação na família de vovó Anka é portanto talvez uma das últimas gestas dos homens da Fronteira. Como muitos daqueles que entregam a sua vida à fidelidade a uma causa ou a uma bandeira, eles também foram traídos pela sua bandeira. O grande mito austríaco do fiel servidor do seu senhor ensina que o servidor é fiel, mas o senhor freqüentemente o trai.

19. UM STALINISTA WERTHERIANO

Como é fácil imaginar, Bela Crkva tem sua literatura de qualidade. Cada nacionalidade pode ufanar-se da própria cultura, e os sérvios, por exemplo, se sentem justamente orgulhosos de um jurista — e ministro da Justiça — como Gliša Gersić, mestre de direito público e direito internacional, estudioso de direito romano e direito de guerra, autor de uma obra fundamental sobre aspectos jurídicos da crise balcânica, de 1909. A deformação profissional, respaldada pela modéstia dos conhecimentos lingüísticos, leva-me, obviamente, a interessar-me em particular pela literatura em língua alemã (não eram poucos os alemães, em Bela Crkva: em 1910 eram 6062, em confronto com 1213 húngaros, 1994 sérvios, 42 eslovacos, 1806 romenos, três rutenos, 29 croatas, 312 tchecos, 42 ciganos, 1343 soldados aquartelados na guarnição e provenientes de zonas diversas e 29 fichados como "outros"; 250 eram "de religião judaica". De 11 524, 8651 sabiam ler e escrever).

A literatura alemã de Bela Crkva era, ao que parece, uma atividade prevalentemente feminina, exercida pelas senhoras e senhoritas da boa sociedade; "também entre as filhas dos oficiais", diz a volumosa história da literatura austríaca de Nagl-Zeidler-Castle no capítulo dedicado ao Banato, "existem talentos poéticos". Também uma das mais recentes vozes líricas nostalgicamente voltadas para a cidadezinha é a de uma mulher, Hilda Merkl. A poetisa por antonomásia de Bela Crkva é todavia Marie Eugenie delle Grazie, flébil e solitário rouxinol da "pequena cidade branca" no Banato. Nascida em Bela Crkva em 1864, a introvertida e neurótica escritora exaltou a sua pequena pátria, o ferroviário que anunciava o nome da estação nas várias línguas, a confeitaria Turoczi tão cobiçada na sua infância, o carrancudo senhor Bositsch, proprietário da drogaria Der Schwarze Hund, O Cachorro Preto, a belíssima sra. Radulovitsch, sérvia, que passava de carruagem no meio da admiração geral, os heiduques a cavalo, os janízaros sepultados na colina, o gelo do Danúbio que se quebrava na primavera — descrito também por vovó Anka, e com bem maior intensidade expressiva — e as cegonhas que chegavam das terras do Nilo.

No seu romance *Filha do Danúbio* a autora retrata-se na figura de Nelly, como ela apaixonada por sua terra e destinada a uma fechada e quase patológica solidão, expressão de uma orgulhosa mas infeliz emancipação feminina; no conto "A cigana", escrito em 1885, fala uma antiga dor errante, a pena de um povo cujos sofrimentos não suscitam a piedade nem o interesse de ninguém, e que tem somente o violino para contar a sua sorte desolada.

O último — provavelmente — escritor alemão de Bela Crkva, Andreas A. Lillin, morreu há poucos meses. Stalinista convicto, ele era, obviamente, um narrador afeito às epopéias, um expoente clássico do realismo socialista. O seu romance *Lá onde se mói o trigo* é um robusto e arrebatado afresco da vida rural, um hino à edificação da sociedade comunista e ao Espírito do Mundo que, mesmo quando aparece nas vestes do Plano Qüinqüenal, opera sempre para o bem dos indivíduos, ainda que eles não saibam disso ou até tenham a impressão de serem maltratados.

Infelizmente os tempos mudam, as certezas caem e a vida dos ortodoxos, no rápido transcorrer das coisas e das perspectivas, torna-se sempre mais precária e melancólica. Guardião da totalidade, Andreas A. Lillin viu-se cada vez mais só, o único ou um entre os pouquíssimos a defender a monolítica unidade do sistema e da ideologia que mantém o mundo compacto. Em volta dele a realidade e os homens mudavam, a Iugoslávia de Tito se separava do Cominform, a Romênia, onde ele vivia, escolhia o seu caminho nacional para o socialismo, a própria União Soviética punha em discussão o stalinismo, os comunistas do mundo inteiro tomavam novos rumos e ninguém jurava mais que a arte de vanguarda era decadência burguesa e que todos deviam escrever somente romances como *O Don silencioso*.

Como muitos rígidos guardiães de uma verdade imutável, Andreas A. Lillin — me diz Joachim Wittstock — era intimamente frágil e sensível, um Werther stalinista, uma bela alma que procurava abrigo para a própria vulnerabilidade sentimental na couraça de uma fé inabalável. Sofria, como todos, pelo mundo que muda, pelas verdades que passam, pelos rostos amados que se afastam, pelo inumerável perder-se das coisas; procurava impor ao indistinto e fugaz fervilhar da existência um rosto imutável, uma ordem tranqüilizadora. Quanto mais o mundo em torno dele mudava e se fazia estranho, mais ele se isolava numa obstinada solidão, patética e dolorosa mesmo que aparentemente rígida e inflexível. Seu último livro, *Os nossos queridos parentes*, é uma obra escrita — em 1983 — contra a tendência dos alemães da Romênia a se expatriar no Ocidente, um pesado romance declamatório que quer apresentar esse trágico êxodo como um sinistro estratagema tramado pelos capitalistas.

Lillin morreu isolado e esquecido, peça mínima desse mosaico que é o agonizante germanismo do Banato. Um mosaico, aliás, freqüentemente paradoxal: Milleker, curador do Museu Cívico de Vršać, em um estudo de 1941 sobre a antiga simbologia da suástica, escrevia que o nome desta (que se podia encontrar no Banato 6 mil anos atrás), era uma palavra eslava e acrescentava que os nazistas não poderiam ter escolhido um signo mais nobre do que este antiqüíssimo "símbolo de amor". Vovó Anka, que fala muito bem o alemão, me diz que, na sua casa, se falava em alemão com os cachorros, mas exclui categoricamente, admiradora como é do dr. Kremling, líder do Partido Popular Alemão da Hungria, que isso tivesse um significado de desprezo.

20. UMA SAGA BELGRADINA

Stanislav Jerzy Lec, o humorista polonês, olhando certa vez de Pančevo a margem direita do Danúbio, na direção de Belgrado e da fortaleza do Kalemegdan, disse que ali onde ele se encontrava, na margem esquerda, sentia-se ainda em casa, dentro das fronteiras da sua velha monarquia habsbúrgica, e que do outro lado do rio começava para ele o exterior, a terra estrangeira. O Danúbio era de fato fronteira entre o Império Austro-Húngaro e o reino da Sérvia; em 1903 um tio de vovó Anka, soldado da guarda do rei Alexandre Obrenović, poucas horas antes do atentado contra o soberano, a quem ele, que tinha ouvido rumores do atentado, não ousava opor-se nem aderir, despiu o uniforme, jogou-se no Danúbio, foi recolhido um pouco mais abaixo pelos guardas aduaneiros húngaros e viveu o resto da vida, desertor sérvio condenado à morte, em Bela Crkva, sob a proteção da águia bicéfala.

Andreij Kuśniewicz, o narrador polonês que nos seus romances evocou com poesia engajada e espectral o esfacelamento da dupla monarquia, recorda essas palavras identificando-se com a perspectiva sentimental e fantástica do seu colega e compatriota; também ele se debruça sobre aquela fronteira perdida, que para ele é ainda a fronteira do seu mundo: Belgrado, para Lec e para Kuśniewicz, está do outro lado.

É difícil dizer onde e de que lado está Belgrado, compreender a identidade proteiforme e a extraordinária vitalidade desta inacreditável cidade que foi tantas vezes destruída e que tantas vezes ressurgiu, apagando as marcas do seu passado. Belgrado foi grande em muitas épocas, mas cada fase da sua grandeza, escreve Pedia Milosavljević numa declaração de amor à capital camaleônica, "*a disparu avec une rapidité stupéfiante*". A história, o passado de Belgrado vivem não tanto nos poucos monumentos remanescentes, mas no seu substrato invisível, épocas e civilizações caídas como folhas esmigalhadas na terra, húmus múltiplo, estratificado e fecundo no qual afunda as suas raízes esta cidade plural, que se renova incessantemente e que sua literatura freqüentemente representou como forja de metamorfoses.

Em Belgrado um neto do Império danubiano deveria sentir-se dentro das próprias fronteiras da alma, em casa. Se a Eslovênia é hoje a mais autêntica paisagem habsbúrgica, a Iugoslávia — e por ela a sua capital, que mantém seu difícil e centrífugo equilíbrio — é a herdeira da águia bicéfala, do seu Estado supranacional e compósito, da sua função intermediária e mediadora entre Leste e Oeste, entre mundos e blocos políticos diversos ou contrapostos. A Iugoslávia é um Estado realmente plurinacional, ou seja, constituído por uma plurinacionalidade irredutível a uma dimensão unívoca ou predominante; como o termo "austríaco", talvez também o "iugoslavo" seja musilianamente imaginário, indique antes a força abstrata de uma idéia que a acidental concretude de uma realidade e seja o resultado de uma subtração, o elemento que permanece uma vez extraídas as nacionalidades isoladas, comum a cada uma delas e não idêntico a nenhuma.

O marechal Tito acabou por assemelhar-se cada vez mais a Francisco José, e não certamente por ter militado sob as suas bandeiras na Primeira Guerra Mundial, mas sim pela consciência e pelo desejo de recolher dele uma herança — e uma *leadership* — supranacional danubiana. Mas também, e mesmo sobretudo, Djilas, o grande herege do regime titoísta, tornou-se um representante quase oficial da velha Mitteleuropa, uma das vozes mais categorizadas e quase míticas da sua redescoberta, da sua nova proposta político-cultural e talvez também da sua conciliadora idealização. À semelhança do habsbúrgico, o mosaico iugoslavo é hoje ao mesmo tempo imponente e precário, exerce um papel bastante relevante na política internacional e tende a frear e a suprimir seus próprios impulsos dissolventes internos; sua solidez é necessária para o equilíbrio europeu e sua eventual desagregação seria ruinosa para este último, como a da dúplice monarquia o foi para o mundo de ontem.

Belgrado se subtrai ao retrato, suas metamorfoses se deixam viver ou evocar mais que descrever. Momo Kapor, escritor iugoslavo de cinqüenta anos, narrou num romance de 1974, *Foliranti*, a saga da rua Knez-Mihailova, a mais bela e épica rua da capital, e da desbaratada geração que, entre os anos 1950 e 1970, perdeu sua juventude e sua vida no vórtice da velha Belgrado que desaparece, e da nova, aliás, das novas e efêmeras Belgrados que nascem, fascinam e desaparecem por sua vez nos ritmos sempre mais velozes da história e da sociedade. Seus *foliranti* — ou seja, simuladores — são reabsorvidos pelas promessas que a vida faz relampejar no teatro do mundo da rua Knez-Mihailova, entre residuais rigidezes ideológicas e lantejoulas do bem-estar ocidental, tormentosas verdades e postiças seduções do sentimento, silenciada crise do socialismo e mitos de celulóide. Com seu livro, Kapor escreveu uma mínima *Educação sentimental* das esperanças e dos sonhos do pós-guerra, em um país que é uma patrulha avançada e algumas vezes extraviada do Terceiro Mundo: Belgrado é o cenário deste torneio das desilusões, mas também da vida que se renova através delas e do estupor que o seu empalidecer — como o passo majestoso de Mima Laševski, a modelo da rua Knez-Mihailova — deixa atrás de si.

21. NAS PORTAS DE FERRO

O hidroavião para as Portas de Ferro sai de Belgrado, junto à confluência do Sava no Danúbio. Enquanto se prepara, vovó Anka me mostra, com um gesto, um ponto da cidade no qual, durante o bombardeio alemão de 6 de abril de 1941, ela ficou um dia debaixo dos escombros junto com seu segundo marido, ilesa naturalmente, aliás, ilesos ambos. O sol surge sobre o rio, transforma as ondas e a neblina em um revérbero deslumbrante. Descemos velozes o Danúbio, ao longo das costas onde a lápide de Trajano lembra as campanhas contra os dácios do rei Decébalo, sobre águas que, antes da recente construção da grande represa e da grande central hidrelétrica de Djerdap, na fronteira iugoslavo-romena e nas proximidades da búlgara, estavam cheias de insídias, de vórtices e de perigos. A gigantesca obra, que produz uma grande quantidade de energia, modificou a paisagem e apagou muitos vestígios do passado; até há poucos anos, por exemplo, havia ainda no Danúbio a ilha de Ada Kaleh, com sua população turca, seus cafés e sua mesquita, mas agora Ada Kaleh desapareceu, e, submersa pelo rio, pertence ao tempo lento e encantado do fundo das águas, como a mítica Vinheta do Báltico.

Nas Portas de Ferro, o general romano Caio Escribónio Curião, em 74 a.C., dizia que lhe repugnava adentrar-se nas sombrias florestas além do Danúbio — como se ele, representante de uma civilização ordenada e conquistadora, sentisse uma obscura repulsa diante daquela múltipla estratificação de povos e culturas, misturadas e indistintas, testemunhada ainda hoje por aquilo que aflora nas escavações de Turnu-Severin. Passeio pela central elétrica, misturando-me às turmas de estudantes em visita pedagógica. A central tem uma inexorável grandiosidade, sugere um epos ameaçador e heróico; o documentário cinematográfico que nos projetam conta sua construção e mostra titânicos blocos de pedra jogados no rio, o abrir-se e o rasgar-se das águas, o avançar irreprimível das enormes rodas de caminhão. Habituados à contínua crítica ao progresso e preocupados com os desequilíbrios ecológicos, nos sentimos surpreendidos diante desta saga de plano qüinqüenal, destas imagens do triunfo da racionalização e da técnica sobre a natureza e nos perguntamos se aquelas águas aprisionadas pelo cimento estão domadas ou somente reprimidas e sombriamente prontas a vingar-se.

Mas esta épica, que lembra os aquedutos romanos, as estradas abertas por Tamerlão entre as montanhas ou os elefantes de Kipling, tem uma grandeza própria e uma poesia suprapessoal, que a angustiada e certamente compreensível contestação da técnica, da qual é permeada nossa cultura, não nos permite advertir. Talvez fosse necessário olhar estas pirâmides modernas sem ênfase progressista e sem terror apocalíptico, dando a cada um o seu, como Kipling que nos *Construtores de pontes* faz falar imparcialmente os engenheiros britânicos e os deuses indianos, celebrando e ao mesmo tempo relativizando as fadigas de Hércules do progresso. O filme, embora esplêndido e incisivo, não é isento de uma implícita retórica de regime, neutralizada contudo pelos alunos que, inutilmente repreendidos pelas bonitas e tolerantes professoras, jogam petardos na escuridão da sala de projeção e trocam sopapos, restabelecendo o equilíbrio entre a seriedade do trabalho e a impertinência da vida.

Sem o barulho desrespeitoso daqueles meninos, eu teria provavelmente apreciado menos aquele *pathos* ciclópico. Um ônibus nos leva a Kladovo, na fronteira búlgara. A geografia, para um ocidental ignorante, se faz cada vez mais vaga. Felix Hartlaub, o escritor alemão que deixou interessantíssimos cadernos escritos "no olho do furacão", ou seja, nos comandos militares da *Wehrmacht*, observava — quando fora mandado para aquela "selva sul-oriental" — que depois de Belgrado começava, na sua mente, uma neblina confusa, que lhe tornava vagas e imprecisas as terras balcânicas onde se encontrava, e se perguntava onde estava. Eu também, esperando o ônibus em Kladovo, me pergunto onde estou.

VIII.
UMA CARTOGRAFIA INCERTA

1. ILS MÉPRISENT LES TURCS

Em 1860, Guillaume Lejean, cientista e viajante francês, subia o Nilo Branco, até Gondokoro, e o Nilo Azul, desenhando, como dizem as enciclopédias, um dos primeiros mapas confiáveis desse rio. Entre 1857 e 1870, ele percorrera a península balcânica, preparando um importante material cartográfico em 49 grandes folhas, vinte das quais completas e acabadas. Mas seu amigo e colega vienense Felix Philipp Kanitz lamentava, viajando pela Bulgária em 1875, que os mapas daquele país fossem inexatos e inverossímeis e registrassem, para quem explorava os territórios próximos do Danúbio, localidades imaginárias, sem, por outro lado, assinalar as existentes, e concordava com o prof. Kiepert, que proclamava a Bulgária o país mais desconhecido da Europa Oriental. Outros cartógrafos inventavam cidades ou as deslocavam por centenas de quilômetros, desviavam em seus mapas os cursos dos rios e lhes atribuíam embocaduras arbitrárias. Kanitz corrigia os meritórios mapas de Lejean, menos exatos que os do Nilo, e podia, pois, definir a Bulgária como "uma terra absolutamente incógnita"; o Danúbio era menos conhecido que o Nilo, e dos povos do seu curso inferior, insistia o prof. Hyrtl, sabia-se menos do que se sabia sobre as ilhas dos Mares do Sul.

A cartografia alcançou sem dúvida progressos definitivos, mas a Bulgária, entre todos os países do Leste, continua sendo ainda hoje o mais ignorado, um lugar onde raramente alguém põe os pés e que aparece sob as luzes da ribalta como cenário de intrigas improváveis e não verificáveis, fantasiosas pistas de complôs sensacionalistas, desmentidas acusações de genocídio, entrevistas concedidas por expoentes da minoria turca dados como assassinados na imprensa internacional. Os comunistas ocidentais, quando sabem que alguém — especialmente se não inscrito no partido — esteve na Bulgária, apressam-se a demonstrar uma irônica e distante comiseração e sobretudo a estranhar suas impressões positivas.

Os búlgaros fazem tudo para acentuar estas últimas, e sua hospitalidade, generosa e cordial como poucas outras, é também uma festiva doutrinação, um curso de história, de literatura e de civilização que infunde nos estrangeiros o conhecimento e o amor de seu país. Kitanka, nossa intérprete, é uma moça viva e festeira, que ama a *rakia*, ótima aguardente, e a madrugada, e ilustra a grandeza de seu país coagindo amável e inexoravelmente o hóspede a comprová-la em toda parte com a naturalidade e a paixão de quem convida a admirar um belo dia.

O viajante não está acostumado a esse amor sem reservas pelo próprio país; uma pontinha de autodesmistificação, quase em todo lugar, é uma convenção que todos consideram seu dever exibir. A zombeteira autocrítica, independente dos motivos que possam ou não justificá-la, não é privilégio da decadência do Ocidente; também na Hungria ou na Romênia quem representa as instituições oficiais sente-se obrigado a ostentar uma pitada de dissensão. A contestação, para além das razões político-sociais concretas, é, em primeiro lugar, acima de qualquer fronteira, dissidência em confronto com a realidade. Dos exercícios para o desfile de 1º de maio aos restaurantes e lanchonetes bem abastecidos e superlotados, a Bulgária sugere, ao contrário, um caráter épico sangüíneo, jovens recrutas bem controlados, prontos a fazer algazarra no dormitório mas afeiçoados à caserna e à bandeira.

Em Vidin, Kitanka discorre com desenvoltura sobre a velha fortaleza de Baba Vida, romana, búlgara e depois turca, mas acha provavelmente excessivo o interesse pela mesquita de Osman Pazvantoglu, com sua ponta em forma de coração no lugar da Meia-Lua. Entre o fim do século XVIII e o início do XIX, Osman, o poderoso paxá de Vidin, que tornara sua cidade mais esplêndida mas também mais moderna e mais européia, rebelou-se contra o sultão Selim III, substituindo a Meia-Lua por seu próprio símbolo, em forma de coração. Aquela rebelião, que revive no romance *Crônica de uma época inquieta* de Vera Mutafčieva, publicado em 1966, é também um paradoxo: o paxá, não certamente retrógrado, insurge-se contra o sultão esclarecido, promotor de reformas progressistas, e se põe à frente dos janízaros, que Selim III dissolvera; mas convoca a lutar sob suas bandeiras os cristãos, os camponeses búlgaros oprimidos pela Sublime Porta, e os Kardzălij, rebeldes e bandidos que naquelas circunstâncias se tornavam, no mito e na realidade, combatentes antiturcos.

Aquela dissensão interna dos otomanos não comove Kitanka, que confirma a observação de Lamartine a propósito dos búlgaros, escrita durante sua estada, em 1833, na encantadora Plovdiv, povoada também por turcos, gregos e armênios: "*Ils méprisent et haissent les Turcs*", escrevia ele. Tais paixões são ainda intensas, o rancor é recente; a Bulgária não celebra tanto a edificação do socialismo quanto o renascimento, ou seja, o ressurgimento nacional, e a própria fraternidade búlgaro-russa funda-se principalmente na luta pela libertação do jugo turco, no século XIX.

Cada campo de batalha e cada episódio são ilustrados com entusiasmo, até nos mínimos detalhes; lindas moças, instruídas e fervorosas, comentam diante de seus alunos cada trincheira, cada carga do assédio de Pleven, reproduzido num Panorama circular; no monumento que se eleva no alto de Šipka em memória do choque decisivo, sempre há flores recém-colhidas, como em Mohács. As mesquitas e os minaretes, que se perfilam numerosos nas imagens das cidades do fim do século, estão quase desaparecidos, ruínas calcinadas diante das quais se passa rapidamente, ou figuras irreais e isoladas, que confirmam a antiga impressão de Boscovitch, o astrônomo e matemático de Ragusa que fundou o observatório de Brera, o qual já em 1762 ficara impressionado com a caducidade dos vestígios otomanos.

Os turcos, na Bulgária, são — na medida em que é possível calcular-lhes o número — cerca de 700 mil, mas a tese oficial nega-lhes a existência: trata-se, segundo essa tese, de búlgaros islamizados — os Pomaks, dizia-se outrora — aos quais se impõe agora assumir um sobrenome búlgaro. Todos os dias as *Nouvelles de Sofia* publicam entrevistas de turcos, ou melhor, búlgaros islamizados, que segundo a Anistia Internacional ou os jornais de Ankara, desapareceram misteriosamente e que, de acordo com as autoridades do país, estão, pelo contrário, vivos e vigorosos: hoje é a vez de Damjan Christov, diretor de uma agência de automóveis e tratores em Antonovo, que responde com um largo sorriso às perguntas sobre seu desaparecimento.

Certamente os cinco séculos de jugo otomano foram terríveis chacinas e saques, cabeças cortadas e exploração indolente; os maravilhosos ícones guardados em Sofia na cripta da igreja Aleksandâr Nevski, que datam da grande época do Império búlgaro, mostram em sua intensidade artística e religiosa como era alta e nobre a civilização que os otomanos arrasaram no fim do século XIV e mantiveram submersa durante quinhentos anos. No século XIX os búlgaros, antes mesmo que pudessem tentar ressurgir, precisavam compenetrar-se de que existiam, precisavam redescobrir e reencontrar a própria identidade, como Aprilov, que se considerava grego — sob a influência desnacionalizante da cultura e da igreja gregas, aliada dos otomanos — e se reconheceu búlgaro ao ler o livro *Os búlgaros de ontem e de hoje*, publicado em 1829 pelo pesquisador ucraniano Venelin. O livro tem um papel da maior importância na identidade búlgara; foi um livro, a *História eslavo-búlgara*, de Paisij de Hilendar, escrito e infinitas vezes recopiado à mão, que em 1762 marcou o reaparecimento dessa identidade, após séculos de silêncio.

A resistência secular dos búlgaros submersos é uma prova extraordinária de civilização. Mas cada povo traz na memória as violências sofridas por obra de outros, e se os turcos cometeram na Bulgária atos como o massacre de Batak de 1876, não foram presumivelmente mais brandos nos outros territórios do seu domínio. Por que, mais além dessas fronteiras, o rancor se revela mais duradouro? A razão não está, certamente, no caráter búlgaro, generoso e hospitaleiro. Kitanka resolve o problema dizendo que na Bulgária não existem turcos e não há portanto nenhuma minoria declinante e oprimida. O parecer dos interessados não conta; o escritor Anton Dončev, épico bardo do Ródope, conta uma briga que teve com um funcionário que morava nos arredores de Sumen, porque este teimava em proclamar-se turco, ao passo que, segundo Dončev, os documentos atestavam que ele descendia de Gêngis Khan. A distinção entre nacionalidade e cidadania parece estranha; quem vive na Bulgária é por força búlgaro. Quando cito o exemplo dos soviéticos tão admirados, povos diversos unidos num único Estado, a bela Kitanka cala-se, nada convencida.

2. AUTOBIOGRAFIA DE UM HEIDUQUE

Os rochedos de Belogradčik se fundem com os bastiões da velha fortaleza turca que recalca as remotas pedras romanas, dominam a paisagem como uma solitária ave de rapina — a áspera melancolia dos Bálcãs que sempre impressionou os viajantes sentimentais, o impenetrável pano de fundo das gestas de kardžalij e heiduques. A península Balcânica inteira é o teatro do heiduque rebelde, que aparece nos contos e nas canções húngaras, sérvias e romenas, mas sua pátria mais autêntica talvez seja a Bulgária, onde, durante o longo período da dominação otomana, ele quase se identifica com a tocha da liberdade nacional. Heiduques são cantados por Karavelov, o escritor da restauração, e por Christo Botev, o poeta revolucionário e mártir, o Petöfi de sua nação. Entre a indiferença dos Pomaks, os búlgaros islamizados, e a hostilidade dos Čobardži, os abastados não renegados mas favoráveis à dominação turca, os heiduques meio patriotas e meio bandidos, inimigos dos turcos com os quais todavia acabavam às vezes por se confundir, eram os eternos guerrilheiros, os senhores dos despenhadeiros e das gargantas das montanhas; cantores de aldeia, cronistas ou viajantes representam-nos como selvagens e indômitos, perseguidos inutilmente pelos zaptiè e pelos bašibozuk, as milícias turcas, e pelos Arnautas, os albaneses a serviço dos otomanos.

Georg Rosen, autor de obras sobre os heiduques e tradutor de sua poesia popular, perguntava-se se sua incessante guerrilha defendera a nação búlgara ou retardara seu desenvolvimento econômico, seus comércios e suas indústrias. A autobiografia de Panajot Hitov, talvez o mais interessante desses patriotas fora-da-lei, mostra, no vigor da vida vivida, a real resistência dos heiduques ao despotismo otomano e sua contribuição para a libertação da Bulgária.

O pano de fundo balcânico confere ao heiduque uma aura de pitoresco e também caótica e bárbara desordem, mas trata-se de uma convenção estereotipada. Balcânico é um adjetivo que pertence ao léxico da injúria; Arafat, por exemplo, acusou uma vez a Síria de visar "à balcanização do Líbano e de todo o Oriente Médio". Quem viu as ruas de Sarajevo e de seu bazar, polidas como um espelho, ou a esmerada ordem de Sofia, e as compara com cidades ou com Estados citados por antonomásia como modelos de civilização, tende a usar o termo "balcânico" como um cumprimento, assim como outros costumam dizer "escandinavo".

3. MANUSCRITOS NO DANÚBIO

Em Vidin, Petko Slavejkov, o primeiro autêntico poeta búlgaro moderno, caiu na água perdendo alguns manuscritos no Cibăr, um pequeno rio; outros papéis poéticos lhe foram acidentalmente arrebatados pelo Danúbio, ao qual, como a um benévolo deus do transcorrer e do esquecimento, cumpriria oferecer em sacrifício todo livro fluvial, do *opus* de Neweklowski, aos seus imitadores. Slavejkov dissipava magnânimo sua vida e sua obra, combatia em Šipka e acabava na prisão em Istambul, cantava a pátria, o amor e a desilusão; o displicente desaparecimento nos redemoinhos do Danúbio condiz com sua prodigalidade de si mesmo. A ironia das coisas teria sido perfeita se nas águas se tivessem perdido as poesias de seu filho Penčo Slavejkov, poeta nietzschiano e conseqüentemente poeta da vida, do devir que tudo arrasta.

Na segunda metade dos anos 1990 e no início do século a Bulgária, que pouco antes alcançara sua definição cartográfica, é ao mesmo tempo uma remota província e uma região da Europa em que circulam as vozes da grande crise européia ainda hoje inconclusa: Nietzsche, Stirner, Ibsen, Strindberg, os grandes arúspices do contemporâneo, que arrancam à realidade máscara após máscara e um fundo após outro, perseguindo a vida e descobrindo sua falta de fundamento. Tendo chegado ao status de nação depois das outras, a Bulgária vive ao mesmo tempo em épocas diversas: depois de 1945, conta Yana Markova, diretora da Sociedade "Jus Autor" e autoridade da vida cultural, havia ainda aldeias que nunca tinham visto um teatro e nas quais — exatamente como num capítulo famoso do romance nacional-popular búlgaro por excelência, *Sob o jugo* de Ivan Vazov, publicado em 1889 — os camponeses, após assistirem pela primeira vez na vida a um drama patriótico, festejavam o ator que personificava o heróico intelectual Levski enforcado pelos turcos e olhavam com raiva o que fazia o papel do malvado paxá. Pensando nos passos dados nos últimos quarenta anos pelo país, na sua prosperidade e na difusão da instrução, é difícil não admirar o socialismo que promoveu esses progressos.

Mas a Bulgária das aldeias que não conheciam o teatro, como convém aos domínios do Islã, era também o país dos inquietos intelectuais tolstoianos e nietzschianos representados por Emiljan Stanev no seu romance *Ivan Kondarev*, escrito entre 1958 e 1964. Stanev transportará o caráter nietzschiano, o rigor ético que persegue a vida indiferente à moral, para seus romances sobre a heresia bogomiliana, busca de pureza religiosa que, recusando toda tranqüilizadora mediação dogmática, acaba deparando com o insondável rio da vida, que corre para além do bem e do mal e se dissolve como água por entre os dedos quando se quer detê-la em seu puro e moral fluir.

Kitanka, como toda pessoa realmente vital, é pouco sensível à atormentada nostalgia da vitalidade, é orgulhosa de seu país e bebe tranqüilamente uma quantidade invejável de *rakia*, que não deixa nela nenhum sinal. Talvez sua robusta alegria seja uma herança do jugo otomano, como escreveu Vazov, um cantor da revolução contra aquele jugo; a opressão, escreve ele em seu romance-epopéia da Bulgária, tem o privilégio de tornar os povos alegres: onde a arena política está fechada, a sociedade procura consolação nos bens imediatos da vida, no vinho bebido sob as árvores, no amor, no procriar. "Os povos escravizados têm sua filosofia, que os reconcilia com a vida." Assim fala o grande Vazov, com palavras que deixariam provavelmente embaraçado o poder de seu país, que o venera como um nume tutelar. Mas o fascínio da Bulgária é certamente hoje também esse ar de reconciliação com a vida — graças a um outro jugo?

4. TÁRTAROS E CIRCASSIANOS

Sob as bandeiras rebeldes de Osman Pazvantoglu combatia também um sultão tártaro, mais tarde derrotado pelo paxá de Silistra. As margens do Danúbio recolhiam, levados pelas ondas migratórias que se sucediam nos milênios, os povos mais diversos, e Vidin era um beco sem saída da história. Havia lá ragusanos, albaneses, exilados curdos, drusos do Líbano que Kanitz lembra ter visto engaiolados como aves de rapina, ciganos, gregos, armênios, judeus espanhóis e sobretudo tártaros e circassianos. Os tártaros tinham chegado já antes, mas outros juntaram-se a eles nos anos 1860, numa espécie de escambo de povos. Se muitas famílias búlgaras russófilas tinham se deslocado, após as várias guerras russo-turcas, para a Bessarábia e a Criméia, a Sublime Porta acolheu e transferiu para a Bulgária, especialmente em 1861-2, tártaros e circassianos relutantes ao domínio do czar, numa odisséia trágica tanto para os recém-chegados como para os búlgaros que deviam ceder-lhes o lugar.

Na iconografia já canonizada, o tártaro, mesmo aos olhos dos búlgaros e dos viajantes bulgarófilos, é afável, laborioso, gentil, cortês; o circassiano é, ao contrário, selvagem, truculento, ladrão de cavalo, inapto para o trabalho, um feroz cão de guarda dos turcos. Num conto de Vazov, é uma bala do circassiano Džambalazat, negro e terrível como os campeões dos infiéis nos poemas cavalheirescos, que mata Christo Botev, o poeta-mártir da revolta búlgara. A proverbial beleza das mulheres circassianas não é negada pelos bulgarófilos, mas aparece numa luz de sensualidade excitante e quase degradante, corpos selváticos e dominadores sobre catres de couro pouco limpos.

Esse exílio duplo e cruzado, búlgaros na Criméia e circassianos na Bulgária, é uma balada da vaidade de toda conquista. Enquanto os circassianos tomam posse das aldeias búlgaras, espalhando o temor com suas incursões, vivem uma tragédia que toca o coração da Europa, a qual dali a pouco se comoverá com os búlgaros massacrados em 1876 pelos turcos. O êxodo dos circassianos do Cáucaso está ligado à sua guerra contra os russos chefiada por Chamil, que Tolstói evocou no seu *Hadži Murat*, obra-prima que sua poesia, no declínio de sua vida, arrancou à sua obstinada vontade moral de renunciar à poesia. Os circassianos eram embarcados em Trebizonda, ou em Samsun, amontoados em condições higiênicas inomináveis, apinhados junto com os animais, os moribundos e os que já estavam mortos, expostos à fome e às doenças, às epidemias que os dizimavam de maneira espantosa — em Samsun, em setembro de 1864, havia 60 mil refugiados vivos e 50 mil cadáveres — e deixavam, atrás dos navios que os levavam, uma esteira de corpos jogados na água.

Os chefes circassianos, chegando aos territórios danubianos que lhes tinham sido atribuídos — especialmente a zona em volta de Lom —, enterravam aqueles de seus mortos que não tinham sido ainda jogados fora como lixo, pensando assim apropriar-se da terra que acolhia seus despojos, e na qual plantavam seus sabres, segundo o uso antigo, acreditando perpetuar a velha tradição e selando, pelo contrário, o fim de seu mito. A lendária liberdade caucasiana acabava-se naquela sórdida provação, que transformava os rebeldes do Cáucaso no inconsciente rebanho de uma agência de emprego.

Em Londres surgiam comitês em defesa da causa circassiana, enviavam-se mensagens de protesto aos russos, e chefes circassianos eram exibidos à simpatia e à curiosidade exótica do público no Whittington Club. Sua tragédia era maior do que imaginavam os filantropos ingleses, pois não eram simplesmente rechaçados pelos russos, mas iniciavam, acreditando em parte escolhê-la, uma migração que parecia também uma marcha vitoriosa numa terra de conquista oferecida pelo sultão. Uns dez anos mais tarde os clubes londrinos, que na questão circassiana eram anti-russos e pró-turcos, protestavam, como a Europa inteira, contra os turcos que massacravam os búlgaros insurretos. "Os marcos miliários de uma viagem pela Bulgária", escreve Kanitz, "são os túmulos de povos desaparecidos."

5. O AGENTE ROJESKO

O território circassiano era sobretudo uma faixa ao longo do Danúbio, perto de Lom. Naquela cidadezinha havia uma agência da Sociedade Imperial-Régia para a Navegação a vapor Danubiana, dirigida pelo agente Rojesko, o qual durante semanas manteve fechadas as suas janelas que davam para o rio para não deixar entrar em casa o mau cheiro dos doentes e dos cadáveres que chegava dos navios carregados de circassianos acometidos pelo tifo. Relatórios e atas, além do testemunho de viajantes, mostram Rojesko a empenhar-se, infatigável e arrojado, em impedir e prevenir contágios, ajudar os refugiados, achar-lhes teto e comida, curá-los, organizá-los, acolhê-los.

Ao longo do rio, nessas terras de geografia então incerta, encontram-se muitas dessas figuras de agentes comerciais, cônsules, médicos, aventureiros, postos avançados da ordem ou vanguardas que já tinham se adiantado demais, tragadas pela desordem: o épico Rojesko, que une a precisão de funcionário austríaco com a inventiva do explorador perdido na mata, o dr. Barozzi, enviado em missão oficial nos navios que partem de Samsun com seu carregamento de circassianos, o *spaniolo*, ou seja, o judeu sefardita Alexander Tedeschi, que acaba cônsul em Varna para a Áustria-Hungria e a França, funcionários e capitães do Lloyd Triestino, o duvidoso St. Clair, capitão inglês reformado e transformado, com o nome de "Sinkler", num pequeno sátrapa local hostil aos búlgaros e amigo de turcos e bandoleiros, uma mistura do Kurtz de Conrad, do homem que quis ser rei de Kipling e de Lawrence da Arábia. Cumprido o dever ou concluída a tarefa, essas figuras desaparecem, marujos que desembarcam e se perdem na multidão, deixando um rastro só na papelada de alguma administração.

6. A ONDA E O OCEANO

O cadinho búlgaro é bem mais antigo do que essas pitorescas misturas balcânico-caucásicas, tem uma profundidade mítica bem maior, afunda suas raízes no arcaico confronto entre a civilização agrícola do Sudeste e os invasores nômades das estepes. A Bulgária é um núcleo essencial da grande Eslávia, é de fato o território em que se forma a língua de Cirilo e Metódio, paleoeslava ou, como a chamam outros, veterobúlgara. Por sua parte os protobúlgaros, provenientes das regiões dos Altai, atravessam o Danúbio no século VII com Khan Asparuh e fundam um poderoso império que repetidas vezes põe em xeque o bizantino, mas pouco a pouco são assimilados pelos eslavos chegados um século antes e que eles tinham submetido. Amalgamam-se com os vencidos e adotam sua língua, sendo absorvidos pela grande força assimiladora e coagulante da civilização eslava, que às vezes, em seus primórdios, parece delegar a outros povos a tarefa de guiar sua expansão, como quando a eslavização é confiada aos ávaros, vitoriosos conquistadores logo desaparecidos, que fazem avançar a cultura eslava e não a ávara.

Mas bem mais profundo do que esse substrato eslavo que sempre reemerge é o trácio, a vastíssima comunidade de povos que constitui o fundo de toda a civilização cárpato-danubiano-balcânica. Os trácios, diz Anton Dončev — que escreveu, com uma *pietas* que abraça também a herança turca, afrescos épico-místicos da origem de seu país —, são o oceano, os protobúlgaros unogondures e onogures, vindos do mar Cáspio e do mar de

Azov, são a onda que move e agita aquele oceano originário, os eslavos são a terra e a mão paciente que a amassa e lhe dá forma: os búlgaros modernos são a fusão de todos os três elementos.

O chamado das origens, que Nietzsche desmascarava como insignificantes, é um *topos* da cultura búlgara e oscila entre o coquetismo risonho e o *pathos*. Ter um tipo físico protobúlgaro é hoje motivo de justificadas homenagens; o prof. Rösler, um século atrás, estava convencido de que os protobúlgaros eram um ramo dos samoiedos. Seja como for, há uma fisionomia búlgara fascinante e imponente que Zlatio Bojadjiev, pintor *naïf*, colheu nos seus altos e melancólicos caçadores, nos seus nômades karakacianos absortos e maciços, apoiados em seus cajados como reis pastores.

A literatura búlgara viveu sob o signo heróico até 1956, quando a monumentalidade épica, cara ao stalinismo, começou a se desagregar. Dimitrov, cuja múmia, como a de Lênin em Moscou, está exposta em Sofia com ritualidade asiática, ditara à literatura sua missão formativa e educativa numa carta de 14 de maio de 1945 à União dos Escritores, que pretendia orientar a literatura nacional para uma única via. Hoje o panorama mudou; a Bulgária não conheceu primaveras praguenses nem outonos húngaros, ignora — ao menos oficialmente — dissensões ou revisionismos, mas o Plenum de abril de 1956, o discurso de Zivkov à juventude de Sofia em 1969 e o X Congresso do Partido em 1971, para citar só alguns momentos importantes, modificaram profundamente a situação literária. Hoje o romance búlgaro, com Ivajlo Petrov, também zomba amavelmente do edificante otimismo oficial, como na deliciosa narrativa intitulada *O melhor cidadão da república*, história de um bom homem que é triturado pelo processo e pelo itinerário burocrático da lisonjeira condecoração que lhe é concedida. Quem sabe se o pobre tio Anco, embaraçado e abatido pelas honrarias que chovem sobre sua cabeça e pelos respectivos ônus, não é um descendente dos protobúlgaros?

7. A QUESTÃO MACEDÔNICA

Durante longo tempo a Bulgária reivindicou, política e etnicamente, a Macedônia, como testemunham páginas sangrentas de história e apaixonantes páginas de literatura. A questão macedônica pode ser resumida na história do sr. Omerić, que me foi contada por Wandruszka. Omerić, que assim se chamava sob a Iugoslávia monárquica, torna-se Omerov durante a ocupação búlgara na Segunda Guerra Mundial e depois Omerski para a República da Macedônia, compreendida na República Federal Iugoslava. Seu nome originário, Omer, era turco.

8. BULGÁRIA VERDE

Kozlodúj. Aqui Christo Botev, apoderando-se em 1876 do barco *Radetzky* que subia o Danúbio, desembarcou com duzentos homens em terra búlgara, dando o sinal da insurreição, e morrendo quase imediatamente na batalha, aos 28 anos. O poeta romântico e revolucionário, que em seus poemas dizia ouvir, ao entardecer, o Bálcã entoar um canto heiduque, pensava numa libertação que fosse ao mesmo tempo nacional e social, na união fraterna de todos os povos balcânicos e na religião da humanidade. A classe revolucionária, para ele, era a camponesa, segundo a tradição democrática do populismo agrário búlgaro, radicada na pequena propriedade rural, muito mais difundida na Bulgária que nos países vizinhos oprimidos pelo latifúndio.

O movimento agrário búlgaro teve um caráter aberto e progressista, como revela a política de seu máximo *leader*, Stamboliski, e não conhece na verdade os tons regressivos e fascistas presentes em outros movimentos verdes, como, por exemplo, nos "homens verdes" sonhados por Codreanu, chefe dos legionários romenos. A *intelligentsia* progressista búlgara provém em grande parte dos quadros dos mestres-escolas de aldeia; o vilarejo de Bozjenči, perdido nos bosques e subsistindo em sua condição de velho núcleo intacto, é uma imagem dessa dimensão camponesa modesta e recatada, imune à barbárie ancestral, que emerge também na casa natal de Zivkov, naqueles pequenos espaços de vida modesta mas altiva em que nasceu uma vocação para a *leadership* revolucionária. Para evitar toda idealização idílica é necessário, de qualquer modo, não esquecer o que escrevia Kanitz, o qual, observando as mulheres camponesas deformadas pelo trabalho, dizia que somente por poucos traços se podia intuir, numa mulher de vinte anos, como fora ela quando mocinha, aos dezessete.

9. OS CONTOS DE ČERKAZKI

A civilização da aldeia morre em toda parte inclusive na Bulgária, mas aqui encontrou um poeta que mostra seu desaparecer no abismo do tempo com uma fantasia fabulosa, que atinge, pela última vez, o mito, dele extraindo a irônica magia capaz de evocar sua dissolução. Jordan Radičkov, de sessenta anos, pertence ao mundo camponês que, em seus contos, se tornou uma fábula, o país imaginário de Čerkazki. Coberto de neve e povoado por galinhas e porcos tão importantes pelo menos quanto os homens, Čerkazki é uma aldeia em que os demônios se escondem nos lugares mais inesperados; os trenós saem a correr sozinhos, as espingardas se põem a disparar, as espigas e os gaios dão sua opinião como o guarda-florestal ou o presidente da comuna e um balão cativo dá combate, movido pelo vento, a toda a aldeia e à polícia.

O cantor de Čerkazki é a voz mesma do conto oral; suas peripécias mirabolantes e absurdas são falatórios de taberna que passam de boca em boca, histórias que a gente inventa para conversar sobre a vida e não se deixar intimidar pela História, mentiras que cada um conta aos compadres, acabando ele mesmo por jurar sobre a verdade delas. Enquanto vão inventando fábulas a vida não morre: os contos de Čerkazki estão escondidos entre as casas e as ferramentas de trabalho, o machado fincado na madeira e o balde no poço, e também as coisas não param de cochichá-los e divulgá-los.

Na sua casa, em Sofia, Radičkov fala de invernos e de animais, do Danúbio gelado e do seu pai que o mandava quebrar o gelo com o machado para tirar água. Fala dos ciganos e dos turcos da sua infância, e Kitanka, que nos serve de intérprete, diz que se trata de licenças poéticas, porque na Bulgária não há turcos, mas somente búlgaros. Radičkov é um poeta do frio, da neve, da brancura invernal. É um refinado escritor irônico, que transforma o mundo numa bolha de sabão, mas é também um camponês sangüíneo, arraigado na totalidade épica do que narra, bordando e variando o final, familiarizado com a morte e capaz de escutar todas as vozes da vida, a epopéia das cegonhas no telhado e do cupim na madeira.

Radičkov é hoje o escritor mais célebre da Bulgária. Vai buscar a sabedoria no fundo da inocência de todo dia, a inteligência oculta sob as roupagens da estupidez, o delírio poético disfarçado em bom senso simplório e rude obstinação, dom Quixote camuflado de Sancho Pança. É o poeta de um Danúbio invernal e gelado, como esses chafarizes em que o gelo desenha formas fantásticas, e é o mago que liberta as figuras e as histórias aprisionadas naquele gelo. Seu pai, conta ele, andava sempre a procurar tesouros com sua varinha mágica; toda noite reunia-se com seus companheiros para preparar a expedição do dia seguinte. Na porta, enquanto o saudamos com um pouco de melancolia, pergunto-lhe se seu pai tinha achado algum tesouro. Não, responde ele com o tom mais óbvio, nunca.

10. O MUNDO CRIADO POR SATANAEL

No muro de uma igreja de Eskus — hoje Gigen, nas proximidades do Danúbio — uma inscrição, provavelmente anterior ao século XI, exorta a amaldiçoar os heréticos. A maldição destina-se, certamente, aos bogomilos, aos quais o Sinódico do czar Boril, promulgado em 1211, dirigira uma série articulada de anátemas. Os bogomilos, aparecidos na Bulgária no século X e difundidos em toda a península Balcânica até o século XIV, pais e irmãos dos cátaros e dos albigenses e ferozmente massacrados e queimados nas fogueiras como estes últimos, afirmavam que Deus tinha criado o mundo espiritual e celeste, mas Satanael, o diabo, o mundo terreno, as aparências sensíveis e efêmeras. Herdeiros do dualismo maniqueísta e gnóstico, que já fora até a religião oficial no Império asiático dos uigures, e freqüentemente confundidos com heresias afins, paulicianos e messalianos, os bogomilos explicavam o incessante triunfo do mal e da dor apenas imaginando que a criação do mundo era obra de um deus perverso. Satanael — o anjo decaído segundo alguns, aliás, o filho de Deus, irmão mais velho e malvado de Cristo — era o Cosmo-criador, o senhor da criação cruel e injusta, o "ecônomo" do universo, antagonista do Deus bom até o fim dos tempos ou, segundo os dualistas mais radicais, *in aeternum*. Toda a realidade obedecia a Satanael, gerar e perpetuar a vida significava obedecer às suas ordens, como tinham feito Noé, cúmplice da sobrevivência do mal, Moisés e os profetas do Antigo Testamento, livro de glória e de violência. Todo príncipe e potentado do mundo era um servidor do abismo, Jerusalém era demoníaca, são João Batista — que os ícones, na cripta da igreja Aleksandâr Nevski, mostram com os cabelos hirtos, vibrando de maligna eletricidade, e a expressão iracunda de quem goza ao anunciar desgraças — era, ele também, um mensageiro das trevas.

O sofrimento e a morte das criaturas impedem de esquecer as perguntas que se faziam os bogomilos, exigem que se saiba a quem deve ser imputado o ultraje infligido aos viventes. A revolta contra o mal era também protesto contra a injustiça; os bogomilos davam voz às plebes camponesas oprimidas e pregavam contra as hierarquias sociais, contra todos os senhores da terra. Em dois romances incisivos, *A lenda de Sibin, príncipe de Preslav*, de 1968, e *O Anticristo*, publicado dois anos depois, Stanev retratou a tumultuada Bulgária dos bogomilos, produzindo um afresco histórico que é também uma parábola das perguntas e das desordens que a exigência radical de verdade desencadeia entre os homens. O príncipe Sibin vive não somente as tempestades políticas provocadas pela heresia e pela sua perseguição, mas também as contradições de uma alma dilacerada pela mistura do bem e do mal, de forças criadoras e destrutivas e pela impossibilidade de distingui-las.

O esplendor da natureza eleva a mente a um sentimento religioso do eterno, mas é talvez Satanael que murmura naquelas árvores e respira naquelas forças vitais; o princípio destruidor nega a mais alta criação divina, mas também aquela negação é necessária ao processo da criação e à própria vida moral, e portanto pode ser boa e divina, ainda que até esta mesma intuição possa ser, por sua vez, uma tentação de Satanael, que leva os homens para o alto e de lá de cima lhes mostra a roda do mundo, de maneira que o bem e o mal aparecem como as alavancas do movimento e tudo parece necessário, o martírio dos heréticos e o encarniçamento daqueles que os martirizam.

Stanev representa a perturbação do homem que percebe essa mistura de verdadeiro e de falso em todas as coisas, nos olhos do cervo mortalmente ferido, na sensualidade, na ascese, na própria tentativa de compreender e aceitar a ambigüidade. A desordem grassa nos corações e entre as multidões dos heréticos, fomenta revoltas sociais e produz outras e antitéticas heresias, induzindo a procurar Deus tanto na pureza como na torpeza. A busca da Verdade absoluta queima toda verdade e chega, paradoxalmente, à equivalência e à indiferença de todas as coisas, a sede de pureza e a exigência de se libertar do pecado acabam no atordoamento da orgia; a vida perseguida na sua essência nega e inverte continuamente cada uma de suas faces no seu contrário.

Stanev aproxima-se do drama dos bogomilos com uma sensibilidade nietzschiana, que lhe permitiu escrever também esplêndidos contos sobre os animais. A consciência cristã pretende decifrar, no fundo do olhar do cervo moribundo, o mistério da dor e da culpa, dilacerando a alma nessa procura sem resposta; arrastado por este redemoinho de perguntas, Sibin tem às vezes saudade de Tangra, a árida e indiferente divindade dos protobúlgaros, o céu que se arqueia sobre a estepe e sobre as coisas assim como são, sem atormentar a alma e a mente.

As "sarças da heresia" estavam presentes em todo lugar, cresciam e eram erradicadas também na Sérvia, na Bósnia, na Rússia e no Ocidente, mas a Bulgária era o país dos heréticos por antonomásia, dos "malditos búlgaros". Kitanka sente-se lisonjeada e ao mesmo tempo contrariada; esse grande papel histórico da Bulgária, que espalha na Europa movimentos religiosos de tão grande importância, convém a seu patriotismo, mas não combina com a outra tese, segundo a qual "nós búlgaros fomos sempre ateus".

11. A BÍBLIA DOS GODOS

Nicópolis. Perto desta cidade sobre o Danúbio, hoje reduzida a aldeia, o sultão Bajazé, o Raio, aniquilou, em 1396, o exército cristão comandado pelo rei Sigismundo da Hungria; os cronistas da época e o testemunho do aventureiro Schiltberger, o Marco Polo bávaro, sublinham sobretudo a displicente elegância com que a cavalaria francesa, indiferente aos planos estratégicos, se atirou de ponta-cabeça e em formação cerrada, na derrota. Dez séculos antes, na província de Nicópolis tinha se instalado um grupo de godos, entre os quais estava o bispo Wulfila, cuja tradução da Bíblia para o gótico assinala o início das literaturas germânicas. Dessas ribanceiras, onde a presença alemã é inexistente, partiu de certo modo o germanismo: sua marcha para o Ocidente, que muitos séculos mais tarde novamente se voltaria para o Leste, como um rio que inverte seu curso, para finalmente rumar para oeste, impelida por outras migrações memoráveis.

12. RUSE

Em Ruse, escreve Canetti — aliás, para ele, em Rustschuk — o resto do mundo se chamava Europa e, quando alguém subia o Danúbio até Viena, dizia-se que ia para a Europa. Mas já

Ruse, para dizer a verdade, é Europa, é uma pequena Viena, com o amarelo-ocre das casas dos comerciantes oitocentistas, os parques arejados e senhoris, o ecletismo dos edifícios *fin de siècle*, pesados de cariátides e ornamentos, e uma tardia simetria neoclássica. Sentimo-nos em casa, num clima familiar de Mitteleuropa sólida e operosa, entre a antiga e colorida prosperidade mercantil do porto fluvial e a opaca imponência da indústria pesada; entre ruas e praças encontram-se recantos de Viena ou de Fiume, a tranqüilizadora uniformidade do estilo danubiano.

Ruse, a "pequena Bucareste", era até o período entre as duas guerras mundiais a mais rica cidade búlgara, na qual foi fundado o primeiro banco; Midhat Paxá, o governador turco, renovou-a e modernizou-a, construindo hotéis e a estrada de ferro, alargando-lhe as ruas e as alamedas segundo o modelo parisiense do barão Haussmann, que ele tinha conhecido. As duas irmãs Elias, italianas nascidas em Ruse no fim da década de 1910 (o pai era procurador da fábrica de chapéus Lazar & Cia.), lembram a neve que ali, no inverno, chegava à altura das casas e os banhos estivais no Danúbio, a confeitaria turca Teteven e a escola francesa de Monsieur e Madame Astruc, os camponeses que pela manhã traziam sacos de iogurte e peixe dório, o estúdio da Photographie Parisienne de Carl Curtius, onde eram tiradas as fotos escolares e a tendência a dissimular a riqueza.

A cidade do fim do século XIX, entretanto, era menos cautelosa; cônsules dos mais diversos países europeus e comerciantes das nações mais diferentes animavam seus serões, como na noite em que um famoso comerciante grego de cereais perdeu no jogo sua fortuna, o vermelho palácio neoclássico na beira do Danúbio e a mulher. Na esquina da praça Nove de Setembro, a Caixa Econômica do distrito exibe uma simbólica fachada daquele mundo ávido, caótico e ao mesmo tempo revestido de decoro: em volta das portas do velho banco ressaltam máscaras escarnecedoras, uma cabeça satiresca, um Moloch do dinheiro, adorna-se com bigodes que se prolongam e dissolvem em frisos *liberty* e olha de viés com olhos mongóis e lascivos. Bem mais acima projeta-se uma cabeça bem diversa, um rosto decorosamente inexpressivo, aureolado de louros; talvez o fundador do banco, o pai nobre daqueles demônios da finança agora confiados à tutela dos arcanjos do Estado.

13. UM MUSEU ESTENTÓREO

Em Ruse, durante o último período do domínio otomano, desembarcavam os patriotas e os revolucionários que se organizavam na Romênia, principalmente em Bucareste e Brăila. O Museu de Baba Tonka, que dá para o Danúbio, recorda a heróica e infatigável mulher búlgara que foi a alma da conspiração patriótica, a inspiradora do Comitê Revolucionário fundado em Ruse em 1871 e das insurreições de 75 e 76, reprimidas de maneira sanguinolenta. Baba Tonka exibe um rosto carrancudo e um maxilar quadrado, a expressão de quem se compraz demasiadamente em ter dado quatro filhos à pátria — dois mortos, dois exilados — e se declara pronta, como ela dizia, a lhe dar outros quatro. No museu há também o retrato de Midhat Paxá, de fez na cabeça, jaquetão escuro e óculos estilo Cavour. Era um homem de gênio enredado numa situação embaraçosa; via claramente o declínio e também a injustiça do regime otomano, empenhava-se em reformas esclarecidas e em modernizar o país, mas estava resolvido a defender aquele domínio turco que pretendia transformar e passava das reformas à força. À beira do Danúbio, numa casa amarela entremeada de madeira preta, morava sua favorita.

O Museu de Baba Tonka é estentóreo. Ivan Vazov, que em seu romance *Sob o jugo* celebrou a insurreição de 1876, teve a coragem de chamá-la "tragicamente inglória", mostrando as contradições do movimento revolucionário, a inadequação do povo búlgaro naquele momento ainda despreparado para a libertação. Por isso mesmo Vazov, considerado hoje o clássico por excelência, é um verdadeiro escritor patriótico e seu grande romance é a autêntica epopéia — realista, trágica e às vezes também cômica — da Bulgária e do seu ressurgimento.

14. GRAFITES EM IVANOVO

A vinte quilômetros de Ruse, perto de Ivanovo, rochedos íngremes escondem, no alto, uma igreja rupestre do século XIV; a gruta contém afrescos com cores giottescas, céus azul-noite e paisagens da pintura sienense, um Cristo flagelado que olha tranqüilo para a frente. Os afrescos conservados neste ninho de águia, que domina uma encantadora paisagem de paz selvagem, têm uma beleza admirável; aquelas pinturas saídas da escola bizantina de Tarnovo, a antiga capital dos czares búlgaros, são a expressão de uma alta civilização, coagida durante cinco séculos ao silêncio. A ameaçar aqueles afrescos não se vêem mais os turcos, mas, além da umidade, as escritas e assinaturas grafadas na pedra pelos visitantes. O vandalismo ávido de imortalidade tem precedentes ilustres, como, por exemplo, lorde Byron, que deturpa com o próprio nome o templo de Posêidon em Cabo Súnio. O tempo, porém, nobilita o vandalismo: as escritas com que alguns gregos e armênios, no século XVIII, avariaram um mágico céu azul são agora objeto de interesse e são protegidas quase tanto quanto o próprio céu. Se há uma coisa que não posso suportar, dizia Victor Hugo quando presenciava algo de particularmente estúpido ou reprovável, é pensar que tudo isso amanhã será história.

15. O POSTE DA CEGONHA

Numa aldeia entre Ivanovo e Ruse uma cegonha fazia sempre o ninho em cima de um poste de luz, ignorando o perigo e os danos que podia provocar. A prefeitura, após tentar várias vezes em vão afastá-la, plantou, por deliberação oficial, outro poste expressamente reservado para a cegonha, que de fato o elegeu como periódico domicílio. A Bulgária é também terra desse tipo de gentileza; não somente o famoso vale das rosas, que distraía Moltke quando saía a visitar fortalezas, mas também a muita atenção dada aos animais e à sua poesia.

16. A CASA DE CANETTI

No nº 12 de Ulica Slavianska, em Ruse, que desce em linha reta até o porto, há ainda junto à sacada de ferro batido um grande monograma de pedra com um C; a casa de três andares era a firma do avô de Canetti; agora é uma loja de móveis. Já o bairro dos *spanioli* — que outrora em Ruse eram numerosos empreendedores e um pouco exclusivistas — ainda mostra as casas baixas no meio do verde, geralmente de um só andar. Os judeus viviam bem na Bulgária; em seu livro sobre Eichmann, Hannah Arendt relembra como a população búlgara, quando os aliados nazistas obrigaram o governo de Sofia a impor o distintivo aos judeus, manifestava sua simpatia por quem o levava e procurava geralmente dificultar ou atenuar as medidas anti-semitas.

No bairro existe ainda a casa de infância de Canetti; é o diretor dos museus da cidade, Stojan Jordanov, homem culto, afável e inteligente, quem nos leva a essa casa, na rua Gurko 13, endereço que Canetti, na sua autobiografia, evita cuidadosamente precisar. A rua na frente do portão é sempre "poeirenta e sonolenta", mas o pátio ajardinado não é mais tão espaçoso, invadido por outras construções. À casa de Canetti, à esquerda do pátio, chega-se ainda hoje subindo alguns degraus. O edifício é dividido em pequenos apartamentos, no primeiro mora a família Dakovi, na última porta a sra. Vâlcova, a dona da casa, deixa-nos entrar. Os cômodos estão inverossimilmente abarrotados de objetos de todo tipo largados desordenadamente: tapetes, tampas, caixas, malas, espelhos em cima de cadeiras, pacotes, flores artificiais, chinelos, papéis, cabaças; nas paredes grandes fotografias amarrotadas de artistas de cinema, uma Marina Vlady, um jovem De Sica de sorriso conquistador.

Aqui abriu os olhos para o mundo um dos grandes escritores do século XX, um poeta que iria intuir e representar com excepcional pujança o delírio da época, que ofusca e distorce a aparência do mundo. Entre todas essas bugigangas, no mistério sempre presente em todo espaço recortado no informe universo, algo de irrecuperável se perdeu. Também a infância de Canetti se esfumou e a minuciosa autobiografia não consegue fixá-la. Enviamos um cartão-postal a Canetti, em Zurique, mas sei que ele não apreciará essa intromissão nos seus domínios, no seu passado, essa tentativa de descobrir seu esconderijo e identificá-lo. Na sua autobiografia, que foi provavelmente determinante para a atribuição do Prêmio Nobel, Canetti parte à procura de si mesmo, do autor de *Auto-de-fé*; o Nobel premiou dois escritores, o de antigamente, que se esconde, e o de agora, que reaparece. O primeiro é um gênio misterioso e anômalo, talvez desaparecido e inacessível para sempre, o escritor que em 1935, aos trinta anos, publicou um dos grandes livros do século, o único livro seu verdadeiramente grande, *Auto-de-fé*, logo quase sumido, por trinta anos, da cena da literatura.

Aquele livro intratável e cheio de arestas, que não faz nenhuma concessão e não se deixa assimilar pelo estabelecimento cultural, é a parábola grotesca do delírio da inteligência que destrói a vida, o terrível retrato da carência de amor e do desvario; sua rejeição, por parte daquela ideal mediania que é a república das letras com sua bem-intencionada historiografia, era um fenômeno óbvio, a recusa da grandeza radical e absoluta, indigerível. Aquele livro, que ilumina como pouquíssimos outros a nossa vida, ficou muito tempo quase ignorado e Canetti suportou essa marginalização com uma firmeza que ocultava talvez, na gentil modéstia, uma irrefutável, quase insolente consciência do próprio gênio.

O escritor de *Auto-de-fé* não alcançaria o Nobel só com esse livro nem com suas outras obras da mesma fase; para que estas fossem aceitas era talvez necessário um outro escritor, aquele que ocupou a ribalta trinta anos depois, acompanhando a fortuna do seu livro, redescoberto pela fama, como se se tratasse de uma fortuna póstuma e dirigindo a leitura, a interpretação, o comentário — como se, com decênios de atraso, se descobrisse o *Processo* kafkiano e reaparecesse Kafka, mais idoso e amável, a servir de guia em seus próprios labirintos.

A autobiografia, que parte da infância em Ruse, é essa construção da própria imagem, essa imposição de autocomentário;

em vez de narrar uma realidade viva, ela a enrijece na descrição. Canetti quer contar a gênese do *Auto-de-fé*, mas não diz estritamente nada daquele livro grandioso nem de seu inimaginável autor, que deve ter se achado à beira da catástrofe e do vazio; tampouco exprime o silêncio e a ausência daquele autor, daquele seu outro eu, o buraco negro que o engoliu e cuja evocação poderia ter dado origem a um outro grande livro, mas, ao contrário, ele apara as arestas e arruma as coisas com um tom prudentemente conciliador, como a querer assegurar que, no fundo, tudo está em ordem. Assim, seu livro diz ao mesmo tempo muito pouco e demais.

Penso que lhe será difícil aceitar esta opinião, certamente discutível como qualquer outra, mas que nasce do amor por ele e por sua lição de verdade. Às vezes Canetti se assemelha aos poderosos de seus livros, ao desejo deles de manter a vida sob controle, que ele investigou e desmascarou em *Massa e poder*; todo grande escritor é enganado pelos demônios que põe a nu, conhece-os porque os tem em si mesmo, denuncia o poderio deles enquanto arrisca ser subjugado por eles. Parece que às vezes ele queria ter em suas mãos o mundo ou, pelo menos, a própria imagem, no desejo inconfesso de que só Canetti pode falar de Canetti. Quando a sra. Grazia Ara Elias escreveu-lhe que ela também tinha nascido e crescido em Ruse e lembrava-se dos Canetti e também do dr. Menachemoff descrito na autobiografia, Canetti não respondeu; talvez tenha ficado inquieto com a idéia de que alguém mais pudesse alegar direitos sobre as imagens de Ruse, do doutor e de tudo aquilo que ele, por ter escrito sobre essas coisas, considerava talvez sua propriedade exclusiva.

Às suas cartas — com as quais há algum tempo me permitia entrar com magnânima generosidade na sua vida e me ajudava a entrar na minha —, a toda sua pessoa e a seu *Auto-de-fé* devo uma parte constitutiva, essencial, de minha realidade. Minha acolhida à sua autobiografia talvez lhe tenha desagradado, mas quem aprendeu com ele a ver os mil rostos do poder tem o dever de resistir, em seu nome, a esse poder, mesmo quando este assume, por um instante, o seu rosto. Enquanto a sra. Vâlcova fecha a porta, olho, provavelmente pela última vez na minha vida, para aqueles cômodos entulhados, onde brincou e cresceu um menino desconhecido, um poeta que ensinou a fidelidade, a resistência ao inaceitável ultraje da morte.

IX.
MATOAS

1. NO CAMINHO DO MAL

A ponte que atravessa o Danúbio e a fronteira búlgaro-romena, entre Ruse e Giurgiu, intitula-se ponte da Amizade e se proclama, com seus 2224 metros, a segunda em comprimento de toda a Europa, depois da ponte sobre o Tejo em Lisboa. Grigore Ureche, o antigo cronista, dizia que a terra romena estava "no caminho do mal", ou seja, na rota das invasões que durante séculos se abateram sobre a Europa, vindas do Oriente. Não somente o choque dos jáziges, roxolanos, ávaros, cumanos ou petchenegues, mas também banais mal-entendidos e extravios cotidianos podem morder a existência até sangrar. Seria talvez aconselhável munir-se daquela submissão ao tempo que passa e amarelece as coisas, que Zamfirescu, poeta da vida rural, admirava nos camponeses romenos, capazes de dizer serenamente "será" diante de todo movimento incompreensível do destino.

A resignação parece ser um clichê da alma romena, reforçado não somente por ingênuos mestres de retórica ou por versejadores sentimentais. Até mesmo Mihail Sadoveanu, o vigoroso narrador que com sua obra criou uma epopéia nacional, fala, num conto de 1905, de sua gente propensa por natureza a aceitar seu destino, e Cioran celebra a vocação de seu povo para suportar os grilhões, sua discrição ao sofrer "a nobreza de nossa servitude". Uma cabeça curvada, diz orgulhosamente o provérbio romeno, não é cortada, e George Coşbuc, o poeta patriota e camponês, lembra, na sua canção *In oppressores*, que "injuriados, chicoteados, cuspidos, aceitamos vergonha e ruína como um fado".

Já na balada popular *Mioriţa*, canto da mansidão pronta ao sacrifício, este "sim" dito ao destino é celebrado como expressão de doçura inata, de vocação pacífica. A ideológica *História do povo romeno*, composta por uma equipe dirigida pelo acadêmico Andrei Otetea, encontra, já na Dácia de Decébalo, o genial e temível adversário de Trajano, um "sentido humano", indício de um povo "trabalhador, profundamente democrático" e nunca desejoso de dominar outros povos, vendo ainda na unificação da Dácia pelo rei Burebista, no século I a.C., o primeiro passo para o advento não somente do socialismo em geral, mas também do regime de Ceausescu em particular.

O idílio doce e melancólico é caro também aos pesquisadores que dão prova de independência; a recente história romena de Dinu C. Giurescu é permeada, na reconstrução de acontecimentos plurisseculares, pela harmonia da paisagem e pela calma dos bosques evocados no início do livro, como que em consonância com o eterno fluir da vida e ao mesmo tempo com o devir histórico e com o transcorrer da caducidade. Aquela paisagem doce e harmoniosa conheceu tragédia e violência; em seus romances Zaharia Stancu descreve o Danúbio turvo e raivoso, espumejante de lutas e de história, a fome e os pés descalços dos camponeses embrutecidos pela escravidão mas capazes de insurgir-se, como na grande revolta de 1907, com ferro e com fogo, demonstrando uma inteligência que não se deixa deslumbrar por uma opressão disfarçada em destino.

Caminho do mal, dizia o cronista, do sabre curvo dos getas que se chocava com o romano, da infantaria macedônia que avançava para o outro lado do Danúbio, de acordo com os relatórios citados por Arriano, dobrando as altas e cerradas espigas de trigo com as longas lanças para abrir passagem para a cavalaria, da espada de ferro adorada como um deus pelos citas, dos meninos raptados pelos turcos e do jugo otomano de madeira, trocado, como dizia o historiador Michai Cserey, por outros jugos de ferro; caminho do trigo e do junco mandado queimar por Estêvão, o Grande, da Moldávia, em face do avanço de Maomé II, dos camponeses oprimidos e martirizados, de chacinas e depredações, servidão e violência. Temos suportado e suportamos rédea e jugo, diz um poema de Coşbuc.

O mal é um excesso de história, uma encruzilhada ou uma simples parada facultativa mas sempre na rota da *Weltgeschichte*, ao longo da qual os matadouros trabalham em ritmo acelerado, mesmo nas estações secundárias. Uma frase atribuída ao chanceler Kreisky, há alguns anos, dizia que a Áustria saiu da história e está muito satisfeita com isso. Todo bom herdeiro ou epígono dos Habsburgo se vê malparado no grande teatro do mundo, no palco da história mundial onde o puseram, para ser um coadjuvante de potências caprichosas como os gênios e os espíritos das velhas comédias mágico-populares vienenses. Menos desenvolto que Tamino e duvidando da proteção de benignas forças superiores, o coadjuvante desejaria sair daquela cena, procura — sem chamar demais a atenção — uma saída por trás dos bastidores.

Mais que conduzir para uma hipotética saída do teatro, os passos parecem afundar num terreno pouco firme e movediço, como quando o pé pousa sobre uma camada de folhas caídas e quase podres, que resvalam sob o peso e prendem o sapato em outra camada mais funda, nas folhas caídas e trituradas do ano anterior já tornadas úmida terra vegetal. O grande historiador Nicola Iorga, o Benedetto Croce romeno, para reconstruir o caminho completo de seu país e de sua civilização, se adentrava — como ele dizia — nas profundezas impenetráveis da vida popular, que não deixaram memória de si nas fontes escritas, nos documentos redigidos pelos eruditos e pelas classes dominantes do passado, e sim nas formas e nos costumes, nos gestos e nos usos cotidianos, radicados nos séculos.

Descendo às profundezas desse húmus e como que percorrendo em sentido contrário o caminho que a seiva faz para subir das raízes aos ramos e às folhas, Iorga redescobria camadas antigas e sepultadas, mas ainda fecundas de substância vital, os traços da migração otomana e, mais para trás ainda, das migrações dos povos turânicos vindos do coração da Ásia para a mítica "Terra de Rum"; descobria — como escreve Bianca Valota Cavallotti, sua neta e herdeira da sua vocação histórica — uma unidade-continuidade bizantino-turca-mongólica que fluía como filão subterrâneo, a antiga e ininterrupta "comunidade cárpato-balcânica" baseada no antiqüíssimo fundo trácio e continuada pelo plurinacional elemento grego, tão relevante, principalmente no campo comercial, cultural e administrativo, na história dos principados danubianos.

Este cadinho de estirpes e civilizações é um caldo primordial da nossa história, um limo nilótico no qual pululam germes ainda indistintos e confusos. Se os cimérios acossados no século VIII a.C. pelos citas pertencem também, como sugere Nestor, aos trácios, e se o deserto gético, assim chamado por Heródoto e Estrabão, se estendia até quase confundir-se com o antigo reino odrísio, senhor do delta do Danúbio, seguir o rio até sua foz significa também penetrar numa bruma ciméria das origens, perder-se num fim que é também retorno ao início.

Pompeu Trogo fala de um *Histrianorum rex*, soberano dos getas e em guerra com os citas. A Dobrudja na época de Justiniano chamava-se Cítia Menor — simples nomes, para mim, até bem pouco tempo, *flatus voeis*, palavras fantasiosas que enchem a boca e suscitam um eco impreciso como quando na escola dizíamos Trebizonda ignorando se era ou não o mesmo que Trapezunte, sabíamos que Mitridates era rei do Ponto e Prusias da Bitínia, mas não sabíamos onde ficavam exatamente o Ponto e a Bitínia e nos agradava dizer Cilícia e Capadócia, como ainda hoje me agrada dizer *ore rotundo*, *muon* [múon] e *barione* [bárion]. Mas se eu leio, nos eruditos textos de meu concidadão Pietro Kandler, que a Dobrudja-Cítia Menor, ainda mais antigamente, se chamava Ístria, então é outra coisa, aquele nome tem odor e cor, é a terra vermelha e o penedo branco sobre o mar, os lugares da persuasão.

Os istrianos são portanto trácios, como quer Apolodoro, ou colcos segundo Plínio e Estrabão, ou gépidas? A procura do Velocino de Ouro na bárbara Cólquida conduz então à casa, àquela praia que foi escolhida pela direção para me fazer entender que é possível sermos imortais, e o Velocino é a ânfora que emergiu do meu mar? É uma brincadeira do Danúbio e a confusão nasce do erro dos antigos, que pensavam que o Danúbio, o Istro, se dividia em dois ramos, dos quais um acabava no mar

Negro e o outro, o Quieto ou o Timavo, no Adriático. Assim Ístria era o país do Ponto Euxino, mas também a branca península Adriática.

Talvez os trácios vindos do mar Negro levassem consigo as vozes das terras danubianas, ou talvez quem levava o ouro desses nomes fossem os colcos, que perseguiam os Argonautas subindo o Danúbio, o Save, o Lubiana, carregando por fim os navios nas costas. Há uma Absírtide do mar Negro, nascida ela também, como as Absírtides do Adriático, do corpo de Absirto, o irmão morto por Medéia.

Os eruditos são severos com os mitógrafos que se deixam seduzir pelas palavras: *Strabone et Pline ne sont pas excusables d'avoir dit que le meurtre d'Absirte se fit dans les Isles Absyrtides qui sont dans le golphe de Venise*, diz o *Dicionário de La Martinière*. A felicidade então não está total e absolutamente excluída, mesmo que sua promessa brilhe somente nos erros dos antigos geógrafos? Não penso, naturalmente, em devolver-lhes o crédito, segundo o costume da ciência que periodicamente impugna os resultados adquiridos e volta às hipóteses já descartadas. Pompino Mela não pode resistir, evidentemente, à crítica que lhe fez a esse respeito Bernardo Benussi, publicada em 1872 nas Atas do imperial-régio Ginásio Superior de Capodistria, quando o autor, apesar de ainda jovem, era, como dizia a apresentação, já "docente efetivo, bibliotecário e primeiro aluno da classe".

A origem, inatingível e sempre incerta, pouco significa e nem Iorga pode descobrir o substrato primário de sua civilização. Como dizia Curtius, "a história não conhece as origens de nenhum povo", porque ela não existe; é a historiografia que a cria e produz, pondo e investigando sua questão. Toda genealogia remonta ao *big bang*; as discussões sobre a origem latina dos romenos, ou sobre a continuidade dácio-geta-latino-romena, sobre a qual tanto insistiram a historiografia e a ideologia nacional na Romênia, não são muito mais importantes que a contenda entre Furtwangen e Donaueschingen sobre as fontes do Danúbio.

2. DEUSES E BOLINHOS

Bucareste. A Paris dos Bálcãs, à parte a economia de eletricidade que, à noite, não a converte numa Ville Lumière, representa um éon ulterior e profano naquele processo de emanação que vê gradativamente difundir-se e degradar-se, à medida que se avança para sudeste, a imagem e o modelo da Cidade, capital da França e do século XIX, isto é, da Europa. Como na sucessiva passagem de uma hipóstase a outra, nas filosofias e nas religiões neoplatônicas, também nesse caso a propagação e a descida do Uno, da Idéia, nos diversos degraus da matéria não são simplesmente uma degeneração, uma perda, mas implicam também um obscuro impulso de redenção.

O estilo franco-balcânico torna-se mais grave e mais ornado, seduzido pela decoração e estimulado pelo *horror vacui*, os balcões e os ferros batidos dos palácios parisienses acentuam curvaturas, enfeites e volutas, o classicismo é mais maciço, o ecletismo mais marcado e pesado, colunas e capitéis fantasiosos, cúpulas festivas de estilo empolado e déco. O *liberty* ostenta ouros e misérias, vidraças historiadas e escadarias abandonadas. No grande átrio *Jugendstil* da Casa de Moda comprime-se uma multidão de ciganos, pouco distantes as barracas de Lipscani exibem docinhos malcheirosos e sutiãs que parecem já usados. Um *passage*, exageradamente parisiense, leva a uma série de lojas que abrigam mostras, quadros e artesanato, mas cujas portas de ferro negríssimo se tornam, quando são fechadas, féretros apoiados contra o muro.

No nº 12 de Lipscani uma placa recorda a atividade jornalística de Eminescu, o poeta nacional que escrevia sobre viver como se sua existência fosse contada por uma boca estranha e que um crítico, Zaharia, acusava de patológico "automatismo deambulatório" por causa de suas freqüentes mudanças de casa. O portão abre-se para um pátio repleto de frisos ornamentais e de lixo; num canto, uma estátua feminina num nicho, com seu erotismo *liberty* que a esqualidez em volta está longe de neutralizar, vela sobre os sacos de imundície amontoados pelos inquilinos. No Hotel Hanul Lui Manuc, o hotel de Manuc Bey construído em 1808, tapetes vermelhos cobrem as escadas de madeira e uma multidão de fregueses bebe cerveja e café no pátio ou nos andares de cima, junto das arcadas e das colunas também de madeira; entre as mesas, no térreo, há também um galinheiro.

Bucareste certamente não é só uma cidade de multidões e de bazares, mas também de grandes espaços arejados e senhoris, parques verdes e bulevares que conduzem a lagos afastados, vilas do século XIX e mansões *fin de siècle* que pertenceram a Magda Lupescu, a famosa amante do rei, palácios neoclássicos e edifícios stalinistas. É uma verdadeira capital; desta tem a respiração, amplitude, o majestoso e displicente desperdício de espaço. Apesar de alguns arranha-céus no estilo soviético anos 1950, como o palácio Scînteia, ela se estende, como Paris, em sentido horizontal; não busca o alto, como tantas modernas cidades ocidentais, mas dilata-se em direção à planície.

As barracas de Lipscani ou o lixo diante das indulgentes sinuosidades da estátua no pátio não são a negação, mas sim a continuação daquela senhorilidade parisiense, a última e ínfima legião angélica que a anuncia e a difunde, misturando-se ao cotidiano mais efêmero. Nesta procissão plotiniana, os graus superiores do ser transbordam, por excesso de plenitude, e se expandem nos níveis mais baixos; a alma desce no córrego da matéria que pulula e se espalha por baixo dela, o *passage* parisiense transforma-se no *souk*, no mercado levantino. O estilo nobre e elegante assume uma fisionomia equivocada, como um rosto maquiado com cores vulgares, mas adquire também a humanidade de toda encarnação, a humildade do cheiro e do suor, a dilacerante e impura mortalidade do vozerio e da gesticulação, o sopro úmido daquilo que Saba chamava a cálida vida.

A balcanização de Paris é uma espécie de sensualidade gnóstica, que leva na corrupção da carne uma nostalgia de resgate e se atola na fervilhante baixeza do finito, sem esquecer a própria origem e a própria destinação divina. O polivalente e indistinto substrato biológico do crisol romeno arrasta e absorve continuamente o caleidoscópio das figuras. Não é por acaso que na cultura romena se tem discutido tão longamente sobre o contraste entre o fundo e as formas: nos países atrasados, semicapitalistas, observava o marxista Gherea, as formas sociais — ao contrário daquilo que acontece nos países econômica e politicamente desenvolvidos — precedem o fundo social e continuam a ser por isso superestruturas fracas e precárias, que a estrutura profunda continuamente desagrega e engole. Em certos bairros de Bucareste se tem a impressão de assistir, ainda hoje, a esse processo incessante de reabsorção, à vitalidade que dissolve os limites definidos. O compósito substrato étnico é a face múltipla e cambiante desse amálgama plurissecular, os olhos oliváceos e o nariz imperioso das belas fanariotas e os cabelos negros e lustrosos dos descendentes de aromunes ou kutzovlacos da Macedônia serpeiam na multidão como bolhas num caldeirão.

O baixo contém, como cacos de ornamentos despedaçados, o alto e a lembrança do alto; se a tradição pictórica bizantina se dissolveu no folclore romeno e nas imagens votivas da arte camponesa valáquia, mergulhando naquele folclore pode-se talvez voltar à antiga severidade da arte sacra. Assim, nos seios imperiais desta cigana, que oferece numa barraca, com displicência insolente, cintos e fivelas, Grischa Rezzori, rapsodo atormentado e insistente do erotismo bucarestino, veria provavelmente o primeiro degrau da ascensão e do retorno, os mensageiros da salvação que pertencem ao grau mais baixo da hierarquia angélica, mas exatamente por isso podem chegar até nós, no atropelo da existência. Compreendo, nestas ruas do bairro de Lipscani, Grischa e a nostalgia messiânica do sexo que, em suas páginas bucarestinas, se eleva para o alto e para o nada, como se abismar-se na ampla bacia desta cigana, ser apertado entre suas coxas, submeter-se à sua realeza despótica e facilmente acessível significasse procurar ou encontrar algo que foi vagamente prometido.

Não acredito, apesar de sua blusa indubitavelmente inesquecível, que aquela cigana seja uma mensageira celeste, mas neste bazar, no qual a história e as estirpes estão em liquidação, pode haver inúmeros deuses, como havia setenta moedas diversas que circulavam até o século XIX, nos principados da Valáquia e da

Moldávia, aspres de prata, bani, cópeques, creitares, ducados, florins, galben, groschen, leu, ortul, táleres, pitac, potronik, xelins, timf, ughi, sloty, tult, dinares, talvez ainda o dirhem tártaro. A inflação é um desastre mas dentro de certos limites sua taxa contribui para o transcorrer e o renovar-se da vida. Aqui foram inflacionados e consumidos numerosos deuses, como bolinhos gordurosos expostos nas barracas; um dos últimos é, por enquanto, Ceausescu, cuja imagem campeia em toda parte.

Este consumo de deuses, semelhante ao aluguel de quartos por hora, evidencia uma falta de essência na história, o desfile do efêmero, a apoteose do desencanto. Cioran, com sua desilusão total e manifesta, nasceu destas profundezas vegetais do universo romeno, ainda que não de Bucareste, ou, para usar suas palavras, daquela mistura de frescor e podridão, de sol e esterco. Mas o riso radical escarnece não somente da fé na ordem e nos valores, mas também da presunção do caos e do nada, e Cioran, deslumbrado por aquela putrefação nostálgica, é incapaz desse autêntico ceticismo ou de humor. Rasgando um véu após outro de todas as filosofias e ideologias, Cioran tem a ilusão de ver passar diante de si, na passarela da história universal que está terminada, o bazar das fés em liquidação, sem perceber que ele também desfila naquela exposição universal. Parasita do mal-estar, ele se refugia na negação absoluta, chapinhando comodamente entre as contradições da existência e da cultura e ostentando seu delírio, em vez de procurar compreender o mais árduo combate do bem e do mal, do verdadeiro e do falso que cada dia traz consigo.

Os camelôs que procuram ganhar a vida nas barracas de Lipscani poderiam ensinar ao filósofo da negação absoluta que esta última é um confortável expediente para resolver qualquer problema de uma vez por todas e colocar-se ao abrigo de qualquer dúvida. Cioran é um genial filho daquele mercado, mas um filho que pôs a cabeça no lugar e se distanciou bem, em sua água-furtada parisiense, daquela humilde e festiva miséria humana. Lipscani é também uma festa da vulgaridade, mas a ausência do valor, que a produz, gera também a angústia do nada e da morte, que aquela equívoca frivolidade procura aturdir. Aquela vulgaridade pede também respeito; ser difícil de contentar, como bem sabia Kafka, é um pecado contra a vida.

3. UM CONGRESSO TRANSFERIDO

A União dos Escritores, junto à qual se desenvolve o encontro literário ítalo-romeno, é um palacete do fim do século XIX, num estilo *liberty* eclético rico de ornamentações vistosas. A representar a Itália — se é que alguém pode representar alguma coisa — somos quatro, Bianca Valota, Umberto Eco, Lorenzo Renzi e eu; uma exposição introdutória é feita, talvez em homenagem à simbiose entre as duas culturas, por um ilustre acadêmico, eminência nada parda na ciência romena. É um homem bonito, consciente de o ser, e enquanto fala, passa repetidamente, com evidente satisfação, a mão grande e esbelta pela basta e comprida cabeleira negra, dificilmente conciliável com a idade, próxima da aposentadoria. É muito inteligente, afável, de uma cultura extremamente rica e original; enquanto algumas autoridades pronunciam, como em toda parte, os inevitáveis discursos estereotipados e convencionais, ele escuta levantando os olhos para o céu com uma expressão de resignada e escarnecedora tolerância que nem tenta encobrir, mas quando chega a sua vez levanta-se e recita imperturbável uma análoga ladainha de lugares-comuns. É macio, polido, benévolo, mas capaz de fulminantes durezas; no relacionamento pessoal é generoso, solícito, quase sempre diplomaticamente elusivo, mas também desdenhosamente temerário nos julgamentos e nas comunicações emocionantes, que poderiam colocá-lo em apuros. Possui a arte de deslizar por entre as dificuldades como se pretendesse unicamente fugir às tempestades, mas ao mesmo tempo as coloca solidamente na sela e até toma as rédeas com mão firme.

Os anos que atravessou, desde o tempo dos Guardas de Ferro até o stalinismo, são uma época digna da pena de Tácito, mas não afetaram seu charme tranqüilo e sua instintiva cordialidade.

Nele também, como no sr. Tarangolian de Rezzori, o autêntico e o falso estão inextricavelmente entrelaçados, mas percebe-se que é um homem em quem se pode confiar. Sua cultura não é somente uma qualidade pessoal, mas reflete o nível da classe intelectual romena, a seriedade de sua formação, a vastidão de seus interesses e de seus conhecimentos, o rigor e a abertura de sua inteligência.

Mais que os discursos e as comunicações, contam os colóquios e conversas nos intervalos, com sua cautela e as alusivas indiscrições. Também sobre esse rito se exerce o culto do sátrapa, Ceausescu, mas mesmo a tirania pessoal e os insucessos econômicos do regime parecem um grande progresso em comparação com a Romênia dos boiardos e da miséria camponesa. Muitos murmuram com meias palavras; outros, com grande franqueza, criticam abertamente o governo, Estado e partido. Presenteando-me com um livro seu, um acadêmico convida-me a lê-lo com confiança até o penúltimo capítulo e deixar de lado o último, dedicado ao segundo pós-guerra, que, sublinha ele com pedantismo, é todo falso. Bianca, que fez a exposição mais interessante, está inquieta, ainda que domine com luminosa graça seu mal-estar. A neta do grande Iorga, que dele herdou a consciência histórica do sentimento nacional inserido numa consciência cosmopolita, desejaria mostrar-nos uma Romênia diferente, a que ela ama e que, como toda pátria, talvez exista tão-somente nesse amor.

Não faltam, durante a discussão, alguma intervenção e alguma pergunta ousada, feitas por jovens. Como conseqüência, no dia seguinte somos transferidos, para o prosseguimento dos trabalhos, para outro lugar, no Instituto Iorga. O numeroso público, de nada sabendo, voltou naturalmente à União dos Escritores, de acordo com o programa previsto e anunciado oficialmente. Somente alguns jovens vivos e empreendedores captaram no ar a mudança e conseguiram alcançar-nos. Enquanto as pessoas, atraídas principalmente pelo nome de Eco, além da simpatia pela Itália e pelo interesse geral pelos contatos com o exterior, esperam desnorteadas no primeiro local, nós continuamos os nossos trabalhos em outro lugar, mais numerosos que nossos ouvintes.

4. A JANELA DO MARECHAL

Naquele quarto — me diz Grigore Arbore, crítico de arte e poeta, mostrando-me uma janela do Palácio Real, agora Palácio da República — o rei Miguel prendeu o marechal Antonescu, o ditador militar do país, às dezesseis horas do dia 23 de agosto de 1944. Antonescu é um Mussolini que tentou, inutilmente e tarde demais, tornar-se um Badoglio. Em janeiro de 1941 o marechal tinha eliminado do governo e posto fora da lei a Guarda de Ferro, os legionários fascistas; aliado dos nazistas e ativamente ao lado deles no ataque à Rússia de junho de 1941, Antonescu procurou preservar a autonomia político-militar da Romênia e deve-se talvez à sua tática ou pelo menos ao seu capricho de prudente espera, o fato de, apesar do difuso anti-semitismo, não ter havido na Romênia campos de extermínio nem deportações nos *Lager* do outro lado da fronteira.

Sua atitude, essencialmente, consistia em convencer os nazistas de que os judeus de qualquer maneira continuavam lá e não podiam escapar, e se podia pois aguardar o fim da guerra para ver o que fazer com eles. Em 1944 iniciara gestões para concluir um armistício com os russos, mas essas gestões ainda estavam em curso e eram incertas naquele 23 de agosto, quando o marechal opôs uma recusa ao rei, que lhe pedia para proclamar imediatamente o cessar-fogo. O ditador, que estava para separar-se do aliado alemão, mas não acreditava ter ainda garantias suficientes para dar esse passo, foi assim detido, de surpresa, por sua recusa a abandonar repentinamente os nazistas.

Hoje parece haver na Romênia algum sinal extremamente cauteloso de uma mínima revisão do juízo sobre o *Conducator*, sobre o *duce* executado em 1º de junho de 1946. A história de Antonescu é uma parábola clássica do fascismo e das lacerações no interior da direita européia. Antonescu participou ativamente da repressão à revolução comunista húngara de Béla Kun, ocupando Budapeste, e é uma típica figura da reação; ditador, alia-se aos nazistas, mas sufoca o fascismo romeno. Naqueles decênios o fascismo, até certo ponto, é uma força que os outros pensam poder usar; as potências ocidentais tentam servir-se dele para aniquilar o comunismo e lançá-lo contra a União Soviética; esta inverte a situação e procura ganhar tempo e consolidar-se aliando-se a Hitler. Num certo momento o jogo termina, o fascismo não é mais utilizável para qualquer fim ou qualquer cálculo político; coloca-se e é colocado contra todos, e seu destino torna-se uma aventura extrema de delírio, infâmia e desespero.

Alguns tipos de fascismo ou algumas forças de direita favorecidas pelo fascismo tentam, quando as coisas se precipitam, saltar do carro, distinguir seu nacionalismo militarista do ultraradicalismo negro; Antonescu consegue apenas esboçar um passo para trás.

Parece que sua prisão pegou os nazistas completamente de surpresa, incluindo o ativíssimo embaixador alemão em Bucareste, Fabritius. A tragédia daqueles meses e daqueles dias, em Bucareste, tinha também aspectos grotescos e irreais, coexistências absurdas, divergências paradoxais. Um ex-carabineiro italiano que permaneceu em Bucareste, onde constituiu família, é um Decameron vivo daqueles dias. Durante a guerra prestava serviço junto à embaixada da Itália. De Salò, Mussolini nomeou um novo embaixador, escolhido entre os italianos de Bucareste. Este foi se apresentar a Antonescu, que acolheu suas credenciais de embaixador de uma potência aliada, mas lhe disse que, por delicadeza de cavalheiro, não estava disposto a enxotar de sua sede o embaixador do rei da Itália, agora inimigo. Assim, por todo o resto da guerra, até a véspera da chegada dos russos, na embaixada italiana permaneceu, inútil e não importunado, o embaixador do rei, de uma potência inimiga. Alemães e romenos fingiam não estar percebendo; por respeito à formalidade e para ostentar segurança, o carabineiro montava guarda à porta com seu mosquete, enquanto unidades inimigas passavam em frente. Não tinha decidido, diz ele, o que faria com aquele mosquete, devidamente carregado, se uma dessas unidades viesse tomar de assalto aquela embaixada fantasma.

5. MAHALÁ E VANGUARDA

A *mahalá*, o subúrbio de Bucareste, ofereceu um fundo inexaurível de histórias, intrigas, tramóias e eventos picarescos à comédia de Ion Luca Caragiale, o clássico do teatro romeno. Nos cafés daquela periferia, no fim do século XIX, ele colhia destinos e paródias de destinos, melancolias e histórias individuais, nos quais se refletia o tumultuado e incipiente crescimento da nova Romênia, que se tornara pouco antes um Estado unitário, de suas classes sociais e, principalmente, da classe dirigente voraz e desajeitada. Ele próprio era não somente o poeta que reproduzia aquele mundo, mas também um seu personagem; o fecundo autor de comédia, contos e esboços trabalhava como jornalista, ponto de teatro, revisor de provas; fundava periódicos — por exemplo, *A mentira romena*, em 1893 —, abria cervejarias e restaurantes na estação, que regularmente iam à falência.

Sua comédia, hilariante e viva, é um perfeito mecanismo do nada, um *vaudeville* que dispara com instantânea precisão e dissolve a inconsistência da sociedade e da vida. Se Caragiale é um Labiche romeno, foi na sua escola que se formou Ionesco. O franco-romeno Ionesco pertence, de fato, àquela literatura de vanguarda que, segundo muitos críticos, teve — especialmente o dadaísmo — uma "gravidez romena" antes de vir regularmente à luz no Ocidente: Tzara, Urmuz, com sua autodestruição do sujeito na linguagem e seu simbólico suicídio, Virgil Teodorescu, que escrevia na língua leoparda por ele inventada: "*Sobroe Algoa Dooy Fourod Woo Oon Toe Negaru...*".

Mesmo sendo a França seu mundo, Ionesco mergulha suas raízes nesse húmus dadaísta romeno do qual também extrai aquele gosto da paródia total que anima suas pilhérias e que está impresso também em seu rosto metafísico de *clown* à Buster

Keaton, um rosto que é sua obra-prima. Caragiale é talvez um mestre do *nonsense* e do absurdo, mais sutil que Ionesco, pois este, para evidenciar o solene vazio da existência e de seus decálogos sociais, é às vezes obrigado a sublinhar explicitamente essa irrealidade, com a esquematização didática que pode assemelhar-se à explicação não solicitada de uma piada.

Caragiale não precisa deformar a realidade, escarnecer dela explicitamente, para mostrar uma falsidade e vacuidade; basta-lhe mostrá-la assim como é, citar as palavras costumeiras que realmente são ditas para revelar o seu nada, tanto mais inquietante quanto mais normal. Seus personagens não dizem explicitamente absurdos, mas frases perfeitamente razoáveis e por isso mais absurdas; são um retrato fiel, não uma caricatura, da bolha de sabão de que somos feitos.

Ionesco, apesar da estereotipada mecânica do absurdo que o impede de alcançar a verdadeira grandeza, é certamente maior que Caragiale, pois dá voz também à angústia da morte, à obscuridade da existência e a seu frustrado mas inextinguível desejo de eterno. Seu sarcasmo mais feroz atinge principalmente os parasitas do absurdo, os verbosos e supostos teóricos de sofisticação paradoxais e das invenções *à la page*. O filisteísmo burguês da família Smith na *Cantora careca*, que repete as frases feitas dos jornais e do léxico convencional, é idêntico ao filisteísmo dos intelectuais atualizados que zombam dos burgueses, afirmando que a verdadeira sinceridade está no ambíguo jogo duplo e proclamando que "só o efêmero dura".

A vanguarda, por fidelidade a si mesma, elimina aquele carrossel de novidades vanguardistas que já se tornou a mais previsível das repetições. A Bartholomeus I — um dos patronos das letras que, no *Improviso da alma*, ditam leis ao pobre autor — não agrada a palavra "criador". Como bom representante da intelectualidade bem pensante experimental, ou seja, da Retórica, ele prefere, em vez disso, a palavra "mecanismo". Quem sabe se Ionesco, pensando nele e em seus modelos reais, se lembrou da frase lapidar do dadaísta romeno Mihai Cosma: "*Littérature: le meilleur papier hygienique du siècle*".

A cultura romena administra agora com cautela e não sem benevolência a herança da sua grande tradição de vanguarda; já em 1964 representava-se *O rinoceronte* de Ionesco, escritor notória e visceralmente anticomunista. No fim dos anos 1940, todavia, o regime usou a mão pesada, em nome de um pseudoclassicismo vulgar-marxista, contra autores suspeitos de niilística "dissolução da poesia", e até o grande poeta revolucionário Tudor Arghezi passou por algumas dificuldades. Com um misto de provocação e exorcização prudente, Nina Cassian intitulava já em 1945 uma sua coletânea poética *Eu era um poeta decadente*. Mas nem um poeta como Marin Sorescu consegue, como desejaria, responder adequadamente em termos positivos — com seu *Jonas*, escrito em 1968 — a um drama como *O rei morre* de Ionesco e menos ainda ao infinitamente maior *Esperando Godot* de Beckett.

6. A SLOT-MACHINE DA POESIA

Num bairro quase de periferia vive também Israil Bercovici, o poeta iídiche. A literatura, ele me diz, é um *slot-machine*; a vida e a história enfiam ou jogam lá dentro uma chuva de acontecimentos, a luz irrepetível de uma tarde, confusões sentimentais ou guerras mundiais, mas nunca se pode saber o que sairá de lá, alguns míseros trocadinhos ou um régio punhado de moedas, uma cascata de poesia. Tímido e discreto, Bercovici é um fino poeta, envolvido por aquela gentileza familiar e por aquela obstinada *pietas* que derrotaram séculos de violência e de pogrom; a biblioteca de sua elegante e modesta casa é uma pequena arca de Noé do judaísmo oriental e quando ele lê algum de seus poemas, "Solovej", o rouxinol, por exemplo — enquanto a mulher, de volta do hospital onde trabalha como médica, prepara o almoço — entendem-se melhor certos contos de Singer, seu mistério conjugal e a apaixonada saga da vida familiar judaica.

Entre os livros há um álbum de Isahar Ber Rybak, um portifólio intitulado *Shtetl*, a pequena cidade judaica oriental. É o mundo de Chagall, igualmente mágico e indelével, mas ainda mais forte, mais poético. Rybak é um artista maior do que o grande Chagall; apesar da experiência parisiense — que o inseriu na cultura ocidental, com toda a poesia da sua pátria no Leste, e lhe deu uma certa fama — não entrou no circuito internacional, como mereceria, e talvez nem entre mais. Outrora, o tempo e os pósteros talvez lhe tivessem feito justiça, corrigindo o sucesso e suas premiações. Mas o tempo não pode mais ser honesto e redescobrir a mensagem para além do meio. Hoje os meios são a mensagem, mudam e cancelam a história como faz o Grande Irmão no *1984* de Orwell. A indústria cultural destruiu a posteridade; não haverá revisões dos triunfos presentes, não chegará realmente a hora de Rybak, no máximo alguma tímida e momentânea redescoberta por parte de poucos amadores. A quem já tem será dado e a quem não tem até o pouco que possui será subtraído. Mas se o grande mundo impõe a reverência, sempre se pode fazê-la ao revés, como Bertoldo. A inaudita grandeza de Rybak resplandece na sombra.

A literatura iídiche na Romênia é hoje singular; os judeus — e entre eles também os escritores — em grande parte abandonaram o país e os poucos que ficaram são em geral anciãos. "Temos novas forças", me diz sorrindo Bercovici, enquanto me mostra a revista literária iídiche, "novos poetas. Talvez eles comecem a escrever um pouco tarde, não têm pressa de descobrir a própria vocação; este aqui, por exemplo, é um principiante de setenta e nove anos, este outro, já agora na segunda coletânea de versos, publicou a primeira aos setenta e seis anos."

Não se trata, na maioria dos casos, de efusões sentimentais e patéticas, daquela segunda adolescência literária que ataca às vezes os velhos já próximos da poesia do testamento. As líricas, sóbrias e sutis, estão livres de *pathos* epigonal, demonstram conhecimento e domínio das aventuras formais contemporâneas. O que significa "novos poetas"? A *slot-machine* da literatura reserva contínuas surpresas e caçoa também do relacionamento entre as gerações.

7. NO MUSEU DA ALDEIA

O Museu da Aldeia, às margens do lago Herăstrău, não é só uma das célebres atrações de Bucareste, mas também um compêndio de séculos de vida romena. Esta é marcada pela repetição e ao mesmo tempo pelo lento evoluir do mundo camponês: os casebres e as igrejas de madeira, os telhados de palha e de barro, as camas e os grossos cobertores coloridos são um universo que parece estático e imutável, como a natureza, e no entanto se transforma com paciente lentidão, como o crescer e o envelhecer das grandes árvores. A civilização romena é civilização da madeira, de sua bondade e de sua força, da religiosa e sólida delicadeza dos utensílios familiares, dos bancos e das mesas que conservam dentro da casa a lembrança dos grandes bosques onde, outrora, a população autóctone procurava abrigo seguro contra os invasores do momento.

Em boa parte da literatura romena a aldeia é o centro do mundo e o ponto de vista do qual se olha o mundo. Coşbuc, que afirmava seu desejo de cantar o espírito do povo, pretendia compor a epopéia da aldeia romena, e Mihail Sadoveanu, que criou tal epopéia, afunda ele também as raízes de sua arte contestadora e rebelde — apesar do vasto e tranqüilo ritmo de sua força narrativa — no Seminatorismo, o movimento político-cultural nascido em 1901 com a revista *Semănătórul* e propugnador de uma renovação e de um progresso enraizados na fidelidade à tradição camponesa. O populismo romeno proclamava — pela boca de Ion Mihalache, líder do partido ţaranista — a compacidade da massa camponesa e afirmava ser ela "a única classe homogênea" do país.

Os apologistas do mundo rural sabiam defendê-lo com aguerrido senso político da exploração feudal-capitalística, mas idealizavam o passado. A extensão do latifúndio e as minúsculas propriedades insuficientes para o sustento de uma família eram, paradoxalmente, o resultado das leis agrárias promulgadas no século XIX e, em particular, dos Regulamentos Orgânicos de 1831. Estes tinham infringido o direito consuetudinário tradicional e afirmado a propriedade privada em sentido moderno: as antigas comunidades camponesas tinham assim perdido o controle sobre as aldeias e os novos contratos agrícolas impostos às massas rurais as tinham entregue ao arbítrio dos senhores.

Iorga, contestando — logo após a revolução de 1907 — a pretensão dos boiardos de serem donos da terra desde tempos remotos, evocava a imagem harmoniosa de uma antiga comunidade de aldeia, da qual o boiardo outrora fazia parte com os mesmos direitos que os outros; até Mihail Sadoveanu, escritor democrático e revolucionário, representa um mundo arcaico no qual camponeses proprietários são homens livres e com direitos iguais, e Panait Istrati, o anárquico rebelde que exalta as sangrentas e cruéis vinganças dos heiduques contra senhores feudais, governadores e prelados cruéis e corruptos, recorda, também ele, uma fase originária de harmonia coletiva, na qual os boiardos não eram proprietários da terra, e sim chefes das comunidades, às quais ela pertencia. Também Eminescu defende as "classes antigas" contra a exploração capitalista "moderna" e Zamfirescu, na *Vida no campo* (1894), celebra as sadias camadas sociais da nação, os camponeses e os nobres, contra a nova e brutal classe de feitores enriquecidos, que destroem com o dinheiro o vínculo com a terra.

O anticapitalismo romântico idealiza indevidamente o arcaico mundo camponês, o cálido sopro de estábulo da comunidade, tão freqüentemente permeado de tétrica miséria e de sombria violência. A sociedade citadina, tantas vezes e tão facciosamente acusada de alienação, libertou o indivíduo ou pelo menos pôs as premissas para sua libertação. Mas esses intelectuais que como Iorga transfiguravam o mundo camponês não pretendiam restaurar o idílio perdido; a idealização dava-lhes impulso não para voltar ao passado mas para lutar contra os males do presente. A nostalgia do antigo os impelia a olhar para o futuro. As casas, as igrejas, os sítios, os moinhos e as prensas deste Museu da Aldeia são autênticos, transplantados e reunidos num conjunto artificial como é, justamente, um museu; mas passear nesta falsa aldeia, entrando em casebres verdadeiros, vendo antigas amassadeiras de pão e as folhas deste início de junho, não é certamente algo menos genuíno que a "vida no campo", como a chamava Zamfirescu. Nas aldeias verdadeiras, hoje, só há provavelmente coisas falsas; quem quiser encontrar a natureza, vá ao Museu.

8. HIROSHIMA

Os habitantes de Bucareste apelidaram de "Hiroshima" o bairro da cidade que Ceausescu desventra, arrebenta, arrasa, devasta e desloca para construir — talvez em concorrência com o presidente Pompidou, como convém à Paris dos Bálcãs — seu centro, o monumento à sua glória. Shih Huang Ti, o imperador chinês, indeciso entre destruir ou construir, dividiu-se equânime entre as duas paixões contrastantes, edificando a Grande Muralha e queimando todos os livros. A megalomania de Ceausescu parece procurar sua realização, ao menos no que diz respeito a este faraônico projeto imobiliário, numa forma peculiar de demolição, a translação. Não elimina edifícios, freqüentemente os conserva, mas destrói a paisagem, porque transfere os casarios para algum outro lugar ali perto, desloca-os dezenas ou centenas de metros para criar um novo espaço seu.

Afasta uma igreja do século XVIII, com todas as suas fundações, para cinqüenta metros adiante, desloca palácios e casas, aproxima uma capela de um edifício construído um século e meio mais tarde e, se os dois blocos não se ajustam perfeitamente, corta um pedaço de um ou de outro e o joga fora, modifica urbanística e planimetrias com a arbitrariedade do menino que brinca com castelos de areia. Os poderosos retratados por Canetti necessitam, para exaltar o sentimento de seu domínio, produzir o vácuo humano em torno de si, despovoar as cidades, como o sultão Muhammad Tughlak com sua Delhi; Ceausescu, por sua vez, prefere inebriar-se com essa maximudança da História e de seus vestígios. É o expedidor-chefe, o titular da empresa transportadora que embala o cenário dos séculos.

Praças, ruas, alamedas e becos, nos arredores da esplanada panorâmica na qual surgem o palácio da Assembléia Nacional e a igreja patriarcal, são um único grande e dinâmico canteiro de obras; buracos, fendas, amontoados de terra e de pedras, plataformas móveis, escombros. A sordidez tem sua misteriosa majestade e na desolação dessa evacuação prolongada há a magia do opaco, a realeza larval do subsolo, da vida cinzenta e cega que rasteja nos subterrâneos e nas frestas e flui, com os esgotos, para os ocultos tesouros do centro da terra.

Aqueles espaços postos a nu assemelham-se a toupeiras e morcegos violentamente levados para a luz, ou a insetos virados de costas, mas essa irrupção do dia nos domínios das trevas não dissolve o segredo daquele reino ínfero e, em outras circunstâncias, oculto. Aquela escuridão mole e agora revolvida, sobre a qual se erguia a casa, é o pântano originário e rechaçado para baixo, no qual a vida imerge suas raízes. A casa sobe para o alto, luminosas salas de jantar, salas de jogos das crianças, bibliotecas, todas igualmente esquecidas daquela camada sem rosto que as sustenta; a existência não se lembra nem quer lembrar-se do baixo de onde provém, atira nas águas do esgoto e empurra para o fundo, juntamente com as próprias secreções e escórias, também o pensamento de sua natureza terrestre. Uma arqueologia das cloacas e dos esgotos nos daria provavelmente uma história secreta e invertida das cidades, como aquela grandiosa, criada por Ernesto Sábato no seu romance *Sobre heróis e túmulos*.

Mas aquele universo não é só a cloaca ínfera evocada pelo escritor argentino. Entre os refugos e as imundícies brilha o fulgor de algum tesouro, escavado pelos gnomos nas entranhas da terra. Em criança, quando um soldadinho de chumbo ou o invólucro de papel de estanho de um chocolate desapareciam misteriosamente e para sempre, acreditava-se que tinham escorregado em alguma fenda e caído lá embaixo, naquele país desconhecido, sendo acolhidos e postos no trono, como os pescadores arrastados pelas sereias para o fundo do mar.

A literatura é atraída pelos terrenos baixos e pelos refugos, que não aparecem como miséria por redimir mas como recanto onde se refugiou um fascínio perdido. As viagens para baixo, desde as de Júlio Verne até as mais modestas de Sussi e Biribissi nos esgotos, são mais fabulosas do que as outras, porque se adentram no núcleo mais guardado e inacessível, o mítico centro de fogo, que recorda as eras em que a terra foi uma bola incandescente, ou as coisas descartadas da existência, que nunca mais voltaremos a ver.

No seu romance *O velho e o funcionário* Mircea Eliade desceu às adegas da velha Bucareste, onde seus personagens desaparecem misteriosamente, assim como as flechas que eles lançam para o alto nunca mais voltam a descer. A polícia secreta do Estado, no romance, tenta decifrar o significado político dessas histórias fabulosas de desaparecimentos e magias, perdendo-se todavia nos meandros da narração mítica; o velho mestre Zaharia Farâma, que conta essas histórias, sobrevive aos poderosos que o interrogam para extrair dele supostos segredos de Estado, à temida Ana Pauker que o convoca a prestar contas dessas fantasias.

Para Mircea Eliade a autêntica e imortal mitologia popular contrapõe-se à falsa mitologia tecnocrática do poder. Talvez o grande mitólogo esteja errado, talvez esteja sublimando o passado; provavelmente todo mito arcaico, que agora nos aparece em sua verdade incorrupta, foi originariamente truque e poderio tecnocrático, arcano elaborado pelo poder, o enigma de que se cerca uma polícia secreta. Os séculos varrem as polícias secretas e seu poderio, de maneira que resta só o conto — *mythos* — de seu mistério, puro e autêntico como toda fábula que não persegue fins subalternos, mas pretende só narrar. Quando tiver transcorrido o tempo necessário, a reemersão e o abismamento provocados pelas obras ordenadas por Ceausescu se tornarão talvez uma fonte de poesia e de mito como as devastações antigas.

9. O TROFÉU DE TRAJANO

Adamclisi é o lugar do *Tropaeum Traiani*. Do monumento original, construído pelo imperador romano em 109 para celebrar a vitória contra os dácios e os sármatas, resta só a base cilíndrica; o edifício atual, uma reconstrução do modelo antigo, data de 1977. Trajano o erigira para recordar seu triunfo sobre Decébalo, o rei dos dácios, que a nação romena inclui entre os heróis e os grandes de sua história, e os descendentes de Decébalo o reconstruíram para lembrar a glória de ambos, o vencedor e o vencido.

Decébalo é um personagem histórico e uma figura simbólica ao mesmo tempo, um estrategista político genial que se tornou no curso dos séculos um herói da poesia e das canções populares, o emblema da liberdade romena. Mas os romenos, que nele homenageiam o campeão de sua identidade oprimida, consideram-se tão filhos dele como seu inimigo, dos dácios invadidos e dos latinos invasores; a síntese dácio-romana e a continuidade dessa síntese nos séculos é, na Romênia, o fundamento da idéia e do sentimento nacional. Na sua *História ilustrada do povo romeno*, Dinu Giurescu menciona uma lápide, colocada pelos filhos de certo Daizus, que foi morto nos arredores do *Tropaeum Traiani* combatendo contra os costobocos: por essa lápide fica-se sabendo que Daizus, como seu pai Comozus, tinha um nome dácio, mas seus filhos já tinham nomes latinos, Iustus e Valens. O historiador se compraz com essa romanização no prazo de três gerações, de que dá outros exemplos, e com ele se compraz o patriotismo romeno, orgulhoso da própria latinidade — orgulhoso de ser uma cunha no mar eslavo, como deplorava o ministro czarista Gorčakov e como observava satisfeito Cavour.

10. MAR NEGRO

Os gregos, segundo Nestor, tinham interpretado como inospitaleiro, *axeinos*, o nome "negro" dado pelos nativos do país ao mar interno, embora depois o qualificassem de hospitaleiro, *euxeinos*, Euxino, quando haviam fundado suas cidades nas praias e o tinham transformado num mar helênico. Mas o poder das palavras projeta, ainda hoje, sobre o mar Negro a imagem de um deserto marítimo, de um pântano opressivo, um lugar de exílio, de invernos e de solidões; Weininger o associava a Nietzsche, a um rosto obscurecido por nuvens e incapaz de serenidade. A estação balneária das célebres praias entre Constança e Mamaia, com seus hotéis e seus turistas, não destrói a magia do nome, "essas águas que às vezes parecem negras, como se a noite ali tivesse seu berço", escreve Vintila Horia; o mormaço, o mar parado e oleoso, o falso e pretenso luxo dos grandes hotéis são solidários com o fascínio preguiçoso e obscuro do vocábulo e dos mitos arcaicos e bárbaros que ele evoca.

Constança, a antiga Tomi — o lugar do exílio de Ovídio — é agora também um intenso e grave viveiro de indústrias, comércios, movimentos portuários. O ecletismo arquitetônico é plúmbeo e pesado, o *liberty* domina sombrio e monumental, o mar está hoje realmente escuro e lívido sob as nuvens carregadas de chuva, os guindastes do porto recortam contra o horizonte uma tristeza ferruginosa. Horia, no seu romance sobre Ovídio, imagina que o poeta desterrado escutava o grito estridente das gaivotas acreditando ouvi-las gritar "Medéiaaa!", ásperas e dilacerantes como a própria feiticeira bárbara. Mesmo sem arbitrárias sugestões fantásticas, o vento úmido pesa não sobre o coração e o efeito do barômetro sobre a pressão sangüínea não é menor que o das ervas mágicas e venenosas conhecidas por Medéia.

Uma mistura de alta taxa de umidade e reminiscências literárias será portanto suficiente para esvaziar a vida, desvendar nela uma opaca insignificância e uma relaxada solidão semelhante à bandeira quando o vento cessa de repente? Os guindastes são os mastros metálicos de um grande e mísero navio, uma barca de Caronte lançada ao mar num estaleiro estatal, a cidade inteira é um navio gigantesco e anônimo, zarpado antes que houvesse tempo para as despedidas e oscilante numa calmaria que impede até a aflição e a nostalgia do adeus. As águas são uma mortalha pagã, uma última passagem além da qual não há o conhecimento ou a resposta a tantas perguntas, mas somente um limbo sem cor, a mesma realidade de antes, igualmente imperfeita mas mais indiferente e larval, desejos e sentimentos atenuados, como se o único segredo fosse o entorpecimento e a verdade fosse semelhante à perda de interesse.

O além-túmulo cristão tem almas e corpos, o pagão apenas sombras; talvez por isso seja mais moderno e mais crível, é um cinema que projeta repetidamente o filme de uma realidade já inexistente, meras *silhouettes* da vida. Estas talvez tenham pouco a se dizer, estão enjoadas do roteiro outrora estimulante e se roçam mudas e apáticas, como as fotografias de dois amantes deitados lado a lado mas não abraçados. Neste siroco, nem mesmo ver o rosto amado desaparecer na esquina nos causaria pena ou dor, e isso seria o Averno.

Quando o vento do mar Negro lhe soprava essa melancolia, Ovídio, que dá nome à praça, recorria a Eros, deus que não é inoportuno invocar contra o escorrer vazio do tempo. Mas o honesto medicamento daquele frêmito não podia bastar-lhe, em Tomi, porque ele não era o poeta do amor ou do sexo, mas do erotismo, e o erotismo tem necessidade da metrópole, dos *mass-media*, das fofocas de salão, da publicidade. O bom escritor erótico, Ovídio ou D'Annunzio, é um gênio do marketing, impõe códigos de comportamento, inventa slogans e fórmulas publicitárias, como D'Annunzio, prescreve modas e cosméticos, como Ovídio. Isso não o impede de ser um grande poeta, como foram às vezes ambos. De qualquer maneira, ele necessita de uma praça importante e, antes de mais nada, de uma sociedade complexa e articulada, uma rede de mediações sociais e um mecanismo de reprodução da realidade que tornam impossível distinguir o meio da mensagem, a experiência da informação, o produto do anúncio. O poeta do erotismo, para existir como tal, deve estar em todas, precisa da Roma ou da Bizâncio imperial, de Paris, Nova York; era difícil ou impossível praticar o erotismo literário na provinciana e caseira Alemanha do século XIX, e o era certamente mais entre os getas. Aqueles invernos sármatas devem ter sido realmente gélidos para Ovídio; Augusto soubera escolher sua vingança.

11. O CAVALEIRO TRÁCIO

Os deuses, no Museu de Constança, são simulacros da ambigüidade e da mistura, máscara enigmática nas quais a indiferença ciméria das origens se esfuma na promiscuidade da decadência. Um Apolo do século I a.C. é uma bela cabeça feminina, muito mais feminina e sedutora que a de Afrodite, um pouco mais adiante, Ísis mostra uma boca intumescida e sensual, a tríade eleusina remete aos ciclos de morte e renascimento, o Ponto se submete à Fortuna e num friso Eros, à caça de leões, tem o rosto e a expressão de um menino perverso. As exortações encorajadoras de Ceausescu, que campeiam em grandes caracteres nos muros, assediam Hécate tricéfala e tentam submeter também a grande mãe Cibele e seus mistérios orgiásticos aos sentimentos bons e honestos do socialismo.

Essas figuras, elusivas com seu erotismo mesquinho e indistinto, remetem ao substrato múltiplo e compósito desta civilização, estirpes, épocas e deuses amalgamados como nos recantos esconsos de um porto. Iorga acreditava poder individuar o fundo remoto da comunidade cárpato-balcânico-bizantina, sua camada primária, nos trácios, que Heródoto definia como "o maior povo do mundo depois dos indos" e que, em sua opinião, poderiam ser o mais poderoso se permanecessem unidos e fossem governados por um único chefe, em vez de dispersos em muitos povos de diversos nomes.

A figura que no museu domina o serralho dos deuses é, de fato, o Cavaleiro Trácio. Este não tem um nome próprio, não é um deus; é o símbolo de uma divindade oculta, que não é profanada nas efígies, talvez por ser irrepresentável e indizível como Deus e da qual ele é o impávido soldado. Montado no seu cavalo, animal sagrado, o Cavaleiro Trácio lança-se para a frente, e seu manto se levanta e flutua no vento; numa representação o tempo mutilou na cabeça cavalo e cavaleiro, uma outra mostra, porém, a figura inteira, o rosto e o olhar de quem combate um bom combate.

A tradição testemunha a serenidade dos trácios e dos getas, sua tranqüila disponibilidade para aceitar a morte, a aura luminosa que envolve, na *Ilíada*, as armas de ouro de Reso e seus cavalos brancos como a neve e velozes como o vento. Essa tranqüilidade é familiaridade com a morte, liberdade diante dos temores e da ânsia que toda cega idolatria da vida leva consigo; os trácios choravam o nascimento, que trazia ao homem tantas angústias e festejavam o fim, que o libertava dos males ou o levava à beatitude. Os getas não temiam a morte e a escolhiam livremente, a fim de não cair no cativeiro ou na escravidão.

De onde vinha essa serenidade? Da familiaridade com o ritmo da natureza, que induz a sentir-se como as folhas e a crescer e cair como elas, ou da fé na imortalidade, da convicção de que com a morte tem início a vida verdadeira e eterna, ao lado de Zalmoxis, o deus recôndito? O ouro e o branco que envolvem Reso, assaltado e morto durante o sono, são a auréola de uma persuasão que a chacina noturna não afeta e que Homero, o descendente de seus inimigos, faz resplandecer nos milênios. Talvez o Cavaleiro Trácio seja uma figura da persuasão e a morte não tenha poder sobre ele, que cavalga seguro no lombo de seu cavalo, animal inferior que se tornou seu companheiro fiel. Para onde se dirige, montado naquele cavalo, para além de que passagem? Na clareira de Pomočnjaki, no monte Nevoso, uma manhã, o sol que acabava de nascer criara, com o vapor que subia da grama, uma cortina luminosa e impenetrável, que escondia o bosque mais atrás. A figura que se levantara, e se encaminhara para aquela tenda de luz, entrando e sumindo na claridade, do outro lado daquele limiar, subtraíra-se ao meu olhar, mas não havia temor algum nem perda alguma nesse desaparecer e ver desaparecer.

O verdadeiro mistério é luminoso e puro como aquela manhã, despreza os truques e os milagres, a pacotilha do oculto e do sensacional. No museu há também a estátua de Glýkon, monstro triforme com cabeça de cachorro ou de antílope, olhos e cabelos humanos, corpo de serpente e rabo de leão. Glýkon era adorado no II século d.C. na Paflagónia, como encarnação de Esculápio, e seu culto chegou até Roma. Ele poderia ser um *genius loci* deste cenário de indistinção e metamorfose; bem mais prosaicamente, é a lembrança de uma trapaça. Um embusteiro, Alexandre de Abonuteichos, havia domesticado e camuflado uma serpente, que fornecia aos devotos por preço elevado oráculos e augúrios. Os epígonos e as idades epigonais não sabem acreditar em Deus nem encarar de frente os átomos e o vazio. Sua *Halbkultur*, incapaz de entender os Evangelhos e Lucrécio, volta-se para bibelôs intelectuais de baixo valor mas de pretensões sofisticadas e pede conforto a um sobrenatural de circo. O mistério da vida, da morte e do destino confunde-se com o da mulher partida ao meio na caixa diante do público, que no fim pula fora da caixa e faz uma reverência.

O culto de Glýkon é a deferência à própria incapacidade de entender o truque. Quanto mistério insondável há, ao contrário, poucos metros adiante nas ânforas emersas do mar e no próprio mar que elas relembram, ou numa belíssima cabeça de mulher de luto, que exprime toda a inexplicabilidade da dor. É difícil imaginar esta mulher encantadora e triste perguntando, como terá feito provavelmente o desenvolto Alexandre de Abonuteichos: "Qual é o seu signo?".

12. A CIDADE MORTA

A viagem dos antepassados alemães ao longo do Danúbio era, para Hölderlin, o *nostos* em direção aos dias do verão, aos países do sol, Hélade e Cáucaso. Chego a Histria, Ístria, à cidade morta que para mim tem o nome do verão e dos lugares familiares. É estranho chegar a esta hora, de noite, e ainda mais estranho chegar sozinho — aquela palavra, Ístria, está ligada à luz absoluta, ao dia pleno, a uma vizinhança que não sabe o que é solidão.

Aqui, pelo contrário, nesta metrópole arqueológica, é o deserto. O portão já está fechado, algumas chaminés apagadas e alguns caminhões parecem abandonados como as ruínas da antiga colônia milésia. Pulo o muro, caminho por entre cardos e espigas selváticas, entre os restos do templo de Zeus e da basílica, portas maciças e colunas torsas no pôr-do-sol como fustes, termas silenciosas. A tarde diáfana e firme arqueia-se sobre esta tumba dos séculos, cobrinhas desaparecem por entre as pedras e as aves soltam gritos estridentes sobre muros meio desmoronados; os escombros descem até as profundezas de um mar avermelhado pelas algas.

A cidade morta tem a eternidade da destruição, as pedras não falam do momento em que nestas praias aportaram os navios dos colonos de Mileto, para fundar a cidade, mas das vagas sucessivas da devastação, godos, eslavos e ávaros, dos instantes em que a vida parou. Uma cruz entre as pedras recorda Panait Emil, Simion Mihai e Platon Emil, mortos (afogados?) em 12 de março de 1984, mas naquele silêncio de séculos os restos de um templo erguido a uma divindade local e desconhecida deixam na sombra os da basílica cristã, mesmo sendo hora da ave-maria.

A cidade é grande, suas ruas se cruzam, se emaranham e se perdem num labirinto, e por um momento é difícil encontrar o caminho de volta. Como a Cobra Branca na cidade morta de Kipling, temos a impressão, neste ar transparente que, todavia, transmite intacto cada som, de termos ficado de certo modo surdos, de não mais ouvirmos as vozes da realidade. Os séculos de morte acumulados entre estas ruínas não são uma treva, uma escuridão que engole as imagens, são antes uma luz clara e inalterável, na qual o olho percebe cada objeto. São também uma parede de vidro, que exclui os sons do mundo. Entre estes escombros do passado andamos não como cegos, mas como surdos, envoltos na irrealidade, às vezes desajeitada e cômica, que rodeia quem é duro de ouvido.

Sentimo-nos inermes, fáceis presas expostas a uma agressão que nos pegaria de surpresa e desprevenidos; nos romances policiais há temíveis assassinos e hábeis detetives cegos, mas não surdos. Também a velhice deve ser mais surda que cega. Certamente, mas nessas deficiências o dicionário socorre misericordioso e é possível sempre se convencer de que, como o médico dizia tranqüilizador a um tio de Gigi, não se trata de surdez, e sim de hipoacusia. Mas eu, respondia o tio, não escuto nada.

13. NA FRONTEIRA

Daqui a pouco novamente estaremos à beira do rio, para não mais deixá-lo, até o fim. Mais além, a oeste, estende-se o Bărăgan, a estepe romena, lugar de desolação e desterro, verões ardentes e invernos gélidos, horizontes sem fim. No Bărăgan foram deportados, pelo regime de Antonescu, os ciganos, num êxodo a que Zaharia Stancu erigiu um monumento com seu romance *O acampamento*, e — depois de 1945 — os alemães da Romênia. Sadoveanu e Panait Istrati cantaram o pôr-do-sol sobre o mar ilimitado da planície, os cardos e as lutas dos camponeses, o violino cigano e o canto do melro, afinados por uma desolada nostalgia.

Ao pé da colina de Denis Tepe, pouco mais ao norte de Babadag, está a baía na qual teriam baixado a âncora os Argonautas de volta da Cólquida. A enseada está vazia, o mar desbotado, no flanco incolor da colina raras instalações industriais exibem uma poluição de periferia urbana. O Danúbio começa a esparramar-se e efundir-se, como vinho de rota cratera, diz o poema quando um herói ferido cai de seu carro. Este presságio do fim é, todavia, tranqüilo e majestoso, rico de fecunda vitalidade. Na Balta o Danúbio confunde-se com os prados num grande e inextricável jângal aquático, árvores cerradas debruçam-se sobre o rio formando grutas líquidas, moradias profundas e efêmeras, verde-escuras e azuis como a noite, nas quais não é possível distinguir a terra da água e do céu. A vegetação recobre tudo, sobe e se enrosca por toda parte, numa proliferação exuberante e movediça, jogo de espelhos que cruzam seus reflexos.

A ilha de Brăila, com sessenta quilômetros de comprimento e compreendida entre o braço principal do Danúbio e o Danúbio velho, é um Éden líquido e fantasmagórico, no qual reina o junco e perto do qual os godos, como lembra Gibbon, concordaram em entregar aos romanos suas mulheres e seus filhos, mas não suas armas. Em Brăila o rio se recompõe, é unitário e possante como convém à cidade florescente de negócios e de indústrias, a seu porto fluvial ativo e industrioso como, ainda mais, o da vizinha Galaţi.

O antigo empório comercial é agora um importante centro de indústria metalúrgica e naval; o ocre de um nobre e pesado século XIX, com seu decoro neoclássico adornado de volutas e cariátides *liberty*, funde-se numa indefinida ambigüidade levantina, de porto do Oriente, mescla e fermento de todos os elementos que a onda deposita na praia. Brăila, no século XIX, era também um centro de exilados búlgaros, que preparavam a revolução; Vazov descreveu esses patriotas, os *Chăšovi*, suas intermináveis discussões noturnas nas tabernas da cidade.

No restaurante Danúbio, na praça Lênin, as paredes estão pomposamente recobertas de vermelho, com uma pretensão de décor fim de século, mas a luz é escassa e a aliança entre o meio-dia sem nuvens e o lustre aceso na sala rebaixada não é suficiente para ler o cardápio. A Strada Republicii, que atravessei há pouco, é uma dessas ruas ladeadas por edifícios ecléticos, freqüentemente de cor ocre-alaranjada, que tantas vezes percorri, nestes anos, na Hungria, na Eslováquia, no Banato, em tantas outras cidades ou cidadezinhas do mar panônico; na meia-luz deste restaurante tenho a impressão de que todas aquelas ruas desembocam e terminam nesta praça, para sempre, como se aqui fosse a fronteira de meu mundo danubiano, minha fronteira.

Turcos e sobretudo gregos imprimiram sua marca a Brăila, ou Ibrail, desde os comerciantes cuja riqueza se mostra pomposa na igreja grega, até os partidários de Markos aqui chegados em 1948, após a guerra civil. Filho de um contrabandista grego, desconhecido para ele, é o poeta de Brăila, Panait Istrati, que sua cidade natal celebra e promove. Uma fotografia, no museu, mostra-o em Nice em 1921, na rua, usando chapéu de aba larga e lendo o *Humanité*, uma pose fitzgeraldiana que exprime toda a tumultuada insolência, a inerme e prevaricadora ingenuidade daquela geração perdida, e declamadora da própria perdição, a que Panait Istrati pertencia.

Do hospital de Nice, depois de ter tentado cortar a garganta, enviara uma carta a Romain Rolland, um desesperado pedido de ajuda escrito na noite anterior à tentativa de suicídio e na qual interrompera duas vezes seus lamentos para contar episódios cômicos de sua infância. Rolland entusiasmou-se com esse "narrador do Oriente" que andara por meio mundo exercendo os ofícios mais improváveis, com esse "Gorki dos Bálcãs" poeta de vagabundos e desamparados, e promoveu e difundiu sua obra na França. Poucos anos mais tarde Panait Istrati gozava de fama mundial; suas obras — de tema quase sempre romeno-balcânico, mas escritas às vezes em francês, aprendido como autodidata — eram traduzidas em 25 línguas, e um mestre da crítica como Georg Brandes, a quem Thomas Mann enviara a seu tempo os *Buddenbrooks* com tímida deferência, dizia imprudentemente amá-lo mais do que a todos os outros narradores europeus contemporâneos. Hostilizado como comunista, o escritor incorreu na ira da esquerda ortodoxa por suas críticas ao regime soviético; em 1925 deixou de lado os projetos literários para dedicar-se exclusivamente à defesa dos povos habitantes entre o Dniester e o Tibisco, anexados e oprimidos pelo governo romeno.

Rolland comparava suas histórias, que se desenrolam sem fim uma da outra, aos meandros e às curvas do Danúbio, àquele emaranhado de águas e margens que Panait Istrati descreveu no seu romance *Kyra Kyralina*, fascinado por sua cintilação e por seus extravios e atemorizado pelas cidades, pelas desgraças e pela crueldade escondida naquelas sinuosidades. Ele é o poeta da promiscuidade e da ambivalência do Oriente, daquela desordem de que parece esperar ao mesmo tempo redenção e violência; seu anarquismo rebelde faz dele um irmão das vítimas e dos vencidos, literariamente pouco feliz quando narra sua sublevação ou prega sua vingança, como nos *Heiduques*.

Como quase sempre acontece com o imoralismo que nasce da revolta ética contra a falsa moral, também Panait Istrati, o defensor dos fracos e dos oprimidos, acaba por sucumbir a uma sedução ingênua pela vitalidade, sem perceber que ela decreta imperscrutavelmente a dominação do mais forte. O sexo polimorfo é exaltado como livre prazer, mas ele se torna também uma armadilha, que atrai as vítimas para o vórtice da vida e para as mãos dos perseguidores. Para Panait Istrati, poeta quando escuta o sofrimento e pedante quando canta a vida sem lei ou o progresso, a existência se assemelha a um prostíbulo do Oriente, com suas tendas convidativas na entrada e sua imundície no interior.

Brăila e a vizinha Galaţi, da qual o Antiquarius reprovava os costumes relapsos e a multidão de meretrizes em cada esquina, são dois lugares adequados à sua fabulação de bazar. Hoje as duas cidades, principalmente a segunda, uma Hamburgo danubiana, não exibem tapetes, mas estaleiros, guindastes, inferno de ferro — que na realidade só aparecem como tais a quem tem memória curta e esquece o suplício humano que acontecia no multicolorido mundo de ontem. As duas cidades, sobretudo Galaţi, são o símbolo da ambição romena de tornar-se independente, graças também aos investimentos da União Soviética no setor industrial — e também o símbolo da crise econômica em que desembocaram aqueles projetos ambiciosos.

O Pruth, das águas outrora exaltadas como salubres e puras, assinala por quilômetros e quilômetros a fronteira com a Rússia, além da qual as coordenadas danubianas não funcionam mais. O *pathos* da fronteira não é senão insegurança, medo de ser tocado, como o que comprime os personagens de Canetti, obscuro temor do outro. Como toda e qualquer fronteira, inclusive as do nosso eu, também o Pruth é uma linha imaginária, além da qual a relva é exatamente igual à que cresce nesta margem. Talvez a cultura danubiana, que parece ser tão aberta e cosmopolita, eduque também para esse fechamento e para essa ânsia; é uma cultura que por demasiados séculos foi obcecada pelo dique, pelo baluarte contra os turcos, contra os eslavos, contra os outros. "O Danúbio é portanto a grande base de toda operação, qualquer que seja a direção desta, como é a linha defensiva por excelência, apta a fazer frente ao ataque, de qualquer lado que este se apresente..." (*Saggio di geografia strategica*, pelo coronel G. Sironi, Turim, 1873, p. 135).

14. NO DELTA

O conde István Széchenyi, pioneiro das comunicações na Europa Sul-Oriental, além de patriarca da independência da Hungria, escrevia em 13 de outubro de 1830 a seu amigo Lazar Fota Popovich regozijando-se por ter encontrado Miloš Obrenović, príncipe da Sérvia, e por ter encontrado nele um partidário convicto da *Regulation*, isto é, dos projetos e trabalhos necessários para a navegação no Danúbio. Széchenyi estava voltando de Constantinopla e de Galaţi, onde estivera no intuito de promover seus grandiosos planos; tinha chegado à foz e bem além da foz, além da meta da grande aquavia que tinha em mente, e na volta adoecera gravemente, a ponto de escrever ao conde Waldstein, do navio que o trazia para casa, uma carta que pensava fosse seu testamento político.

Naqueles meses, Széchenyi tinha vivido, por múltiplas razões, no *pathos* do fim. A *Regulation* convém ao fim e ao seu aproximar-se; a conclusão é da competência de engenheiros, tabeliães e outros afeitos ao cálculo, à contabilidade e ao registro preciso. A morte restitui à vida, por si tão imprecisa, a dignidade da ordem: o descuidado fluir do dinheiro se organiza na clareza do testamento, as *liaisons* irregulares somem no nada e cedem o lugar, nos necrológios e nos pêsames, aos cônjuges legítimos, a agonia é vigiada e medida como nenhum outro momento da existência. Na página 745 da sua ponderada monografia sobre o Danúbio, de 1881, Alexander F. Heksch toma o cuidado de refazer os próprios passos e corrigir alguns detalhes das descrições precedentes, superadas por mutações ocorridas na realidade enquanto ele prosseguia em sua descrição; até aquele momento ele não se tinha preocupado com elas e avançara rápido e desenvolto, mas na iminência de terminar seu trabalho sente a necessidade de colocar tudo em dia.

Há solidariedade entre o afrouxamento centrífugo próprio do fim e o mapa cadastral que o protocola. O delta, no qual o navio penetra e se perde como um tronco à deriva, é uma grande dissolvência, afluentes, braços e riachos que se dispersam por conta própria, como os órgãos de um corpo que está cedendo, os quais progressivamente se desinteressam uns dos outros; mas o delta é também uma rede perfeita de canais, uma acurada geometria, uma obra-prima de *Regulation*. É uma grande morte mantida sob controle, como a do marechal Tito ou de outros protagonistas da história mundial — uma morte que é incessante regeneração, exuberância de plantas e de animais, juncos e garças reais, esturjões, javalis e mergulhões, freixos e caniços, 110 espécies de peixes e trezentas de pássaros, um laboratório da vida e de suas formas.

Um carvalho arrancado do chão apodrece na água, um abutre investe do alto contra um patinho. Uma moça tira as sandálias e deixa a perna pender fora do barco, os átomos ligados e comprimidos em cada agregação pressionam em direção a outras combinações e outras formas. O delta é o labirinto dos *ghiol*, dos caminhos de água que se entrecruzam no meio dos caniços, e é a planta dos canais que regulam o fluxo das águas e os percursos no labirinto. O epos do delta está nas histórias sem nome passadas entre as cabanas de junco e barro dos pescadores lipovenos, no gelo e no degelo que as inunda, mas também nos relatórios da Commission Européenne du Danube, instalada em 1856, que entre 1872 e 1879 destinava 754 654 francos à construção dos diques de Sulina.

Num caderno de viagem é mais fácil rabiscar alguma coisa a respeito do canal que a respeito do *ghiol*; a respeito do engenheiro Constantin Barsky, experimentado ilustrador do projeto do canal Canara entre o Danúbio e o mar Negro e autor, há um século, de conferências sobre o assunto, que a respeito de Kovaliov Dan, barqueiro e pescador lipoveno, morador da Milha 23 do braço que leva a Sulina, ou a respeito do pequeno Nikolai, de quem só conheço o tímido sorriso quando uma moça descida do navio lhe deu um beijo. Um livro, para se justificar, deveria ser a história de Nikolai, do seu acanhamento diante daquele rosto que se inclinava sobre ele; inferiores a Nikolai, os livros se esquivam e se voltam para o compêndio, a recapitulação de conquistas e quedas de impérios, anedotas de gabinete, notícias da corte e do Parnaso, protocolos de comissões internacionais.

O navio desliza sobre a água, nas margens os caniços fogem para trás, sobre uma árvore um mergulhão que abriu as asas para se enxugar se desenha contra o céu como um crucifixo, os mosquitos enxameiam como um punhado casual de seres comuns da vida, e o germanista especializado em literatura danubiana não tem inveja de Kafka ou de Musil, do talento deles para representar catedrais escuras ou comitês inconcludentes, mas de Fabre ou Maeterlinck, os aedos das abelhas e dos cupins, e compreende por que Michelet, após escrever a história da Revolução Francesa, desejou escrever a história dos pássaros e do mar. Poeta é Lineu, que aconselha contar as espinhas dos peixes e as escamas das serpentes, observar as rêmiges dos pássaros e as penas da cauda; o murmúrio do verão e do rio exigiria do seu relator, perdido naquele encanto, a pontuação do classificador sueco, suas vírgulas que distinguem as frases e os ponto-e-vírgulas que as subdividem, seus pontos que encerram as diferenças.

Certamente o catálogo do Museu do Delta de Tulcea, a última cidade de terra firme da qual partiu o navio, facilita a descrição de verdelhões, pegas, tarambolas, cegonhas, airões, pelicanos, lontras, arminhos, gatos selvagens, lobos, espinheiros-alvares, rosas-bravas, eufórbias, salgueiros. Afinal, Lineu enumera entre os fitólogos, ou seja, entre os cientistas não somente os botânicos propriamente ditos, mas também os mais aleatórios botanófilos e entre eles os poetas, os teólogos, os bibliotecários e os organizadores de miscelâneas. Mas a miscelânea é um *abrégé* do mundo, ao passo que em volta há o mundo, e o botanófilo de biblioteca percebe que, quando se é naturalista só por ordem do rei, como Buffon, fica-se embaraçado diante da antiga mãe, e que talvez, para descrever a corrida das lebres, se tenha de recorrer, como o gentil-homem francês, a uma digressão sobre a migração dos povos na época dos bárbaros.

Ontem eu estava no Museu do Delta, hoje estou no delta; cheiros, cores, reflexos, sombras mutáveis na correnteza, fulgor de asas no sol, vida líquida que foge entre os dedos e obriga a notar, mesmo na festa deste dia em que se está na ponte do navio como um rei homérico em seu carro de guerra, toda a nossa inadequação perceptiva, sentidos atrofiados há milênios, olfato e ouvido inadequados às mensagens que chegam de cada moita oscilante, antiga cisão do fluir, fraternidade perdida e recusada, Ulisses que não mais precisa se deixar amarrar e marujos que não mais precisam tapar os ouvidos, pois o canto das sereias foi confiado a ultra-sons que Sua Majestade o Eu não distingue. Um mergulhão voa com o bico aberto estendido no ar, semelhante a um pássaro pré-histórico sobre o pântano originário, mas o coro imenso do delta, seu baixo contínuo e profundo, é para nossos ouvidos um cicio, uma voz que não se consegue apreender, o sussurro da vida que desaparece sem ter sido escutada, deixando-nos para trás em nossa hipoacusia.

A culpa não é do Danúbio, que aqui demonstra não jorrar da torneira fabulada nos arredores de Furtwangen, mas antes de quem, diante da cintilação e da música destas águas, sente necessidade de apegar-se àquela patranha, talvez para desmenti-la desdenhosamente, e até divagar sobre o hipotético gotejar da torneira para eludir a canção do rio. É provável que também o diário de bordo, escrito mais por um hidráulico que por um Ulisses, faça água, em vez de deslizar rápido e seguro como o barquinho que certamente Nikolai sabe construir com casca de árvore ou um pedaço de papel. Os livros, sabe-se, são um gênero de risco fartamente coberto, a sociedade literária é uma previdente companhia de seguros, e é raro que os sinistros poéticos não estejam amplamente protegidos. Mas para poder tomar nota com toda tranqüilidade neste embarcadouro entre os meandros do delta, seria necessária a cláusula marítima *all risks*, que compreende mesmo todos os riscos, inclusive avarias particulares, rasgões por ganchos, contatos da carga com substâncias contaminantes, furto, violação, falta de entrega, dispersão, naufrágio e/ou afundamento.

O dia é glorioso, e o navio avança como um animal em liberdade pelos vários braços do rio. No velho delta, em direção a Chilia, o limo se transforma progressivamente em terra firme, a inconsistência sem fundo torna-se solo compacto onde se pode construir, plantar, colher, braços e canais formam um delta no delta, nos depósitos de aluviões salgueiros e choupos surgem sobre um cerrado de espinheiros e tamargueiras, grandes ninféias brancas e amarelas pousam sobre as águas como as terras sobre o oceano originário nas cosmografias antigas, perto da fronteira soviética Chilia Veche — antiga colônia grega e empório genovês onde o tabelião Antônio di Ponzo registrava, no século XIV, vendas de tapetes, vinho, sal e escravos de doze anos, e o monge Niccoló Barsi, no século XVII, anotava os 2 mil esturjões pescados diariamente — exibe as altas torres de sua igreja, que tanto impressionam os pescadores lipovenos no romance *O rio sem fim*, escrito nos anos 1930 por Oskar Walter Cisek.

O braço que leva a Sfîntu Gheorghe, o mais longo, 110 quilômetros, costeia perto de Mahmudia a fortaleza de Salsovia, na qual Constantino mandou assassinar Licínio, deixa à sua esquerda uma floresta tropical e uma extensão de terras baixas e arenosas, reino de rãs e cobras, onde no verão a temperatura chega a sessenta graus. A literatura do delta, todavia, prefere o gelo, não o calor estival; Cisek descreve os pescadores que no inverno quebram a crosta do rio em busca de suas presas, Stefan Bănulescu fala do Crivâţ que sopra gélido e cortante, evoca a tempestade de vento e neve, o estalar do gelo que começa a rachar e a derreter. O topos da literatura do delta, seu cenário épico por excelência, é naturalmente a inundação, a enchente, o Danúbio que transborda e submerge as aldeias, a maré que arrasta estábulos, cabanas e covis na floresta, levando na corrente, como num dilúvio universal, animais domésticos e selvagens, bois, cervos e javalis.

O delta, para Sadoveanu, é também uma bacia de povos e gentes, como se o Danúbio levasse para o mar e espalhasse em volta, transbordando nas margens, detritos de séculos e de civilizações, fragmentos de História. Mas estes resíduos têm vida breve, rolam das margens na época da enchente e desaparecem, engolidos pela terra como folhas e outros entulhos arrastados pelo rio: as histórias do Danúbio, diz Sadoveanu, nascem e desaparecem num sopro, como uma poça de água que seca. Num de seus contos Stefan Bănulescu descreve o funeral de um menino em plena tempestade de inverno, o barco que o transporta em busca de um cume ou de uma duna onde se possa cavar um túmulo, as águas em fúria que ameaçam arrasar a humilde sepultura, o inverno que apaga também aquela tragédia e aquela dor, aquela tumba precária, aquela história sem nome.

Nos contos de Sadoveanu e de Bănulescu aparecem freqüentemente os ciganos, como se esse povo errante e à margem da sociedade fosse uma tribo apta a morar no mundo arcaico e esquecido do delta. Um século atrás este era realmente um reino de irregulares e de fugitivos, uma terra de ninguém, refúgio dos sem-lei, vindos de toda parte. Os turcos, senhores da região, não mantinham ali nenhuma guarnição regular, mas uma milícia desorganizada e reunida às pressas, recrutada irregularmente entre os camponeses, que se mancomunava com os desertores e bandidos escondidos nos charcos, em vez de vigiá-los e combatê-los, e dos quais mal podia se distinguir. Os guias do século XIX, como, por exemplo, o monumental guia do barão Amand von Schweiger-Lerchenfeld, falam de uma miscelânea de homens de todo tipo e de toda raça, turcos e caucasianos, ciganos e negros, búlgaros e valáquios, russos e sérvios, marujos de meio mundo, aventureiros, delinqüentes, forçados foragidos. "Os assassinatos estavam na ordem do dia." Depois da guerra da Criméia chegaram, a caminho da Bulgária, os nogais, os tártaros e os circassianos dizimados pelas pestes.

Agora o delta, onde vivem aproximadamente 25 ou 30 mil pessoas, é principalmente a pátria dos lipovenos, os pescadores de longas barbas patriarcais, vindos no século XVIII da Rússia, que haviam deixado por razões religiosas. Os "velhos crentes", seguidores do monge Felipe, tinham se refugiado na Bucovina, vindos da Moldávia; recusavam o sacerdócio, sacramentos, matrimônio e serviço militar, e se recusavam sobretudo a jurar e rezar pelo czar, enquanto indicavam como suprema expiação a escolha de morrer na fogueira ou de jejum. Na Bucovina austríaca José II lhes concedeu liberdade de culto e isenção do serviço militar; o imperador iluminista provavelmente desprezava os princípios que lhes proibiam vacinar-se e tomar qualquer remédio, mas certamente admirava-lhes a mansidão laboriosa e respeitadora das leis e sobretudo a engenhosidade industriosa, que deles fazia artesãos e camponeses extremamente qualificados e avançados no plano técnico. Em meados do século XIX muitos lipovenos voltaram a aceitar a hierarquia e a celebrar a Missa de acordo com a antiga liturgia e no fim do século alguns entraram na igreja greco-oriental.

Agora os lipovenos são pescadores no delta mas exercem também os ofícios mais variados em outros lugares, nas fábricas e nas indústrias romenas. Ainda são, todavia, principalmente o povo do rio, vivem na água como os golfinhos ou os outros mamíferos do mar. Nas margens, seus barcos negros assemelham-se a animais repousando nas praias e ao sol, focas prontas a mergulhar e desaparecer entre as ondas ao menor sinal. À beira d'água estão suas casas de madeira e de barro e palha, cobertas de caniços, seus cemitérios com as cruzes azuis, as escolas que suas crianças alcançam de canoa. As cores lipovenas são o negro e o azul, límpido e suave como os olhos de Nikolai sob os cabelos louros. Enquanto o navio passa em frente de suas casas, as pessoas assomam à porta, hospitaleiras e festivas, saúdam e gesticulam convidando a parar e entrar; alguém, com poucas remadas, se põe ao nosso lado e oferece peixe fresquinho em troca de *rakia*.

Não há fronteira entre a terra e a água, as ruas que nas aldeias levam de uma para outra casa são ora becos cobertos de grama, ora canais sobre os quais flutuam juncos e nenúfares; terra e rio penetram e desaparecem um no outro, os *plaur* cobertos de caniços flutuam como árvores à deriva ou grudam no fundo como ilhas; não por acaso existe uma Veneza do Delta, Valcov, com as cúpulas de sua igreja.

Zaharia Haralambie é o guardião da reserva dos pelicanos, perto da Milha 23, no antigo curso do Danúbio de dupla curva, nas imediações do canal que leva para Sulina; passa a vida escutando os gritos das aves e o bater de suas asas. Como os demais lipovenos, tem um rosto franco e aberto, uma inocência sem temor. As crianças, que nos rodearam em bando tão logo descemos, mergulham no rio, e o bebem, perseguem-se sem fazer distinção entre a água e a terra. As mulheres são loquazes, amáveis, inclinadas a uma desinibida familiaridade, que induz Cisek, em seu romance, a encorajantes fantasias amorosas. O delta é a grande entrega ao fluir, universo líquido que liberta e solta, folhas que se deixam ir e levar pela corrente.

Onde termina o Danúbio? Neste incessante acabar não há um fim, há só um verbo no infinito presente. Os braços do rio vão cada um por conta própria, se emancipam da imperiosa unidade-identidade, morrem quando bem o desejam, um antes, outro um pouco depois, como o coração, as unhas ou os cabelos, que o atestado de óbito exime do vínculo de fidelidade recíproca. O filósofo teria dificuldade, neste emaranhado, de apontar o dedo para indicar o Danúbio, sua precisa indicação se transformaria num incerto gesto circular, vagamente ecumênico, porque o Danúbio está em toda parte e também seu fim está em todo lugar, em cada um dos 4300 quilômetros quadrados do delta.

Büsching mencionava sete bocas como o antigo Ammiano, Kleemann, em 1764, contava cinco como Heródoto e Estrabão, Sigmund von Birken as enumerava de acordo com os nomes que encontrava em Plínio: Hierostomum, ou boca sagrada, Narcostomum, ou preguiçosa, Calostomum, ou seja, bela, Pseudostomum, isto é, falsa, Boreostomum ou boca do norte, Stenostomum, vale dizer, estreita, Spirostomum, boca em espiral.

Três são os braços oficiais, partindo de Tulcea: o de Chilia, ao norte, que por sua vez penetra no mar através de 45 bocas, em território soviético, e verte dois terços da água e dos detritos do Danúbio; o central, de Sulina, que se lança direto no mar Negro graças à canalização instalada entre 1880 e 1902, que torna cômoda a navegação e simbolicamente retilíneo e firme o percurso; o de Sfîntu Gheorghe, ao sul, serpeante e enroscado, ao qual o Danúbio deve o comprimento canônico que lhe é atribuído pelos manuais; a rigor há um quarto, o canal Dunavăţ, que se bifurca do precedente e desce, retrocedendo para sudoeste, para o grande lago Razin, no qual, aliás, se lança também o canal Dranov, que desce do mesmo braço.

Não é certamente o caso, para determinar a foz, de discutir indecorosamente, como a respeito das nascentes, mas é conveniente deixar morrer em paz quem quer que seja, homem, rio ou animal, sem sequer lhe perguntar como se chama. É lícito talvez escolher a boca do Danúbio de acordo com o nome, por amor a uma conclusão preguiçosa e divagante como promete Narcostomum, ou pela atração daquele extremo embaralhamento, daquele ás na manga que deixa entrever Pseudostomum, a boca falsa; coerência e sedução deveriam por certo induzir-me a optar pela boca sagrada, porque, segundo Sigmund Birken, nos seus arredores surgiu uma cidade chamada antigamente Istrópolis.

A confusão está se tornando realmente excessiva, como quando os velhos confundem seus nomes e datas, enganando-se de decênios e confundindo os vivos com os defuntos. A escolha, então, só pode ser convencional, arbitrária, como convém à época do niilismo total; se não existe verdade, o critério operativo é determinável à vontade, como as regras do xadrez ou as placas de trânsito. A linha reta que conduz a Sulina combina com o decisionismo e, além disso, sua eficiente navegabilidade, obtida mediante a canalização, estimula todo amante da *Regulation*. Fica então entendido que o Danúbio termina em Sulina.

15. IN T'EL MAR GRANDO

A arte, sistema sígnico por excelência, encoraja a escolha de Sulina. Nas margens do domesticado Danúbio, que escorre lento e calmo para o fim, mulheres ajoelhadas na água lavam e estendem tapetes para secar. Navios de ferro e ferrugem oscilam sobre as ondas, sugerindo o movimento de um porto ativo, mas a cidade cochila num impreciso desarmamento, varanda para uma convalescença apática e prolongada de não se sabe que doença. Nas lojas e armazéns não há quase nada, um pouco de toucinho e alimentos enlatados; no mercado também as barracas estão vazias e uma supérflua oferta de rabanetes em profusão encena uma paródia da abundância.

Uma modernização incolor e intermitente desagregou a velha cidadezinha turca, espalhada entre ruas poeirentas, entulhos e grupos de árvores; os guichês da estação que regula o trânsito dos passageiros no rio estão fechados e uma pequena multidão incerta se põe vagamente em fila, sem saber se e quando se pode comprar as passagens. Alguns soldados de uniforme incompleto estão atarefados em algum serviço indeterminado. No Hotel Farul se pode mastigar alguma coisa, mas para beber é necessário se sentar no pátio, onde, pelo contrário, não é possível receber nada para comer.

Sulina é um emblema do desbarato, do abandono, uma locação em que as tomadas foram rodadas há tempo e a trupe, indo embora, deixou cenários, figurinos e decorações que não serviam mais. Constantin Frantz, jurista inimigo de Bismarck e partidário de uma Mitteleuropa federativa e plurinacional, da qual o elemento alemão fosse o componente unificador mas não prevaricador, sonhava com uma federação danubiana que compreendesse, como diz a palavra tomada ao pé da letra, também as bocas, o delta, este farol de Sulina que indica o desembocar do rio no mar. Águas passadas, responde o marulho destas margens. O filme que já foi rodado é o da Velha Europa danubiana, uma história qualquer de amor, de intrigas diplomáticas e de elegância *belle époque*, inserida no contexto da Comission Européenne du Danube que, com o calço das cautelas e talvez as intrigas galantes da política oitocentista, presidia aos trabalhos de ampliação e regulamentação do porto de Sulina.

Aquela história saiu agora de Sulina, deixando atrás de si algumas casas turcas, o farol construído com as taxas impostas aos navios que entravam no porto, algumas fachadas vagamente *liberty*. Em Sulina chegam agora os detritos arrastados pelo Danúbio. Em seu romance *Europolis*, de 1933, Jean Bart, ou seja, Eugen P. Botez, vê chegar a Sulina também os destinos humanos como despojos de um naufrágio; a cidade, como diz seu nome imaginário, ainda vive num halo de opulência e esplendor, porto situado em rotas importantes, lugar para onde acorre gente de países longínquos e se sonha, se entrevê, se manuseia, mas sobretudo se perde a riqueza.

No romance a colônia grega, com seus cafés, é o pano de fundo dessa declinante prosperidade a que a Comissão do Danúbio fornece a dignidade político-diplomática ou ao menos um reflexo dela. O livro, todavia, é uma história de ilusão, de decadência, de engano e solidão, de infelicidade e morte; uma sinfonia do fim, na qual a cidade com pretensões a pequena capital européia se transforma em *bas-fond* e ancoradouro abandonado.

Encaminho-me para o mar, curioso de ver a foz, de imergir a mão e o pé na mistura das águas, ou tocar na solução de continuidade, no hipotético ponto de dissolução. O pó torna-se areia, a terra é já a duna da praia, os sapatos se enlameiam em charcos que talvez sejam, também eles, fozes, bocas diminutas e tortas nas quais deságua o Danúbio. Ao fundo se vê o mar. Na charneca estopenta aparecem lado a lado, entre estaleiros abandonados, entulhos de trabalhos em andamento, moitas de urze e cheiro de alcatrão, cemitérios ortodoxos, turcos, judaicos, de velhos crentes, a pouca distância um do outro. Simon Brunstein, naquele 17 de maio de 1924 que para ele não teve nenhuma seqüência, tinha 67 anos; uma selva de barras protege, como lanças em combate na planície, um turco sem nome; uma esteia recorda o capitão David Baird, afogado em Sulina em 1876, aos 46 anos. Margaret Ann Pringle, em 21 de maio de 1868, tinha 23 anos e está sepultada ao lado de William Webster, imediato do navio *Adalia*, afogado quando tentava salvá-la.

Margaret e William, como Paulo e Virginia, Hero e Leandro, Senta e o holandês voador ou outras figuras da fábula que une o amor, o mar e a morte? Cada cemitério é um epos ininterrupto, que origina e sugere todos os possíveis romances. Cercar abusivamente um pequeno pedaço deste terreno arenoso e ali fincar as placas e as tabuletas das cervejarias, tabernas e cafés que eu vi fechar, sendo a cada vez desalojado como se nada fosse; manter a contabilidade é em todo caso tranqüilizador, dá a ilusão de refrear e controlar as perdas, limita o *pathos* da marcha fúnebre na pacata prosa do registro.

Na tarde ainda alta voam muitas gaivotas e airões, tantos airões, e chiam forte, ásperos e monótonos, grandes porcos peludos chafurdam nos charcos e de vez em quando as sombras, que se alongam e se partem nas dunas, tornam-nos por um instante enormes. A praia é grande, as figuras são silhuetas abstratas, alguns radares fora de uso estão acocorados na areia como carcaças de navios ou pássaros gigantescos, os velhos grous de plumas amareladas e ferruginosas que levavam os sábios taoístas ao seu céu. O mar é opaco e oleoso, cheira a petróleo e embala as habituais e previsíveis imundícies; não se avista a passagem, a linha ao longo da qual, segundo Ammiano, os peixes provenientes do alto-mar iam bater de encontro à onda irrompente do Danúbio; é ainda mais improvável descobrir a corrente do rio que, no dizer de Salomon Schweiger, se lançava nítida no mar Negro e o atravessava em linha reta e intacta, para chegar dois dias depois em Constantinopla ainda perfeitamente pura e potável.

O ar é sufocante, estou com sede, alguém me grita alguma coisa de longe mas não entendo, os porcos fuçam sempre em torno dos grandes pássaros de ferro, o Danúbio é o pântano em que metem o focinho, e de nenhuma parte desce para o mar aquela água clara de que fala o velho livro, por que deveria acabar em nada a nossa viagem?, pergunta um verso de Arghezi. O horizonte é imenso e acinzentado, uma muralha altíssima e rachada, o sol transpassa o mar com lanças brancas, a borda de uma nuvem desliza e se abaixa, seus cílios quando entreabre os olhos, se não estivéssemos num fatigante país do Leste poderia chamá-la de algum bar da praia, o delta, segundo os guias, é uma encruzilhada das migrações dos pássaros, seis direções migratórias na primavera e cinco no outono, se se conseguisse acompanhar a vida e a trajetória completa de pelo menos um pássaro nômade, como queria Buffon, se saberia tudo, nostalgia platônica, eros da distância, segundo Stephanos de Bizâncio e Eustathios os citas chamavam o curso inferior do Danúbio Matoas, rio da felicidade, as gaivotas e os airões chiam, um porco arranca um tufo de grama com as presas, mastiga-o e tritura-o, me olha com olhos obtusos e cruéis, muito juntos.

A foz não existe, o Danúbio não se vê, os riachos lamacentos entre os caniços e a areia não está dito que provenham de Furtwangen e tenham atingido a ilha Margarida. E no entanto uma boca, uma qualquer entre as muitas, inumeráveis, não pode faltar na *Regulation* de um meticuloso caderno danubiano e a procuro, como se procura uma chave, uma palavra que não vem, uma página que falta, busca-se nos bolsos e nas gavetas, no passaporte falta um carimbo e sem carimbo não se pode partir, nenhum *Steamer balançant ta mâture*, nenhum navio de alto-mar de grande mastreação, nem canto de marinheiros no coração.

O emperramento, por sua natureza, pertence também ao universo dos papéis, das práticas oficiais do trâmite burocrático, que sempre se embaralha mas depois, no último momento, acaba, não se sabe como, por se resolver. O erro foi o de procurar a foz deste lado, no espaço aberto e indefinido das dunas e da praia, do horizonte e do mar, seguindo o indistinto disseminar-se e dissipar-se dos fios d'água. É preciso voltar atrás, o gesto com que um gentil soldado mal uniformizado, retido e interrogado quando passava de bicicleta entre as poças, indica onde o Danúbio desemboca no mar, assemelha-se ao do pálido e gentil psicagogo Tadzio-Ermes, que indica um ponto longínquo na imensidade, no infinito marinho que reduz a cinzas toda a finitude empírica, mas aquilo que o militar em mangas de camisa mostra sorrindo e estendendo o braço é a entrada do porto, a guarita onde a sentinela, atrás de uma barra mal envernizada que corta o caminho, controla os que entram, pedindo o documento de autorização.

O Danúbio, devidamente canalizado, desemboca na zona do porto reservada ao pessoal de serviço, perde-se no mar sob a vigilância da Capitania dos Portos. O acesso ao fim exige permissão, salvo-conduto, mas os inspetores são gente do mundo, não entendem bem o que deseja o estrangeiro, mas compreendem que é inofensivo e lhe permitem dar uma volta e uma olhada no nada que há para ver, um canal que deságua no mar numa moldura de navios, guinchos, vigas e montes de caixas sobre o cais, carimbos nos pacotes postais, vistos de alfândega.

Tudo aqui, então? Depois de 3 mil quilômetros de filme nos levantamos e deixamos um instante a sala, à procura do vendedor de pipoca, e pegamos por distração uma saída secundária, nos fundos. Há poucas pessoas, que têm pressa de ir embora, porque já é bastante tarde, e o porto se esvazia. Mas o canal corre leve, tranqüilo e seguro para o mar, não é mais canal, limite, *Regulation*, mas fluir que se abre e se abandona às águas e aos oceanos de todo o globo, e às criaturas que vivem em suas profundezas. "*Fa che la morte mia, Signor*", diz um verso de Marin, "*la sia comò 'l scôre de un fiume in t'el mar grando*" [Faz que a minha morte, senhor, seja como o correr de um rio para o mar grande].

Claudio Magris nasceu em Trieste, em 1939. Professor de literatura alemã e tradutor, escreve regularmente para o jornal italiano *Corriere della Sera*. Além de *Danúbio* (lançado no Brasil em 1992, pela editora Rocco), publicou vários livros de ensaio e ficção, entre os quais *O mito habsbúrgico na literatura austríaca moderna* (1963), *Atrás das palavras* (1978), *Microcosmos*, vencedor do prêmio Strega de 1997 (Rocco, 2002), e *O senhor vai entender*, de 2006 (Companhia das Letras, 2008). Em 2004, recebeu o prêmio Príncipe de Astúrias de Letras.

COMPANHIA DE BOLSO

Hannah ARENDT
Homens em tempos sombrios

Karen ARMSTRONG
Uma história de Deus

Marshall BERMAN
Tudo que é sólido desmancha no ar

David Eliot BRODY, Arnold R. BRODY
As sete maiores descobertas científicas da história

Italo CALVINO
O cavaleiro inexistente
Fábulas italianas
Por que ler os clássicos

Bernardo CARVALHO
Nove noites

Jorge G. CASTAÑEDA
Che Guevara: a vida em vermelho

Ruy CASTRO
Chega de saudade
Mau humor

Jung CHANG
Cisnes selvagens

Catherine CLÉMENT
A viagem de Théo

Joseph CONRAD
Coração das trevas
Nostromo

Rubem FONSECA
Agosto
A grande arte

Meyer FRIEDMAN, Gerald W. FRIEDLAND
As dez maiores descobertas da medicina

Jostein GAARDER
O dia do Curinga

Jostein GAARDER, Victor HELLERN, Henry NOTAKER
O livro das religiões

Luiz Alfredo GARCIA-ROZA
O silêncio da chuva

Eduardo GIANNETTI
Auto-engano
Vícios privados, benefícios públicos?

Edward GIBBON
Declínio e queda do Império Romano

Carlo GINZBURG
O queijo e os vermes

Marcelo GLEISER
A dança do Universo

Tomás Antônio GONZAGA
Cartas chilenas

Philip GOUREVITCH
Gostaríamos de informá-lo de que amanhã seremos mortos com nossas famílias

Milton HATOUM
Dois irmãos
Relato de um certo Oriente

Albert HOURANI
Uma história dos povos árabes

Henry JAMES
Os espólios de Poynton
Retrato de uma senhora

Ismail KADARÉ
Abril despedaçado

Franz KAFKA
O castelo
O processo

John KEEGAN
Uma história da guerra

Amyr KLINK
Cem dias entre céu e mar

Jon KRAKAUER
No ar rarefeito

Milan KUNDERA
A insustentável leveza do ser

Danuza LEÃO
Na sala com Danuza

Paulo LINS
Cidade de Deus

Claudio MAGRIS
Danúbio

Naghib MAHFOUZ
Noites das mil e uma noites

Javier MARÍAS
Coração tão branco
Heitor MEGALE (Org.)
A demanda do Santo Graal
Patrícia MELO
O matador
Ana MIRANDA
Boca do Inferno
Vinicius de MORAES
Livro de sonetos
Nova antologia poética
Fernando MORAIS
Olga
Vladimir NABOKOV
Lolita
Friedrich NIETZSCHE
Além do bem e do mal
Ecce homo
Humano, demasiado humano
O nascimento da tragédia
Michael ONDAATJE
O paciente inglês
Malika OUFKIR, Michèle FITOUSSI
Eu, Malika Oufkir, prisioneira do rei
Amós OZ
A caixa-preta
Adauto NOVAES (Org.)
Ética
José Paulo PAES (Org.)
Poesia erótica em tradução
Fernando PESSOA
Livro do Desassossego
Poesia completa de Alberto Caeiro
Poesia completa de Álvaro de Campos
Poesia completa de Ricardo Reis
Décio PIGNATARI (Org.)
Retrato do amor quando jovem
Edgar Allan POE
Histórias extraordinárias
Darcy RIBEIRO
O povo brasileiro
Edward RICE
Sir Richard Francis Burton
João do RIO
A alma encantadora das ruas
Philip ROTH
Adeus, Columbus
O avesso da vida
Elizabeth ROUDINESCO
Jacques Lacan
Salman RUSHDIE
Os versos satânicos
Oliver SACKS
Um antropólogo em Marte
Carl SAGAN
Bilhões e bilhões
O mundo assombrado pelos demônios
Edward W. SAID
Orientalismo
José SARAMAGO
O Evangelho segundo Jesus Cristo
O homem duplicado
A jangada de pedra
Moacyr SCLIAR
A mulher que escreveu a Bíblia
Dava SOBEL
Longitude
Susan SONTAG
Doença como metáfora / AIDS e suas metáforas
I. F. STONE
O julgamento de Sócrates
Drauzio VARELLA
Estação Carandiru
Caetano VELOSO
Verdade tropical
Erico VERISSIMO
Clarissa
Incidente em Antares
XINRAN
As boas mulheres da China
Edmund WILSON
Rumo à estação Finlândia

1ª edição Companhia de Bolso [2008]

Esta obra foi composta pela Verba Editorial
em Janson Text e impressa pela RR Donnelley em ofsete
sobre papel Pólen Soft da Suzano Papel e Celulose